KB119541

스포츠
손상
심리학

Britton W. Brewer · Charles J. Redmond 공저
배문정 · 김한별 공역

PSYCHOLOGY
OF
SPORT
INJURY

학지사

Psychology of Sport Injury
by Britton W. Brewer and Charles J. Redmond

Copyright ⓒ 2017 by Britton W. Brewer and Charles J. Redmond

Korean Translation Copyright ⓒ 2023 by Hakjisa Publisher, Inc.
This Translation published by arrangement with Human Kinetics, Inc.

Human Kinetics supports copyright. Copyright fuels scientific and artistic endeavor, encourages
authors to create new works, and promotes free speech. Thank you for buying an authorized edition
of this work and for complying with copyright laws by not reproducing, scanning, or distributing any
part of it in any form without written permission from the publisher. You are supporting authors and
allowing Human Kinetics to continue to publish works that increase the knowledge, enhance the
performance, and improve the lives of people all over the world.

All Rights Reserved.

본 저작물의 한국어판 저작권은
Human Kinetics, Inc.와의 독점계약으로 (주)학지사가 소유합니다.
저작권법에 의해 한국 내에서 보호를 받는 저작물이므로
무단 전재와 무단 복제를 금합니다.

역자 서문

역자는 국가대표 선수촌 의무실에서 9년간 근무를 하면서 수많은 선수의 부상을 진료하였다. 대부분의 선수는 부상을 극복하고 선수 생활을 성공적으로 이어 나갔다. 하지만 일부 선수는 부상 이후 신체적으로 회복이 되었음에도 불구하고 심리적인 문제로 인하여 경기력이 급격히 저하되거나 은퇴를 하기도 하였다.

그 이유를 알고자 역자는 국가대표 선수촌 근무 당시 부상 이후 심리적 문제를 경험하고 있는 선수들을 대상으로 심층면담을 시행하였다. 심층면담 결과, 선수들은 부상 이후 불안, 걱정, 좌절감, 지도자에 대한 눈치, 조급함 등과 같은 부정적인 심리적 경험을 하였다. 또한 부상은 선수들에게 트라우마로 작용하여 선수들의 경기력과 삶에 부정적인 영향을 미치기도 하였고, 침습, 회피, 부정적인 정서/인지, 과각성 등의 부정적인 증상을 야기하였다.

구체적으로 선수들은 부상 당시의 장면이 자신의 의지와 상관없이 순간적으로 떠오르는 침습 증상을 호소하였다. 또한 재부상에 대한 두려움으로 인하여 부상을 당했던 동작을 제대로 수행하지 못하는 회피 행동을 보이기도 하였다. 불안, 우울과 같은 부정적인 정서를 호소하거나 불면이나 심계항진 등의 과각성 증상을 보이기도 하였다. 이와 같이 선수들은 부상 이후 다양한 심리적 문제를 경험하였다. 하지만 이러한 문제를 겪는 선수들이 부상 이후 심리적 고충에 대해 전문적인 상담 및 치료를 받은 경우는 매우 희박하였다.

최근 스포츠 의학의 발전에 힘입어 부상 선수들의 재활 프로그램은 나날이 발전하고 있다. 그에 반해 부상 선수들의 심리적 문제에 대한 관심은 상대적으로 적은 편이다. 실제 재활 현장을 살펴봐도 부상 선수들의 심리적 문제를 관리하는 프로그램은 희박하다. 또한 부상 선수들의 심리적 문제에 대하여 학술적으로 저술한 이론서 또한 매우 적다.

이 책은 부상의 심리적 요인에 중점을 둔 이론서이다. 엘리트 선수의 부상에 대하여 생물심리사회적으로 접근하고 있다. 부상에 있어서 생물학적 요인은 매우 중요하다. 부상을 당하는 직접적인 부위가 근육, 인대, 뼈와 같은 생물학적 요인이기 때문이다. 또한 부상의 생물학적 요인은 부상의 발생과 재활에도 중요한 역할을 하기 때문에 스포츠의학 영역에서 많은 관심을 받고 있다.

하지만 스포츠 손상은 생물학적 요인만으로 설명할 수 없는 부분이 많다. 앞서 언급했듯이, 부상 이후 신체적으로는 완전히 회복이 되었음에도 불구하고 부상 이전의 경기력을 회복하지 못하여 슬럼프에 빠지거나 은퇴를 하는 경우가 많기 때문이다. 이는 스포츠 손상이 생물학적 요인 이외에 다른 요인의 영향을 받는다는 점을 시사한다.

생물심리사회적 접근법에 따르면, 스포츠 손상은 생물학적 요인 이외에 심리적 · 사회적 요인의 영향을 받는다. 부상은 선수들에게 불안, 걱정, 우울과 같은 부정적인 정서를 유발할 수 있다. 이러한 정서는 재활에 부정적인 영향을 미칠 수 있으며 재부상의 위험 또한 높일 수 있다. 또한 부상은 트라우마로 작용하여 특정 동작 회피와 같은 행동을 유발할 수 있다. 이러한 상황은 부상의 심리학적 요인으로 설명할 수 있다.

부상은 사회적 요인의 영향 또한 많이 받는다. 선수들은 부상을 당했음에도 불구하고 철인과 같은 힘으로 경기를 뛰어야 한다는 사회적 문화의 영향을 받는다. 이 책에서는 이를 '위험 문화'로 소개하고 있다. 또한 선수들은 부상 이후 동료, 가족, 팀 등을 통해 다양한 사회적 지원을 받을 수 있다. 사회적 지원에는 정서적 · 정보적 · 실질적 지원 등이 포함된다. 선수들은 부상 이후 관심, 지지, 격려와 같은 정서적 지원을 받을 수 있고, 부상 재활과 관련된 정보적 지원을 받을 수 있다. 또한 부상 이후 재활용품, 경제적 지원 등의 실질적 지원을 받을 수 있다. 이러한 사회적 지원은 선수의 재활 결과에 중요한 영향을 미친다.

이렇듯 선수의 부상 발생과 재활에 있어서 심리적 · 사회적 요인은 매우 중요하다.

하지만 현재 부상 선수의 재활에 있어서 생물학적·심리적·사회적 요인을 포괄적으로 관리하는 경우는 매우 드물다. 이 책은 스포츠 손상을 생물심리사회적 접근법을 통해 심층적으로 다루고 있다는 데에서 중요한 의미를 가진다. 부상 선수를 관리함에 있어 이 책은 매우 중요한 가이드를 제시할 것으로 사료된다.

저자 서문

　　한 체조 선수가 훈련 중 발목을 심하게 다쳤다. 통증이 심각했다. 그녀는 부상으로 인해 곧 열리는 세계 선수권대회에 출전하지 못할까 봐 두려웠다. 고민 끝에 그녀는 코치와 동료들에게 자신의 발목 부상 사실을 숨겼다.

　　한 농구 선수는 전체 시즌을 쉬어야 할 정도의 부상을 당했다. 부상 이후 그는 주변 사람으로부터 멀어졌고, 모든 것을 포기한 사람처럼 하루의 대부분을 방에서 인터넷 게임을 하며 보냈다.

　　한 스키 선수는 무릎 수술을 받고 집으로 돌아왔다. 그는 하루빨리 부상에서 회복하여 슬로프에 복귀하기를 간절히 바랐다. 그는 매일 재활 운동과 명상을 성실히 수행하였다. 또한 자신이 꿈에 그리던 슬로프에 복귀하는 이미지 트레이닝에 몰두하였고, 부상에서 완전히 회복하였다.

　앞서 이야기한 선수들의 공통점은 무엇인가? 그들은 선수로서 심각한 스포츠 손상을 당했으며, 심리적으로도 큰 영향을 받았다. 사람들은 일반적으로 스포츠 손상을 생리학적 요인으로만 관련지어 생각한다. 그러나 모든 스포츠 손상은 심리적 요인과도 긴밀히 연관되어 있다. 심리적 요인이 스포츠 손상에 미치는 영향력이 있음에도 불구하고 이에 관한 연구는 미비한 실정이다. 따라서 스포츠 손상과 관련된 심리적 문제들의 이론적 발전을 위한 다방면의 노력이 필요하다. 이 책은 스포츠 손상의 심리학과 관련된 모든 범위의 주제를 다루면서 이론적 발전에 대한 필요성을 뒷받침한다. 따라서 학자, 의료진, 학생 모두에게 유용하게 사용될 수 있다.

　이 책의 서론에서는 스포츠 손상을 전문적으로 예방, 치료, 재활, 소통하기 위해 신체적·심리적 요소를 모두 고려한 현대적 접근법을 다루고 있다. 즉, 스포츠 손상을 가장 잘 이해하고 다루기 위해 생물학적·심리적·사회적 요소를 설명하고, 스포츠 손상 심리와 관련된 분야를 확인하고 통합하는 과정을 소개한다. 또한 스포츠 영역뿐만 아니라, 공중 보건의 맥락에서 스포츠 손상의 역학 자료를 제시하고 있다.

이 책의 제1~10장에서는 스포츠 손상의 심리적 측면에 대한 더 많은 후속 탐색을 위해 준순차적 접근법(semi-sequential approach)을 채택하였다. 즉, 스포츠 손상 발생 이전부터 발생 이후까지 대략적인 진행 순서로 주제를 다루고 있다.

제1장에서는 이 책의 이론적 토대를 제공하는 생물심리사회적 접근법에 대하여 설명한다. 이 장에서는 스포츠 손상이 존재하는 사회문화적 맥락의 사례(특히 앞서 언급한 체조 선수의 이야기에서 존재하는 '위험 문화')를 자세히 소개하고 있다. 독자들은 체조 선수의 이야기를 통해 스포츠 손상의 예방, 치료, 재활에 중요한 역할을 하는 생물학적·심리학적·사회학적 연관성을 알 수 있을 것이다.

제2장에서는 스포츠 손상 발생에 선행하는 상황을 다룬다. 스포츠 손상 발생의 신체적 및 심리사회적 모델을 구체적으로 논의하고, 스포츠 손상의 심리사회적 예측 변수를 식별하고자 한다. 이를 통해 스포츠 손상을 촉진하는 심리사회적 요인에 대한 메커니즘을 탐색하고, 스포츠 손상의 중요한 발생 원인인 일상 스트레스를 평가하는 방법(설문지, 상담)을 검토한다.

제3장에서는 스포츠 손상을 줄이기 위해 이전 장에서 다루었던 이론들을 적용하여 선수와 전문가가 취할 수 있는 조치를 설명한다. 특히 스포츠 손상의 위험을 줄이기 위한 심리사회적 개입의 근거를 검토하고, 이러한 개입의 실질적인 영향에 대하여 논의한다. 이 책은 스포츠 손상에 대한 인지·정서·행동 반응과 스포츠 손상의 과정과 결과를 중점적으로 다룬다. 스포츠 손상에 대한 인지·정서·행동 반응은 스포츠 손상의 과정과 결과에 영향을 미칠 수 있기 때문에 그 자체로 임상적 주의가 필요하다.

제4장에서는 스포츠 손상에 대한 심리적 반응 모델을 설명하고, 각 모델에 대한 실험적 근거를 제시한다.

제5장의 중심 주제는 스포츠 손상에 대한 또 다른 주요 심리적 반응인 통증이다. 이

장에서는 선수가 스포츠 손상 이후 겪는 통증의 정의, 유형, 범위, 측정, 이론, 예측 변수 및 치료에 대하여 검토한다. 통증 내성, 통증과 부상의 구분, 통증을 견디고 경기하는 것, 약물 치료, 물리 치료, 심리 기법을 통한 스포츠 통증의 치료와 관련된 질문을 다룬다.

스포츠 손상의 임상적 결과는 주어진 재활 프로그램을 얼마나 잘 지키는지(프로그램 준수)에 따라 크게 달라질 수 있다. 제6장에서는 이와 관련하여 심도 있는 탐색을 이어 간다. 스포츠 손상 재활의 준수 강화 모델, 준수 측정, 준수 예측 인자 및 방법을 검토한다. 또한 재활 운동의 양(용량)과 재활 결과(반응) 사이의 용량-반응 관계를 다룬다.

제7장에서는 심리적 요인과 스포츠 손상 재활의 임상적 결과의 상호작용에 관한 내용을 다룬다. 이 장에서는 심리적 요인이 스포츠 손상 재활 결과에 영향을 미칠 수 있는 잠재적 메커니즘을 식별하고, 이와 연관된 개인적·사회적·인지적·정서적·행동적 요인에 관한 연구를 검토한다.

제8장에서는 스포츠 건강관리에 대한 심리적 개입의 개발 및 적용을 위하여 심리적 요인과 스포츠 손상 재활 결과 사이의 관계에 대하여 다룬다. 이 장에서는 스포츠 손상 재활에서 심리 개입의 실험적 근거를 검토하고, 이러한 적용에 대한 실질적인 영향을 논의한다.

스포츠 건강관리 분야에서 전문적이고 성공적인 수행은 의료진이 효과적으로 소통할 수 있는 능력에 의해 좌우된다. 제9장과 제10장에서는 스포츠 건강관리 의료진과 환자 및 전문 동료 간의 소통을 다루고 있다. 제9장에서는 의료진과 환자 간의 상호작용이 스포츠 건강관리의 주요 과정 및 결과에 미치는 영향을 강조한다. 더불어 환자와 의료진 간의 소통을 강화하기 위한 상담 기술을 소개한다.

제10장에서는 스포츠 건강관리 전문가와 타 건강관리 분야 전문가 간의 협업, 인적 네트워크 형성, 문서 기록, 법률적·윤리적 의무, 의사 결정 등을 다룬다. 의료진은 선수의 요구를 충족시키고 재활 과정을 최적화하기 위해서 선수의 심리 서비스 의뢰 시점과 구체적인 수행 방법을 알아야 한다. 이를 위해 필자는 정신병리학에 중점을 두

고, 의뢰를 위한 공통 근거를 파악하며, 의뢰 네트워크 설정과 실행을 위한 효과적인 지침을 제공할 것이다.

각 장에서는 제시된 주제에 대한 개요를 소개하고, 주요 용어를 정의하며, 관련 이론과 연구들을 검토한다. '연구 초점' 상자는 스포츠 손상의 심리학에 대한 이론적 감각을 제공해 준다. '적용 초점' 상자는 지식에 기반을 두고 실제 적용을 강조한다. 그리고 예시 사례는 전문적인 실무와 자료의 관련성을 보여 준다. 따라서 이 책은 참고자료, 교육 도구, 스포츠 손상 심리학의 연구와 적용 분야에서 새로운 아이디어를 위한 발판이 되는 등 여러 가지 목적을 제시할 것이다.

이 책은 선수 트레이닝과 관련된 주제에서 깊이 있는 탐구의 밑거름이 될 수 있을 것이다. 그러나 이 책이 다양한 분야를 아우를 수 있다는 점을 고려하여, 필자는 독자를 특정 직업이나 대상에 한정하지 않았다. 따라서 선수 트레이닝 교육 서적인 『심리사회적 전략 및 의뢰』(National Athletic Trainers' Association, 2011)의 내용과 관련된 여러 주제도 다루었다.

서론: 스포츠 손상에 대한 현대적 접근법

따뜻하고 화창한 초가을 오후, 관중으로 가득 찬 대학 경기장에서 미식축구 경기가 열렸다. 원정팀의 러닝백은 코너를 돌아 득점을 위해 측면으로 재빠르게 달려가고 있었다. 그때 홈팀의 미들 라인배커인 타이렐(Tyrell)이 러닝백을 향해 달려들었다. 타이렐은 홈팀에서 유능한 라인배커였다. 타이렐이 2야드의 실점을 만회하기 위해 경기장을 가로질러 원정팀의 러닝백에게 달려든 것도 그의 스포츠 정신과 경쟁심을 프로 스카우터에게 과시하기 위함이었다. 충돌 이후 러닝백은 재빨리 다시 일어나 팀의 허들로 돌아왔다. 하지만 타이렐은 헬멧이 벗겨진 채 얼굴에 땀과 눈물로 범벅이 되어 경기장에 누워 왼쪽 무릎을 움켜쥐었다. 그는 경기장 잔디를 손으로 내려치며 소리쳤다. "안 돼, 안 돼, 안 돼! 왜, 왜, 왜?!" 선수 트레이너들은 치료를 위해 그를 경기장에서 라커룸까지 이동시켰다.

타이렐은 스포츠 손상을 당했다. 겉으로 보기에 그의 부상은 엘리트 스포츠 경기에서 주로 일어나는 다른 부상과도 매우 유사하게 보인다. 그러나 자세히 살펴보면, 타이렐의 부상은 스포츠 분석가가 제시하는 통계치보다 더 독특하고 개별적인 사건이었다. 그는 어떠한 스포츠 손상을 입었는가? 그는 왜 그렇게 반응했을까? 부상 직후 타이렐의 반응은 어떤 의미였을까? 타이렐의 부상 발생 상황에 관한 질문에 답하기에 앞서, 스포츠 손상에 대한 독자들의 이해를 돕기 위해 먼저 스포츠 손상의 광범위한 건강 맥락에 대해 간략히 살펴보고자 한다.

스포츠 손상의 건강 맥락

타이렐의 사례에서 알 수 있듯이, 부상은 육체적이고 경쟁적인 스포츠 환경에서 필연적인 결과이다. 일반적으로 스포츠 손상을 당한 모든 선수는 의학적 검진을 받은 이후 훈련과 시합에서 제외되어 일정 기간 동안 휴식을 취한다(Flint, 1998; Noyes, Lindenfeld, & Marshall, 1988). 선수만큼 과격한 운동을 하지 않는 일반인이라도 스포츠 손상을 당하면 회복을 위한 휴식이 필요하다. 따라서 스포츠 손상은 선수와 코치뿐만 아니라 스포츠에 참여하는 일반인에게도 우려되는 문제이다. 실제로 이에 관한 역학 연구는 스포츠 손상이 중요한 공중 보건의 문제라는 것을 보여 주었다.

미국에서는 스포츠, 운동 및 기타 레저 형태의 신체 활동에 참여하는 사람들 중 연간 총 700~1,700만 명이 부상을 입는다(Booth, 1987; Conn, Annest, & Gilchrist, 2003). 그중 약 400만 명이 응급실을 방문한다. 비용적 관점에서 볼 때, 미국에서는 매년 20만 건의 전방십자인대(Anterior Cruciate Ligament: ACL) 파열이 발생하는데, 총 예상 치료 비용은 약 76~177억 달러 정도이다. 전방십자인대 파열의 치료 비용은 재활 또는 수술적 재건술에 따라 달라진다(Mather et al., 2014). 호주에서는 스포츠 활동으로 인한 응급실 방문이 성인의 경우 18%, 아동의 경우는 20%를 차지하였으며 (Finch, Valuri, & Ozanne-Smith, 1998), 스포츠와 레저 관련 부상의 연간 치료 비용은 약 18억 달러로 추정되고 있다(Medibank Private, 2004). 영국에서는 전체 부상의 약 1/3 정도가 격렬한 스포츠 및 운동 참여 때문인 것으로 나타났다(Uitenbroek, 1996).

일반인에게도 스포츠 및 레저 관련 부상이 흔히 발생한다. 교통사고로 입은 손상보다 스포츠 손상이 더 많은 비율을 차지할 정도이니, 스포츠 손상이 얼마나 자주 일어나는지 추측할 수 있다(Connect et al., 2003). 선수가 스포츠 활동 시 부상당할 확률은 일반인보다 훨씬 더 높다. 예를 들어, 미국 고등학교 남자 선수들의 연간 부상 발생률 추정치는 약 27~39%이다(Patel & Nelson, 2000). 스포츠 손상의 대부분(80%)은 근골격계(Zeem, 1993)로서 가장 일반적인 형태인 염좌, 긴장, 골절, 탈구, 타박상, 찰과상, 열상이다(CDC, 2002, 2006; Connect et al., 2003; Finch et al., 1998). 대부분의 스포츠 손상은 경미하지만, 약 25만 건의 경우는 심각한 부상으로 추정된다(Darrow, Collins, Yard, & Comstock, 2009). 대부분의 선수는 심각한 부상으로 인해 시합 시즌을 끝내야만 한다. 시합을 뛰지 못하는 선수들의 약 1/4가량이 수술을 받아야 한다(Darrow et al., 2009). 종종 부상은 선수들에게 치명적이며, 대다수의 경우 머리와 척추의 심각한 손상을 포함한다(Zeem, 2010).

부상의 빈도, 유형, 위치는 스포츠 종목과 성별 및 연령 같은 인구통계학적 특성에 따라 상당히 다르게 나타난다(Cain, Cain, & Lindner, 1996). 먼저, 국가적 차원에서 생각해 보자. 미국에서 스포츠 손상의 가장 흔한 원인은 농구와 자전거(Connect et al., 2003)이지만, 호주에서는 자전거, 호주식 축구, 농구이다(Finch et al., 1998). 성별에 따라서도 다양한 스포츠 손상을 보인다. 남성은 여성보다 스포츠 손상을 2배 정도 많이 경험한다(Connect et al., 2003; Knowles, 2010). 청소년의 경우, 훈련과 경기 참여 횟수에 따라 부상률을 조정한다면 남학생과 여학생은 비슷한 빈도로 부상당할 가능성이 있다(CDC, 2006; Hootman, Dick, & Agel, 2007). 그러나 남학생이 여학생보다 스포츠 참여를 더 많이 하기 때문에 6배 이상의 스포츠 골절을 당하는 것으로 밝혀졌다(Wood, Robertson, Rennie, Caser, & Court-Brown, 2010). 특히 청소년 사이에서는 급성 외상으로 인한 부상보다는 과사용으로 인한 손상이 더 흔하다(Patel & Nelson, 2000; Stracciolini, Casciano, Friedman, & Meehan, 2013). 아동과 청소년은 스포츠 손상에 특히 취약하다. 실제로 청소년의 경우 스포츠 활동이 가장 흔한 부상의 원인이며(Emery, 2003), 부상률은 5~14세, 15~24세에서 가장 높은 것으로 나타났다(Connect et al., 2003). 인종에 따라서도 다른 스포츠 손상 정도를 보인다. 미국에서는 백인이 흑인보다 부상률이 1.5배 더 높다(Connect et al., 2003).

연구 초점

스포츠 손상의 역학

스포츠 건강관리 전문가 및 스포츠 관리자는 역학 연구 자료를 바탕으로 스포츠 손상 예방 및 치료를 위한 대비책을 마련한다. 역학은 인간을 대상으로 한 질병의 발생, 분포, 통제에 관한 과학적 연구를 말한다. 스포츠 손상의 맥락에서 역학은 부상이 발생하는 원인과 과정을 확인하기 위하여 부상 발생 횟수, 부상의 대상, 부상 발생 유형, 부상 발생 시기와 장소, 부상의 결과 등을 설명하는 데 초점을 두고 있다(Caine, Caine, & Lindner, 1996).

스포츠 손상 역학에서 두 가지 중요한 용어에는 유병률과 발생률이다. 유병률은 어느 한 시점에서 인구 집단 내의 부상의 수를 나타낸다. 발생률은 특정 기간 내 인구 집단에서 발생한 새로운 부상의 수를 가리킨다. 이러한 지표는 스포츠 손상 위험을 이해하는 데 많은 도움이 되지만, 단지 빈도가 스포츠 손상 위험의 전체 내용을 설명하지는 못한다. 스포츠에 참여하는 동안 선수가 부상 위험에 놓일 수 있는 순간을 뜻하는 노출(exposure) 개념을 통해 스포츠 손상의 위험에 대하여 완전한 이해를 할 수 있다. 물론 선수가 스포츠 참여를 통해 부상 위험에 더 많이 노출될수록 부상의 가능성이 크다. 그러나 이러한 일반적인 이야기를 넘어, 스포츠 손상 위험의 성별 차이를 조사함으로써 노출 집계의 중요성을 설명할 수 있다.

청소년의 경우, 남학생 선수의 스포츠 손상 발생률이 여학생 선수보다 2배 이상 높다(Connect et al., 2003; Knowles, 2010). 하지만 노출 지표인 선수 노출당 부상 수로 나타내면 이 차이가 없어지거나 뒤바뀔 수 있다(Knowles, 2010). 여학생이 남학생보다 선수 노출당 전방십자인대 파열 비율이 더 높다는 통계 결과도 있다(Prodromos, Han, Rogowski, Joyce, & Shi, 2007). 이와 같은 연구 결과는 남자, 여자 선수가 같은 인구를 가지고 같은 훈련, 시합에 노출된다면 여성이 남성보다 전방십자인대 파열을 더 많이 당할 수 있다는 사실을 의미한다. 대부분의 학교 환경에서 남성이 여성보다 스포츠에 더 자주 참여하고, 더 높은 수준의 위험에 노출된다. 따라서 남성이 여성보다 더 많은 전방십자인대 손상을 경험할 수 있다. 하지만 여성은 남성과 비교하여 여전히 더 많은 부상 위험에 직면한다.

스포츠 역학 조사관은 인구통계학적 · 인체측정학적 · 환경적 병력 및 훈련 변수와 같은 부상 위험 요인을 측정한다. 조사관은 선수 집단 내에서 특정 기간에 발생한 노출(훈련 및 경기)과 스포츠 손상 발생 및 스포츠 손상의 결과를 기록한다. 이런 연구 접근 방식은 조사관이 부상 유병률 및 발생률뿐 아니라 부상 유형과 위험 요소를 확인하는 데 도움이 된다. 즉, 조사관은 역학 연구의 결과로부터 부상 패턴을 추적하고, 부상 원인과 메커니즘에 대한 통찰력을 얻을 수 있다. 그리고 이러한 통찰은 부상을 예방할 수 있다(Cain et al., 1996).

스포츠 손상 역학 연구자들은 역학 연구가 비용적 · 시간적 · 논리적으로 부담이 된다는 어려움에 직면한다. 그러나 다행히 최근 인터넷 기반 역학조사 시스템은 다음과 같은 방법으로 도움을 줄 수 있다.

- 측정 항목 및 측정 방법 결정
- 선수 노출, 부상 발생 및 부상 결과 모니터링
- 데이터 중앙 집중화
- 과학계가 조사할 수 있도록 수집한 정보 보관

역학조사 결과는 스포츠 손상 문제에 대한 추정치로 보는 것이 가장 좋다(Arrow et al., 2009). 하지만 역학조사 결과는 다양한 스포츠 활동의 상대적 위험을 측정하고 예방 활동과 개입의 효과성을 평가하는 데 매우 중요하다.

스포츠 손상에 대한 다양한 관점

타이렐의 사례로 돌아가 보자. 정확히 그에게는 무슨 일이 일어났는가? 타이렐의 반응으로 보았을 때, 그는 심각한 부상을 입은 것으로 보인다. 그러나 실제로 타이렐은 경미한 대퇴 사두근 타박상을 진단받았다. 결과적으로 부상을 당할 당시에 그는 치명적인 손상을 입지 않았으며, 심한 통증을 겪지도 않았을 것이다. 그렇다면 왜 타이렐은 실제 자신의 부상보다 더 큰 고통을 호소했을까?

이는 스포츠 손상이 간단히 설명할 수 없는 복잡한 현상이라는 데 답이 있다. 즉, 스포츠 손상을 명확히 이해하기 위해서는 스포츠 손상에 영향을 미치는 요인과 그 결과를 함께 고려해야 한다. 타이렐은 부상을 입을 당시 대학교 3학년이었다. 여러 친구와 가족이 그를 보기 위해 경기장을 방문하였으며, 그는 무릎 재건 수술과 재활을 마친 후 처음으로 경기에 출전했다. 앞서 설명한 타이렐의 상황은 그가 부상을 입을 당시에 왜 그런 반응을 보였는지 보여 준다. 나아가 그의 부상을 치료하기 위한 효과적인 방법을 결정하는 데 도움을 줄 수 있다.

때때로 스포츠 손상은 눈에 보이는 것 이상으로 더 많은 정보를 파악해야 부상을 더욱 잘 해석할 수 있다. 타이렐은 무릎에 가해진 충격과 고통을 이전에 그가 겪었던 전방십자인대 파열의 재발로 잘못 받아들였다. 이러한 두려움이, 프로 스카우터, 친구, 가족들 앞에서 시합을 하면서 받는 사회적 압박감에 더해졌다는 점을 고려해 보면, 우리는 새로운 부상에 대한 그의 반응을 이해할 수 있게 된다. 즉, 스포츠 손상을 보다 잘 이해하기 위해서는 의학적 관점 이상으로 여러 관점을 포괄하는 접근 방식을 채택해야 한다.

따라서 부상에 대한 타이렐의 반응을 이해하기 위해서는 다양한 생물학적 · 심리적 · 사회적 요소를 고려하여야 한다. 생물학적 관점에서 볼 때, 그의 무릎은 상대편 러닝백과의 충돌로 인하여 발생한 조직 손상의 영향을 받았다. 부상에 대한 그의 심리적 반응은 인지(부상에 대한 해석), 정서(고통), 행동(경기장 바닥을 내려치는 행위)의 영역을 포함한다. 사회적 요인은 눈에 띄지 않지만 매우 중요하다. 타이렐의 사례를 살펴보면, 전문 스카우터 앞에서 시합하는 것은 그가 평소보다 훨씬 더 자신의 신체적인 안전을 무시한 채 경기하도록 자극했을 것이다. 그리고 부상을 당한 후에도 관중에게 자신이 심하게 부상당했음을 인식하게 했을지도 모른다.

반대로, 스포츠 손상에 대한 생물학적 · 심리적 · 사회적 영향을 고려하지 않는다면, 선수의 부상을 깊이 이해하지 못할 수도 있다. 이 책은 스포츠 손상의 심리적 측면에 일차적으로 중점을 두고 있지만, 심리적 요소와 생물학적 · 사회적 요소까지 함께 고려한다. 심리적 요소는 생물학적 · 사회적 요소와 상호작용하여 스포츠 손상의 예방, 치료, 재활에 영향을 미친다. 그러나 이러한 사실은 아직 스포츠 건강관리 영역에서 널리 알려지지 않았다.

최근 전문 학회와 학술 간행물은 스포츠 손상에 관한 전문교육과 임상 적용을 위한 과학적 근거를 제공하고 있다. 이와 같은 노력은 스포츠 손상의 예방, 진단, 치료의 신체적 영역에서 이루어졌다. 점차 스포츠 손상의 심리적 측면을 다루는 문헌도 학계에 등장하기 시작했다. 지난 40년 동안 스포츠 손상의 심리학은 여러 분야에 걸쳐 연구 주제가 되었고(Williams & Anderson, 2007), 스포츠 손상의 심리적 측면은 스포츠 건강관리 프로그램의 커리큘럼에 점차 통합되고 있다.

스포츠 손상 예방 및 재활에 관여할 수 있는 전문가는 누구인가?

스포츠 손상의 원인, 결과 및 치료법에 대한 개념은 광범위하다. 이러한 점은 스포츠 건강관리 전문가 집단을 부상 선수와 접촉하는 자들로 확대하는 결과를 가져왔다. 오늘날, 타이렐과 유사한 상황에 놓인 선수들은 스포츠 건강관리 시스템을 통해 다양한 분야의 전문가를 만날 수 있다. Kolt와 Snyder-Mackler(2007)는 스포츠 손상 예방과 관리에 관여하는 인력을 다음과 같이 구성하였다. 구체적으로, 트레이너, 척추 지압사, 코치, 치과의사, 식단 관리자, 영양사, 피트니스 코치, 마사지 치료사, 간호사, 직업 치료사, 검안사, 교정 전문가, 물리 치료사, 의사(가정의학 및 일차 진료의사, 정형외과 의사, 정골 의사, 영상의학과 의사, 스포츠 의사), 족부 의사, 심리학자 및 스포츠 심리학자 그리고 스포츠 과학자(생체역학, 운동 생리학) 등이다. 이 전문가 목록은 침술사, 신경과 전문의, 신경정신과 전문의 그리고 근력 및 컨디셔닝 전문가까지 확장될 수 있다.

이러한 전문가들 중 일부는 부상에 대한 응급 처치 역할을 한다. 반면, 일부 전문가는 진단, 치료, 재활 또는 예방에 주로 관여한다. 물론 어떤 부상 선수도 앞에서 언급한 모든 전문가를 만날 수 없을 것이다. 스포츠 부상 재활 치료팀 또한 모든 전문가를 포함할 수 없을 것이다. 의료진은 대부분 신체적 영역에 관여하지만, 스포츠 손상의 생물학적 · 심리적 · 사회적 측면을 통합한 관점은 선수에게 포괄적 치료를 제공하기 위하여 다양한 분야의 전문가가 협업할 필요가 있음을 강조한다.

| 차례 |

- 역자 서문_3
- 저자 서문_7
- 서론: 스포츠 손상에 대한 현대적 접근법_11

제1부 | 스포츠 손상의 이해와 예방

제1장 스포츠 손상의 생물심리사회적 접근 · 27
1. 생물심리사회적 견해_30
2. 생물학적 토대_33
3. 심리적 토대_36
4. 사회적 토대_42
5. 생물심리사회적 분석_52
6. 요약_53

제2장 스포츠 손상의 선행 요인 · 55
1. 스포츠 손상 발생 모델_58
2. 스포츠 손상의 심리사회적 예측인자_68

3. 스포츠 손상 발생에 대한 심리사회적 영향의 메커니즘_83

4. 생물심리사회적 분석_86

5. 요약_87

제3장 스포츠 손상 예방 · 91

1. 예방의 종류_94

2. 스포츠 손상 예방 모델_95

3. 스포츠 손상 예방의 내용 범주_99

4. 생물심리사회적 분석_112

5. 요약_113

제2부 | 스포츠 손상의 결과

제4장 스포츠 손상에 대한 심리적 반응 · 119

1. 스포츠 손상에 대한 심리적 반응 모델_122

2. 스포츠 손상의 심리적 결과_128

3. 생물심리사회적 분석_148

4. 요약_149

제5장 통증, 스포츠 그리고 부상 · 153

1. 통증의 정의_157

2. 통증의 종류_159

3. 통증의 범위_161

4. 통증의 측정_164

5. 통증의 모델과 이론_169

6. 스포츠에서 통증과 연관된 요소_173

7. 스포츠 관련 통증에 대한 해석과 행동_181

8. 생물심리사회적 분석_191

9. 요약_192

제3부 | 스포츠 손상의 재활

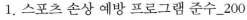

제6장 스포츠 손상 예방 및 재활 프로그램 준수 · 197

1. 스포츠 손상 예방 프로그램 준수_200

2. 스포츠 손상 재활 프로그램 준수_206

3. 스포츠 손상 예방 및 재활 프로그램 준수의 결과_222

4. 생물심리사회적 분석_226

5. 요약_226

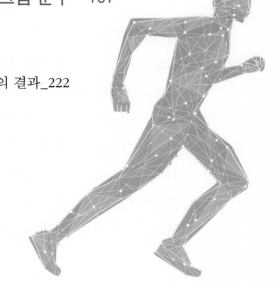

제7장 스포츠 손상 재활에서의 심리적 요인 · 229

1. 스포츠 손상 재활 결과_232
2. 심리적 요인이 스포츠 손상 재활 결과에 영향을 미치는 과정_233
3. 스포츠 복귀를 위한 심리적 준비_243
4. 생물심리사회적 분석_250
5. 요약_251

제8장 스포츠 건강관리에서의 심리적 개입 · 253

1. 심리적 개입_256
2. 생물심리사회적 분석_279
3. 요약_279

제4부 | 스포츠 손상 관리에서의 소통

제9장 환자와의 소통 · 287

1. 환자-의료진 소통의 맥락_290
2. 환자-의료진 관계 모델_293
3. 환자-의료진 소통의 기능_294
4. 환자-의료진 소통의 방식_295
5. 환자-의료진 인식 일치_303
6. 환자-의료진 소통에 영향을 미치는 요인_306
7. 환자-의료진의 소통 향상_309

8. 생물심리사회적 분석_320

9. 요약_322

제10장 심리 서비스를 위한 선수 의뢰 · 325

1. 의뢰의 정의 및 의뢰를 위한 근거_329

2. 의뢰의 사회임상학적 맥락_330

3. 의뢰의 이유_333

4. 의뢰의 절차_354

5. 생물심리사회적 분석_365

6. 요약_366

• 참고문헌_369

• 찾아보기_434

제1부

스포츠 손상의 이해와 예방

제1부에서는 이 책의 전반에 걸쳐 설명할 생물심리사회적 접근법의 토대를 제공한다. 부상에 관한 현상은 가장 큰 영향을 미치는 생물학적 요소를 포함하여 심리적·사회적 요인을 고려해야만 충분히 이해할 수 있다. 따라서 스포츠 손상 발생과 관련된 문제를 해결하기 위한 생물심리사회적 접근법의 자세한 예시와 생물심리사회적 접근 방식의 장점을 탐구하고자 한다. 즉, 제1부에서는 스포츠 손상의 생물학적·심리적·사회적 측면을 알아보고 이러한 접근법을 사회문화적 맥락 안에서 새롭게 구성할 것이다.

제1장 스포츠 손상의 생물심리사회적 접근

제2장 스포츠 손상의 선행 요인

제3장 스포츠 손상 예방

제1장

스포츠 손상의 생물심리사회적 접근

학습 목표

1. 스포츠 손상의 생물학적 · 심리적 · 사회적 토대를 알아본다.
2. 스포츠 손상을 개념화하기 위해 생물심리사회적 접근법의 채택 여부를 논한다.
3. 스포츠 손상이 발생하는 사회문화적 맥락에 대한 인식을 함양한다.

'동영상 조회 수 50만 뷰 중 절반은 내 것이 될 것임이 틀림없어.' 리사(Lisa)는 유명 체조선수인 케리 스트러그(Kerri Strug)의 1996 애틀랜타 올림픽 경기 영상을 계속 보며 생각했다. '며칠 후면 통증이 멈출 거야.' 최근 리사는 과거 스트러그처럼 도마에서 발목을 다쳤다. 그러나 그녀는 팀을 위해 극심한 통증을 참는 중이었다. 리사는 연습이 끝날 때쯤 부상을 당했고, 그녀의 룸메이트를 제외하고는 어느 코치도 그녀의 부상에 대해 알지 못했다. 리사는 도마에서 착지할 때 발목이 돌아간 순간, 직감적으로 발목이 심각하게 손상되었다는 것을 알았다. 심각한 통증에도 불구하고, 리사는 그녀의 룸메이트에게 단지 발목을 삐었을 뿐이라고 말했다.

만약 스태프들이 리사의 발목을 본다면, 대학 선수권대회 출전 허가를 내리지 않을 것이 자명했다. 대학 선수권대회를 위해 지금껏 열심히 훈련해 온 리사는 그 사실을 알았기에 훈련장으로 가는 발길을 끊었다. 팀 동료들 또한 그녀에게 어떠한 일이 일어났는지 알 수 없었다. 그녀는 편두통인 척하면서 며칠 동안 훈련과 학교에 나가지 않았다. 한편, 리사는 매일 과도한 양의 진통제를 복용하였고, 그녀의 룸메이트에게 식당에서 많은 양의 얼음을 가져오도록 부탁했다. 또한, 체조 동작에 대한 감을 잃지 않기 위해 유튜브 영상을 계속하여 보았다.

편두통을 핑계로 얼마간의 회복 시간은 벌었지만, 리사는 더 이상 의심받지 않고 연습을 피할 수 없었다. 리사는 붕대로 발목을 단단히 감싸고 훈련에 참여하며 최대한 괜찮은 척 행동했다. 그러나 점점 발목의 통증은 심해졌고, 그녀는 연습 때마다 발목 부상과 통증을 감춰야 한다는 스트레스로 정신적 피로감을 느꼈다. 매일 훈련이 끝나면 곧장 방으로 가서 침대에 쓰러지는 나날이 반복되었다. 이를 악물고 아픈 통증을 참아내며 그녀는 스스로에게 말했다. '며칠만 더 기다리면 통증이 멎을 거야……'

리사는 자신의 부상을 정확하게 인지할 만큼 똑똑했다. 그녀는 대학의 트레이닝 전공자로서 자신이 어떤 부상을 당했는지, 대학 선수권대회 출전 시 재부상의 위험성에 대해서도 잘 알고 있었다. 하지만 그녀의 지능과 의학적 지식에도 불구하고, 그녀는 계속해서 자신의 부상을 감추고 스포츠에 참여했다. 리사의 실력이나 수상 경력을 감안했을 때, 그녀가 발목에 부상을 입은 사실을 팀원들에게 알렸을지라도 올림픽이나 심지어 전국 선수권대회 출전을 놓칠 가능성은 극히 낮았다. 논리적이고 통찰력 있는 젊은 여성이 자신의 건강을 위험에 빠뜨리게 한 이유는 무엇일까?

리사의 부상은 생리학적 관점에 따라서 간단하게 설명할 수 있다. 생리학적 관점에 따르면, 그녀는 발목이 돌아간 상태에서 착지할 때 발목에 가해진 강한 힘 때문에 부상을 입었다. 대학 선수권대회를 위해 훈련을 계속하는 동안에도 발목을 무리하게 사용하는 바람에 부상은 점차 심해졌다. 하지만 이러한 관점은 리사가 왜 자신의 부상을 감추고, 무리한 운동을 하여 부상을 악화시켰는지에 대해 설명해 주지 않는다. 리사의 사례는 타이렐의 사례와 마찬가지로, 심리적·사회적 요인이 고려되었을 때 훨씬 더 이해하기 쉽다.

리사는 대학 선수권대회에 참여하고 팀에 도움이 되겠다는 목표를 세웠다. 그녀는 코치와 동료들이 자신 때문에 실망하는 모습을 보고 싶지 않았기 때문에 부상을 숨겼다. 그녀의 이러한 행동은 스포츠 세계에서 흔히 볼 수 있는 미화된 태도와 행동이다. 리사의 행동은 스포츠 건강관리 전문가의 입장에서는 이해할 수 없는 행동이지만, 이 책에서 주장하는 스포츠 손상에 대해 생물심리사회적 접근법을 채택하는 것에 대한 강력한 근거가 된다.

1. 생물심리사회적 견해

정신이 건강에 영향을 미친다는 발상은 약 2000년 전인 고대의 의료 체계에서 비롯되었다. 고대의 의술은 신체적·심리적 기능이 서로 얽혀 있는 것으로 여겼다. 예를 들어, 히포크라테스의 이론에 따르면, 개인의 건강 상태와 성격은 네 가지 체액(혈액, 황담즙, 흑담즙, 점액) 간의 상대적 균형에 의해 결정된다고 보았다. 이는 동양에서도 마찬가지이다. 중국(동아시아 의학)과 인도(아유르베다 의학)의 전통 의학에서도 건강을 유지하기 위해 신체적 측면과 정신적 측면 사이의 조화를 매우 중요하게 여겼다. 즉, 고대 동서양의 의학자들은 인간의 건강을 위해 신체와 정신의 측면을 모두 강조하였다.

그러나 지난 2세기 동안 건강에 대한 주요 관점은, 건강이 오직 신체적 요인에 의해서만 결정된다는 견해를 가진 생물의학 모델이었다(Straub, 2012). 최근 들어 정신이 인간의 건강에 영향을 주는 잠재적인 요인으로 다시 부상하였다. 물론 생물의학 모델은 신체적 장애의 진단과 치료에 엄청난 발전을 촉진했다. 그러나 생물의학 모델은 플라세보(placebo) 효과와 같이, 명확한 생물학적 메커니즘이 없는 치료의 효과나 뚜렷한 생물학적 원인이 없는 의학적 상태의 발생을 설명할 수 없었다.

Freud는 후자의 경우와 같이 잘못된 정신과정으로 인한 상태를 전환 장애라고 불렀다. 그는 전환 장애의 원인을 무의식적인 심리적 갈등이 생물학적 장애로 전환된 것으로 설명했다. 정신신체의학 분야는 후자의 입장을 구체적으로 발전시켜서 잘못된 정신적 과정이 기관지 천식, 본태성 고혈압, 편두통, 류마티스 관절염, 위궤양 등 다양한 신체적 문제를 일으킬 수 있다는 개념에 토대를 두었다. 이 관점의 긍정적인 점은 사람이 바이오피드백 기법을 자신의 상태에 적용할 수 있다는 것이다. 바이오피드백 기법을 적용한다면 스스로 혈압, 심박과 같은 생리적 기능을 의식적으로 통제할 수 있다는 사실이 연구를 통해 증명되었다. 이러한 발견은 생물의학, 심리학, 사회과학을 포함할 뿐 아니라 질병 치료와 건강 증진에 초점을 맞춘 행동의학 등장의 발단이 되었다. 이러한 발전은 1970년대 건강심리학으로 알려진 심리학 하위 분과의 출현을 위한 계기를 마련하였고, 생물심리사회 모델을 만들었다(Straub, 2012).

Engel(1977, 1980)은 생물의학 모델의 한계를 해결하고 건강에 영향을 미치는 요인들을 통합하기 위해 생물심리사회 모델을 구체적으로 제안했다. 생물심리사회 모델은 건강에 미치는 생물학적·심리적·사회적 요인을 통합한다. 그러나 아직 생물심리사회 모델은 엄격한 과학으로 완벽히 증명된 모델은 아니다. 왜냐하면 이 모델은 정확히 어떠한 요인이 건강에 영향을 미치는지, 또는 그러한 요인들이 서로 어떻게 관련되는지를 자세히 설명할 수 없기 때문이다. 즉, 이 모델을 통해 질병의 측정 가능한 결과에 대한 예측을 할 수 없다. 대신 생물심리사회 모델은 질병을 설명하고 치료하고자 할 때, 생물학적·심리적·사회적 요소를 조사하도록 권장하는 안내 역할을 한다. 그 결과, 이 책은 '생물심리사회적 모델'이 아닌 '생물심리사회적 접근법'이라는 용어를 채택하였다.

생물심리사회 접근법을 통해 스포츠 손상을 이해하는 것은 두 가지의 장점이 있다. 첫째, 생물학적·심리적·사회적 변수들의 상호작용은 스포츠 손상의 발생에 큰 영향을 미친다([그림 1-1] 참조). 생물학적 요인이 궁극적으로 부상의 원인이지만, 심리적·사회적 요인은 선수가 부상당하는 환경을 조성하는 데 영향을 미칠 수 있다. 앞서 타이렐의 사례에서 그가 부상을 입은 직접적인 원인은 발목에 가해진 물리적인 충격이었다. 그러나 그가 자신의 부상에 실제보다 심각하게 반응했던 이유는 심리적이고 사회적인 요인 때문이었다. 둘째, 스포츠 손상이 신체 기능뿐만 아니라 심리적·사회적 기능에도 영향을 미칠 수 있다는 것이다. 이는 리사의 사례에서 발목 부상 후 그녀의 위험한 결정과 동료 및 코치와의 상호관계 패턴에서 생생히 드러난다.

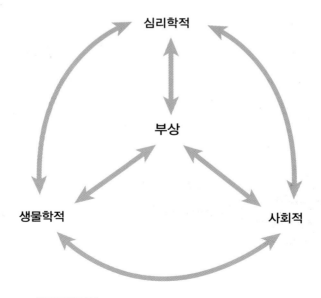

[그림 1-1] 스포츠 손상에 대한 생물심리사회적 접근

즉, 생물사회심리적 접근법의 각 요인(생물학적, 심리적, 사회적)은 스포츠 손상과 잠재적으로 관련된 다양한 요소를 포함한다. 이러한 여러 요소는 스포츠 손상의 생물학적 · 심리적 · 사회적 토대를 구성한다.

2. 생물학적 토대

스포츠 손상 이후 선수는 대부분 생물학적 현상을 경험한다. 선수가 부상을 입으면 우선 신체의 생물학적 구조가 손상되고, 생물학적 과정을 통해 회복된다. 스포츠 손상과 관련된 생물학적 사건은 심리적 · 사회적 요인의 영향을 받거나 영향을 미칠 수 있다. 하지만 스포츠 손상에 있어서 생물학적 요인의 우선성을 부정할 수는 없다. 스포츠 손상의 생물학적 토대는 부상의 특징, 치유 및 재활 과정, 부상과 관련된 신체 계통을 포함한다.

1) 스포츠 손상의 특징

스포츠 손상은 발생 기전, 위치, 유형 및 심각도를 포함한 다양한 생물학적 관점에 따라 분류된다. 손상 발생 기전의 측면에서 부상은 외상 또는 과사용과 관련된 것으로 분류된다. 외상성 손상은 외부 또는 내부 힘이 신체조직에 과도한 긴장을 줌으로써 힘이 제거된 후에도 조직의 변형이 지속되는 경우를 말한다(Prentice, 2011). 이러한 '매크로 트라우마' 부상은 일반적으로 선수의 부상 사실을 알아차릴 수 있는 단일 병리학적 사고로서 추적할 수 있다. 반면, 과사용으로 인한 손상은 장기간에 걸쳐 반복되는 병리학적 과부하가 신체조직에 미세한 파괴를 일으킬 때 발생한다. 과사용 손상에는 건염, 피로 골절이 포함된다(Flint, 1998; Peterson & Renström, 2001).

스포츠 손상의 위치별 분류는 다양하다. 가장 일반적인 수준으로 분류하면, 부상의 위치는 머리, 몸통, 상지, 하지로 구분된다. 더 구체적으로 분석하면, 부상 위치는 상

지 또는 하지 내의 특정 신체부위부터 신체부위 내의 구조물(무릎, 어깨 등), 현미경이
나 다른 최첨단 기술로 관찰할 수 있는 구조(전방십자인대, 관절와상완 관절 등)까지 확
대된다.

부상 위치는 부상 유형과 밀접하게 관련되어 있다. 예를 들어, 골절은 뼈에서 일어
날 수 있지만 근육에서는 일어날 수 없다. 골절 이외의 일반적인 부상 유형에는 근육
염좌, 인대 염좌, 관절 탈구, 근육 · 인대 · 힘줄의 파열, 혈종, 찰과상, 그리고 천공과
같은 다양한 연부조직 손상이 있다(Flint, 1998; Peterson & Renström, 2001).

심각도를 기준으로 한 스포츠 손상의 분류는 더 직관적인 면이 있다. 물론 중증으
로 분류된 부상은 경중으로 분류된 부상에 비해 더 광범위한 조직 손상이 있다고 생
각할 수 있다. 그러나 이러한 가정은 일부 신체부위에만 적용된다. 발목 외측 인대 손
상의 경우 부상 등급이 치료 결정에 영향을 미친다(Bahr, 2004). 하지만 다른 부상의
경우, 심각도 분류는 생물학적 기준보다 행동 기준을 따르기도 한다. 기능적 평가에
따른 부상 심각도를 평가할 때 생물학적 요인과 심리사회적 요인(예: 동기 부여, 통증
내성, 코치의 영향)이 얼마나 포함되는지는 명확하지 않다(Flint, 1998).

2) 치유와 재활 과정

스포츠 손상의 회복 및 재활 과정은 신체 내에서 일어난다. 이 과정은 주로 단일적
이면서도 연속적인 세 가지 단계로 분류할 수 있다.

- 염증 반응 단계
- 섬유 모세포 복구(증식) 단계
- 성숙−재형성 단계

주로 연부조직에 적용되는 이 단계를 설명하기 위하여 다양한 용어가 사용되었다.
첫 번째 단계에서 히스타민, 류코트리엔 및 사이토카인과 같은 화학물질의 상호작용

은 염증 반응을 일으킨다. 그런 다음 식세포가 손상 부위로 유도되어 상처를 청소한다. 두 번째 단계에서는 콜라겐 단백질 섬유가 침착되어 단단한 흉터가 형성된다. 마지막으로, 콜라겐이 재형성되어 손상되었던 조직의 모양과 기능이 정상적으로 회복된다(Prentice, 2011).

재활은 손상된 신체조직의 구조와 기능을 복원하며, 부상 선수의 기능적 수행력, 체력 및 경기력을 극대화한다. 앞서 살펴본 치유와 마찬가지로, 재활 또한 세 단계로 확인할 수 있다. 첫 번째 단계에서 재활은 조직 손상을 방지하고 통증과 염증을 완화하며, 부상 부위를 보호하는 것을 목표로 한다. 두 번째 단계에서는 스포츠 경기력에 중요한 기능을 감소시킬 수 있는 위축, 약화, 가동 범위의 제한을 최소화하는 데 중점을 둔다(Frontera, 2003). 이 단계에서 재활 운동은 유연성, 근력, 고유수용성 감각, 협응력 및 지구력을 높이기 위한 것이다(Frontera, 2003; Peterson & Renström, 2001). 세 번째 단계에서 재활은 선수가 스포츠 훈련 및 경기 복귀를 할 수 있도록 준비하는 것이다(Frontera, 2003). 두 번째 단계와 마찬가지로 세 번째 단계에서도 선수가 특정 동작이나 기술을 다시 습득하기 위한 행동이 두드러진다(Peterson & Renström, 2001).

3) 신체 계통

스포츠 손상과 관련된 다양한 신체 계통을 살펴보자. 대부분의 신체 계통은 상호 연관되어 있으므로 한 계통의 변화는 다른 계통들의 변화를 유도한다. 스포츠 손상과 가장 실질적으로 관련된 신체 시스템은 근골격계이다. 근골격계는 신체의 모양을 갖추는 동시에 장기를 보호한다. 그뿐 아니라 체성 신경계의 명령에 따라 동작을 수행하고 신체에 안정성을 제공한다. 뼈, 연골, 근육, 관절 및 힘줄, 인대로 구성된 근골격계의 손상은 전체 스포츠 손상의 약 80%를 차지한다(Zemper, 1993). 따라서 근골격계의 손상은 스포츠 손상 중 가장 흔한 증상이며, 재활과 회복 가능성을 의미하기도 한다.

신체 계통	스포츠 손상과 잠재적 연관성
순환기계	염증 단계의 성공에 기여, 조직 복구를 위한 영양소 공급
소화기계	치유에 필수적인 영양소를 세포에 전달
내분비계	(부상 전) 스트레스 및 부상 자체에 대한 반응 변화
피부계	흔한 부상 부위, 치료 기기가 접촉하는 부위
면역계	부상에 대한 염증 반응 촉진
근골격계	흔한 부상 부위, 재활 활동 수행, 기능적 행동을 통한 회복을 나타냄
신경계	부상 부위일 수 있음, 예방과 재활을 위한 인지 및 행동 개입을 중재
생식기계	유전적인 신체적 약화를 부모로부터 자손에게 전달
호흡기계	부상 후 훈련 부족으로 인한 호흡기계 기능 감소, 예방과 재활을 위한 심리적 개입법으로서의 호흡 운동

〈표 1-1〉 신체 계통과 스포츠 손상 사이의 잠재적 연관성

스포츠 손상에는 근골격계 이외에 순환기계, 소화기계, 내분비계, 피부계, 면역계, 신경계, 생식기계 및 호흡기계가 포함된다. 이 중 신경계는 스포츠 손상과 가장 뚜렷한 연관성을 가지고 있다. 그 이유는 신경계가 뇌진탕, 신경 압박과 같은 스포츠 손상을 일으키고, 부상 예방 및 회복을 위해 세심히 관리해야 할 계통이기 때문이다. 일례로, 스포츠 손상을 예방하고 재활하기 위한 인지 및 행동 개입은 중추 신경계, 특히 뇌와 척수를 통해 일어난다. 중추 신경계를 제외한 다른 신체 계통 또한 때때로 스포츠 손상을 경험하기도 한다. 〈표 1-1〉에서 볼 수 있듯이, 기타 계통들은 부상 예방 및 회복에 중요한 역할을 한다.

3. 심리적 토대

생물학적 기반과 마찬가지로 스포츠 손상은 여러 심리적 측면의 영향을 주고받는다. 특히 스포츠 손상과 직접적으로 관련된 심리적 영역에는 지각, 인지, 동기, 정서,

행동을 포함하여 다양한 개념이 포함된다. 자세한 내용은 〈표 1-2〉를 참조하면 된다.

〈표 1-2〉 스포츠 손상과 관련된 심리적 측면

심리적 측면	스포츠 손상과 연관성
지각	선수가 근육통과 부상을 구분함
인지	
• 인지 구조	선수는 강인해야 한다는 믿음 때문에 치료 받는 것을 거부함
• 인지 내용	선수가 재활 운동을 하도록 스스로 격려함
• 인지 과정	
-기억	선수가 재활 운동하는 법을 잊어버림
-주의	선수가 부상의 신체 증상을 알아차리지 못함
-귀인	선수가 자신의 과사용 손상에 대하여 코치 탓을 함
-의사 결정	선수가 통증 치료를 받기로 결심함
정서	선수가 부상 이후 슬픈 정서를 느낌
동기	선수가 시즌이 시작하기 전 재활을 완료하고 싶은 의욕을 느낌
행동	부상 위험을 높이는 선수의 과격한 경기 스타일
학습	선수가 스트레스를 줄이기 위한 기법을 습득하여 부상 취약성을 줄임
성격	낙관적인 선수는 긴 재활 기간 동안 인내함
정신 병리	선수가 부상 회복 기간 동안 스포츠에서 느끼던 스릴을 위험한 도박으로 대체하고, 그 이후에도 도박을 지속함

1) 지각

지각이란 입력된 감각을 해석하거나 이해하는 과정이며, 스포츠 손상과 근본적인 관련이 있다. 실제로 지각은 선수가 자신의 특정한 느낌이 단순 불편감, 통증, 피로, 과부하 또는 기타 원인이 아니라 부상 때문이라는 사실을 처음 인지하는 과정이다. 물론 코치 및 스포츠 건강관리 전문가가 초기 진단을 하기 위해서는 객관적인 방법이 사용되지만, 선수의 부상 지각은 일차적으로 부상을 식별하는 역할을 한다.

2) 인지

인지는 생각과 이해와 관련된 정신활동으로 구성된다. 스포츠 손상과 관련된 인지적 측면에는 구조, 내용 및 과정이 포함된다.

(1) 인지 구조

인지 구조는 생각이 정리되는 방식과 연관이 있다. 생각은 마음에 무작위로 흩어져 있지 않다. 비슷한 생각은 종종 스키마 또는 신념으로 알려진 구조로서 범주화된 상태로 존재한다. 예를 들어, 우리가 자동차를 볼 때, 이미 우리가 알고 있는 자동차에 대한 사실과 연관 지어 자동차에 대한 정보를 처리한다. 우리 뇌는 자동차에 대한 스키마를 사용하여 자동차를 인식하고 생각하는 과정을 간소화할 수 있다. 스키마는 주로 처리해야 하는 정보가 너무 많을 때 유용하게 작용한다.

스포츠 손상의 맥락에서 인지 구조는 활성화되는 특정 신념에 따라 촉진 또는 악화가 나타날 수 있다. 자신의 부상을 파악한 선수는 스스로 의학적으로 지원받아야 한다는 믿음을 가지고 스포츠 건강관리 전문가에게 치료를 요청할 것이다. 그와 반대로, 부상을 정신적으로 버티고 맞서 싸워야 한다고 믿는 선수의 경우, 그는 스포츠 건강관리 전문가의 치료를 미룰 수 있다. 두 선수의 행동은 신체적 증상 자체가 아니라 부상에 대한 믿음과 인지 과정에 의해 결정된다.

(2) 인지 내용

인지 내용은 사람이 무엇을 생각하는지를 말한다. 인지 내용은 사람의 생각, 이미지 및 내적 대화(자기 대화)를 포함한다. 인지의 이러한 측면은 스포츠 손상에 있어서 매우 중요하다. 그 이유는 일부 경우에서 인간의 기능에 영향을 미치는 것은 인지 구조가 아니라 생각 그 자체이기 때문이다. 인지 내용은 감정 수준과 기능 측면에서 다양할 수 있다. 특히 인간은 자기 암시에 많은 영향을 받는다. 긍정적·부정적 자기 암시는 정서에 직접적인 영향을 미칠 뿐 아니라 특정한 방식으로 사람의 내면세계를 형성한다.

부정적 자기 암시는 자신을 슬프거나 우울하게 만들 수 있다. 반면, 긍정적 자기 암시는 자신의 기분을 좋게 만든다. 기능과 관련한 일부 인지는 개인에게 순수하게 정보를 제공한다. 가령, 한 선수가 '매일 3세트의 재활 운동을 해야 한다.'라고 생각한다면, 이것은 인지가 기능에 영향을 미친 경우이다. 일부 인지는 동기 부여 목적을 제공한다. 즉, 이 경우 선수는 재활 운동을 하는 자신의 기분을 끌어올리기 위하여 '힘내, 강하게 밀고 끝내!'와 같은 생각을 할 것이다. 인지 내용은 응용적 관점에서 스포츠 손상 예방 및 재활을 위한 심리적 개입의 진입점으로 자주 사용된다.

(3) 인지 과정

인지 과정은 인간의 생각과 인지 방식, 인지 체계 내에서 정보를 입력, 저장, 변환 및 출력하는 방법을 말한다. 특히 스포츠 손상과 관련된 인지 과정에는 기억, 주의 집중, 귀인 그리고 의사결정이 포함된다. 기억은 정보를 보관하고 불러오는 것이다. 예를 들어, 선수가 부상 사건의 세부 상황을 기억하거나, 재활 운동을 잊거나, 뇌진탕 후 기억을 상실하는 경우, 기억은 스포츠 손상에 영향을 미친다. 반대로, 주의 집중은 내적 또는 외적 환경의 측면에 선택적으로 집중하거나 주목하는 것을 말한다. 개인의 주의 집중 정도 또한 다양한 방식으로 스포츠 손상을 유발할 수 있다. 예를 들어, 산만함은 선수가 스포츠 경기 중에 부상을 당할 위험을 높인다. 반면, 산만함은 재활 중 통증 감각에 대한 선수의 인식을 감소시킬 수 있다. 귀인은 사람이 행동과 사건의 원인을 설명하는 과정이다. 예를 들어, 선수는 귀인적 사고를 통해 부상 발생과 회복에 대한 책임을 설명한다.

의사결정은 부상 발생 전부터 재활 후 스포츠 복귀 과정까지 스포츠 손상과 전반적인 관련이 있다. 예를 들어, 선수의 의사결정은 부상에 직접적인 영향을 미친다. 부상당한 선수는 코치 및 스포츠 건강관리 전문가에게 부상에 대해 알릴 것인지, 통증이 있는데도 훈련할 것인지, 재활치료를 따를 것인지, 훈련을 재개할 것인지에 대해 결정해야 한다. 선수는 상황, 환경 및 문제에 대한 의사결정의 자율성을 가진다. 선수는 자신의 의사결정 과정을 부모, 코치, 스포츠 건강관리 전문가 또는 관리자와 공유할 수 있고, 그러지 않을 수도 있다. 그 예로 대학 선수의 사례를 들 수 있다. 뇌진탕을 당한 대학 선수는 허벅지 단순 타박상을 당한 선수보다 복귀에 관한 결정을 할 때 의사결정 참여도가 낮을 것이다.

3) 정서

정서는 생리적 각성, 표현된 행동 및 경험된 느낌을 포괄하는 심리생리학적 상태이다. 스포츠 손상과 관련하여 정서는 선수가 부상 적응과 회복 과정에서 마주치는 난관에 대한 접근 방식과 관련이 깊다. 정서는 부상 자체로 인해 발생할 뿐만 아니라 수술, 재활 지연 또는 성공적인 스포츠 복귀로 의해 새롭게 나타날 수도 있다. 제2장에서 논의하겠지만, 정서는 부상의 발생에도 연관될 수 있다.

4) 동기

동기는 개인의 외적 동기 또는 내적 동기에서 비롯되는 행동을 유도하고 지시한다. 동기는 스포츠 손상 발생 전부터 시작하여 재활 종료 및 스포츠 복귀에 걸쳐 전반적으로 스포츠 손상과 관련이 있다. 즉, 동기는 선수를 부상이 유발되는 위험천만한 상황에 몰아넣을 뿐 아니라, 선수가 불굴의 의지로 재활을 완수하고, 이후 스포츠 복귀를 재개하도록 한다.

5) 행동

동기와 마찬가지로 행동은 스포츠 손상과 깊은 연관이 있다. 과도하게 훈련하거나 무모하게 경기를 펼치는 선수는 부상 위험이 증가한다. 한편, 부상 후 활동을 줄이고, 처방된 약물을 성실히 복용하는 선수는 빠르게 회복할 수 있다. 마찬가지로, 점진적이고 완전한 훈련을 하는 선수는 부상 가능성을 줄일 수 있다. 과도한 훈련, 위험한 플레이, 적절한 활동, 약물 복용 준수 등의 요소는 신체적 변수일 수 있지만 직접적인 행동이 없다면 그 결과는 나타나지 않는다. 즉, 신체적 특성 또는 행동의 결과는 선수의 부상 위험, 회복 시간 및 재부상 위험에 영향을 미치지만, 행동이라는 매개를 통해서만 나타날 수 있다.

6) 통합 개념

스포츠 손상의 심리적 토대는 여러 심리적 요소를 결합한다는 점에서 주목할 만하다. 이와 관련된 세 가지 예로 학습, 성격, 정신병리를 들 수 있다. 학습은 경험의 결과로 형성된 행동과 정신 과정의 영구적인 변화이다. 동기 및 행동과 마찬가지로 학습은 스포츠 손상의 전반에 걸쳐 존재하며, 학습은 스포츠 손상에 긍정적 혹은 부정적 영향을 미칠 수 있다. 예를 들어, 선수는 부상 위험을 줄이기 위하여 스트레스에 대처하는 방법을 배울 수 있다. 반면, 선수는 기술적 또는 전술적으로 부상에 취약한 나쁜 습관을 학습할 수 있다. 선수는 특정 상황이나 동작을 통증과 연관 짓고, 재활 운동 회피를 합리화하는 전략을 세우는 등의 반응을 학습할 수 있다.

성격은 개인의 고유한 인지, 정서 그리고 행동 패턴을 말한다. 즉, 성격은 개인의 일관된 사고, 느낌 및 행동방식으로 구성된다. 성격은 스포츠 손상 결과와 직접적인 관련은 없으나, 스포츠 손상 결과와 밀접하게 관련된 인지, 정서 및 행동을 촉진하는 것으로 여겨진다.

정신병리는 비정상적인 행동과 정신 과정을 말한다. 우울증과 불안 증세와 같은 정신병리학적 상태는 선수에게 부상, 재활 프로그램 회피 등을 초래하는 중요한 인지, 정서, 행동 및 생리학적 요소로 특징지어진다.

적용 초점

스포츠 손상과 밀접하게 연관된 심리적 토대

　　스포츠 손상은 다양한 심리적 요인과 상호 연관이 있다. 여러 심리적 요인은 그 자체로 서로 밀접하게 연관되어 있고 스포츠 손상에 많은 영향을 미친다. 한 신체 계통에 대한 의학적 개입이 다른 신체 계통에 영향을 초래할 수 있는 것처럼, 한 심리적 요인에 대한 개입은 다른 심리적 요인에도 영향을 미칠 수 있다. 다시 말해, 선수의 인지 내용을 개선하도록 개발된 치료는 인지 기능뿐 아니라 정서적·행동적 기능에도 영향을 미칠 수 있다. 즉, 선수의 인지 내용을 긍정적으로 향상하면 정서적으로 기분이 좋아지고 행동에 활력을 줄 수 있다. 심리적 개입을 주로 실행하는 전문가는 그러한 상호 관계를 예상할 뿐 아니라 되레 확신하기까지 한다. 따라서 생물심리사회적 접근법을 통해 생물학적·심리적·사회적 요인을 잘 융합한다면 임상 적용에서 탁월한 효과를 발휘할 수 있다.

4. 사회적 토대

　　표면적으로 사회적 요인은 생물학적·심리적 요인과 비교했을 때 스포츠 손상과 직접적인 연관이 없는 것처럼 보인다. 일각에서는 사회적 요인이 선수의 외부에 존재하여 생물학적·심리적 요인보다 스포츠 손상에 더 적은 영향을 미친다고 주장한다. 그러나 사회적 요인은 스포츠 손상에 많은 영향을 미친다. 사회적 요인은 선수의 부상 이전 상태부터 부상 후 복귀에 이르기까지 스포츠 손상의 모든 측면을 포괄하기 때문이다. 나아가 스포츠 손상에 대한 사회적 영향은 선수를 둘러싸고 있는 문화적 맥락과 사회적 관계를 통해 선수에게 큰 영향을 미칠 수 있다.

1) 위험 문화

　　스포츠 환경에서 선수는 독특한 가치, 규범, 역할 및 기대로 표현된 문화에 사회화된다. 코치, 팀 동료, 부모 및 미디어로부터 선수는 '스포츠 윤리'를 배우고 내재화한다. Hughes와 Coakley(1991)는 스포츠 윤리가 진정한 선수로서 평가되는 기준을 제시하였다. 그들의 정의에 따르면, 진정한 선수는 스포츠를 위해 희생하고, 탁월함을 추구하고, 위험을 감수하며, 통증을 견디며, 나아가 '한계를 받아들이는 것'을 거부하는 사람들이다.

스포츠 윤리의 기준은 스포츠 손상에 영향을 준다. 선수는 다른 선수보다 자신의 탁월함을 선보이기 위해 기꺼이 자신을 위험에 빠뜨리고, 통증을 감수하며 훈련과 시합을 수행한다. 자신의 한계를 받아들이는 대신 모든 역경에 맞서 자신의 목적을 달성하기 위해 신체를 과도하게 사용할 수 있다. 이렇듯 희생과 목표 추구를 위한 맹목적인 생각은 실제로 흔히 존재하는 스포츠 문화의 특징이며, 스포츠 사회에 의해 강화된다(Frey, 1991; Nixon, 1992).

(1) 특성

Nixon(1992)은 엘리트 선수들이 '위험 문화'에 살고 있다고 묘사했다. 위험 문화의 특징은 다음과 같다.

- 선수는 통증과 부상이 없는 스포츠란 존재하지 않는다고 배운다.
- 통증을 무시하고 통증을 견디고 경기하도록 권장된다.
- 자신과 팀 동료의 부상에 대해서 함구하도록 강요받는다.

일반적으로 폐쇄적인 스포츠 사회 환경에서 선수는 다른 동료들과 교류하는 데 많은 시간을 보낸다. 이런 상황에서 흔히 선수는 팀을 위해 통증과 부상을 감수하고 경기에 참여하는 선수를 미화하는 환경에 노출된다. 그들의 행동에 대한 미화는 주로 남자 선수의 남성 정체성에 대한 확신으로 여겨져 왔다(Messner, 1990, 1992; Young, 1993; Young, White, & McTeer, 1994). 특히 미식축구, 권투, 럭비, 레슬링과 같은 과격한 스포츠에 참가하는 선수가 남성성을 과시하기 위하여 통증을 숨긴다(Young et al., 1994). 남자 선수는 통증을 노골적으로 표현하거나, 부상으로 인하여 경기에 불참하는 것이 곧 남성성을 의심받는 일이 될 수 있다. 실제로 전설적인 내셔널 풋볼리그 감독인 빌 파셀스(Bill Parcells)가 부상을 당한 와이드 리시버 테리 글렌(Terry Glenn)을 '그녀'라고 부르며 조롱한 사례에서 이러한 사실을 확인할 수 있다.

위험 문화는 남자 선수에게만 국한되지 않는다. 여자 선수도 마찬가지로 시합 출전을 확보하고, 스포츠 환경에서 기대되는 행동을 하기 위해 부상이나 통증을 억지로 참아 내는 상황에 내몰리는 것으로 밝혀졌다(Madrigal, Robbins, Gill, & Wurst, 2015; Malcom, 2006; Young & White, 1995). 반면, 남성과 여성이 스포츠에서 통증과 부상에 접근하는 방식에는 차이가 존재한다. 여자 선수는 남자 선수와 비교했을 때 부상을 더 많이 경험하는 경향이 있다. 더불어 여자 선수는 부상으로 인한 신체적 변화가 그들의 매력과 성 정체성을 위협한다고 생각했으며, 통증과 부상 경험을 동료와 더 많이 공유하는 경향이 있다(Charlesworth & Young, 2006).

(2) 전파

연구자들은 선수가 스포츠 윤리의 가치와 신념을 인식하고 받아들이는 과정에 관해 연구를 지속하고 있다. 따라서 선수가 스포츠 윤리의 가치와 신념을 받아들이는 과정에 대해 여러 추론이 가능하다. 하지만 대부분 스포츠 문화는 미디어와 선수의 주변 사람에 의해 전달된다는 것이 분명하다. 이 두 집단은 모두 선수가 문화정보를 내면화하는 데 중요한 역할을 한다. 특히 선수는 인쇄 매체, 텔레비전, 영화, 인터넷 콘텐츠를 통해 비슷한 메시지에 노출된다. Nixon(1993a)은 미국 유명 잡지인 『Sports Illustrated』의 22년 이상의 기사 내용을 분석하였고, 통증, 부상, 장애와 관련된 문제를 다룬 243개 항목을 확인하였다. Nixon은 이에 기초하여, "선수는 통증과 부상이 있더라도 가능한 경기를 뛰어야 하고, 심각한 부상을 당했더라도 가능한 한 빨리 복귀하려고 노력해야 한다는 메시지에 노출된다."라는 결론을 내렸다.

또한 선수는 스포츠 모임의 동료 구성원들로부터 스포츠 윤리와 위험 문화에 대해 더 직접적이고 개인적인 정보를 받는다. Nixon(1992)은 스포츠 환경에서 사회적 관계망의 구성원을 연결하는 상호작용의 망을 지칭하기 위해 스포츠넷(sportsnets)이라는 용어를 사용했다. Nixon(1992)에 따르면, 스포츠넷은 위험 문화에 대한 정보를 선수에게 전달하는 수단이다. 엘리트 스포츠에서 스포츠넷은 스포츠 관리자, 코치, 스포츠 건강관리 전문가 그리고 선수로 구성된다. 특정 스포츠넷의 구성원들은 팀의 승리와 같은 공통적인 목표를 추구하지만, 각자의 역할에 따라 다양한 동기를 형성할 수도 있다. 지금부터 이러한 역할에 대해 자세히 살펴보겠다.

① 스포츠 관리자

스포츠 관리자는 스포츠넷에서 강력한 역할을 수행한다. 총감독, 집행 이사, 단장 및 구단주 등이 스포츠 관리자에 해당한다. 이들은 선수와 거의 직접적으로 접촉하지는 않지만, 일반적으로 제도적 정책과 절차를 수립하고, 스포츠 환경에서 상당한 통제력을 발휘한다. Nixon(1992)은 스포츠 관리자와 기관이 스포츠의 본질적 위험을 회피하고, 위험에 대한 책임을 선수에게 전가하려 한다고 주장했다. 결과적으로, 선수는 단지 게임의 일부로서 경기장에서 위험에 노출되지만(Frey, 1991), 스포츠 관리자는 위험으로부터 격리되거나 보호된다.

② 코치

일반적으로 코치는 스포츠 관리자보다 선수와 광범위하게 접촉하며 스포츠넷에서 중심적인 역할을 한다. 그들은 선수의 상황을 스포츠 관리자에게 보고함과 동시에 선수와 팀을 통솔하기 때문이다. 선수와 팀이 좋은 성적을 낼 때, 코치와 선수 모두 보상을 받는다는 점에서 코치의 인센티브는 그들이 지도하는 선수의 인센티브와 일치한다. 즉, 코치의 운명은 자신이 감독하고 있는 선수와 팀의 경기 결과에 달렸다. 따라서 코치는 승리를 위해 선수가 통증을 참고 경기를 뛰게 하거나 부상 이후 너무 빨리 복귀하도록 종용할 수 있다. 코치는 선수의 시합 출전과 선수의 팀 내 지위에 관한 막강한 권한을 가지고 행사한다. 이러한 상황은 선수가 자신의 부상을 돌보지 않고 경기하는 것을 감수해야 한다고 느끼게 할 수 있다(Nixon, 1992).

시합 상황이 통증과 부상에 대한 코치의 행동에 영향을 준다는 가설은 Flint와 Weiss(1992)의 연구에 따라 뒷받침되었다. 연구에 따르면, 고등학교와 대학의 농구 코치들은 부상당한 선수의 경기 복귀 여부를 선수 상태와 경기 상황을 고려하여 판단한 것으로 조사되었다. 구체적으로, 코치들은 점수가 아슬아슬한 상황에서는 부상당한 선발 선수들을 경기에 투입했고, 반면 승패를 떠나 경기 결과가 확실히 정해졌을 때는 부상당한 선발 선수를 벤치에 앉히는 경향이 있었다. 반면, 부상당한 후보 선수에 대해서는 정반대 결과가 나왔다. 즉, 코치는 승리가 확실할 때는 부상당한 후보 선수를 경기 상황으로 보내고, 경기 결과가 불확실할 때는 벤치에 두는 경향이 있었다. 이 결과는 최고의 시합 결과를 달성하기 위해 선수의 경기 시간을 할당하는 코치의 역할을 반영한다.

위험 문화에서 코치의 역할에 대해 더 자세히 알아보기 위해 Nixon(1994a)은 26명의 대학팀 코치를 대상으로 스포츠에서 위험, 부상, 통증과 관련된 31개의 진술에 대한 설문 조사를 실시하였다. 대부분의 코치는 "고통 없이 얻어지는 결실은 없다." "통증을 참고 부상을 견디며 경기하는 선수가 존경받을 자격이 있다." "부상과 통증을 참는 것은 선수의 성격과 용기를 보여 준다."와 같은 진술에 대해 완전한 동의 또는 조건부 동의를 표명했다. 설문에 대한 코치들의 대답은 선수의 통증과 부상이 정당화되는 환경과 일치하였다. 그러나 응답자들은 상당수의 진술에 대하여 조건부 동의 또는 조건부 비동의를 보였다. 따라서 Nixon은 다수의 코치가 스포츠에서의 통증과 부상에 대해 양면성을 가지고 있으며, '위험-통증-부상의 역설'에 빠진다고 결론지었다. 이와 관련하여 코치들은 스포츠 선수는 자신의 신체적 한계를 시험해야 한다면서도, 정작 선수가 자기 신체에 과도한 위험을 가하는 것을 원하지 않는다고 말했다.

Nixon(1994a)은 이 연구 결과가 설문에 대한 코치의 행동 자체보다는 신념에 있다는 것에 주목했다. 이 연구와 Flint와 Weiss(1992)의 연구 결과를 함께 고려하면, 코치는 스포츠를 위해 선수가 건강 위험을 어느 정도 감수해야 한다고 생각하지만, 상황에 따라서 자신의 기준을 바꿀 수도 있는 것으로 보인다.

③ 스포츠 건강관리 전문가
의료진은 코치가 경험하는 것보다 훨씬 더 빨리 위험-통증-부상의 역설(Nixon,

1994a)에 직면한다. 선수의 건강을 보장해야 하는 스포츠 건강관리 전문가는 부상당한 선수의 건강을 회복시켜야 할 뿐만 아니라, 그들을 경기장에 최대한 빨리 복귀시켜야 한다. 이 명백한 역설은 다양한 스포츠 건강관리 전문가를 대상으로 한 질적 연구에서 보고되었다. 이 연구에서는 스포츠 의학 의사, 물리 치료사(Safai, 2003; Waddington, 2006), 학생 선수 트레이너(Walk, 1997)를 대상으로 인터뷰를 시행하였다. 그 결과, 스포츠에서 위험, 통증 및 부상에 대한 수용과 관용이 스포츠 건강관리 전문가 사이에 대부분 존재하고 있었다. 이 연구 결과는 스포츠 건강관리 전문가 또한 위험 문화로부터 결코 자유로울 수 없음을 보여 준다.

일부 스포츠 건강관리 전문가는 의학적 권장보다 더 빨리 선수를 스포츠 경기에 복귀시켜야 한다는 압력을 코치들에게서 받은 적이 있다고 보고하였다. 실제로 어느 정도 불편한 타협을 했던 경우도 있었다(Waddington, 2006). 이러한 압력에도 불구하고, 스포츠 건강관리 전문가들은 선수에게 최고의 의학적 효과를 위한 서비스를 제공하는 데 집중한다고 보고했다(Safai, 2003; Walk, 1997). Flint와 Weiss(1992)는 이와 같은 주장에 대한 근거를 마련했다. 그들은 고등학교 및 대학 농구팀과 함께 일하는 선수 트레이너들을 대상으로 앞서 코치들에게 시행했던 연구를 진행하였다. 그러나 코치의 결정과는 달리, 농구 선수의 부상 후 경기 복귀에 대한 선수 트레이너의 결정은 선수 상황이나 경기 상황에 영향을 받지 않았다.

또한 Safai(2004)에 따르면, 스포츠 의학 분야의 의사와 물리 치료사는 스포츠넷의 지배적인 사회 환경에 영향을 받을 뿐만 아니라, 그들의 행동이 사회적 환경에 영향을 미칠 수 있다고 주장했다. 실제로 Safai(2004)는 스포츠 건강관리 전문가가 부상에 대한 합리적 위험을 고려하는 환경을 조성하는 문화를 구축하여 어느 정도 부상을 예방할 수 있다고 제안했다. 이를 위험 문화와 반대되는 '예방 문화'라고 지칭할 수 있다. 예방 문화는 이미 두부, 뇌 손상의 경우에 있어 일정 부분 명확하게 시행되고 있다. 스포츠 건강관리 전문가는 두부 및 뇌 손상 후 경기 참가에 대하여 의학적 판단 이외의 예외를 허용하지 않는다(Safai, 2003). 스포츠 손상의 사회문화적 측면에 대한 자세한 내용은 이 장의 연구 초점 상자를 참조하길 바란다.

④ 선수

선수는 심각한 부상 후에도 경기로 복귀할 수 있어야 하고, 통증과 부상의 위험을 받아들이거나 무시할 수 있어야 한다고 배운다. 이 사실은 스포츠에서의 위험, 통증 및 부상과 관련하여 캐나다, 영국 및 미국의 엘리트, 비엘리트 선수의 행동과 신념에 관한 연구 결과에서 확인할 수 있다(Liston et al., 2006; Nixon, 1994b; Safai, 2003; Young et al., 1994). 통증과 부상이 스포츠 참여에서 정상적인 부분이라는 생각은 선수들 사이에서 대부분 수용되는 것으로 보인다.

Nixon(1992)은 선수는 스포츠넷의 다른 구성원으로부터 위험 문화의 가치와 신념으로 편향된 메시지를 받는다고 주장했다. 스포츠넷의 다른 구성원은 선수를 외부 사회로부터 고립시키기 위해 유착하여 폐쇄적 시스템을 구성한다. 결국 선수는 통증을 견디고 경기를 뛰어야 하는 상황에 내몰린다. 이 주장을 뒷받침하는 근거는 156명의 대학 선수를 대상으로 한 설문 조사에서 확인할 수 있었다(Nixon, 1994b). 거의 절반 정도의 선수(49%)가 코치로부터 다쳐도 경기를 뛰어야 한다는 압박감을 느낀다고 대답했다. 또한 선수들의 41%는 팀 동료로부터 같은 압박감을 경험했고, 17%는 트레이너로부터 압박감을 받았다고 대답했다.

선수를 외부 영향으로부터 고립시키기 위하여 스포츠넷 구성원이 공모한다는 Nixon(1992)의 주장은 근거가 부족한 상태이다. Walk(1997)와 Roderick(1998)은 Nixon(1992)과 반대되는 주장을 펼쳤다. Walk(1997)는 선수들이 흔히 자신의 스포츠넷 외부에서 의학적 치료받고 있음을 밝혔다. 나아가 선수들은 코치로부터 통증을 참고 경기하라는 압력을 경험할 수 있지만, 그 압력이 스포츠넷 전체에 걸쳐 조직적·일관된 방식으로 실행되지 않는다는 근거를 제시하였다. Roderick(1998)은 관련 자료를 검토한 후 통증과 치명적인 부상의 위험이 단순히 코치, 경영진, 구단주 및 다른 '힘 있는' 개인들의 계획된 의도라고 생각할 수 없다며, 스포츠넷이 선수를 음해하려 공모했다는 개념을 부인했다.

전반적으로 선수는 위험 문화에 영향을 받지만, 그들은 또한 위험, 통증 및 부상에 직면하여 자율적으로 행동할 수 있다. Walk(1997)는 "우리는 선수가 자기 몸에 대한 주권과 책임을 제대로 행사하지 못하는 주체로 간주해서는 안 된다."라고 말했다. Walk(1997)는 선수가 의학적 권고를 무시하고, 코치와 스포츠 건강관리 전문가에게 부상을 숨김으로써 자신의 재량에 따라 훈련할 수 있는 상대적인 자유가 있음을 증명하였다. Safai(2003)의 인터뷰 내용에 따르면, 선수들은 통증이 있지만 스포츠 참여가 불가능하지 않은 상태에 대한 치료 시기와 상황에 대하여 스스로 결정한 경험한 적이 있다고 보고했다.

연구 초점

위험 문화에 대한 연구 기록

   1980년대 중반부터 1990년대 중반까지 부상과 통증의 사회문화적 측면은 스포츠 사회학에서 중대한 주제였고, 관련 주제에 관한 논문이 전문 저널에 정기적으로 실렸다. 특히 이 주제에 대하여 여러 논문을 발표한 3인의 학자는 스포츠에서 통증과 부상과 관련된 다양한 사회적 문제를 조사하였다. 이를 통해 그들은 후속 연구자들을 위한 이론적·실험적 기반을 마련하였다. Curry(1986, 1993; Curry & Strauss, 1994; Strauss & Curry, 1983)는 엘리트 레슬링 선수들을 대상으로 통증, 부상, 사회적 요인을 조사하는 연구를 성공적으로 시행하였다. Young(1991, 1993; Young & White, 1995; Young et al., 1994)은 Curry의 뒤를 이어 스포츠의 부상과 위험에 대한 성역할에 관한 연구를 하였다. Nixon(1992, 1993a, 1993b, 1994a, 1994b, 1996a, 1996b)은 스포츠 영역의 통증과 부상을 사회학적 관점에서 논의한 7개의 논문을 발표했다. Nixon은 스포츠 영역에 스며들어 있는 위험 문화를 설명한 것으로 잘 알려졌다. 그는 이 주제에 관한 놀라운 연구 결과물을 발표하였다.

   위험 문화는 스포츠에서 위험, 통증 및 부상에도 불구하고, 선수가 경기를 뛰어야 한다는 사실을 강조한다(Nixon, 1992). 후속 연구는 선수와 스포츠 사회적 관계망의 구성원들이 위험 문화와 관련된 가치와 신념을 수용하는 것에 대한 Nixon의 생각을 검증하였다(Liston, Reacher, Smith, & Waddington, 2006; Safai, 2003; Walk, 1997).

   스포츠 사회적 관계망이 어떻게 운영되고 선수들에게 위험 문화를 어떻게 전달하는지에 대한 Nixon의 주장에 대하여 반론이 있었다. Walk(1997)는 학생 선수의 스포츠 사회적 관계망이 격리되어 있고, 위험 문화를 공유하며, 음모적이라는 생각에 의구심을 가진다고 언급하며 Nixon의 주장에 의문을 제기하였다(Roderick, 1998).

   그 후 수십 년 동안 스포츠에서 통증과 부상의 사회문화적 영역은 여러 저서(예: Howe, 2004; Loland, Skirstad, & Waddington, 2006; Young, 2004)가 출판되면서 스포츠 사회학의 주요 요소로 남아 있다. 학술적 생산 속도는 1990년대 중반 이후로 느려졌을 수 있으나 현재도 많은 연구자가 이 주제를 탐구하고 있다. 일례로, Loland 등(2006)의 저서는 7개국의 학자들이 관여하였고, 이 주제에 대한 광범위한 관심이 반영되었다. 최근 스포츠 뇌진탕에 대한 대중의 인식과 과학적 연구가 폭발적으로 증가하였다. 이로 인해 스포츠 뇌진탕과 관련된 사회문화적 이슈 또한 관심을 받았으며, 여러 연구에서 선수의 뇌진탕 증상 표현 의지와 관련된 요인을 조사하였다(Davies & Bird, 2015; Kerr, Register-Mihalik, Kroshus, Baugh, & Marshall, 2016).

연구자들은 스포츠 손상에서 사회문화적 현상의 심리적 영향을 오랫동안 인식해 왔다(Flint & Weiss, 1992; Wiese-Bjornstal, Smith, Shaffer, & Morrey, 1998). 하지만 심리적 관점에서 상기 주제를 조사한 연구의 수는 매우 적으며, 다음과 같은 중요한 질문에 대한 명확한 답이 아직 없는 상태이다. 선수는 어떠한 과정을 통해 위험 문화를 내면화하는가? 선수는 자신의 건강에 도움이 되는 조치와 스포츠 요구 사항 사이의 균형을 맞추는 방법을 어떻게 배우는가? 선수가 부상을 견디고 경기를 하기로 한 결정과 코치와 스포츠 관리자가 허용하는 결정의 기초가 되는 인지 과정은 무엇인가? 스포츠의 본질을 근본적으로 바꾸지 않고 위험 문화를 개선할 수 있는가? 이러한 질문에 대한 답변은 전문적 스포츠 영역에 영향을 미치므로 스포츠 과학자가 관심을 가질 필요가 있다.

2) 사회적 지원

선수의 사회적 상호작용이 모두 위험 문화와 관련된 것은 아니다. 대부분의 선수는 위험, 통증, 부상 이외의 문제로 타인과 접촉한다. 또한 선수의 관계 중 일정 부분은 사회적 지원으로 분류될 수 있다. 사회적 지원은 다양한 측면에서 평가된다. 이러한 평가 측면으로는 사회적 관계의 수, 지원을 받을 수 있다는 인식, 실제로 받는 지원(House & Kahn, 1985), 수혜자의 웰빙을 향상시키는 사람들 간의 자원 교환(Richman, Rosenfeld, & Hardy, 1993; Shumaker & Brownell, 1984), 정서적 위안, 물질적 도움 또는 정보 피드백을 제공하는 동료(Straub, 2012) 등이 있다. 사회적 지원을 정의하는 방식은 다양하지만, 사회적 지원은 다양한 영역, 제공자 및 기능을 포함할 수 있다.

(1) 사회적 지원의 영역

심리학에서는 인간이 서로를 지원하는 방법을 설명하기 위하여 다양한 스키마가 제안되었다. 이러한 스키마의 공통 요소에는 정서적 · 정보적 · 실질적(Hardy, Burke, & Crace, 1999) 지원이라는 세 가지 종류가 있다. 정서적 지원은 다른 사람을 돌보고, 위로하며 소속감을 주고, 경청하고, 관심과 공감, 심리적 안정감을 표시하는 것이다. 정보적 지원은 정보, 조언, 지도 등의 제공을 의미한다. 반면, 실질적 지원은 물질적 재화, 금전적 도움 및 개인적 서비스를 제공한다. 선수는 다양한 제공자로부터 여러 형태의 사회적 지원을 받는다.

(2) 사회적 지원의 제공자

선수를 위한 사회적 지원의 제공자는 코치, 스포츠 관리자, 스포츠 건강관리 전문가 및 다른 선수와 같은 스포츠넷의 구성원과, 연인, 주요 타자, 친구, 가족 등의 스포츠넷 외부인으로 구성된다. 이러한 제공자는 선수에게 다양한 종류의 지원을 제공할 수 있다(Rosenfeld, Richman, & Hardy, 1989). 예를 들어, 대학생 소프트볼 선수는 연인, 친구 또는 주요 타자로부터 정서적 지원을 받을 것이다. 반면, 선수는 코치와 선수 트레이너로부터 정보적 지원을 기대할 수 있을 것이다. 부모 및 다른 가족 구성원으로부터는 실질적 지원을 구할 수 있다.

(3) 사회적 지원의 기능

사회적 지원은 신체적 · 심리적 웰빙에 도움이 되는 것으로 알려져 있다(Hardy et al., 1999). 이러한 혜택은 건강 증진, 스트레스 완화 효과를 통해 직간접적으로 발생한다(Cohen & Wills, 1985). 생물심리사회적 관점에서 사회적 지원은 건강 증진 행동과 심혈관, 면역 및 신경 내분비 기능(Uchino, Cacioppo, & Kiecolt-Glaser, 1996; Uchino, Uno, & Holt-Lunstad, 1999)과 긍정적으로 연관되어 있어 건강과 웰빙을 증진하는 데 기여할 수 있다. 사회적 지원은 또한 스트레스 요인 자체를 약화하고, 개인이 스트레스를 받는 상황을 더 잘 대처할 수 있게 한다. 나아가, 신체적 및 정신적 건강에 대한 스트레스 요인의 영향을 감소시킨다. 예를 들어, 빚을 지고 있는 선수에게 재정적 지원을 제공함으로써 문제 상황을 새롭고 건설적인 방법으로 보는 방안을 안내할 수 있다. 이렇듯 사회적 지원과 웰빙 사이의 관계는 스포츠 손상 발생, 대응 및 회복에 영향을 미친다.

5. 생물심리사회적 분석

이제 리사의 사례로 돌아가 이 장의 핵심 개념을 복습해 보자. 도입부에 제시한 리사의 사례를 생물심리사회적 견해에서 보면, 리사는 도마에서 착지할 때 생긴 급성 외상으로 인한 발목 부상을 경험하였다. 리사는 대학 선수권대회에 참가하려는 강한 의지로 체조 훈련에 참여함으로써 부상 부위에 반복적으로 충격을 주었다. 발목의 지속적인 스트레스는 회복을 더디게 하였다. 이에 그녀는 얼음찜질을 반복하고 많은 양의 진통제를 복용하였다. 리사가 자기 발목의 상태를 인정하고 의사에게 치료를 받기 전까지는 회복이 본격적으로 시작될 수 없을 것이다.

그녀는 발목의 통증 신호를 알아차렸지만, 통증을 무시하고 코치, 팀 동료, 스포츠 건강관리 전문가에게 부상을 숨겼다. 리사는 고통스러운 부상을 견디고 훈련하면서, 스포츠 윤리를 내재화하였다. 부상을 참아내며 시합에 나가는 것이 근골격계의 장기적·잠재적 위험을 감수할 만한 가치가 있다고 판단한 것으로 보인다. 리사는 룸메이트로부터 받은 약간의 도움 이외의 사회적 지원을 피했다. 따라서 생물학적·심리적·사회적 요인은 리사에게 발생한 상황과 이에 대한 그녀의 반응에 영향을 미치는 것으로 여겨진다.

6. 요약

스포츠 손상을 예방하고 잘 치료하기 위해 우리는 신체적 관점뿐만 아니라 심리적·사회적 요인 등도 고려해야 한다. 한동안 정신과 육체는 별개의 실체이고, 건강은 육체적 요인에 의해서만 영향을 받는다는 생물의학 모델이 지속되어 왔다. 그러나 최근 건강에 큰 영향을 미치는 정신의 역할이 다시 부상하고 있다. 고대 의료 체계의 기원에서도 알 수 있듯이, 우리는 건강 문제를 고려할 때 생물학적·심리학적·사회학적 요인을 함께 조사해야 한다. 이 접근 방식은 스포츠 손상의 발생, 스포츠 손상에 대한 선수의 심리적·사회적 반응, 부상 회복에 대하여 이해하는 데 중요한 역할을 한다.

스포츠 손상은 메커니즘(예: 매크로 외상, 마이크로 외상, 과사용), 유형(예: 염좌, 긴장), 위치(예: 상지, 하지), 심각도와 같은 여러 생물학적 측면에 따라 분류될 수 있다. 스포츠 손상의 치유는 염증, 섬유아세포 회복(흉터) 및 조직 재형성의 세 단계를 포함한다. 스포츠 손상의 재활은 통증과 부종을 줄이는 동안 조직 손상을 제한하고, 운동 범위, 힘, 균형의 정상적인 기능을 회복하여, 스포츠로 완벽히 복귀하는 것을 말한다.

선수의 치유와 안전하고 완전한 스포츠 복귀를 지원하기 위해 신체적·정신적·사회적 요인의 역할을 이해할 필요가 있다. 특히 스포츠 손상의 생물학적 계통(예: 근골격계, 심혈관계, 신경계), 심리적 측면(예: 인지, 동기, 지각), 사회적 영향(예: 사회적 지원)에 주의를 기울여야 한다. 더불어 생물심리사회적 요인들의 상호작용을 설명해야 한다.

비록 사회적 영향은 선수 외부에 존재하지만, 사회적 역할은 스포츠 손상의 발생과 예방에 있어 과소평가되어서는 안 된다. 선수에 대한 사회적 지원의 일반적인 제공자는 팀 동료, 코치, 스포츠 건강관리 전문가, 스포츠 관리자, 친구, 연인 및 가족 구성원이다. 사회적 지원은 정서적 지원(경청, 위로), 정보 지원(조언, 지침 제공) 또는 실제적 지원(금전적 지원, 개인 서비스 제공)의 형태를 취할 수 있다.

연구에 따르면, 선수는 부상을 감추고, 통증을 견디며 시합하는 것을 장려하는 위험 문화에 익숙해져 있다. 사실, 이러한 행동은 스포츠 참여의 일반적 요소로 취급된다. 선수가 스포츠 윤리, 위험 문화를 채택하는 과정과 이를 고수하는 데 영향을 미칠 수 있는 요소(예: 코치, 팀 동료, 부모, 관리자, 스포츠 건강관리 전문가, 미디어)는 완전히 이해되지 않았다. 따라서 이에 대한 추가 조사가 필요하다.

📅 **토론 질문**

1. 스포츠 손상에 대한 생물심리사회적 접근법은 생물의학 모델과 어떻게 다른가?
2. 스포츠 손상의 심각성을 확인하는 것이 때때로 어려운 이유는 무엇인가?
3. 스포츠 손상에 대한 지각과 스포츠에 대한 인지는 어떻게 다른가?
4. '스포츠 윤리'란 무엇인가?
5. '위험 문화'에서 스포츠 관리자, 코치, 스포츠 건강관리 전문가, 선수는 어떤 역할을 하는가?

제2장

스포츠 손상의
선행 요인

학습 목표

1. 스포츠 손상 발생에 대한 현대적 모델을 소개한다.
2. 스포츠 손상을 예측할 수 있는 심리사회적 요인을 식별한다.
3. 심리사회적 요인이 스포츠 손상의 발생에 영향을 미칠 수 있는 잠재적 메커니즘을 탐색한다.

알렉스(Alex)는 대학리그에서 수년간 상위 10위를 기록한 라크로스 팀의 주니어 선발 선수이다. 아직 4월이었으나, 이미 알렉스에게는 안 좋은 일들이 벌어지고 있었다. 불과 몇 달 동안 알렉스는 엄청난 고통을 겪었다. 올해 초는 그에게 그리 나쁘지 않았다. 알렉스는 타임스 스퀘어에서 2년간 교제해 온 여자친구 미셸과 함께 새해 전야 축제를 즐기며 영원한 사랑을 맹세했다. 그러나 이후 모든 일이 순식간에 어긋나기 시작했다. 새해 축제가 끝나고 5주 후, 알렉스의 아버지가 돌아가셨다. 그의 아버지는 지병이 있었다. 알렉스는 아버지와 별로 친하지는 않았지만, 다시는 아버지를 만날 수 없다는 사실에 혼들렸다. 아버지가 돌아가시고 난 그 다음 주, 밸런타인데이에 미셸은 알렉스에게 이별을 고했다. 알렉스는 여자친구의 외도를 의심했지만, 그 당시 알렉스는 너무 버거운 일을 다루고 있었기 때문에 마음 아픈 이별을 신경 쓸 수 없었다.

알렉스의 어머니는 남편이 사망한 후 유달리 힘들어하며 많은 양의 술을 마시기 시작했다. 남편의 죽음 이후 그녀는 멀리 떨어진 대학에 다니는 알렉스에게 의지했다. 무엇보다 알렉스는 이번 학기에 인턴십 프로그램과 어려운 전공 수업 2개를 병행하여 수강하고 있었다. 일과 학업, 갑자기 그의 인생에 벌어진 일들로 인하여 알렉스는 겨우 하루에 한 번 앉아서 식사하고, 고작 4~5시간의 잠만 잘 수 있었다.

어려운 상황 속에서도 알렉스에게 라크로스는 희망이었다. '적어도 나에겐 라크로스가 남았어.' 그러나 현실은 그에게 호의적이지 않았다. 지난 시즌 알렉스는 단 4경기만을 남겨두고 어깨 부상을 당했다. 시합이 시작되고 불과 30분 후, 알렉스는 상대 팀의 선수와 크게 충돌한 후 경기장에 쓰러졌다. 그는 어깨 탈구를 진단받았다. 알렉스의 희망이었던 라크로스마저 부상으로 인해 출전할 수 없었다.

부상은 스포츠의 부산물이다. 스포츠 건강관리 전문가들은 선수의 부상을 최소화하거나 예방하기 위한 전략을 오랫동안 모색해 왔다. 스포츠 손상을 최대한 예방하기 위해 전문가는 선수의 부상 과정을 구체적으로 이해해야 한다(van Mechelen, Hlobil, & Kemper, 1992). 스포츠 손상의 원인을 이해하는 것은 부상 예방을 위한 전문가의 개입을 결정하는 데 도움이 된다. 따라서 이 장에서는 스포츠 손상의 발생 모델을 비롯하여 스포츠 손상에 대한 심리사회적 예측 요인과 메커니즘을 알아보고자 한다.

1. 스포츠 손상의 발생 모델

알렉스의 부상에 대한 설명은 매우 간단해 보인다. 그는 상대 선수와 충돌하며 경기장 바닥에 쓰러졌고, 그 충격으로 어깨가 탈구되었다. 하지만 알렉스의 부상은 그렇게 간단하지만은 않다. 스포츠 손상 발생에 대한 현대적 모델의 관점에서 보면, 알렉스가 받았던 물리적 힘이 그의 부상에 최종적인 영향을 주었을 것이다. 그러나 다른 요인 또한 그의 부상에 충분히 영향을 주었다고 해석할 수 있다. 스포츠 손상의 발생 모델에는 스포츠 의학 및 역학에 기반을 둔 스포츠 손상 병인의 다요인 모델과 스포츠 심리학에 기반을 둔 스트레스-부상 모델이 있다. 이 두 모델은 생물학적·심리학적·사회학적 요인이 스포츠 손상에 기여할 수 있다는 인식을 공유하지만, 서로 독립적으로 진화했다. 두 모델 모두 스포츠 손상의 원인에 대한 현대적 이해에 중요한 공헌을 했으며, 앞으로도 많은 연구를 통해 더욱 발전할 필요가 있다.

1) 스포츠 손상 병인의 다요인 모델

스포츠 손상 병인의 다요인 모델은 지난 40년 동안 개발되어 왔다. 다요인 모델은 스포츠 손상의 원인에 대한 단일로 통합된 개념이라기보다는 스포츠 손상이 발생하는 일련의 과정을 말한다. van Mechelen 등(1992)이 표현했듯, 이 모델의 초기 버전은 스포츠 손상 발생에 기여하는 내적(개인적) 요인과 외적(환경적) 요인을 확인하는 데 중점을 두었다. 이 모델은 내적 요인이 환경 요인으로 인해 발생하는 스트레스에 대처할 수 있는 선수의 능력에 영향을 미친다고 보고하였다. 그리고 스트레스에 대처하는 개인의 능력을 초과하는 스트레스가 발생할 때 부상 가능성이 높다고 주장했다.

스트레스에 대처하는 능력에 영향을 미치는 내적 위험 요인에는 생물학적 변수(이전 부상, 신체적 결함, 키, 체중, 관절 안정성, 체지방, 나이, 성별)와 심리적 변수(자기 개념, 통제 소재, 위험 수용, 성격)가 있다. 그리고 심리적 상태(동기, 행동)와 생리적 매개변수 (유산소성 지구력, 근력, 속도, 스포츠 기술, 협응력, 유연성)의 상호작용을 반영하는 신체건강(physical fitness) 변수가 있다. 부상 선수에게 스트레스를 유발하는 외적 위험 요인에는 스포츠와 관련된 변수를 비롯하여, 경기장, 장비 및 기상 조건 등이 있다. 스포츠 종류, 노출, 시합 성격, 규칙, 심판의 규칙 적용과 같은 요인들은 스포츠 관련 변수로 분류한다. 바닥 또는 지면 상태, 조명, 안전 설비 등은 경기장과 관련한 변수이다. 장비와 관련된 변수로는 운동기구, 보호 장비, 신발, 의복 등이 있다. 또한, 온도, 상대 습도, 바람과 같은 기상 조건도 선수의 부상에 영향을 미칠 수 있다.

van Mechelen 등(1992)이 주장한 스포츠 손상 원인에 대한 스트레스—수용력 개념은 제한점이 있음을 지적받았다. 제한점을 극복하기 위해 그들은 급성 및 과사용 손상의 발생을 설명하는 것이 필요했다. 이를 위해 그들은 이 모델에 역동적인 요소를 추가하였고, 긴장의 개념을 도입했으며, 선수의 적극적인 역할을 과정에 통합하였다. 구체적으로 다음 내용을 제시하였다.

- 외적 요인으로 인한 스트레스는 긴장을 유발하며, 개인이 수용하기 힘들 정도의 스트레스를 받으면 심각한 부상을 초래한다.
- 장기간 반복하여 누적된 긴장은 과사용 손상을 초래한다.
- 스트레스의 수용력은 시간이 지남에 따라 변할 수 있으며, 피로로 인해 운동수행 능력이 저하된 경우와 같은 외부 스트레스의 영향을 받을 수 있다.
- 선수는 스포츠 활동에 참여를 조절함으로써 외부 스트레스를 줄일 수 있다.

Meuwisse(1994)는 다요인 모델의 몇 가지 부분을 수정한 후 내용을 더욱 확장하였다. [그림 2-1]에서 확인할 수 있듯이, 그는 van Mechelen 등(1992)이 제시한 내적·외적 위험 요인 개념과 기존 요인을 유지하였다. 하지만 Meuwisse(1994)는 다요인 모델에서 스트레스-긴장-수용력 용어를 삭제하고, 대신 취약한 선수(predisposed athletes), 민감한 선수(susceptible athletes) 및 유발 사건(inciting event)이라는 개념을 도입하였다. 이 새로운 모델에 따르면, 선수가 부상에 영향을 미칠 수 있는 내적 위험 요인을 가지고 있다면 부상에 대한 취약한 선수가 된다. 부상에 대한 취약성이 높은 것이 부상을 꼭 유발하는 것은 아니다. 하지만 부상에 취약한 선수가 외적 위험 요인에 노출될 경우, 부상에 민감한 선수가 된다.

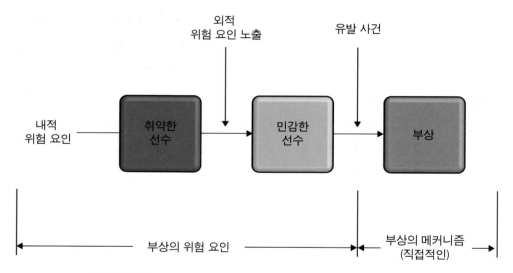

[그림 2-1] 스포츠 손상 병인의 다요인 모델(Meeuwisee, 1994)

부상에 민감한 선수는 취약한 선수보다 부상당할 확률이 더 높다. 하지만 부상에 민감한 선수라고 해서 무조건 부상이 발생하는 것은 아니다. 민감한 선수는 부상 유발 사건으로 인해 부상을 당하게 된다. Meeuwisse(1994)는 유발 사건을 두고 '낙타의 등을 부러뜨리는 지푸라기'라고 표현했다. 즉, 유발 사건만으로는 일반적으로 선수에게 부상을 입히지는 못한다. 그러나 유발 사건은 민감한 선수가 부상을 당하는 데 중요한 역할을 한다는 것이다. 급성 손상과 과사용 손상 모두 유발 사건으로 인해 발생할 수 있다. 하지만 상대 선수와의 충돌과 같이 급성 손상을 유발하는 사건은 과도한 훈련량처럼 과사용 손상을 유발하는 사건과 성격이 다를 수 있다.

최근 다요인 모델의 중요한 부분이 Bahr와 Krosshaug(2005) 및 Meeuwisse, Tyreman, Hagel과 Emery(2007)에 의해 수정되었다. Bahr와 Krosshaug(2005)는 스포츠 손상의 메커니즘을 더욱 완벽하게 설명하는 데 중점을 두고, 이 모델에 대한 유발 사건을 설명하는 데 집중했다. 그들은 유발 사건에 대하여 다음의 구체적 내용이 다루어져야 한다고 하였다.

- 경기 상황
- 선수와 상대 선수의 행동
- 전반적인 생체역학 특성
- 구체적인 생체역학 특성

이 버전의 다요인 모델에서는 내적·외적 위험 요인이 유발 사건의 특성과 상호작용하여 부상을 일으킨다고 설명하였다. 예를 들어, 신경근 조절 능력(내적 위험 인자)이 떨어지는 배구 선수와 신경근 조절 능력이 뛰어난 배구 선수가 각기 비슷한 충돌(유발 사건)을 경험할 경우, 신경근 조절 능력이 낮은 배구 선수가 발목 부상에 더 취약하다.

Meuwisse 등(2007)은 Bahr와 Krosshaug(2005)가 제안한 유발 사건의 특성과 Gissane, White, Kerr와 Jennings(2001)의 제안을 기반으로 이 모델을 더욱 발전시켰다.

- 내적 위험 요인은 시간이 지남에 따라 변할 수 있다.
- 모델은 부상 이후 발생하는 상황을 다루어야 한다.
- 선수가 부상을 당하는 과정은 선형적이기보다 순환적이다.

[그림 2-2]에서 확인할 수 있듯이, 다요인 모델은 여러 차례 수정을 거쳐 개정된 모델이 탄생하였다. 이전 버전에서 개정된 부분은 다음과 같다. 첫째, 개정된 모델에서

는 유연성과 체형을 신경근 통제력 및 근력으로 대체하였다. 이 변화는 대부분 형식적인 것이라고 생각할 수 있다. 둘째, 개정된 모델에서는 민감한 선수가 위험한 상황에서도 다치지 않을 가능성을 이야기한다. 즉, 조직 적응, 보호 장비 사용과 같은 부상 위험을 개선하는 내적·외적 요인으로 인해 부상을 예방할 수 있는 것이다. 셋째, 개정된 모델은 부상 선수가 다시 운동할 수 있을 만큼 충분히 회복되지 않을 수도 있다는 가능성을 설명하고 있다. 개정된 모델에서 가장 중요한 부분은 마지막 사항이다. 개정된 모델은 동적이고 순환적인 특성을 나타낸다. 이는 [그림 2-2]에서 볼 수 있듯이, 선수가 사건(혹은 유발 사건) 이후 부상 없이 스포츠 참가를 지속하거나, 부상 발생 이후 회복하여 스포츠로 복귀함을 가리키는 화살표로 강조된다.

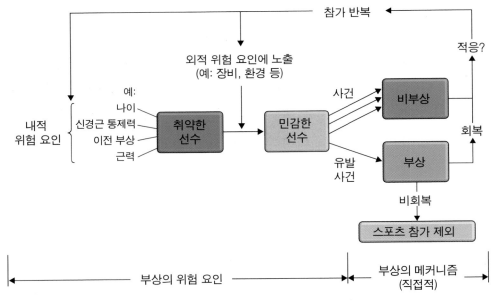

[그림 2-2] 개정판 스포츠 손상 요인의 다요인 모델(Meeuwisse et al., 2007)

선수가 사건(또는 유발 사건) 이후 부상을 당하지 않고 스포츠를 지속하거나, 부상 이후 스포츠나 운동 현장으로 복귀하였을 때, 내적·외적 위험 요인이 변했을 가능성이 크다. Meeuwisse 등(2007)에 따르면, 시합 이후 선수가 느끼는 피로는 자신의 신경 근을 제어하는 능력을 저하시킬 수 있다. 이는 시합 다음 날 부상에 대한 선수의 신체 내적 위험 요인을 증가시킬 수 있다. 즉, 다른 위험 요인들이 동일하게 유지된다면, 선수는 첫째 날보다 둘째 날에 부상 입을 확률이 높다.

2) 스트레스-부상 모델

1960년대부터 1980년대 초반까지 스포츠 손상의 심리적 · 사회적 예측 요인에 관한 연구가 활발해졌다. Andersen과 Williams(1988)는 축적된 연구 결과를 통합하고 후속 연구를 위한 체계를 제공하는 모델을 제안했다. Andersen과 Williams(1988)가 제안한 스트레스-부상 모델은 스포츠 손상의 주요 원인이 스트레스 반응이라고 가정한다([그림 2-3] 참조). 또한, 직접 또는 상호관계를 통해 작용하는 세 가지 넓은 범주의 심리적 요인이 선수의 스트레스 반응에 영향을 미친다고 설명하였다. 세 가지 범주의 요인으로는 성격, 스트레스 요인 이력, 대처 자원이 있다. 이후에 Williams와 Andersen(1998)은 세 가지 범주 간의 화살표를 양방향으로 만들어 모델을 개정했다. 이들에 따르면, 스트레스 반응에 대한 개입은 부상 발생의 가능성을 변화시킨다.

스트레스-부상 모델의 핵심은 스트레스를 유발할 수 있는 상황과 환경을 인지적으로 평가하는 과정인 스트레스 반응이다. 이 모델은 또한 스트레스를 대처하기 위해 보유한 자원과, 스트레스에 대한 대처 성공 혹은 실패를 핵심 요인으로 가진다. 인지 평가는 선수의 부상 위험을 증가시키는 근육 긴장, 시야 축소, 주의 산만함과 같은 생리적 변화와 주의력 변화에 영향을 미친다. 이 모델에 따르면, 스트레스가 많은 스포츠 상황에 압박을 느끼고 자신이 무력하다고 인지하는 선수는 근육 긴장, 좁아진 시야, 스포츠 상황에 대한 부주의를 경험할 수 있다. 근육 긴장과 좁은 시야, 부주의 등은 선수의 부상 발생 가능성을 높인다. 반면, 스트레스를 유발하는 스포츠 상황의 대처에 필요한 자원을 소유하고 있다고 생각하는 선수는 이와 다른 반응을 보인다. 스스로 스트레스 상황을 대처하는 자원을 가졌다고 믿는 선수는 부상 위험을 증가시키는 생리적 변화, 주의력 변화를 경험할 가능성이 적다.

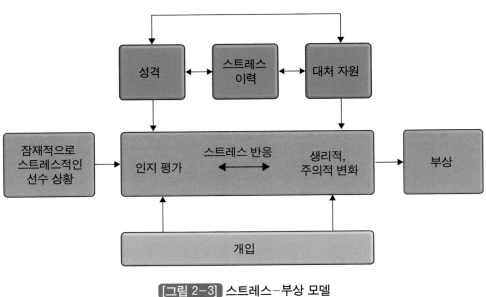

[그림 2-3] 스트레스-부상 모델

　　스트레스 반응에 영향을 미치는 세 가지 범주는 '성격' '스트레스 요인 이력' '대처 자원'이며, 이 요인은 상호 연관되어 있다. 지금부터 이러한 요인을 자세히 살펴보도록 하자. 우선, 성격은 지속적이고 안정적인 사고, 느낌 및 행동 패턴으로 구성된다. Andersen과 Williams(1988)는 통제 소재(생활 사건을 자신이 얼마나 통제하는 것에 대한 인지), 경쟁 특성 불안(경쟁 상황에서 불안해지는 경향), 대담함(탄력성)이 스트레스 반응 및 스포츠 손상 발생과 관련이 있는 성격 특성이라고 하였다. 성격 특성은 선수의 스트레스 요인 이력 및 대처 자원과 상호작용하여 스트레스 요인에 대한 선수의 인지 평가뿐만 아니라 생리적, 주의력까지 변화를 일으킬 수 있다.

　　스트레스 요인 이력은 선수가 최근 또는 과거에 경험한 위협적이거나 도전적인 사건을 말한다. 보통 스트레스 요인은 변화를 수반하며, 변화는 여러 수준에서 발생할 수 있다. 가장 광범위한 수준의 스트레스 요인은 전쟁, 자연재해, 원자력 사고와 같이 동시에 다수에게 영향을 미치는 대규모의 사건이다. 중간 수준의 스트레스 요인은 긍정적·부정적 영향을 미치는 주요 삶의 사건으로 구성된다. 이혼, 가까운 친구나 친척의 죽음, 졸업, 법적 문제 등이 중간 수준의 대표적인 예이다. 다음 단계인 미시적 수준의 스트레스 요인은 사소한 삶의 사건으로 구성된다. 만약 사소한 삶의 사건들이 부정적일 경우는 일상 스트레스로 발현되고, 긍정적일 경우는 일상 즐거움이라고 부른다. 일상 스트레스 예로, 교통 체증, 계산대 앞의 긴 줄, 과제에서 나쁜 성적을 받는 일 등이 있다. 일상 즐거움의 예는 예상치 못한 선물이나 A학점을 받는 것, 동료로부터 칭찬을 받는 것 등이 있다.

Andersen과 Williams(1988)는 스트레스-부상 모델을 공식화할 때 스포츠 손상 발생과 가장 관련이 있는 두 가지 스트레스 요인 유형에 초점을 맞추었다. 첫 번째 요인은 주요 삶의 사건이고, 두 번째 요인은 일상 스트레스이다. 또한 스트레스-부상 모델은 이전 부상의 경험을 특히 중요한 스트레스 요인으로 지정한다. 우선, 불완전한 재활은 선수의 재부상 위험을 증가시킨다. 더불어 과거의 부상 경험은 부정적 인지 평가와 재부상에 대한 두려움을 촉진할 수 있으며, 이 두 가지 요인 모두 스트레스 반응을 악화시키고 재부상의 가능성을 높일 수 있다.

스트레스에 영향을 주는 변수의 세 번째 범주는 대처 자원이다. 대처 자원은 선수가 스트레스를 처리하는 데 필요한 행동 및 사회적 관계망을 포함한다. 구체적인 예로, 스트레스 상황에 놓인 선수가 충분한 수면을 취하고, 영양가 있는 음식을 먹으며, 시간을 효율적으로 관리하는 행동을 하면 스트레스에 더 잘 대처할 수 있다. 스트레스에 대처하기 위해 집중을 유지하고 불안을 다스리며 적응적인 생리적·주의적 반응을 촉진하는 방식으로 스트레스 요인을 평가하는 것과 같은 인지 전략을 사용하는 것도 도움이 된다. 이완, 심상 및 명상과 같은 스트레스 관리 기술 사용 이외의 또 다른 중요한 대처 자원은 사회적 지원이다. 사회적 지원은 스포츠 환경 안팎에서 선수를 돌보는 사람들과 선수의 관계를 말한다. 선수와 주변 사람 간의 관계는 스트레스 사건의 부정적인 영향을 완화하고, 개인의 스트레스 반응을 변화시킴으로써 부상에 대한 취약성을 낮춘다. 따라서 선수에게 의지할 수 있는 가까운 친구가 있으면 스트레스 사건에 대해 영향을 적게 받고, 부적응적인 생리적, 주의력 반응을 최소화할 수 있다. 이론상 대처 자원은 선수의 부상 위험을 줄일 수 있다(Andersen & Williams, 1988).

1988년에 처음 공개된 이후 스트레스-부상 모델은 심리사회적 요인과 스포츠 손상 발생의 관련성에 관한 수많은 연구를 이끌어 왔다. 연구가 거듭 진행되면서 몇 가지 수정 사항이 제안되었다. Wiese-Bjornstal(2004)은 인간의 발달에 맞는 방식으로 스트레스-부상 모델의 요인들을 조정하여, 청소년 스포츠 참가자에게 적용했다. 한편, Petrie와 Perna(2004)는 스트레스 반응을 구성하는 요소인 생리적 부분에 정서적·행동적 요인을 추가하여 확장하여야 한다고 주장했다. 구체적으로, Petrie와 Perna(2004)는 선수의 일상 사건, 훈련 및 시합으로 인한 스트레스와 같이 만성적이고 장기적이며 반복적으로 주어지는 스트레스가 근육의 긴장을 증가시키고 선수의 시야를 좁힐 수 있다고 보고하였다. 이러한 주장은 스트레스 반응의 생리적·주의적 변화와 그 내용이 유사하다. 나아가, 신체의 단기 스트레스 반응 체계인 교감 신경, 부신수질 호르몬 활성화와 장기 스트레스 반응 체계인 '시상 하부-뇌하수체-부신의 활성화'를 증가시킬 수 있다. 이러한 변화는 코르티솔과 같은 스트레스 호르몬 분비를 증가시키는데, 이는 면역 체계를 억제하고 조직 복구 과정을 방해한다. 그뿐 아니라 수면의 회복 효과를 방해함으로써 질병, 부상 및 다른 질병을 앓을 위험성을 높일 수 있다.

3) 모델 통합

표면적으로 보면, 다요인 모델과 스트레스-부상 모델 모두 선수의 부상 과정을 설명하기 위한 것이라는 공통점을 갖는다. 동시에 이 두 모델은 스포츠 손상 발생 과정에 대한 용어와 묘사에서 큰 차이를 가진다. 하지만 두 모델은 상호 호환될 뿐만 아니라 스트레스-부상 모델은 다요인 모델 속의 특정 경로를 나타낼 수 있다. 예를 들어, 스트레스-부상 모델의 성격, 대처 자원 요인의 인지적·행동적 측면은 다요인 모델의 내적 위험 요인으로 간주할 수 있다. 같은 맥락에서 스트레스-부상 모델의 스트레스 요인 이력은 다요인 모델의 외적 위험 요인 범주와 일치한다.

다요인 모델과 스트레스-부상 모델의 통합과 관련된 핵심 질문은 스트레스-부상 모델의 스트레스 반응이 다요인 모델에서 발생하는 시점에 관한 것이다. 스트레스-부상 모델의 스트레스 반응은 "내적·외적 위험 요인과 모든 위험 사이 상호작용이 축적되는 지점"(Meeuwisse et al., 2007)인 다요인 모델의 민감한 선수 단계의 일부인가? 아니면 다요인 모델의 유발 사건의 일부로 발생하는가? 다시 말해, 선수의 부상 위험을 증가시킬 만큼 높은 스트레스 반응은 성격, 스트레스 요인 이력 및 대처 자원으로 인해 상대적으로 부상에 민감해진 개인이 경험하는 만성적인 상태인가? 아니면 단지 스트레스 상황에서 발생하는 급성 상태인가?

이와 같은 질문의 대답은 생각만큼 간단하지 않다. 스트레스-부상 모델은 스포츠 상황이 선수에게 잠재적으로 부상 위험을 증가시킬 수 있는 스트레스를 유발한다고 주장했다. 연구에 따르면, 중요한 시합 참가와 같이 선수에게 스트레스로 작용할 수 있는 스포츠 상황은 주변 시야의 협착을 유발한다(Rogers, Alderman, & Landers, 2003). 선수의 주변 시야 협착은 스포츠 손상의 발생 위험을 높인다(Rogers & Landers, 2005). 이러한 연구 결과는 선수의 스트레스 요인 이력보다 큰 스트레스 상황은 부상 위험을 높이는 스트레스 반응을 유발한다는 견해를 지지하는 것처럼 보인다. 그러나 스포츠 손상 발생 예측을 위한 스트레스-부상 모델의 구성 요소를 발견한 대다수의 연구(Williams & Anderson, 2007)에서는 스트레스 반응 측정치가 포함되지 않았다. 이러한 연구들은 과거와 현재 상황에서 스트레스 반응의 정도를 수치적으로 비교할 수가 없다. 따라서 선수는 부상을 유발할 정도의 부적응적 스트레스 반응을 체험하기 위해 스트레스 요인 이력[Petrie와 Perna(2004)가 설명한 신체훈련 스트레스 요인 포함] 이상으로 과도한 스트레스를 유발하는 스포츠 상황에 직면할 필요가 없을 수도 있다.

그러나 Petrie와 Perna(2004)가 만성 스트레스에 대한 생리적 반응에 대해 제안한 바와 같이, 성격, 스트레스 요인 이력 및 대처 자원의 독립적이고 상호작용적인 영향은 부상에 취약한 상태를 생성하기에 충분할 수 있다. 여기서 부상에 취약한 상태는 유발 사건에 의해 부상이 발생하는 단계인 다요인 모델의 민감한 선수 단계와 일치한다. 유발 사건은 선수가 스트레스를 느끼는 스포츠 상황과 부상을 초래하는 심각한 스트레스 반응을 포함할 수 있다. 스포츠 손상의 발생에 필요조건인 선수에게 잠재적으로 스트레스를 유발하는 운동 상황을 제거하면 스트레스-부상 모델과 다요인 모델이 더 잘 조화를 이룬다. 또한 이는 과사용 손상 및 훈련, 친선 경기와 같이 스트레스가 없는 것처럼 보이는 상황에서 급성 손상의 발생을 설명할 수 있다.

2. 스포츠 손상의 심리사회적 예측 요인

그간 이루어진 40년 이상의 연구를 통해, 스포츠 손상 결과를 예측하는 수많은 심리적·사회적 요인이 확인되었다. 여러 요인 중 상당수는 스트레스-부상 및 다요인 모델의 개발자에 의해 명시되었다. 두 모델에서 명확히 언급되지 않은 예측 요인 또한 두 모델의 적절한 구성 요소에 배치될 수 있다. 여기에서 제시하는 심리사회적 요인 중 일부는 단일 연구에서 스포츠 손상과 관련이 있으며, 일부 다른 요인들은 연구 조사에서 스포츠 손상과 반복적으로 연관되어 있다.

스포츠 손상의 예측 요인에 대한 연구 범위는 매우 다양하다. 대부분은 전향적 연구이지만, 일부 연구는 후향적이다. 여기서 전향적 연구란 부상 발생 전에 요인을 측정한 연구를 말한다. 반대로 후향적 연구는 부상 발생 후 심리사회적 요인을 측정한 연구를 뜻한다. 대다수의 연구가 전향적 연구이고, 위험 요인들 사이의 상관관계만을 조사하였기 때문에, 심리사회적 요인이 스포츠 손상과 인과관계가 있다고 결론내릴 수 없다. 만약 성격 측정을 먼저 하고 이후 발생한 부상으로 인한 출전 제한을 조사하여 이 둘 사이에 유의미한 상관관계가 발견된다면, 성격 요인이 부상으로 인한 출전 제한을 유발했을 가능성이 있다. 하지만 다른 변수가 성격 요인과 출전 제한 요인을 모두 유발했을 가능성이 있으며, 성격 요인과 출전 제한 사이의 관계가 하나 이상의 다른 변수에 의해 매개될 가능성도 있다. 이는 특성 불안과 출전 제한 간의 관계를 발견한 연구를 예로 들 수 있다. 상황 전반에 걸쳐 불안해지는 경향은 스트레스-부상 모델 및 다요인 모델에서 부상 발생에 더 밀접한 위험 요인인 근육 긴장과 주의산만 등을 높일 수 있다. 부상 예측 연구에 대한 자세한 내용은 이 장의 연구 초점 상자를 참조하라.

지금까지 스포츠 손상 예측에 기반을 둔 연구의 한계를 알아보았다. 이제 스포츠 손상 결과에 관한 심리사회적 요인에 대하여 살펴보도록 하자. 이 부분에서는 성격, 스트레스 요인 이력, 대처 자원, 감정 상태, 기타 요인 및 상호작용 관계를 강조한다.

스포츠 손상 발생에 대해 우리가 알고 있는 것

스포츠 손상의 원인과 메커니즘에 관한 연구는 아직도 명확한 해답을 제시하지 못하고 있다. 이는 단지 조심스럽고 회의적인 과학자들의 의견이 아니다. 스포츠 손상 원인에 관한 연구의 한계를 정확하게 반영하는 것이다. 스포츠 손상에 영향을 미치는 요인을 확인하기 위하여 이상적으로 연구자들은 부상 위험 요인이라고 가정된 변수들을 조작한 다음, 이 요인들이 선수의 부상에 미치는 영향을 평가해야 한다. 이러한 접근법은 과학적 관점에서 바람직할 수 있지만, 윤리적 이유로 허용되지 않는다. 게다가 어떤 선수가 부상 위험 요인에 노출되는 연구에 참여하려고 하겠는가? 하지만 부상 발생에 관한 실험연구가 전혀 이루어지지 않고 있는 것은 아니다. 적은 수이지만, 현재도 관련 연구들이 진행되고 있다. 대신 이러한 실험연구는 스포츠 손상의 발생을 줄이기 위한 개입을 한다. 이 내용은 스포츠 손상 예방과 관련된 제3장에서 다룰 것이다.

실험 설계의 한계 때문에 연구자들은 스포츠 손상과 위험 요인으로 추정되는 요인의 연관성을 조사하는 상관관계 연구를 주로 시행하였다. 상관관계 연구는 스포츠 손상과 요인 간의 인과적 추론을 도출할 수 없다. 하지만 연구가 전향적 설계일 경우 위험 요인이 스포츠 손상 발생에 미치는 인과적 관계를 도출할 수 있다. 후향적 연구는 스포츠 손상 발생 후 예상 부상 위험 요인에 대하여 평가한다. 예를 들어, 후향적 연구에서는 부상 선수 집단과 비부상 선수 집단을 대상으로 예상 부상 위험 요인을 측정하여 비교한다. 하지만 위험 요인에 대한 두 집단의 비교는 부상 원인을 완벽히 밝혀낼 수 없다. 그 이유는 두 집단 사이의 어떠한 차이도 스포츠 손상의 원인이라고 쉽게 단정 지을 수 있기 때문이다. 대조적으로, 전향적 연구는 부상 발생 전 무증상 선수를 대상으로 위험 요인을 측정한다. 따라서 부상 발생 전 측정했던 요인이 부상 발생에 영향을 주었다면 이 위험 요인은 부상 원인일 가능성이 크다(Petrie & Falkstein, 1998).

부상을 일차 종속 변수로 하는 실험연구를 수행하기는 힘들다. 따라서 연구자들은 스포츠 손상이 발생하는 메커니즘을 밝혀내기가 매우 어렵다. 설령 연구자가 부상 선수를 우연히 관찰했다고 하더라도, 부상이 발생하기 전, 일정 기간 내 관련 매개 변수를 관찰하지 않았다면, 부상 위험 요인에 대한 정보를 얻지 못할 가능성이 크다. 그러나 연구원들은 이러한 어려움에 굴복하지 않고 스포츠 손상 발생의 메커니즘을 탐구하기 위한 창의적인 전략을 고안해 냈다.

구체적으로, Krosshaug, Andersen, Olsen, Myklebust와 Bahr(2005)는 많은 연구자가 다음과 같은 방법으로 스포츠 손상 유발 요인을 조사한다고 밝혔다.

- 부상 상황에 대한 선수 인터뷰
- 부상의 병리학적 분석을 위한 임상 연구 수행
- 부상 선수의 영상을 체계적으로 분석
- 일반적인 부상 상황을 모방하고 부하 패턴을 평가하는 실험실 동작 분석 수행
- 근육, 힘줄 또는 기타 조직의 체내 변형률 또는 힘의 측정
- 생체역학 실험 중에 발생하는 우발적 부상 기록
- 잠재적 유발 요인이 인체 모형에 미치는 영향 시뮬레이션
- 부상 위험을 높일 가능성이 큰 상황을 추정하는 수학적 모델 개발

비록 이러한 방법들이 인간을 대상으로 하는 실험연구를 완전히 대체하기는 어렵다. 그러나 이 방법들은 스포츠 손상 발생 과정을 연구하는 데 큰 공헌을 했다.

부상 위험 요인에 대한 평가 시기는 스포츠 손상 예측 연구에서 매우 중요하다. 스포츠 손상 예측에 관한 연구에서는 시즌 초반에 선수의 부상 위험 요인을 평가하고, 시즌 중 선수의 부상 발생을 기록한다. 부상에 대한 민감성이 지속하여 변한다는 인식이 높아짐에 따라, 연구자들은 표준적인 프리 시즌 평가에서 벗어나 연구를 진행하는 동안 변할 수 있는 부상 위험 인자를 더 많이 측정할 것을 권고했다(Meeuwisse et al., 2007; Petri & Falkstein, 1998). 스트레스 요인 이력, 사회적 지원, 환경 조건, 스트레스에 대한 인지, 정서 및 행동 반응과 같은 요인을 정기적으로 평가하면, 부상 위험을 정확하게 표현할 수 있고 스포츠 손상 발생 모델의 예측력을 향상할 수 있다. 물론 위험 요인에 관한 데이터의 수집은 선수와 코치진의 참여 의지 유무와 같은 문제로 인해 제한될 수 있다.

1) 성격

앞서 설명한 것처럼, 성격은 스트레스–부상 모델에서 스트레스 반응에 영향을 미치는 세 가지 심리사회적 요인 중 하나이다. 성격은 스포츠 손상의 예측 요인을 알아보기 위한 여러 연구의 초점이 되어 왔다. 그러나 지금까지 부상을 입기 쉬운 성격은 따로 보고된 바가 없다. 즉, 개인의 성격 특성과 부상 결과 사이의 연관성은 약한 편이라고 할 수 있다(Prieto, Labisa, & Olmedilla, 2014; Williams & Andersen, 2007). 스트레스–부상 모델(Andersen & Williams, 1988)의 초기 설명에 따르면, 다섯 가지 성격 특성인 대담성, 통제 소재, 일관된 감각, 경쟁 특성 불안 및 성취 동기가 스트레스 반응의 잠재적인 기여 요인으로 가정되었다.

다섯 가지의 특성 중 경쟁 특성 불안은 스포츠 손상 결과와 가장 일관된 연관성을 보인다. 높은 수준의 경쟁 특성 불안은 오래 지속되는 부상과 관련이 있다. 선행 연구들(Williams & Andersen, 2007; Yang et al., 2014)에 따르면, 경쟁 특성 불안과 부상 사이의 관련성은 스포츠 환경이라는 특수한 상황에서 조사했을 때 유지되는 것으로 보였다. 스포츠 경쟁에 대한 불안감이 높은 선수는 일반적으로 불안감이 높아진 상태로 특정 스포츠 환경에 참여한다. 이러한 참여는 스트레스 반응을 악화시키고 부상의 위험을 높인다는 점에서 일리가 있다. 부상을 예측할 때 스포츠 손상 특성 불안을 측정하는 것이 경쟁 특성 불안에 대한 측정보다 더 적절할 수도 있다. 그러나 연구자들은 스포츠 손상 불안을 평가하기 위한 첫 번째 척도(Kleinert, 2002)와 부상 간의 관계를 아직 증명하지 못했다.

또한, Ford, Eklund와 Gordon(2000)의 연구와 Wadey, Evans와 Hanton(2012a)의 연구는 대담성과 스포츠 손상 발생 결과 사이에 부적 상관관계를 밝혔다. 나머지 세 가지 성격 특성은 별다른 검토를 받지 않았거나, 일관된 결과를 보이지 않았기 때문에 실험적 근거가 약하거나 존재하지 않는다고 할 수 있다.

Andersen과 Williams(1988)는 스포츠 손상 발생이 스트레스–부상 모델에서 처음 언급했던 다섯 가지 특성 외에 다른 성격 특성과 관련이 있을 수 있다는 사실을 인정했다. 특히 적대적으로 느껴질 만큼 과도하게 경쟁적이고, 의욕이 앞서 참을성 없이 서두르는 행동으로 특징지어진 A군 성격 패턴의 징후는 여러 연구에서 육상 선수들의 과사용 손상 발생과 정적 상관관계를 보였다(Diekhoff, 1984; Ekenman, Hassmén, Koivula, Rolf, & Fellander-Tsai, 2001; Fields, Delaney, & Hinkle, 1990). McClay, Appleby와 Plascak(1989)도 비슷한 결과를 보고했다. 연구진은 검사 항목 중 자기 동기 부여 항목에서 높은 점수를 받은 젊은 크로스컨트리 선수들이, 낮은 점수를 받은 선수들보다 심한 부상을 당할 확률이 더 높다는 것을 발견했다. 게다가 Kazarian, Thompson과 Clark(1995)는 A군 성격 행동과 부상 발생 횟수, 부상으로 인한 출전 제한 사이의 정적 상관관계가 육상 선수에게서 보고된 과사용 손상뿐 아니라 미식축구 선수의 급성 손상까지 확장되었음을 보여 주었다. A군 성격 행동과 부상 발생 건수 사이의 정적 상관관계는 2,164명의 일본 대학 선수를 대상으로 한 연구에서 더욱 공고히 입증되었다(Nigorikawa et al., 2003).

　기타 다양한 성격 특성 또한 스포츠 손상 발생과의 연관성에 대한 연구들이 진행되었다. 그러나 이런 연관성 중 일부는 모순되는 결과들이 존재하는 것으로 보인다. 그리고 대부분이 단일 연구에서 보고되었고 이후 같은 결과는 나오지 않았다. 예를 들어, 다양한 종목에서 선수의 낙천주의 성향과 부상 발생 간에는 부적 상관관계가 있는 것으로 보고되었다(Wadey, Evans, Hanton, & Neil, 2013). 스포츠 손상 발생과 부적 상관관계가 있는 것으로 밝혀진 요인으로는 우월감(van Mechelen et al., 1996), 자아 지향성(Steffen, Pensgaard, & Bahr, 2009), 외적 통제 소재(Pargman & Lunt, 1989), 내적 통제 소재(Kolt & Kirkby, 1996; Plant & Booth, 1997), 나르시시즘(Plante & Booth, 1997), 완벽주의(Krasnow, Mainwaring, & Kerr, 1999), 스트레스 민감성(Ivarsson & Johnson, 2010), 강한 의지력(Wittig & Schurr, 1994), 예민한 성향(Ivarsson & Johnson)이 있다. 더불어 엘리트 유소년 아이스하키 선수들을 대상으로 한 연구에 따르면, 낮은 선수 정체성은 첫 번째 부상의 위험 증가와 관련이 있었지만, 높은 운동 정체성은 후속 부상의 위험 증가와 관련이 있었다(McKay, Campbell, Meuwisse, & Emery, 2013).

　이러한 성격 요인과 스포츠 손상 발생의 연관성보다 더 중요하다고 생각할 수 있는 것은 스포츠 손상 발생 위험 요인에 대한 성격 요인의 기여이다. 예를 들어, 성격은 선수의 부상 위험을 증가시키는 행동에 기여할 수 있다. Webbe와 Ochs(2007)는 단호하고 열정적인 행동 경향을 보이는 외향성 항목에서 높은 점수를 받은 엘리트 남자 축구선수들이, 낮은 점수를 받은 선수들보다 더 자주 볼에 헤딩한다는 사실을 발견했다. 또한 Akehurst와 Oliver(2014)는, 100명의 전문 무용수 집단 중 강박적인 열정을 가진 무용수가 부상 위험이 증가하는 행동을 하는 경향과 정적 상관관계가 있으며, 이 관계는 무용에 대한 의존성에 의해 매개된다고 보고하였다.

2) 스트레스 요인 이력

대학생 축구 선수 표본에서 부상과 일상 스트레스 사이에는 정적 상관관계가 있었다(Holmes, 1970). 스트레스 요인 이력은 스포츠 손상의 예측 요인으로서 가장 많이 연구되었으며, 가장 지속적인 지지를 받았다. 일상 스트레스와 스포츠 손상 사이의 관계를 조사한 40개 이상 연구를 검토한 결과, Williams와 Andersen(2007)은 "연구의 약 85% 정도가 일상 스트레스와 부상 위험 사이의 상관관계가 있다."라고 말했다. 실제로, 일상 스트레스와 스포츠 손상 사이의 연관성은 매우 강력하다. 이는 청소년과 엘리트 선수를 대상으로 하여 다양하게 정의된 부상과 일상 스트레스를 측정한 연구에서 다수의 스포츠 종목 및 경쟁 수준에 걸쳐 입증된 사실이다. 일상 스트레스는 긍정적 일상 스트레스와 부정적 일상 스트레스로 구분되는데, 스포츠 손상은 부정적 일상 스트레스와 연관성이 높다. 긍정적 일상 스트레스와 스포츠 손상 발생 사이에서도 일부 연관성이 보고되었으나, 전체 또는 부정적 일상 스트레스보다는 일관성이 떨어졌다(Williams & Andersen, 2007).

스포츠 손상 발생과 전체 또는 부정적 일상 스트레스의 상관관계에 대한 연구는 Williams와 Andersen(2007)의 검토 이후 활발히 이루어졌다. 스포츠 손상 발생 및 부상으로 인한 참여 제한과 부정적 일상 스트레스(Dunn, Smith, & Smoll, 2001; Gunnoe, Horodyski, Tennant, & Murphey, 2001; Johnson & Ivarsson, 2011; Sibold, 2005), 일상으로

인한 스트레스(Dvorak et al., 2000; Galambos, Terry, Moyle, & Locke, 2005; Gunnoe et al.; Olmedilla, Prieto, & Blas, 2011; Steffen et al., 2009) 사이의 연관성에 대한 연구가 꾸준히 진행되었다. Dunn 등(2001)은 스포츠 특유의 부정적 사건이 일상의 부정적인 사건보다 남자 선수에게 더 많은 스트레스로 작용하여 부상을 유발한다고 보고하였다. 또한 이로 인해 남자 선수는 스포츠 참여에 제한을 받으나, 여자 선수는 그렇지 않다는 사실을 지적하였다. 한편, 여자 선수의 부상 위험 증가는 특정 유형의 스트레스 요인 중 하나인 신체적 학대 이력과 관련이 있었다(Timpka et al., 2014).

스포츠 손상 발생과 주요 일상 스트레스 사이의 관계를 다루는 연구는 활발히 이루어져 왔다. 그러나 사소한 부정적 일상 사건과 같은 일상 스트레스의 역할에 대해서는 상대적으로 관심이 기울어지지 않았다. Williams와 Andersen(2007)의 문헌 검토에 따르면, 일상 스트레스는 자주 변화하는 특성이 있어 스포츠 시즌 동안 주기적으로 평가되어야 한다고 지적했다. 그들의 지적을 뒷받침하듯, 일상 스트레스를 단 한 번만 측정한 연구에서 일상 스트레스와 스포츠 손상 발생 간에 유의한 관계가 발견되지 않았다.

그러나 일상 스트레스를 여러 차례 평가한 연구에서는 전혀 다른 패턴이 발견되었다. 선수의 일상 스트레스를 매주 측정한 연구에 따르면, 부상 선수는 그렇지 않은 선수에 비해 부상 전 1주 동안 일상 스트레스가 크게 증가하거나(Fawkner, McMurray, & Summers, 1999), 일상 스트레스의 강도가 현저히 높았다(Ivarsson & Johnson, 2010). 이런 위험은 단기적이지만, 사소한 삶의 사건으로 인한 스트레스가 스포츠 손상 위험에 영향을 미칠 수 있다.

스트레스-부상 모델에서 확인된 세 번째 유형의 스트레스 요인은 선수가 이전에 겪은 부상이다. 연구 결과에 따르면, 선수의 이전 부상 경험과 스포츠 손상 발생 간에는 정적 상관관계가 일관되게 보고되었다. 다수의 연구에서 일반적으로 이전 부상은 후속 부상과 정적 상관관계를 보여 준다(Emery, Meeuwisse, & Hartmann, 2005; Kucera, Marshall, Kirkendall, Marchak, & Garrett, 2005; Lysens et al., 1984; Marshall, Covassin, Dick, Nassar, & Agel, 2007; Timpka et al., 2014; van Mechelen et al., 1996; Williams, Hogan, &

Andersen, 1993). 선수가 이전에 경험한 부상은 특정 부상을 당한 선수의 후속 부상과 정적 상관관계가 있다. 예를 들어, 청소년 축구 선수 집단에서 특정 신체 부위의 부상은 이후 같은 부위의 부상과 유의한 정적 상관관계가 있는 것으로 나타났다(Steffen, Myklebust, Andersen, Holme, & Bahr, 2008). 같은 예로, 청소년 혹은 주니어 선수 시절 고관절 및 서혜부 부상을 당한 축구 선수들은 성인 또는 시니어 축구 선수 기간에도 비슷한 유형의 부상이 발생한 경향이 있었다(Gabbe et al., 2010).

연구 결과에 따르면, 미식축구 선수가 선수 시절 경험한 뇌진탕은 은퇴 후 경험한 뇌진탕과 상관관계가 있는 것(Guskiewicz et al., 2007)으로 나타났다. 호주 축구 선수의 햄스트링 부상 경험은 이후 햄스트링 재부상과 관련이 있었다(Gabbe, Bennell, Finch, Wajswelner, & Orchard, 2006). 또한, 발목 부상을 경험한 엘리트 배드민턴 선수의 발목 염좌는 차후 선수의 발목 염좌와 관련이 있는 것으로 드러났다(Yung, Chan, Wong, Cheuk, & Fong, 2007). 더불어 전년도에 다치지 않은 비엘리트 네트볼 선수는 이후에도 부상을 당하지 않은 것으로 밝혀졌다(McManus, Stevenson, & Finch, 2006).

선수의 스트레스 요인 이력에 속하는 요인 중 하나인 이전 부상은 독특한 한 가지 특징을 가진다. 바로 이전 부상이 부상 위험을 증가시키는 이유와 관련된 부분이다. 이전 부상이 부상의 위험을 높이는 것이 스트레스 반응을 증가시키는 재부상에 대한 두려움 때문인지, 아니면 불완전한 치유 또는 부상 부위의 신체적 약화로 인한 것인지는 확실하지 않다(Andersen & Williams, 1988). 현재 부상이 이전 부상과 다른 위치에서 발생하는 경우, 재부상에 대한 두려움 경로가 합리적인 설명이 될 것이다. 그러나 현재 부상이 이전 부상과 같은 위치에서 발생하는 경우는 다르다. 이러한 경우, 현재 부상이 완전히 낮지 않은 이전 부상의 연장선이거나, 해부학적·생체역학적 또는 기타 이유로 취약해진 상태에서 발생한 새로운 부상일 수 있다. 이 문제는 이전 부상이 부상 위험에 대한 선수의 지각을 상승시킬 수 있다는 새로운 연구 결과 때문에 더욱 복잡하다(Reuter & Short, 2005; Short, Reuter, Brandt, Short, & Kontos, 2004). 이전 부상 경험이 선수의 부상에 대한 지각과 관련이 있을 수 있다는 변수는 그 자체로 스포츠 손상 발생과 반비례 관계이다(Kontos, 2004). 다시 말해, 이전 부상은 후속 부상으로부터 선수를 보호하는 경계적 인지 반응을 유발하는 데 도움이 된다. 그러나 부상 이력이 선수가 경험하는 부상에 대한 취약성을 낮추기에는 불충분하다. 안타깝게도, 스포츠 손상 발생의 예측 요인으로서 이전 부상을 조사하는 연구 설계는 이전 부상과 현재 부상의 직접적 연관성을 보여 주지는 못했다.

적용 초점

삶의 스트레스 평가

스포츠 손상의 발생을 유발할 수 있는 심리사회적 요인 중 한 가지는 삶의 스트레스이다. 이 요인은 스포츠 손상과 관련하여 가장 많이 연구되어 왔다. 그리고 스포츠 손상 발생과 매우 일관되게 연관되어 있다. 삶의 스트레스는 스포츠 손상의 예측 요인으로서 매우 중요하다. 따라서 선수의 건강을 담당하는 전문가는 선수의 삶의 스트레스 정도를 파악하는 것이 필요하다.

삶의 스트레스에 대한 평가는 Holmes와 그의 동료들이 워싱턴 대학교에서 실시한 삶의 스트레스와 건강의 관계에 관한 연구에서 확인할 수 있다. Holmes와 Rahe(1967)는 5,000명 이상의 사람을 대상으로 그들의 건강 문제와 관련이 있는 것으로 여겨지는 삶의 스트레스에 대하여 면담을 하였다. 면담 데이터를 기반으로 연구자들은 삶의 스트레스 사건 경험을 측정하기 위해 사회 재적응 평정 척도(Social Readjustment Rating Scale: SRRS)를 개발하였다. 응답자들은 이 척도에 제시된 43개의 주요 삶의 사건 목록 중 이전 연도에 경험한 것을 표시하도록 하였다. 삶의 변화가 스트레스를 유발한다는 가정하에 SRRS의 각 사건에는 '삶의 변화 단위(Life-Change Units: LCUs)' 점수가 할당되었다. 사람들이 더 과도한 스트레스를 받는다고 생각되는 사건에 더 높은 점수가 할당되었다. 예를 들어, 배우자의 사망과 이혼은 LCUs 값이 각각 100과 73이 할당된 데 비해, 직장에서의 해고는 47 LCUs 값이 할당되었다. 삶의 변화 점수는 긍정적으로 여겨지는 사건인 결혼(50 LCUs), 뛰어난 개인 업적(29 LCUs), 휴가(13 LCUs), 크리스마스(12 LCUs)에도 할당되었다.

Holmes(1970)는 SRRS를 사용하여 대학생 축구 선수의 삶의 스트레스와 부상 사이에 정적 상관관계를 확인하였다. 하지만 SRRS는 선수에게 특이적으로 스트레스를 유발할 수 있는 많은 사건이 제외되어 있기에 선수에게 사용하는 것이 제한적이다. 결과적으로, Bramwell, Masuda, Wagner와 Holmes(1975)는 사회 선수 재적응 평정 척도(Social and Athletic Readjustment Rating Scale: SARRS)라고 부르는 SRRS의 스포츠 특이 버전을 개발하였다. 이 척도는 선수와 관련 없는 삶의 사건은 제거하였다. 그리고 팀에서의 방출(52 LCUs), 감독과의 고충(35 LCUs), 시합에서의 중대한 실수(27 LCUs)와 같은 선수와 관련된 20개의 새로운 사건을 추가하였다. 따라서 SARRS는 SRRS에 비하여 선수가 직면하는 스트레스 요인을 더 잘 포착하도록 구성되어 있다. Bramwell 등(1975)은 전향적 연구를 통해 시합 시즌 동안 부상을 당한 대학생 축구 선수는 그렇지 않은 선수보다 SARRS에서 훨씬 더 높은 점수를 받았다는 사실을 발견했다.

SRRS 및 SARRS에서 사용하는 삶의 스트레스 측정 방식은 긍정적·부정적 생활 사건을 하나의 생활 스트레스 지수로 평가하였다. 그리고 이 척도는 각 사건에 대한 점수를 미리 정해 놓았다는 것에 대한 비판으로 인해 선호되지 않았다. 구체적으로, Sarason, Johnson과 Siegel(1978)은 개인이 긍정적인 사건과 부정적인 사건에 적응하는 과정이 같지 않으며, 주어진 사건에 대하여 인지하는 스트레스의 정도가 다를 수 있다고 주장했다. 따라서 Sarason 등(1978)은 삶의 경험 설문 조사(Life Experience Survey: LES)에서 긍정적 생활 사건과 부정적 생활 사건을 구분하였다. 그리고 응답자들이 최근에 경험한 삶의 사건에 대한 스트레스 정도에 점수를 작성할 수 있도록 하였다.

Passer와 Seese(1983)는 스포츠 상황에 맞게 수정된 LES 버전을 사용하여 대학생 남자 축구 선수들을 대상으로 부상에 대한 독립적인 예측 요인으로서 긍정적 삶의 스트레스와 부정적 삶의 스트레스를 조사했다. 그러나 체조 선수의 부상 예측에 대한 SARRS와 LES의 측정값을 비교한 연구에 따르면, 어떤 측정 도구도 다른 도구에 비해 뚜렷한 이점을 가지고 있지 못하였다. 실제로 두 측정 도구의 점수는 스포츠 손상 발생과 관련이 없었다(Williams, Tonymon, & Wadsworth, 1986).

이후 Petrie(1992)는 긍정적 삶의 사건과 부정적 삶의 사건을 구분하였다. 그리고 응답자들이 각각의 사건에 관한 자신의 스트레스 수준을 평가하는 LES 접근 방식을 활용한 삶의 스트레스 측정 도구를 개발했다. 일부 사건은 LES 및 기존의 다른 측정 도구에서 가져온 것이지만, 나머지 항목은 대학 선수들이 생성한 목록에서 인용했다. 이러한 목록의 예는 학업 외적인 이유로 팀에서 자격 정지, 체육 장학금 수령, 지속적인 팀 성적 저조 등이 있다. 그 결과, 21개의 스포츠 관련 사건이 포함된 대학 선수의 삶의 사건 척도(Life Events Scale for College Athletes: LESCA)가 개발되었다. 이 척도는 여자 대학생 체조 선수의 부상을 예측하는 데 SARRS를 능가했으며, 대학 운동 선수의 스트레스 요인 과거력을 평가하는 표준 방법이 되었다. LESCA는 팀 혹은 개인 스포츠 선수 모두의 삶의 스트레스 수준을 평가하는 데 사용할 수 있다. 스트레스 위험 판정을 위한 척도 점수의 기준점을 명확히 정할 순 없지만, 팀 평균보다 1~2 표준편차 이상으로 점수가 높은 선수는 추적 관찰 및 개입이 필요할 수 있다.

LESCA 평가 항목에는 최근 스트레스 원인, 스트레스에 대한 생물심리사회적 반응, 대처 시도 같은 내용이 포함되었다. 이러한 요소에 대한 예는 다음과 같다. 스트레스 원인에 대한 평가 항목에는 "룸메이트와 어떤 어려움을 겪었는가?"와 같은 질문이 있다. 스트레스에 대한 생물심리사회적 반응에 관한 평가 항목에는 "이 문제가 수면, 학교 과제, 팀 동료와의 관계에 어떤 영향을 미쳤는가?"가 있다. 마지막으로, 대처 시도와 관련된 평가 항목에는 "스트레스를 덜기 위해 무엇을 했는 가?"가 있다. 이러한 평가 항목은 선수의 스트레스 관리를 위한 면담에 사용될 수 있다. 물론 이런 대화는 개인적으로 이루어져야 한다. 스포츠 건강관리 전문가는 LESCA 및 면담과 같은 측정 도구 를 사용하여 언제든 선수의 스트레스 수준을 평가할 수 있다. 하지만 스트레스 선별검사를 시행하 기에 논리적으로 적절한 시점은 프리 시즌이 진행되는 기간이다. 그 이유는 시즌 전 평가를 통해 선 수가 경기장에서 실질적인 위험에 노출되기 전에 취약한 부분을 예방할 수 있기 때문이다.

3) 대처 자원

대처 자원은 스트레스-부상 모델에서 스트레스 반응 예측 요인의 세 가지 주요 범주 중 하나이다. 대처 자원은 다른 요인들에 비하여 연구자들의 관심을 적게 받았 다. 또한 대처 자원과 스포츠 손상 발생 사이의 연관성도 상대적으로 적은 편이다. 대처 자원 변수 중 유의한 상관관계를 얻은 것은 대처 자원 (Hanson, McCullagh, & Tonymon, 1992; Williams et al., 1986), 대처 기술(Noh, Morris, & Andersen, 2005; Rogers & Landers, 2005), 대처 전략(Ivarsson & Johnson, 2010) 및 사회적 지원(Hardy, Richman, & Rosenfeld, 1991)이다. 높은 수준의 대처 자원과 대처 기술은 부상 빈도와 부적 상관 관계를 보였다. 이는 부상 발생이 감소하는 것과 관련된다는 점을 시사한다.

한편, 대처 전략과 사회적 지원은 부상 빈도와 정적 상관관계가 있다. 즉, 자기 비난 (Ivarsson & Johnson, 2010; Timpka et al., 2014), 행동적 이탈 및 수용 대처 전략(Ivarsson & Johnson)을 잦은 빈도로 사용하는 것과 사회적 지지 제공자(Hardy et al., 1991)가 많 은 것은, 더 많은 스포츠 손상 발생 빈도와 유의미한 관계가 있었다. 대처 전략이 의외 의 결과를 보인 것은 대처 전략 사용 그 자체에서 기인하는 것이 아닌 것으로 판단된 다. 이와 같은 결과는 스트레스가 많은 선수가 그 스트레스를 처리하기 위해 더 많은 대처 전략을 채택하는 경향이 있고, 그 스트레스의 결과로 인해 여전히 더 많은 부상 을 경험하기 때문이다. 많은 사회적 지원이 스포츠 손상 발생 증가와 연결될 수 있다 는 결과는 설명하기가 더 어렵다. 이러한 직관에 반하는 결과들은 여러 위험 요인들의 상호 관계를 다루는 부분에서도 확인할 수 있다. 대처 자원은 다른 심리사회적 위험 요인과 스포츠 손상 발생 간의 관계를 좀 더 직관적 방식으로 조절하는 것으로 여겨진다.

4) 감정 상태

감정 상태는 명확히 말하자면 스트레스-부상 모델의 일부가 아니다. 그러나 다수의 연구에서 스포츠 손상 발생의 잠재적 예측 인자로 여겨져 왔다. 다양한 연구를 통해서 분노(Galambos et al., 2005; Lavallee & Flint, 1996; Plante & Booth, 1997; Thompson & Morris, 1994; Yang et al., 2014), 인지 불안(Kolt & Kirkby, 1994), 혼란(Galambos et al., 2005), 우울(Galambos et al., 2005; Lavallee & Flint, 1996), 피로(Galambos et al., 2005; Kleinert, 2007; Kolt & Kirkby, 1994), 긴장(Galambos et al., 2005; Lavallee & Flint, 1996)과 같은 부정적 감정이 스포츠 손상 발생 지수와 정적 상관관계를 보였다. 반면, 활력과 같은 긍정적 감정과 스포츠 손상 발생 사이에는 부적 상관관계가 보고되었다(Galambos et al., 2005; Lavallee & Flint, 1996). 감정 상태와 스포츠 손상 발생 사이의 관계에 대한 정확한 성격은 정의되지 않았다. 그 이유는 긍정적 감정과 부정적 감정이 모두 스트레스 반응에 영향을 미칠 수 있고, 또한 성격, 스트레스 요인 이력 및 대처 자원의 영향을 받을 수 있기 때문이다.

5) 기타 요인

몇 가지의 추가적인 심리사회적 요인이 스포츠 손상 발생의 예측 요인으로 확인되었다. 이러한 요인에는 주의력결핍 과잉행동 장애(Tan et al., 2014), 과잉행동(Timpka et al., 2014), 신경인지 기능(Swanik, Covassin, Stearne, & Schatz, 2007), 지각된 동기 분위기(Steffen et al., 2009), 신체적 자기 인식(Janelle, Kaminski, & Murray, 1999), 긍정적인 마음 상태(Williams et al., 1993), 사교성(Kleinert, 2007), 스포츠 특이 전략 기술(Soligard,

Grindem, Bahr, & Anderson, 2010) 등이 있다. 높은 수준의 지각된 숙달 분위기, 지각된 스포츠 능력, 사교성 및 스포츠 특이 전술 기술은 부상 위험의 증가와 관련이 있다. 느린 반응 시간과 처리 속도, 낮은 수준의 지각된 체력, 집중력과 이완을 유지하는 긍정적 마음 상태, 시각 기억 및 언어 기억은 높은 부상 위험과 관련이 있다. 이러한 연구 결과의 중요성은 스트레스-부상 및 다요인 모델 내에서 각각의 요인이 해석될 수 있을 때 결정된다.

6) 여러 요인의 상호작용

[그림 2-2]와 [그림 2-3]에서 보여 주듯이, 다요인 모델 및 스트레스-부상 모델은 선수의 부상 과정이 여러 가지 위험 요인과 복잡한 일련의 사건들도 구성된다는 것을 보여 준다. 즉, 심리적·사회적 변수를 통해 스포츠 손상 발생을 예측하는 것은 다수의 중요한 요인이 복잡하게 얽힌 상호작용의 산물임을 보여 준다. 가장 단순한 유형의 상호작용을 살펴보자. 위험 요인(예: 일상 스트레스)과 스포츠 손상 발생 간의 관계는 또 다른 위험 요인(예: 사회적 지원)의 수준에 따라 달라진다. 즉, 사회적 지원의 수준에 따라 일상 스트레스와 스포츠 손상 발생 간의 관계가 달라지는 것이다. 이와 같은 예로, Petrie(1992)는 사회적 지원이 낮은 선수에게서 부정적 일상 스트레스와 스포츠 손상 발생 사이의 정적 상관관계를 발견했다. 반대로, 사회적 지원이 높은 선수에게서는 유의한 상관관계를 발견하지 못했다. 이 경우 사회적 지원은 일상 스트레스와 스포츠 손상 발생 사이의 관계를 조절하였다. 비슷한 맥락으로, 대처 전략은 자기효능감과 스포츠 손상 사이의 관계를 조절하는 것으로 밝혀졌다. 구체적으로, 자기효능감은 정서적 안정, 위험한 행동과 정적 상관관계를 보인다. 여기서 정서적 안정은 부상 발생과 부적 상관관계를 보였으며, 위험한 행동은 부상 발생과 정적 상관관계를 보였다(Rubio, Pujals, de la Vega, Aguado, & Hernández, 2014).

Smith, Smoll과 Ptacek(1990)의 연구에 따르면, 더욱 복잡한 유형인 중재 변수도 스포츠 손상 예측과 관련이 있었다. 스포츠 손상의 맥락에서 중재 변수는 부상 위험 요인과 부상 결과 사이의 관계를 최대화하는 둘 이상의 변수를 포함한다. Smith 등(1990)의 연구에 따르면, 사회적 지원과 심리적 대처 능력이 낮은 것은 부정적 삶의 스트레스와 부상으로 인한 스포츠 참여 제한 사이의 중재 변수로 큰 영향을 주었다.

심리사회적 요인, 스포츠 손상 발생 예측 요인의 상호작용과 관련된 예시들은 문헌에 풍부하게 기록되어 있다. Smith, Ptacek와 Smoll(1992) 및 Petrie(1993)는 개인적 특성이 중재 변수로 작용한 연구를 진행하였다. Smith 등이 고등학교 선수들을 대상으로 한 연구에 따르면, 감각 추구(sensation seeking)는 부정적 일상 스트레스와 부상으로 인한 스포츠 참여 제한 사이의 관계를 중재한다고 보고하였다. 감각 추구란 감정적으로 흥분되는 상황을 추구하고 인내하는 정도를 나타내는 성격 변수이다. 구체적으로, 감각 추구가 낮은 선수들은 부정적 일상 스트레스와 부상으로 인한 스포츠 참여 제한 사이에 정적 상관관계를 보였으나, 감각 추구가 높은 선수들에게서는 유의미한 상관관계를 보이지 않았다. 미식축구 선수들을 대상으로 한 Petrie(1993)의 연구에서는 다음의 두 가지 중재 효과가 발견되었다.

- 특성 불안은 선발 선수의 경우 부상 발생과 정적 상관관계를 보였으나, 후보 선수의 경우 부상 발생과 관련성이 없었다.
- 긍정적 삶의 사건 스트레스는 특성 불안이 높은 선수들과는 부상으로 인한 스포츠 참여 제한과 직접적인 연관성이 있었지만, 특성 불안이 낮은 선수들과 연관성이 없었다.

Thompson과 Morris(1994)는 일상 스트레스를 중재 변수로 설정하고, 개인 속성(주의적 경계)을 부상에 영향을 주는 요인으로 설정하여 연구를 진행하였다. 지난 12개월 동안 심각한 스트레스 요인을 경험한 미식축구 선수의 주의력 경계는 부상 발생과 부적 상관관계를 보였다. 그러나 미식축구 선수가 지난 12개월 동안 주요 스트레스 요인을 경험하지 않은 경우, 주의력 경계는 부상 발생과 정적 상관관계를 보였다. 따라서 일반적으로 개인 속성은 다른 변수와 스포츠 손상 사이의 관계를 중재하는 역할을 하지만, 개인 속성과 부상 결과의 관계 또한 다른 요인에 의해 중재될 수 있다.

대처 자원은 일상 스트레스와 스포츠 손상 결과 사이의 관계를 중재하는 것으로 밝혀졌다. 대처 자원 중 특히 사회적 지원이 빈번한 중재자로 등장했다. 앞서 설명한 Petrie(1992)의 연구 결과와 유사하게, Patterson, Smith, Everett과 Ptacek(1998)은 사회적 지원이 일상 스트레스와 부상 사이의 관계를 중재한다고 보고했다. 특히 사회적 지원이 낮은 발레 댄서들에게서 심한 부정적 생활 스트레스는 높은 부상 위험과 연관이 있었으나, 사회적 지원이 높은 발레 댄서들에게서는 부상과 관련이 없었다. Hardy 등(1991)은 앞선 연구를 보완하여 결과를 발표했다. 부정적 생활 스트레스가 심한 상태의 남자 선수들은 사회적 지원의 정도가 높을 때 부상을 덜 경험한다는 것을 발견하였다. 그러나 Hardy 등(1991)의 연구 결과는 여자 선수 또는 전체적인 삶의 변화, 긍정적 생활 스트레스와 같은 다른 유형의 일상 스트레스에는 적용되지 않았다.

Smith 등(1990)이 보고한 사회적 지원을 포함한 결합 중재 효과는 Maddison과 Prapavessis(2005)에 의해 발전되었다. 그들은 남자 럭비 선수들이 사회적 지지가 낮고 회피 대처와 부상 이력이 모두 높은 상황에 놓였을 때, 부정적 일상 스트레스와 부상으로 인한 참여 제한 사이의 정적 상관관계가 극대화된다는 사실을 발견하였다. 이 결과는 부정적 일상 스트레스는 다른 여러 위험 요소가 존재할 시 선수의 건강과 웰빙에 가장 큰 악영향을 미친다는 것을 시사한다.

지금까지 확인한 스포츠 손상의 심리사회적 예측 요인 사이의 상호작용은 잠재적 중재 효과의 겉핥기식으로만 확인했을 뿐이다. 다요인 모델에 포함된 생물심리사회적 변수의 전체 스펙트럼을 고려하면, 여러 요인의 조합이 선수에게 부상 위험을 부여할 수 있다. 선수의 부상에 영향을 가하는 요인의 조합을 발견하고자 한다면 부상을 일으키는 광범위하고 잠재적 요인을 장기간에 걸쳐 반복적으로 측정하는 대규모의 연구가 필요하다.

3. 스포츠 손상 발생에 대한 심리사회적 영향의 메커니즘

다요인 모델의 특성과 선수가 부상을 당하는 다양한 방식을 고려할 때, 이 모델의 심리사회적 요인이 스포츠 손상 발생에 영향을 미치는 메커니즘에 대해 묵인하는 것은 놀랍지 않다. 한편, 스트레스-부상 모델은 심리사회 지향적인 체계이며, 스포츠 손상 발생에서 심리사회적 요인의 역할에 대하여 보다 명시적으로 설명한다. 다요인 모델에서는 부상 가능성을 높이는 위험 요인을 보유한 선수를 취약한 선수로, 유발 사건에 의해 부상이 발생하기 직전의 선수를 민감한 선수라고 지칭했다. 다요인 모델에 따르면, 심리사회적 요인은 선수가 부상에 취약하고 민감하게 만든다. 심리사회적 요인은 부상 발생 인과적 사슬의 마지막 단계를 나타내는 유발 사건에서도 두드러지게 나타날 수 있다. 예를 들어, 화가 난 상대 선수가 비열한 플레이를 하거나, 시합 중 근육 경련이 발생했음에도 불구하고, 선수가 경기를 지속하기로 한 운명적 결정을 한 것을 예로 들 수 있다.

Andersen과 Williams(1988)는 스트레스-부상 모델의 심리사회적 요인이 스포츠 손상 발생에 영향을 미치는 세 가지 주요 메커니즘을 소개했다. 세 가지의 매커니즘은 근육 긴장, 주의 산만, 주변 시야 축소이다. 각 메커니즘은 성격, 스트레스 요인 이력 및 대처 자원의 영향을 받는 스트레스 반응의 직접적인 결과로 여겨진다.

메커니즘의 실험적 근거는 다양하다. 스트레스 반응은 근육 긴장을 유발한다. 근육 긴장은 협응력을 방해하고 유연성을 감소시키며, 다양한 근골격계 손상을 발생시킬 수 있다는 학자들의 견해가 있다. 하지만 이러한 주장에 대한 근거는 매우 적은 편이다. 한편, 선수가 스트레스를 받는 상황에 놓이게 되면 주의가 산만해지고, 그 결과 스포츠 상황에서 중요한 신호에 주의를 기울이지 못하게 된다. 주의력 손실은 충돌과 실수와 같은 유발 사건으로 이어져 선수는 부상을 당하게 된다. 이러한 주장에는 일부 근거가 있다. 일례로, 최근 심각한 스트레스 요인을 경험했던 미식축구 선수는 주의적 경계가 낮은 경우에 부상 위험이 더욱 증가했다(Thompson & Morris, 1994). 이와 유사하게, Swanik 등(2007)은 비접촉성 전방십자인대 부상을 당한 대학생 선수들이 그렇지 않은 선수들보다 시즌 전 시각적 주의력 테스트에서 더 낮은 점수를 받았다는 것을 발견했다.

심리사회적 요인이 스포츠 손상 발생에 영향을 미치는 메커니즘에 대한 가장 강력한 실험적 근거는 주변 시야의 축소와 관계가 있다. Andersen과 Williams(1988)는 선수들이 스트레스로 인해 시야가 좁아져 주변의 중요한 신호를 포착하지 못하는 상황을 경험한다고 주장했다. 이러한 연구를 뒷받침하듯이, 선수들은 실험실 상황의 스트레스 요인(Williams & Andersen, 1997; Williams, Tonymon, & Andersen, 1990, 1991)과 실제 스트레스 요인(Rogers et al., 2003)의 스트레스 조건에서 주변 시야가 좁아졌다. 사회적 지원이 낮은 대학 선수를 대상으로 한 연구에서도 유사한 결과가 도출되었다(Andersen & Williams, 1999). 이러한 연구에서는 부정적 삶의 스트레스와 주변 시야 축소 현상을 주로 겪는 선수들이 그렇지 않은 선수들보다 더 많은 부상을 입었다고 보고하였다. 최근 Rogers와 Landers(2005)의 연구에 따르면, 고등학교 선수 집단에서 부정적 일상 스트레스와 스포츠 손상 사이의 관계를 주변 시야 축소가 약 8% 매개한다는 사실이 입증되었다.

Petrie와 Perna(2004)는 스트레스 반응의 생리적·심리적 측면에 대해 자세히 설명하며, 스트레스 반응이 스포츠 손상 발생에 미치는 영향이 다음과 같이 전향적이고 상호 연관된 메커니즘을 포함하도록 확장하였다.

- 면역 체계의 억제
- 조직 복구 과정의 장애
- 수면 장애
- 자기 관리 행동의 변화

스트레스와 네 가지 메커니즘 사이의 연관성이 실험연구를 통해 보고되었다. 예를 들어, 만성 스트레스의 면역 억제 효과는 선행연구에서 잘 나타나 있다(Segerstrom & Miller, 2004). 나아가, 스트레스 호르몬인 코르티솔 분비를 유발하는 고강도 신체훈련에 일상 스트레스가 더해지면 면역 체계가 더욱 억제된다(Perna & McDowell, 1995). 이는 곧 근육 및 기타 신체 조직을 치유하는 데 필수적인 과정을 더디게 할 수 있다(Kiecolt-Glaser, Page, Marucha, MacCallum, & Glaser, 1998; Petrie & Perna, 2004).

스트레스는 또한 수면의 양과 질을 방해하며(Cartwright & Wood, 1991; van Reeth et al., 2000; Waters, Adams, Binks, & Varnado, 1993), 부상을 유발할 수 있다. 수면 장애가 부상에 영향을 미치는 메커니즘과 관련된 예로는 면역기능 저하, 집중력 감소, 반응 시간 둔화, 지각 방해, 공격성 증가, 의사결정 장애, 치유에 기여하는 성장 호르몬 분비 감소(Orzel-Gryglewska, 2010) 등을 들 수 있다. 또한 스트레스는 자신을 돌보는 능력이나 성향을 방해한다(Heatherton & Penn, 1995; Steptoe, Wardle, Pollard, & Canaan, 1996). 이러한 현상은 선수가 영양가 있는 식사와 수분 섭취, 적절한 스트레칭, 근력 강화 또는 기타 예방 활동 참여를 소홀하게 만든다(Petrie & Perna, 2004). 네 가지 메커니즘과 스포츠 손상의 발생 사이에는 논리적·이론적 연관성이 도출될 수 있다. 그러나 이러한 가설상의 관계는 실험적으로 검증되지 않았으며, 현재 연구를 통한 근거가 없다.

심리사회적 요인이 스포츠 손상 발생에 영향을 미칠 수 있는 또 다른 메커니즘은 스포츠 시합 상황에서 선수와 상대 선수의 행동에 있다. 이 메커니즘은 스포츠 손상의 심리사회적 선행 요인에 관한 과학적 문헌에서 크게 무시되었다. 하지만 Bahr와 Krosshaug(2005)는 선수와 상대 선수의 행동을 민감한 선수에게 부상을 일으킬 수 있는 유발 사건의 네 가지 유형 중 하나로 정의했다. 이 유형에는 상대 선수에 대한 선수의 행동 및 상대 선수와의 상호작용에 대한 인지적·정서적 토대가 포함될 수 있다. 그 이유는 어떤 경우 특정한 방식으로 행동하기로 한 선수의 결정은 부상의 과정을 유발할 수 있기 때문이다. 동시에 선수의 행동이 단순히 시합의 열기 속에서 내린 결정을 반영하여 상대 선수와의 상호작용을 포함하지 않을 수 있다. 상대 선수의 행동은 의도적이거나 의도하지 않은 우발적 부상의 위험을 줄 수 있다.

스포츠 손상의 메커니즘으로서 선수의 행동에 대해 알려진 것은 거의 없지만, 여러 연구를 통해 통찰력을 얻을 수 있다. Bredemeier(1985) 및 Bredemeier, Weiss, Shields

와 Cooper(1987)는 스포츠 영역에서 의도적 부상 유발 행위를 도덕의 관점에서 광범위하게 조사했다. 이 연구는 상대 선수를 의도적으로 다치게 할 가능성이 있는 선수를 식별하는 데 상당한 도움이 될 수 있다. 또한 왜 그들이 부적절하게 행동하기로 했는지, 혹은 의도적으로 상대 선수를 다치게 하려고 행동하였는지를 확인하는 데 도움이 될 수 있다. 후자와 관련하여 Soligard 등(2010)은 축구 선수가 가진 높은 수준의 기술, 전술 및 체력이 부상 위험 증가와 관련이 있음을 발견하였다. 연구 결과는 일부 스포츠에서 강한 선수가 상대 선수의 부상 위험을 증가시키는 행동의 표적이 될 수 있음을 시사한다.

이와 유사한 연구에서 연구자들은 세밀한 비디오 분석을 통해 프로축구 선수의 부상 직전 선행 사건을 파악하였다(Andersen, Larsen, Tenga, Engebretsen, & Bahr, 2003). 발목 염좌를 호소하는 선수 대부분의 부상 원인은 상대 선수의 발에 정강이 뼈를 가격당하는 불법 태클 때문이었다(Andersen, Floerenes, Arnason, & Bahr, 2004). 즉, 유발 사건으로서 상대 선수 행동의 영향은 정량화, 관찰 및 기록이 가능하고 분석 대상이 될 수 있다.

4. 생물심리사회적 분석

이제 알렉스의 사례로 돌아가 보자. 그가 시합 시즌에 부상을 당한 사실은 별로 놀라운 일이 아니다. 의도하지는 않았겠지만 실제로 그는 스포츠 손상에 대한 여러 위험 요소를 가지고 있었다. 그는 심한 어깨 부상을 당하기 1년 전에도 어깨를 다쳤을 뿐만 아니라 아버지의 죽음, 연인과의 이별, 어머지의 알코올 중독과 같은 생애 주요 사건을 경험하였다. 이러한 사건들은 그의 건강 행동을 손상했고, 그가 당면한 스포츠 과제에 집중하지 못하게 하였다.

알렉스가 경험한 부상 상황은 스포츠 손상 원인의 주요 모델과 매우 일치한다. 다요인 모델 측면에서 알렉스가 이전에 경험한 어깨 부상은 어깨의 후속 부상 발생에 취약하게 만들었다. 결과적으로, 선수에게 스트레스를 유발하는 일상 사건과 그로 인한 부정적인 영향은 부상 위험이 있는 상황에서 집중력 부족을 야기하였고, 이는 부상에 대한 그의 취약성을 증가시켰다. 스트레스-부상 모델 측면에서 알렉스는 부상으로 이어질 수 있는 몇 가지 위험 요소를 가지고 있었다. 그의 성격에 대해서는 거의 밝혀지지 않았지만, 알렉스는 스트레스 요인 이력이 있었고 대처 자원이 고갈된 상태였다. 알렉스의 스트레스 요인은 아버지의 죽음, 연인과의 이별과 같은 생의 주요 사건, 이전의 어깨 부상 병력이었다. 그가 경험한 대처 자원 고갈은 연인과 이별, 아버지의 죽음으로 인한 사회적 지원 측면에서 확인할 수 있다. 이러한 상황은 그의 인지적 · 행동적 · 생리적 반응에 영향을 미쳐 부상에 대한 민감성을 증가시킬 수 있었을 것으로 보인다.

스포츠 손상 원인 모델을 이해하는 것의 주요 장점 중 하나는 부상 예방 개입을 위한 진입점을 제시한다는 것이다. 알렉스의 이전 부상은 되돌릴 수 없지만, 이전 부상의 완벽한 재활을 통해 향후 부상에 대한 그의 취약성을 개선할 수 있을 것이다. 알렉스는 스트레스 사건을 피할 수 없지만, 스트레스 관리 훈련, 학업 지원 서비스 및 사회적 지원으로부터 도움을 받을 수 있다. 이러한 조치는 알렉스가 스트레스에 대처하는 기술을 개발하는 데 도움이 될 수 있으며, 삶의 스트레스 요인에 대한 반응을 개선할 수 있을 것이다. 또한 스트레스 반응을 최소화하며 잠재적으로 새롭게 부상을 당할 가능성을 줄일 수 있는 자원을 제공할 수 있다. 이러한 종류의 예방 노력은 제3장에서 자세히 다룰 것이다.

5. 요약

부상을 예방 및 최소화하고 관리하기 위한 전략과 개입을 개발하기 위해서는 부상의 원인과 과정에 대한 모델을 검토하고, 스포츠 손상 발생의 심리사회적 예측 요인을 파악하는 것이 도움이 된다. 이를 위해 이 장에서는 스포츠 손상 발생에 대한 두 가지 이론적 모델을 제시하였다.

- 스포츠 손상 병인의 다요인 모델
- 스트레스-부상 모델

다요인 모델에 따르면, 스포츠 손상의 요인에는 이전 부상, 관절 안정성, 연령, 신체 상태 수준과 같은 내적(개인적) 위험 요인과, 스포츠의 특성, 부상을 유발할 수 있는 상황에 대한 노출, 코칭, 장비, 환경적 영향과 같은 외적(환경적) 위험 요인이 있다. 이 모델은 지속적으로 개정되었는데, 개정판에서는 경기 상황, 선수와 상대 선수의 행동, 생체역학적 특성을 포함하는 유발 사건의 개념이 추가되었다.

스트레스-부상 모델은 스트레스 반응이 스포츠 손상의 주된 원인이라고 주장한다. 스트레스 반응은 스트레스로 느껴지는 시합 상황을 선수가 인지적으로 평가한 결과를 말한다. 인지 평가는 세 가지 범주의 심리사회적 요인의 영향을 받는다. 즉, 인지 평가는 성격, 스트레스 요인 이력, 대처 자원의 영향을 받는다. 성격은 학습된 사고, 느낌 및 행동 패턴을 포함한다. 스트레스 요인 이력은 크고 작은 삶의 사건, 이전 부상 경험 등을 말한다. 대처 자원은 스트레스 관리 기술, 적절한 휴식 및 영양, 사회적 지원을 포괄한다. 인지 평가는 스포츠 손상의 발생과 연관이 높은 생리적 및 주의 집중 과정에 모두 영향을 미친다.

비록 이 두 모델은 각기 독립적으로 발전하였고, 겉으로 보기에는 상당히 달라 보인다. 그러나 실제로 두 모델은 매우 상호 보완적이다. 스트레스-부상 모델은 다요인 모델 내의 특정 경로를 나타낸다. 두 모델은 모두 후속 연구를 위한 이론적 기초가 되었으며, 연구자들이 스포츠 손상의 원인을 이해하는 데 많은 기여를 했다. 이러한 모델의 관점과 일관되게, 스포츠 손상 발생과 이로 인한 스포츠 참여 제한의 예측 요인으로서 수많은 심리사회적 요인이 확인되었다. 일부 요인들은 단일 연구에서 스포츠 손상과 관련이 있다고 밝혀진 반면, 또 다른 일부 요인들은 여러 연구에서 반복적으로 예측 요인으로 나타났다.

　　부상당하기 쉬운 성격은 확인되지 않았으나, 성격은 부상 발생과 관련된 심리사회적 범주 중 하나이다. 부상과 관련된 성격 요인에는 대담성, 통제 소재, 경쟁 특성 불안 및 성취 동기가 포함된다. 예를 들어, 심한 경쟁 특성 불안은 오래 지속되는 부상과 관련이 있다. 또한, 여러 연구에서 육상 선수들의 A형 성격 패턴과 과사용 손상 사이에 정적 상관관계를 발견하였다.

　　스트레스 요인 이력은 스포츠 손상과 관련하여 가장 많이 연구되는 심리사회적 예측 요인이다. 부정적·긍정적 일상 사건을 모두 합한 총 일상 스트레스는 후속 부상과 정적 상관관계가 있다. 대조적으로, 일상적 번거로움과 같은 사소한 생활 사건과 스포츠 손상 발생 사이의 관계에 관한 연구는 거의 수행되지 않았다.

　　대처 자원은 연구자들로부터 많은 관심을 받지 못했다. 즉, 대처 자원은 스포츠 손상 발생과 가장 적은 연관성을 보여 주었다. 대처 전략, 사회적 지원을 포괄하는 대처 자원과 스포츠 손상 발생 및 심각도 사이의 관계를 조사한 연구는 아직 결론이 맺어지지 않았다. 스포츠 손상의 예측 요인으로 확인된 심리사회적 추가 변수로는 신경인지기능, 지각된 동기 환경, 신체 자기 인식, 긍정적 마음 상태 및 사회성이 있다. 높은 수준의 지각된 숙달 환경, 지각된 스포츠 능력 및 사회성은 부상 위험의 상승과 관련이 있다. 반면, 낮은 수준의 신경인지 기능 및 긍정적 마음 상태는 부상 위험과 반비례한다.

　　스포츠 손상 발생에 영향을 미치는 심리사회적 요인의 메커니즘에 대해서는 상대적으로 알려진 것이 거의 없다. 근육 긴장, 주의산만, 주변 시야 축소, 면역기능 억제, 조직 회복 과정 방해, 수면 장애, 자기관리 행동 변화, 시합 중 선수 또는 상대 선수의 행동 등과 같은 다양한 메커니즘이 제안되었다. 종합적으로, 이러한 요인은 심리사회적 요인과 스포츠 손상 발생 사이의 다리 역할을 할 수 있다.

📅 **토론 질문**

1. 스포츠 손상의 다요인 모델과 스트레스-부상 모델은 어떤 유사점과 차이점이 있는가?
2. 스포츠 손상을 유발하는 과정을 명확하게 결정할 수 없는 이유는 무엇인가?
3. 심리사회적 요인이 스포츠 손상 발생에 기여할 수 있는 제안된 메커니즘은 무엇인가?
4. 스포츠 손상의 심리사회적 선행 요인에 관한 이론과 연구는 스포츠 손상 예방에 어떤 영향을 미치는가?

제3장

스포츠 손상
예방

학습 목표

1. 스포츠 손상 예방의 유형 및 현대적 모델을 개략적으로 설명한다.
2. 훈련, 장비, 규정 및 심리사회적 개입 등의 스포츠 손상 예방법을 설명한다.

대학 수영팀 선수들은 시즌의 시작인 9월부터 시즌 말까지 평일 연습을 마치고 스포츠 심리 상담사를 만났다. 각 회기에는 10분간 점진적 이완 프로그램을 수행하고, 수영 기술에 초점을 맞춘 5분간의 심상 훈련이 이어졌다. 수영팀이 받은 훈련의 결과는 매우 놀라웠다. 지난 시즌에는 단 1명만이 올 아메리칸 명예를 획득하였지만, 이번 시즌 동안 심리 프로그램 개입이 끝날 무렵에는 무려 12명의 선수가 올 아메리칸 명예를 획득하였다. 또한 이번 심리 개입의 목적이 부상을 줄이는 것이 아니었지만, 팀 선수들의 부상률은 전년도보다 52% 감소하였다.

주요 대학 미식축구팀에게도 비슷한 훈련 프로그램이 도입되었다. 본질적으로 프로그램의 형식은 수영팀과 비슷하였다. 선수들은 비시즌 동안은 주 5회, 시즌 동안은 주 2회에 걸쳐 훈련받았다. 프로그램의 시작 부분에서 선수들은 수중 휴식을 취한 후, 10분간의 이완 훈련과 5분간의 심상 훈련을 시행하였다. 프로그램이 도입된 지 첫해, 미식축구팀은 20년 만에 가장 성공적인 시즌을 경험하였다. 그러나 그 이후에는 생각보다 좋은 성과를 거둘 수 없었다. 프로그램이 개입된 지 2년 째 되는 해에 미식축구팀은 스캔들로 인하여 프로그램에 혼란을 겪었다. 코치진도 대거 해고되는 바람에 경기력 측면에서 볼 때 처참한 성적을 내었다. 그러나 이 미식축구팀은 2년간의 스포츠 심리 프로그램 적용 이후, 선수들의 심각한 부상이 줄어들었다. 스포츠 심리 프로그램이 미식축구팀에 적용된 이후 부상 발생률이 프로그램 도입 첫해에 33%, 이듬해에 28%가 감소했다.

Davis(1991)가 보고한 이러한 사례들은 인과관계를 입증하는 데 필요한 무작위 대조군 임상 실험은 아니었다. 그러나 그들은 이완 훈련과 심상 훈련으로 구성된 스포츠 심리 프로그램 개입이 엘리트 선수들의 부상률 감소에 긍정적인 영향을 미칠 수 있다고 보고하였다. 소개된 사례 모두 스포츠 심리 개입의 목표가 부상 예방이 아니라 경기력을 향상하는 것이었으나, 선수들의 부상 발생을 예방하는 결과가 나타났다. 스포츠 손상은 사회와 개인에게 과도한 비용을 부과하게 만드는 공중 보건 문제이다. 부상 예방은 이러한 문제를 해결하는 한 가지 수단으로 옹호되었다(Emery, 2010; Klügl et al., 2010). 그 결과, 최근 몇 년간의 연구와 임상에서 스포츠 손상 예방에 대한 강조가 증가하는 추세를 보였다(Klügl et al., 2010; Matheson, Mohtadi, Safran, & Meeuwisse, 2010). 부상을 예방하고자 하는 노력은 2005년, 2008년, 2011년, 2014년에 개최된 스포츠 손상 예방에 관한 국제회의에도 반영되었다.

스포츠 손상을 예방하려면 먼저 부상이 어떻게 발생하는지를 이해해야 한다. 따라서 앞서 제2장에서는 스포츠 손상의 선행 요인에 대한 내용을 다루었다. 스포츠 손상의 선행 요인에 대한 이해는 부상 발생을 예방하기 위한 정보를 제공한다. 스포츠 참여는 그 행위 안에 내포된 부상 위험을 수반하기 때문에 스포츠 손상을 완벽히 예방할 가능성은 아주 낮다. 그러나 스포츠 손상 발생과 관련이 있는 원인 요인에 대하여 학습한다면, 예방적 개입을 위한 진입 지점을 식별하는 데 도움이 될 것이다. 이러한 점을 바탕으로 이 장에서는 심리사회적 측면에 중점을 두고 있는 스포츠 손상 예방법을 검토한다. 나아가, 부상 예방의 유형, 모델 및 범주를 검토하고, 예방 개입을 적용하기 위한 실제적인 고려 사항을 다룰 것이다.

1. 예방의 종류

스포츠 손상을 예방하는 가장 확실한 방법은 스포츠에 참여하지 않는 것이다. 물론 이 해법은 실현 가능하지 않고 바람직하지도 않다. 스포츠를 즐기는 대다수의 사람은 스포츠 참여에 따른 위험을 감수하고서라도 스포츠에 참여할 것이다. 따라서 우리는 스포츠 손상 예방에 중점을 두어야 한다. 예방은 세 가지 유형으로 분류된다. 1차 예방은 스포츠 손상이 발생하기 전에 조치하는 것을 말하며, 이러한 예방 노력은 개인별 부상 위험 수준과 관계없이 특정 리그 또는 특정 클럽의 모든 선수에게 적용된다. 예를 들어, 하키 선수는 마우스 가드를 착용해야 한다는 사항이 1차 예방의 한 형태라면, 하키 경기에 참여하기 위해 치아가 없는 선수도 마우스 가드를 착용해야 한다. 스포츠 손상을 대상으로 하는 대부분의 예방적 개입들은 1차 예방 범주에 속한다.

　　2차 예방은 관심 집단 내 높은 스포츠 손상 위험을 지닌 개인이 부상이 발생하기 전 취하는 조치이다. 제2장에서 설명한 스포츠 손상의 위험 요인 중 하나 이상을 보유한 개인이 예방적 개입의 대상이 된다. 2차 예방을 통해 부상 예방이 가장 필요한 사람에게 예방 자원을 집중할 수 있다. 이와 관련하여 Maddison과 Prapavessis(2005)는 부상의 위험 요인인 사회적 지지가 낮고 회피 대처가 높은 럭비 선수들에게 스트레스 관리 개입을 시행하였다.

　　전통적인 의미에서 3차 예방은 부상을 예방하기 위한 것처럼은 보이지 않는다. 3차 예방에서는 부상 발생 후 부상 부위의 손상을 최소화하기 위해 가능한 한 빨리 선수를 치료한다. 뒤이어 부상 선수를 재활시키기 위한 최대한의 노력도 수반한다. 즉, 선수가 스포츠 건강관리 전문가로부터 받는 대부분의 부상 치료는 3차 예방으로 분류할 수 있다.

2. 스포츠 손상 예방 모델

　　스포츠 손상을 예방하고자 하는 노력을 설명하기 위한 몇 가지 체계가 도입되었다. 이 체계는 스포츠 손상에 대한 연구 및 실무가 체계적이고 과학적인 방식으로 진행되도록 하는 모델 역할을 한다. 스포츠 손상 예방 모델은 van Mechelen, Hlobil과 Kemper(1992), Finch(2006) 및 van Tiggelen, Wickes, Stevens, Roosen과 Witvrouw(2008)에 의해 제안되었다. van Mechelen 등(1992)이 제시한 모델은 4단계의 체계를 제안하였다. 1단계는 스포츠 손상 문제의 중요도를 식별하고, 스포츠 손상의 발생률과 심각도를 설명하는 것이다. 2단계는 스포츠 손상의 원인과 메커니즘을 결정하는 것이다. 3단계는 스포츠 손상의 예방법을 도입하는 것이다. 4단계에서 전문가들은 1단계를 반복하여 3단계에서 도입된 예방법의 효과를 평가하는 것이다. 즉, 예방적 노력의 결과로 스포츠 손상의 발생률과 심각도가 얼마나 변화였는지를 확인한다.

Finch(2006)는 van Mechelen 등(1992)의 모델이 스포츠 손상 예방을 위한 후속 연구를 안내하고, 스포츠 영역 이외의 부상 예방에 대한 공중 보건 접근법과 연계하는 중요한 역할을 했다고 인정했다. 동시에 이 모델의 주요 단점도 지적하였다. Finch(2006)에 따르면, 이 모델은 실제 스포츠 환경에서 부상 예방법을 적용하는 문제를 고려하지 않았다. 즉, 이 모델은 예방적 행동이 실제 현장에서 채택되거나 채택되지 않는 데 기여하는 요소들을 전혀 고려하지 않았다. 이러한 단점을 개선하기 위해 Finch는 6단계 TRIPP(Translating Research into Injury Prevention Practice) 체계를 제안했다.

TRIPP의 처음 4단계는 van Mechelen 등(1992)이 제시한 모델의 4단계와 유사하다. TRIPP의 1단계는 부상률 조사를 포함한다. 이 단계에서는 부상에 대한 문제의 범위를 설정하고, 예방 목표 달성을 위한 상황을 측정하기 위해 스포츠 손상 발생을 계속 관찰한다. 2단계는 부상의 원인과 메커니즘을 설정하는 van Mechelen 모델의 두 번째 단계와 유사하다. 3단계는 스포츠 손상 문제에 대한 해결책을 식별하고, 예방적 개입을 개발하기 위해 이론과 연구에 기초한 다원적 접근법을 사용한다. 4단계는 3단계에서 개발한 예방법을 이상적인 조건에서 평가한다. 여기서 말하는 이상적 조건이란 연구자가 코치 또는 선수들에게 실험실이나 통제된 임상 또는 실제 현장에서 개입을 시행하는 것이다.

Finch(2006)가 제시한 TRIPP의 5단계와 6단계는 van Mechelen 등(1992)의 모델에서 출발한다. TRIPP 5단계의 목적은 '적용 전략을 알기 위해 개입 맥락을 설명하는 것'이다. 이 과정은 TRIPP의 3단계에서 개발되고 4단계에서 평가된 예방법을 적용할 실제 현장의 스포츠 맥락을 이해하는 것을 말한다. 이를 위해 스포츠 안전 실천에 대한 선수, 코치 또는 관리자의 지식, 태도 및 현재 행동 정보를 수집하는 과정이 필요하다. 5단계의 중요한 목적은 스포츠 집단이 예방적 개입을 얼마나 잘 받아들이고 따를 것인지를 확인하여 실제적 개입을 계획하는 것이다. 5단계에서 수집한 정보를 바탕으로 6단계에서는 자연스러운 실제 스포츠 환경에서 예방 조치를 실행하고 평가한다. 4단계와 6단계 사이에는 다음의 차이가 있다. 4단계는 개입의 효능(efficacy)을 조사하는 반면, 6단계는 효과(effectivenss)를 평가한다. 효능과 효과의 차이점에 관한 내용은 연구 초점 상자에 명시되어 있다. 그 중요성에도 불구하고 5단계와 6단계는 연구 문헌에서 잘 제시되지 않았다(Klügl et al., 2010).

van Tiggelen 등(2008)은 단지 예방법이 부상의 발생이나 심각도를 감소시킨다는 것을 보여 주는 것만으로는 예방법의 효과를 입증하기에 불충분하다는 Finch(2006)의 주장에 동의했다. van Tiggelen 등(2008)은 예방법이 효과적이라고 확인되기 위해서는 추가 기준이 충족되어야 한다고 주장했다. 즉, 부상 예방법의 효능(efficacy)이 입증된 후, 효율(efficiency)이 확인되어야 하고, 해당 예방법이 적절히 준수되어야 한다. 또한 예방적 개입이 위험을 감수하게 하는 부정적 영향을 미치지 않음을 보여 줘야 한다.

스포츠 손상 예방법의 효과를 판단하는 첫 번째 기준은 효율이다. 효율은 관리자, 코치, 선수들이 해당 예방법을 사용하였을 때의 혜택이 비용보다 더 크다고 판단될 때 입증된다. 즉, 관리자, 코치, 선수가 예방법 시행의 금전적 비용, 소요 시간, 보호 장비 착용 시의 불편함보다 부상 감소, 의료 비용 감소, 통증 감소의 효과가 크다고 생각하면 예방법의 효율이 확인되는 것이다. 두 번째 기준인 준수는 예방법이 도입되고 대상자가 이 예방법을 준수할 때 충족된다. 사람이 스포츠 손상과 관련된 개입을 준수하는 정도는 다양한 개인적 · 사회적 · 인지적 · 정서적 · 행동적 요인의 영향을 받는다. 스포츠 손상 예방에 대한 동기 부여가 높은 선수라 할지라도 예방법을 준수한다고 말할 수 없다.

세 번째 기준은 위험 감수 행동과 관련된다. 예방의 유익한 효과가 위험 감수 행동의 증가로 인해 상쇄되는 것을 위험 항상성(Wilde, 1998)이라고 한다. 예방법이 효과 있기 위해서는 위험 항상성을 피해야 한다. 위험 항상성은 위험 보상이라고도 알려져 있는데, 위험 보상을 피하는 것이 어려운 상황도 있다. 일례로, 헬멧을 착용한 스키어와 스노우보더는 그렇지 않은 사람보다 시속 5km 더 빠르게 이동하였다(Shealy, Ettlinger, & Johnson, 2005). 또 안전 장비를 착용한 아동은 안전 장비를 착용하지 않은 아동보다 위험한 장애물 코스를 빠르게 통과했다(Morrongiello, Walpole, & Lasenby, 2007). 하키, 럭비와 같은 접촉 스포츠 선수들은 보호 장비를 착용할 때, 더 공격적으로 경기한다고 보고되었다(Finch, McIntosh, & McCrory, 2001; Woods et al., 2007). 이처럼 위험 항상성을 특징짓는 위험한 행동은 안전 장비의 보호 능력에 대한 잘못된 믿음이 원인이 될 수 있다(Chaduneli & Ibanez, 2014).

연구 초점

효능성 대 효율성

TRIPP 체계(Finch, 2006)는 스포츠 손상의 예방 및 치료에 대한 효능 연구와 효과 연구의 차이를 강조한다. 효능 연구는 통제된 실험 조건에서 스포츠 손상 발생을 예방하거나 줄이는 데 적용되는 개입의 효과를 조사한다. 반면, 효과 연구는 자연스러운 실제 환경에서의 효과를 평가한다. 효능 연구는 개입의 효과 여부를 다루고, 효과 연구는 개입이 실제 현장에서 효과가 있는지를 다룬다.

두 가지 유형의 연구는 스포츠 손상 예방을 위한 개입의 개발에 필수적이다. 연구자들이 스포츠 손상 유발 요인을 확인하면, 부상률을 낮추기 위하여 이러한 요인을 교정하는 개입을 개발할 수 있다. 새로 개발된 개입은 효능 연구를 통해 과학적인 정밀 검사를 받게 된다. 먼저 개입이 실행 가능하다는 것을 증명한 후에 개입이 스포츠 손상 발생에 의도한 영향을 미친다는 것을 증명해야 한다. 개입 연구의 표준은 무작위 통제군 임상 시험(Randomized Control Trial: RCT)이다. 이 실험 설계에서는 연구 참가자가 치료군 또는 대조군에 무작위로 할당된다. RCT는 개입의 효능에 관한 실험 결과의 오류를 줄일 수 있기 때문에 자주 사용된다. 그러나 대조 개입을 적용할 때, 외부의 실제 영향이 최소화된 인공적인 연구 환경이 만들어질 수 있다. 이는 실제 현장의 상황을 반영하기 어렵다는 단점이 있다. 개입은 일반적으로 연구 참가자인 선수에게 적용한다. 참가자들은 연구자, 코치 및 관리자에 의해 연구에 참여하고 지원을 받게 된다(Finch, 2006).

통제된 환경에서 개입을 시행한 효능 연구가 성공적이었다고 할지라도, 현실 세계에서 실행될 때는 실패하는 경우가 많다. 따라서 효과 연구가 필요하다. 스포츠 손상 영역 밖에서 효과 연구의 예는 신체 활동과 관련된 개입을 들 수 있다. 운동이 신체적·정신적 건강에 유익한 영향을 미친다는 증거는 풍부하다. 사람들이 적절한 빈도, 시간 및 강도로 일정 기간에 걸쳐 운동하면 건강에 큰 이익을 얻을 수 있다. 그러나 실제 현장에서는 운동 프로그램의 중도 포기율이 약 50%에 달한다. 이는 통제된 환경과는 달리 실제 현장에서 신체 활동의 효과가 줄어들 수 있다는 문제점을 제기한다(Buckworth & Dishman, 2007).

스포츠 손상 예방을 목표로 하는 프로그램에도 같은 질문이 적용될 것이다. van Tiggelen 등

(2008)이 강조했듯이, 효능이 입증된 예방법이라고 할지라도 선수가 해당 조치를 실제 현장에서 완료할 때만 효과적일 것이다. 선수는 다양한 이유로 스포츠 손상 예방 프로그램을 완수하지 못할 수 있다. 예를 들어, 코치가 개입을 수행하기 위한 충분한 시간이나 지원을 제공하지 않을 수 있다. 개입이 선수에게 제대로 전달되지 않거나, 선수가 단순히 프로그램의 요구 사항을 준수하지 못할 수 있다. TRIPP 체계(Finch, 2006)의 5단계와 6단계는 스포츠 손상 예방에 효능이 입증된 개입을 실제 현장에서 성공적으로 적용하는 것에 집중한다. 효능성이 없는 개입은 효과가 있을 가능성이 매우 낮다. 반면, 효능이 있는 개입은 효과가 있을 수도 있고 없을 수도 있다. 효능이 있는 예방법을 실제 현장에서 적용 가능하게 전환하려면 효능 연구 이상의 추가 연구가 필요하다.

3. 스포츠 손상 예방의 내용 범주

스포츠 손상 발생과 관련된 많은 요인이 존재함에 따라, 스포츠 손상을 예방하려는 노력은 매우 다양한 요인에 초점을 맞추고 있다. Klügl 등(2010)은 스포츠 손상 예방에서 중요한 세 가지 범주로 훈련, 장비, 규정을 확인하였다.

여기에서는 스포츠 손상 예방의 이 세 가지 범주에 심리사회적 개입을 추가하여 설명하고자 한다.

1) 훈련

스포츠 손상 예방의 주된 형태는 훈련 개입(McBain et al., 2011)이다. 훈련 개입은 스포츠 및 운동을 위한 다양한 형태의 신체적 준비로 구성된다(Klügl et al., 2010). 훈련의 일반적인 목표에는 민첩성, 균형 감각, 스포츠 특화 기술, 그리고 근력, 지구력 및 힘을 포함한다. 이 범주에서 인기 있는 예방적 접근 방법은 바로 신경근 훈련이다. 신경근 훈련은 선수의 체력 및 기술 관련 요소를 향상하기 위해 고안된 저항성, 동적 안정성, 코어 강화 훈련, 플라이오메트릭 및 민첩성 훈련과 같은 일반적이고 특정한

(재활 운동) 형태의 근력 및 컨디셔닝 활동을 통합한다(Myer et al., 2011). 신경근 훈련에 대한 근거는 다음과 같다. 생체역학적 및 기타 신체적 결함은 다양한 스포츠 손상의 근본 원인이 되고 신경근 훈련은 부상의 원인이 되는 결손을 줄이는 데 도움이 된다. 따라서 신경근 훈련을 완수하면 스포츠 손상의 발생이 줄어든다.

이러한 주장은 실험적 증거에 의해 뒷받침되었다. 예를 들어, 무릎 굴곡근 및 신전근의 특정 전기 활동 패턴과 같은 신경근 특성에 대한 선별검사는 전방십자인대 파열 발생을 예측하는 것으로 밝혀졌다(Zebis, Andersen, Bencke, Kjær, & Aagaard, 2009). 또한 신경근 훈련은 생체역학, 유연성 및 힘과 관련된 스포츠 손상의 위험 수준을 낮출 수 있다(Lim et al., 2009). 연구에 따르면, 신경근 훈련은 청소년과 성인 스포츠 참가자 모두의 부상 위험을 줄이는 효과적인 전략으로 보고되었다(Aaltonen, Karjalainen, Heinonen, Parkkari, & Kujala, 2007; Abernethy & Bleakley, 2007; Campbell et al., 2014; Gagnier, Morgenstern, & Chess, 2013; Lauersen, Bertelsen, & Andersen, 2014; O'Malley, Murphy, Gissane, McCarthy-Persson, & Blake, 2014; Parkkari, Kujala, & Kannus, 2001; Pasanen et al., 2008).

신경근 훈련의 한 가지 주요 장점은 적응력이다. 즉, 개인의 연령과 스포츠의 종류에 따라 프로그램을 쉽게 조절할 수 있다. 예를 들어, 청소년 스포츠 참가자(Myer et al., 2011), 농구 선수(Emery, Rose, McAllister, & Meeuwisse, 2007), 축구 선수(Emery & Meeuwisse, 2010; Mandelbaum et al., 2005)를 위한 효과적인 신경근 훈련 프로그램을 구체적으로 개발할 수 있다. 또한 고질적인 부상 원인인 발목(Bahr & Lian, 1997; Stasinopoulos, 2004; Verhagen et al., 2004), 전방십자인대(Caraffa, Cerulli, Projetti, Aisa, & Rizzo, 1996; Mandelbaum et al., 2005; Myklebust et al., 2003)에 대한 부상 예방 프로그램을 개발할 수도 있다. 모든 개입과 마찬가지로, 신경근 훈련 프로그램의 성공은 프로그램의 요구 사항을 준수하는 데 달려 있다(Hägglund, Atroshi, Wagner, & Waldén, 2013; Soligard, Nilstad, et al., 2010; Sugimoto et al., 2012).

잘 알려진 신경근 훈련 프로그램의 한 가지 대표적인 예로는 '11+' 예방 프로그램과 그 이전 버전인 'The 11'을 들 수 있다. 국제축구연맹(FIFA)의 지원을 받아 개발된

11+ 프로그램은 축구에 특화된 달리기, 근력, 점프 및 균형 운동으로 이루어져 있다. 이 프로그램에 익숙한 선수는 준비 운동의 개념으로 약 20분 만에 프로그램 수행이 가능하다(Soligard et al., 2008). 웹에서 무료로 사용할 수 있는 11, 11+ 프로그램은 스위스(Junge et al., 2011; Junge, Rosch, Peterson, Graf-Baumann, & Dvorak, 2002), 노르웨이(Soligard et al., 2008; Soligard et al., 2010), 네덜란드(van Beijsterveldt, Krist, van de Port, & Backx, 2011b), 캐나다(Steffen et al., 2013; Steffen et al., 2013), 미국(Silvers, Mandelbaum, Bizzini, & Dvorak, 2014) 등에서 그 효과에 대해 연구되었다. 연구 결과는 프로그램의 효능과 효과를 뒷받침하고 있다.

스위스에서는 축구 부상으로 인한 연간 의료 비용이 대략 1억 3천만 달러에 달한다. 스위스는 축구 부상 발생률을 10% 줄이기 위한 자구책으로 11 프로그램을 도입하였다. 스위스 축구협회 소속 아마추어팀의 모든 코치는 훈련 중 이 프로그램을 적용하는 방법에 대한 교육을 받았다. 4년 후, 코치의 절반 이상이 여전히 프로그램을 수행하고 있다고 보고하였다. 프로그램을 수행한 팀의 선수들은 그렇지 않은 팀의 선수들보다 경기 중 부상이 약 12%, 경기 중 비접촉 부상이 27%, 훈련 중 부상이 약 25% 감소했다. 또한 꾸준히 프로그램을 수행한 팀은 4년 전과 비교했을 때 경기 중 부상이 약 17%, 훈련 중 부상이 19% 감소하였다(Junge et al., 2011). 따라서 스포츠에 특화된 신경근 훈련 프로그램을 개발하고 시행하면 부상 감소라는 효과를 달성하는 것이 가능하다.

시카고의 고등학교에서는 농구와 축구를 하는 1,500명의 소녀를 대상으로 11+와 유사한 신경근 준비 운동 프로그램을 적용하여 부상을 예방하는 성과를 거두었다. 95명의 코치 중 약 절반은 통제 집단에 무작위로 할당되었고, 나머지 코치는 실험군에 포함되었다. 통제 집단의 코치는 평소 해 오던 준비 운동을 사용하였으나, 실험군의 코치는 선수와 함께 20분 동안 신경근 준비 운동 프로그램을 실행하는 방법에 대한 교육을 받았다. 그들은 또한 신경근 운동 프로그램에 관한 구체적인 정보가 담긴 DVD와 인쇄물을 활용하여 프로그램에 관한 자세한 설명을 들었다. 실험 집단의 코치는 훈련 회기의 80% 이상 처방된 준비 운동을 시행했다. 그 결과, 실험 집단은 대조 집단의 선수와 비교하여 만성적인 하지 부상을 65% 더 적게 경험하였고, 급성 비접촉 하지 부상은 56%, 비접촉 발목 염좌는 66% 적게 경험하였다(LaBella et al., 2011). 이 연구에서도 신경근 훈련 개입이 스포츠 손상 발생을 예방하는 데 유익한 영향을 미쳤다(이 주제에 대한 자세한 내용은 적용 초점 상자 참조).

적용 초점

주스는 근육 경련에 도움이 되는가?

"1온스의 예방은 1파운드의 치료적 가치가 있다." 500년 전 네덜란드 인본주의자 에라스무스(Erasmus)는 궁극적으로 "예방이 치료보다 낫다."(van Tiggelen et al., 2008)라고 언급하였다. 스포츠 손상의 영역에서도 이 말이 사실일까? 예방의 가치가 치료의 가치를 정말 능가할 수 있는가? 이 장에서 논의된 근거들은 다양한 개입이 스포츠 손상의 발생을 줄이는 데 효과적임을 시사한다. 그렇다면 예방 활동의 가치를 확립하기 위하여 어떻게 발전해야 하는가?

스포츠 손상에 대한 예방적 개입의 장점을 평가하는 방법은 예방적 개입의 재정적 영향을 조사하는 것이다. 이러한 맥락에서 McGuine, Hetzel, Wilson과 Brooks(2012)는 전국 고등학생 미식축구 선수에게 발목 보호대를 제공하는 것이 초기 비용 부담에도 불구하고 선수의 발목 부상으로 인한 지출 비용을 상당히 절감할 수 있다고 주장하였다. 마찬가지로, Williams(2011)는 11+ 프로그램과 같은 신경근 개입이 고등학교 축구 및 농구 선수 집단에서 부상 위험을 감소시켰다는 LaBella 등(2011)의 연구에 대하여 비용 분석을 하였다. Williams(2011)는 코치들의 교육 비용(코치당 80달러)을 근거로 하여 리그 내 모든 대학과 주니어 팀 코치들이 960달러로 이 프로그램의 교육을 받을 수 있다고 계산했다. 11명 코치가 이 교육을 받을 때마다 한 건의 전방십자인대 파열을 예방할 수 있다는 가정에 비추어 볼 때, 1,000달러 미만의 저렴한 투자는 전방십자인대 파열의 수술과 관련된 17,000달러 이상의 의료 비용을 절감할 수 있었다. 후속 연구에서도 전방십자인대 부상 예방을 위한 신경근 훈련의 비용 효율성에 대한 추가 근거를 제공하였다(Swart et al., 2014). 즉, 우리는 스포츠 손상 예방 프로그램을 시행하기 위한 근거로 금전적 혜택을 주장할 수 있다. 1온스의 스포츠 손상 예방은 실제로 1파운드의 스포츠 손상 치료 가치를 가질 수 있기 때문이다.

스포츠 손상 예방 프로그램이 비용 효율적인 방식으로 의도한 목표를 달성함에도 불구하고, 스포츠 손상 예방 프로그램은 왜 널리 시행되지 않는 것일까? 스포츠 손상 예방 개입의 개발, 평가 및 개선의 발전에도 불구하고, 개입의 광범위한 시행을 가로막는 많은 장애물이 남아 있다. 시간, 돈, 교육 및 동기 부여 문제가 이러한 장애물에 포함된다. 시간과 관련하여, 예방에 관심을 가져야 하는 스포츠 건강관리 전문가조차도 부상 치료 및 재활 처방과 같은 긴급한 문제로 인해 예방 개입을 등한 시한다. 코치 또한 예방적 개입을 시행할 수 있는 시간적 여유가 없는 경우가 많다. 예방을 위한 훈련 시설이 부족하거나 시설의 사용이 제한될 수 있다. 그러나 다행히 일부 보호 장비를 통한 개입은 추가 시간이 거의 필요하지 않다. 더불어 일부 훈련 및 심리사회적 개입은 스포츠 경기력을 향상시 키며 부상 예방에도 도움이 된다.

예방적 개입은 보호 장비, 서비스 이용, 교육 비용 등이 예산을 초과하는 경우 금전적 이유로도 제 한될 수 있다. 스포츠 손상 예방과 관련된 금전적 이해 관계자 중에는 보험 회사가 있다. 안타깝게도 보험 회사는 예방적 개입이 활성화된 스포츠 환경을 구축하는 데 크게 관여하지 않는다. 이러한 금 전적 제한은 개입을 통해 경기력 향상과 부상 위험 감소를 모두 성취할 수 있다면 해결할 수 있다.

교육 부족 또한 예방적 개입을 실행하는 데 장애가 될 수 있다. 스포츠 관리자, 스포츠 건강관리 전문가, 코치, 선수와 같이 개입을 실제 현장에서 적용하는 전문가들이 개입에 대하여 잘 알지 못하 거나 실행 방법에 대한 지식이 부족할 수도 있다(Orr et al., 2013). 다행히 인터넷은 다음과 같은 정보 를 전파하는 데 효과적이고 저렴한 수단이다.

- 예방적 개입이 필요한 이유
- 개입의 내용
- 특정 집단에 대한 개입을 구현하기 위한 전략

온라인 자료가 무료로 쉽게 사용 가능하다고 할지라도, 선수가 이런 정보를 찾을 동기가 없다면 아무 소용이 없다(Venu, Coehoorn, & Verhagen, 2015). 더 복잡한 문제는 온라인 교육 자료의 품질이 다양하다는 것이다. 예를 들어, 스포츠 손상 예방을 위한 모바일 어플리케이션에 관한 연구에 따르 면, 대부분 내용이 과학적으로 입증되지 않은 것으로 나타났다(van Mechelen, van Mechelen, & Verha- gen, 2014). 따라서 예방적 개입에 대한 동기가 적절하더라도, 근거가 빈약한 교육 자료를 접하는 것 이 근거 기반 개입의 적용이라고 간주할 수 없다.

동기는 스포츠 손상 예방 교육뿐 아니라 예방적 개입의 성공적인 실행에도 중요하다. 충분한 동기 가 없으면 스포츠 관리 기관은 선수의 건강을 보호하기 위해 규정을 변경하지 않을 것이며, 스포츠 관리자는 보호 장비를 구입하고 예방적 개입의 지원을 위한 자금을 승인하지 않을 것이다. 더불어 스 포츠 건강관리 전문가는 예방에 주의를 기울이지 않을 것이고, 코치는 예방 활동에 훈련 시간을 투자 하지 않을 것이다. 가장 중요한 것은 선수가 예방적 개입을 준수하지 않을 것이라는 사실이다. 예방 활동을 촉진하는 동기는 소송의 위협, 직업적 책임감, 시합 참여의 필요성, 스포츠 목표 추구 시 부상 예방의 욕구 등 다양한 이유에서 비롯될 수 있다. 스포츠 업계의 이해 관계자들이 예방적 입장을 선택하도록 유도하기 위하여 스포츠 손상 예방의 장점을 상기시키는 것이 효과적일 수 있다.

2) 장비

지난 10년간 스포츠 손상 예방을 위한 장비 개입은 가장 많이 연구된 주제였다(Klügl et al., 2010; McBain et al., 2011). 장비 개입의 측면에서 예방 활동은 선수가 안전한 경기장 바닥에서 경기하거나, 헬멧 혹은 마우스가드 등의 보호 장비, 또는 교정기, 보조기와 같은 보호 장치를 사용하는 데 중점을 둔다. 선수가 특정 경기장 바닥에서 경기하는 이유는 부상률이 경기장 표면의 기능에 따라 달라진다는 것을 보여 주는 연구에서 확인할 수 있다. 예를 들어, 여자 핸드볼 선수의 전방십자인대 부상이 나무 바닥보다 인공 경기장 바닥에서 더 자주 발생한다는 연구 결과가 있었다(Olsen, Myklebust, Engebretsen, Holme, & Bahr, 2003). 또한 고등학생 미식축구 선수는 천연 잔디가 아닌 인조 잔디(FieldTurf)에서 경기했을 때 비접촉 부상, 근육 부상, 피부 손상, 온열 손상을 더 많이 경험했다. 반면, 인조 잔디에서 경기했을 때 1~2일의 참가를 제한받는 단기 부상이나 22일 이상의 운동 참가의 제한을 받아야 하는 장기 부상, 두부 또는 신경 손상, 인대 손상(Meyers & Barnhill, 2004)은 더 적게 경험하였다는 연구 결과도 있다.

보호 장비 및 장치를 사용하는 것이 청소년의 스포츠 손상을 예방하는 데 효과적이라는 사실의 근거는 충분하지 않다(Abernethy & Bleakley, 2007). 하지만 무작위 임상 실험 데이터에서 보호 장비나 장치가 노인 스포츠 참가자의 부상 결과에 유익한 효과를 준다고 하였다(Aaltonen et al., 2007). 예를 들어, 발목 지지대를 사용하면 농구와 축구에서 부상 발생을 줄일 수 있다. 유사하게, 충격 흡수 깔창을 착용하면 하지 피로 골절 발생을 줄일 수 있다(Parkkari et al., 2001). 헬멧 및 기타 형태의 헤드 기어는 미식축구, 야구, 자전거, 크리켓, 승마, 럭비, 스키, 스노보드 및 축구와 같은 다양한 스포츠에서 두부 손상을 예방한다. 대다수 스포츠에서는 헬멧을 사용한 후 뇌진탕 및 기타 두부 손상이 상당히 감소했다(McIntosh et al., 2011).

스포츠 손상 예방에 있어서 보호 장비 착용의 이점에 대한 인식(Kahanov, Dusa, Wilkinson, & Roberts, 2005) 및 입증된 효능성(Janssen, van Mechelen, & Verhagen, 2014; McIntosh et al., 2011; Parkkari et al., 2001; Schieber et al., 1996), 가격 효율성(Janssen, Hendriks, van Mechelen, & Verhagen, 2014)에도 불구하고 실제 보호 장비 사용률은 매우 낮을 수 있다. 예를 들어, 손목 보호대와 팔꿈치 패드는 인라인 스케이터의 손목과 팔꿈치 부상을 8% 이상 줄일 수 있지만, 스케이터의 약 10% 미만 정도가 보호대와 패드를 착용한다(Schieber et al., 1996). 신경근 훈련 프로그램과 마찬가지로 보호 장비의 효과는 예방적 개입을 준수하는지에 대한 여부에 달려 있다. 간단히 말해서, 강력한 전투 갑옷조차 이를 착용하지 않는다면 병사를 보호하지 못하는 것이다. 이 사실로 미루어 보았을 때, 변화를 가져오기 위해 때때로 규정을 통한 조치가 필요하다.

3) 규정

스포츠 손상 예방에서 규정은 자주 검토되지 않는다. 스포츠 손상 예방에서의 규정은 스포츠에 적용되는 규칙, 규정 등을 변경하여 부상을 억제하려는 노력을 기울이는 것을 말한다(Klügl et al., 2010). 부상 예방의 수단이나 학술적 연구의 주제로서 규정의 변경은 드물지만, 규칙이나 스포츠 법을 수정한 후 스포츠 손상 발생이 감소한 성공 사례는 적지 않다. 일례로, 경기당 지정된 반칙 횟수보다 이를 적게 유지하기 위하여 승패와 관계없이 팀에게 점수를 주는 페어플레이 규칙을 들 수 있다. 주니어 아이스하키 선수를 대상으로 한 연구에서 페어플레이 규칙을 사용하였을 때, 선수들은 심각한 부상을 거의 5배나 적게 경험하였고, 반칙 횟수도 이전에 비해 약 절반만이 발생하였다(Roberts, Brust, Leonard, & Hebert, 1996).

미식축구의 경우 1976년 머리를 숙인 접촉과 강한 태클을 줄이기 위해 대학 및 학계 수준에서 규칙을 변경하였다. 이후 치명적 경추 손상이 꾸준히 감소하였다(Heck, Clarke, Peterson, Torg, & Weis, 2004). 호주식 축구 또한 규칙을 변경함에 따라 여러 유형의 부상이 감소하였다(Orchard, McCrory, Makdissi, Seward, & Finch, 2014). 야구와 소프트볼의 경우, 데이터에 따르면 야구 선수의 진로 이탈을 방지하는 베이스의 사용은 슬라이딩 부상을 극적으로 감소시켰다(Janda, 2003.). 그 결과, 유소년 야구 리그와 유소년 소프트볼 리그는 모든 경기에서 브레이크 어웨이 베이스를 사용하도록 의무화했다. 가라테 국제연맹에서도 통제되지 않은 타격에 대해 벌금을 부과하도록 한 후부터, 두부 손상과 유소년 선수들의 부상이 크게 감소하였다(Macan, Bundalo-Vrbanac, & Romic, 2006). 그리고 유소년 크리켓 종목에서는 모든 선수가 헬멧을 착용해야 한다는 규정이 도입되면서 부상률이 현저히 감소하였다(Shaw & Finch, 2008).

일반인 집단에서 스포츠 손상 발생률을 줄이기 위한 시도가 있었다. 전문가들은 스포츠에 참여하는 일반인의 부상을 예방하기 위해 지방자치단체를 대상으로 세계보건기구 안전 공동체 프로그램을 진행하였다. 그리고 이 프로그램을 진행하지 않은 비슷한 규모의 통제 지방자치단체들을 비교 평가하였다. 이 프로그램에서는 팀 스포츠의 페어플레이 규칙, 승마 활동 중 청소년 관리 감독, 축구에서 보호 장비 착용과 준비 운동을 실시하였다. 6년의 연구 기간 동안 대조 집단에서는 부상률의 변화가 관찰되지 않았다. 그러나 실험 집단에서는 직업적으로 중요한 가정 구성원인 65세 미만 남성에서 부상률이 감소한 것으로 나타났다. 특히 주목할 점은 이 연구가 1980년대 중후반에 시행되었다는 사실이다(Timpka, Lindqvist, Ekstrand, & Karlsson, 2005). 그러나 규정의 엄격한 집행이 없이 단지 규칙 변경만으로는 스포츠 손상 발생을 줄이기에 충분하지 않을 수 있다(Klügl et al., 2010).

4) 심리사회적 개입

심리사회적 개입은 스포츠나 운동에서 신체적 훈련에 제한을 두지 않을 때 훈련 범주에 쉽게 포함될 수 있다. 심리사회적 개입은 일반적으로 스포츠와 직접적인 관련이 있는 스트레스 관리와 같은 훈련을 포함하기 때문이다. 스포츠 손상 예방을 위한 심리사회적 개입의 사용 근거는 다음의 사례와 실험연구를 통해 확인할 수 있다.

(1) 일화 및 사례 보고서

심리사회적 개입이 스포츠 손상 발생에 효과적이었다는 최초의 기록은 다수의 일화와 사례 보고서를 통해 나타났다. 이러한 기록에서 개입의 일차적인 목적은 부상 예방이 아니라 스포츠 경기력이었다(Davis, 1991; DeWitt, 1980; Murphy, 1988; Schomer, 1990). DeWitt(1980)는 인지 및 근전도(EMG) 바이오피드백 훈련이 남성 대학 축구와 농구 선수들의 근육 긴장, 심박, 스포츠 경기력에 미치는 영향을 조사하는 연구를 수행했다. 인지 훈련 프로그램에는 인지 재구성, 심적 시연(mental rehearsal) 및 이완과 같은 기술이 포함되었다. 실험 후 개입을 받은 연구의 참가자들은 연구 과정에서 경미한 부상 감소를 경험했다.

다른 사례를 살펴보면, Murphy(1988)는 미국 올림픽 게임에서 스포츠 심리 상담사 역할을 맡았다. 대회 전, Murphy(1988)는 12명 중 7명이 부상 선수로 구성된 팀을 대상으로 이완 개입을 실시하였다. 이 개입은 부상이 없는 선수에게는 2차 예방으로, 부상 선수에게는 3차 예방으로 작용하였다. 이 개입의 결과, 팀 전체가 게임에 참가할 수 있었다.

또 다른 예는 Schomer(1990)가 마라톤 선수들을 대상으로 한 연구에서 확인할 수 있다. Schomer(1990)는 10명의 마라톤 선수가 신체 증상과 수행 과제 및 기타 내적 부분을 관찰할 수 있는 인지 전략을 사용하도록 교육하였다. 이 훈련의 주요 목적은 선수들의 경기력을 최적화하는 것이었다. 하지만 선수들은 이 훈련을 통해 자신의 신체에 대해 지속적인 관심을 가지게 되었으며, 그 결과로 선수들은 신체의 과사용 손상을 피하면서 고강도로 달릴 수 있다고 보고하였다.

Davis(1991)는 대학 수영 및 미식축구 팀에게 경기력 향상을 목적으로 점진적 이완과 스포츠 기술의 심적 시연을 특징으로 하는 스트레스 관리 개입을 적용했다. 프로그램의 개입을 통해 두 팀 모두 시합에서 성공했을 뿐만 아니라, 개입이 도입되기 1년 전과 비교했을 때 부상률이 감소하였다. DeWitt(1980)와 Murphy(1988)의 연구에서처럼, 스포츠 손상 예방은 심리사회적 개입의 예상치 못한 효과인 것으로 보인다.

(2) 실험연구

DeWitt(1980)의 보고서 이후 16년이 지나서야, 스포츠 손상 예방에 대한 심리사회적 개입의 효능성을 검증하기 위한 전향적 설계의 실험연구가 발표되었다. Kerr와 Goss(1996)가 시행한 연구에서는 14~25세 남녀 체조 선수들을 모집했다. 이들은 모두 국가대표급 실력을 겸비하였으며, 남자 선수가 16명, 여자 선수가 8명이었다. Kerr와 Goss(1996)는 이들을 대상으로 스트레스 관리 프로그램이 스트레스와 부상으로 인한 시간 손실에 미치는 효과를 조사하였다. 참가자들은 연령, 성별, 경기력 수준을 기준에 따라 무작위로 짝을 지어 실험군 또는 대조군으로 배정되었다. 이후 참가자의 부상 상태(부상 수 및 부상으로 인한 스포츠 참여 제한 일수)를 관찰하였다. 그뿐 아니라 경기 시즌 전과 시즌 중반, 전국 선수권대회 기간에 걸쳐 긍정적 일반 스트레스, 부정적 일반 스트레스, 긍정적 선수 스트레스, 부정적 선수 스트레스를 모두 측정하였다. 실험군 참가자들은 스트레스 예방 접종 훈련(Meichenbaum, 1985)을 총 16회기 받았으며, 이 훈련은 격주로 약 1시간 정도의 개인 회기로 진행되었다. 이 프로그램은 부정적인 생각 대체, 이완 및 심상과 같은 주제를 다루었다. 반면, 대조군 참가자는 어떠한 치료도 받지 않았다.

연구 과정에서 모든 참가자는 적어도 한 번의 부상을 경험했다. 실험군 참가자들은 대조군과 비교했을 때 부정적 선수 스트레스와 총 부정적 스트레스의 수준이 유의하게 낮았다. 최종 평가에서 평균 부상 발생률은 실험군이 대조군보다 절반 정도 수준에 그쳤지만, 그 차이는 통계적으로 유의하지 않았다. 따라서 스트레스 관리 개입은 스트레스 감소에 효과적일 수 있으나, 부상 발생 감소에는 효과적이지 않은 것으로 나타났다.

그러나 Andersen과 Stoové(1998)는 당시 Kerr와 Goss(1996)가 이 혁신적이고 탐색적인 연구의 결과를 해석하는 데 너무 조심스러웠을 것이라고 주장했다. 구체적으로, Andersen과 Stoové(1998)는 부상 발생률에서 실험군과 대조군 간의 차이가 통계적으로 유의하지 않았지만, 효과의 크기가 과소평가되었다고 지적하였다. 효과 크기란 표본 크기가 독립적인 두 집단 간의 차이의 크기 측정이다. 즉, 연구의 결과는 작

은 표본 크기로 인한 낮은 통계 검증력으로 인해 방해를 받았을 수 있다는 것이다. 따라서 Andersen과 Stoové(1998)는 스트레스 관리 개입이 부상 발생에 상당한 영향을 미칠 가능성이 있다고 주장했다.

Kolt, Hume, Smith와 Williams(2004)의 연구는 청소년 엘리트 체조선수 20명(남: 3명, 여: 17명)을 대상으로 진행되었다. 연구진은 Kerr와 Goss(1996)가 시행했던 것과 유사한 스트레스 관리 프로그램이 부상과 스트레스에 미치는 영향을 조사하였다. 이 프로그램은 실험군 선수들에게 24주 동안 12회, 1시간 회기로 실시되었다. 대조군 선수들은 신체 측정을 하고 영양에 대한 강의를 받는 위약 개념의 개입을 받았다. 선수들의 부상 상태는 9개월 동안 매주 자가 보고 형식으로 평가되었다. 선수의 일상적 스트레스는 연구 시작 시점과 3개월이 지난 시점에 측정되었다. 이 연구는 부상과 관련되어 '중간~높은' 효과 크기를 보였지만, 스트레스나 부상에는 통계적으로 유의미한 영향을 나타내지 않았다. 이는 임상적으로 의미 있는 부상 예방 효과가 작은 표본의 크기와 그에 따른 통계적 결함에 의해 모호해졌을 가능성을 시사한다.

스트레스 관리 개입의 부상 예방 효과는 Perna, Antoni, Baum, Gordon과 Schneiderman(2003)이 대학 조정 선수(남: 14명, 여: 20명)를 대상으로 한 연구에서도 보고되었다. 조정 선수들은 성별 및 경쟁 수준에 따라 분류되었다. 또한 선수들은 실험군 또는 대조군에 무작위로 선정되었다. 4주 동안 실험군 선수들은 Meichenbaum(1985)의 스트레스 예방 접종 훈련을 기반으로, 선수가 경험하는 특이 스트레스를 관리하기 위한 7차례의 처치를 받았다. 반면, 통제군 선수들은 스트레스 관리에 대한 정보를 제공하는 2시간 정도의 단일 회기에 참여하였다. 연구자들은 선수들의 의료 기록을 검토하여 부상 및 질병의 빈도와 기간을 평가하였고, 처치 전과 후의 생활 스트레스, 기분 및 혈청 코르티솔을 측정하였다.

연구를 진행하는 동안 실험군의 참가자는 대조군보다 부상, 또는 질병의 기간이 유의미하게 적었다. 또한 부상이나 질병으로 인한 진료 방문 횟수가 유의미하게 줄어들었다. 부정적 정서는 심리적 개입 유무와 부상, 또는 질병 기간 사이의 관계를 부분적으로 매개하는 것으로 밝혀졌다. 구체적으로, 스트레스 관리 개입은 부정적 정서와 반비례하였고, 부상 또는 질병 기간에 긍정적인 영향을 주었다. 따라서 스트레스 관리 개입은 적어도 조정 선수들이 스트레스 요인에 대처하고 정서를 조절하도록 도와줌으로써 부상과 질병에 대해 선수를 보호하는 효과를 보였을 수 있다.

Johnson, Ekengren과 Andersen(2005)은 엘리트 축구선수를 대상으로 한 연구에서 다음과 같은 사실을 발견하였다. 그들은 132명의 남자 선수와 103명의 여자 선수를 대상으로 생활 스트레스, 성격, 대처 자원을 측정한 후, 생활 스트레스 상위 50%와 대처 자원 하위 50%를 기록한 선수들이 고위험군 부상 집단에 속한 것을 발견했다. 이후 고위험 표본 선수들을 성별, 나이 및 경쟁 수준을 기준으로 분류하고 무작위로 실험군과 대조군에 할당하였다. 실험군 선수들은 19주 동안 여섯 번의 개인 대면 상담과 두 번의 전화 상담을 받았다. 개입은 신체적 · 인지적 이완을 비롯하여 스트레스 관리 기술, 목표 설정 기술, 귀인 또는 자신감 훈련, 축구 참여 및 일상과 관련된 중대 사건에 관한 내용으로 구성되었다. 대조군 선수들은 별도의 개입을 받지 않았다.

개입이 부상 위험과 연관된 심리사회적 변수를 변화시킬 가능성을 높이기 위하여, 연구자들은 심리사회적 부상 위험 요인이 큰 선수들에게만 개입하였다. 이 접근법은 Myer, Ford, Brent와 Hewett(2007)의 연구인, 전방십자인대 손상 고위험군의 선수와 낮은 선수에 대한 신경근 훈련의 차등 효과와 일치한다. 연구 과정에서 부상 빈도 데이터는 코치에 의해 6차례 수집되었으며, 그 결과는 상당히 놀라웠다. 대조군에서는 16명의 선수 중 13명이 부상을 경험했다. 그러나 실험군에서는 13명 중 단 3명만이 부상을 당했다. 즉, 대조군은 선수 1인당 평균 1.3건의 부상을, 실험군은 선수 1인당 평균 0.2건의 부상을 입었다. 이 차이는 임상적으로나 통계적으로 유의미하였다.

Johnson 등(2005), Maddison과 Prapavessis(2005)는 심리사회적으로 취약한 선수들을 대상으로 스트레스 예방 접종 훈련(Meichenbaum, 1985) 기반의 인지 행동 스트레스 관리 개입을 시행하였다. 연구자들은 사회적 지원 또는 회피 대처가 낮고, 이전에 경험한 부상으로 인해 부상 위험이 증가해 있는 48명의 럭비 선수들을 선발하였다. 그리고 각 선수를 무작위로 실험군과 대조군에 할당하였다. 연구자들은 비시즌 기간 동안 실험군 선수들에게 약 60~90분 정도의 스트레스 관리 개입 회기를 4주간, 6회 시행하였다. 대조군 선수들은 어떠한 개입도 받지 않았다. 두 집단의 선수들은 매주 그들이 입은 부상과 그로 인해 럭비에 참가하지 못한 날짜를 기록하였다. 연구자들은 경기 시즌 전후에 스포츠 특이 경쟁 불안과 대처 자원을 측정하였다.

연구 결과에 따르면, 스트레스 관리 개입을 받은 선수들은 대조군의 선수와 비교했을 때 걱정을 덜 하고, 대처 자원이 높았으며, 부상으로 인해 럭비에 참여하지 못한 날이 적은 것으로 나타났다. 그러나 걱정과 대처 자원에 대한 개입의 영향이 부상으로 인한 럭비 참여의 제한 일수가 적은 것을 설명하지는 못하였다. 따라서 심리적 개입이 중요한 부상의 결과인 럭비 참여 제한에 긍정적인 영향을 미쳤지만, 개입이 어떠한 방식으로 만족스러운 효과를 냈는지는 알 수 없다.

최근 Tranaeus와 그녀의 동료들은 엘리트 남녀 플로어볼 선수들을 대상으로 부상 발생에 대한 스트레스 관리 개입의 효과를 조사하였다(Tranaeus, Johnson, Engström, Skillgate, & Werner, 2014; Tranaeus et al., 2014). 총 346명의 선수를 대상으로 한 이 연구는 연구 대상자를 충분히 확보하여 통계분석 결과에 유의미한 힘을 실어 주었다. 심리적 개입은 선수들에게 스트레스 반응을 줄이는 기술을 제공하도록 설계되었고, 6회, 각 1시간 회기로 구성되었다. 대조 집단의 선수들은 별도의 개입을 받지 않았다. 두 시즌 동안 개입을 시행한 선수들은 대조 집단 선수들보다 더 적은 부상이 관찰되었다. 그러나 이 효과는 통계적으로 유의하지 않았다.

심리사회적 기반의 예방적 개입과 관련하여 스트레스 관리를 통해 부상 위험을 줄이려는 시도와 다른 접근 방식을 선택한 하나의 실험연구가 있다. Arnason, Engebretsen과 Bahr(2005)는 축구 부상의 위험 요인, 유형 및 메커니즘에 대한 선수들의 인식 고취를 통해 남자 축구 선수들의 부상 발생을 예방하거나 최소화하는 것을 시도하였다. 그들은 연구의 목적을 달성하기 위해 9개의 엘리트 팀과 1부 리그 팀을 대상으로 연구를 진행했다. 9개의 엘리트 팀과 1부 리그 팀 선수들은 15분 분량의 영상을 시청하였고, 영상 속 12개의 일반적 부상에 대해 팀원과 토론하였다. 선수들은 부상으로 이어진 경기 상황, 부상 원인과 잠재적인 예방 전략을 다루었다. 이와는 대조적으로, 8개의 엘리트 팀과 1부 리그 팀으로 구성된 통제 집단 선수들은 아무런 개입을 받지 않았다. 팀의 물리 치료사는 부상 결과를 기록하고, 코치는 훈련 참여 횟수를 기록했으며 공식 기록을 참고하여 경기 출전 횟수를 수집했다.

　연구 결과, 중재 및 통제 집단의 훈련 또는 시합 중 부상 발생률이 큰 차이를 보이지 않았다. 이는 스포츠 손상 발생과 관련된 요인에 대한 선수들의 인식만으로는 부상 발생률을 줄이는 데 불충분하다는 점을 시사한다. 그러나 이 연구는 제시한 부상 방지 전략이 타당했는지의 여부, 그리고 선수들이 부상 예방 전략을 실제로 적용했는지의 여부가 평가되지 않았다는 점을 유의해야 한다. 인식은 선수가 행동을 취했을 때 부상 예방에 유용할 수 있다. 그러나 이 연구에서는 개입에 관한 인식을 현장에서 행동으로 전환하려는 꾸준한 노력은 하지 않은 것으로 보인다.

4. 생물심리사회적 분석

　스포츠 손상의 효과적인 예방은 생물학적 · 심리적 · 사회적 요소를 포함한다. 생물학적 관점에서 훈련 개입은 생물학적 매개 변수에 직접 작용하여 부상 위험을 줄일 수 있다. 장비 개입도 해부학적 구조를 보호하여 부상에 대한 취약성을 줄일 수 있다. 부상 예방의 심리적 측면에는 부상 발생의 기반이 되는 심리적 · 생리적 과정에 영향을 미치는 심리사회적 개입이 있다. 또한 심리적 측면은 훈련, 장비, 규제 등과 같은 종류의 개입이 실제 현장에서 성공하기 위한 필수적인 준수 행동에서도 중요하다. 규정 개입은 사회적 수준인 조직에서 시작되며, 사회적 요인은 훈련 개입, 장비 개입 및 심리사회적 개입이 채택되는 정도에 영향을 미칠 수 있다.

　이 장의 서두에 제시한 Davis(1991)의 사례는 심리사회적 개입에 의한 스포츠 손상의 1차 예방을 설명한다. 하지만 여기서 심리적 개입의 부상 감소 효과는 의도한 것이 아니고 우연히 발견된 것이었다. 따라서 이후 스트레스 관리 개입의 효과를 검증하는 시도들은 van Mechelen(1992), Finch(2006) 및 van Tiggelen 등(2008)의 스포츠 손상 예방 모델을 토대로 하였다. 일반적으로 심리적 개입의 목적이 부상을 방지하는 것이 아니라 경기력을 향상하는 것이었기 때문에 부상 예방을 위한 심리적 개입 실행에 관한 문제들은 최소화되었을 수 있다.

5. 요약

스포츠 손상 발생의 예측 요인에 관한 선행 연구들을 바탕으로 스포츠 손상의 공중 보건 문제를 해결하기 위한 예방 개입법이 개발되어 왔다. 일반적으로 예방적 개입은 특정 집단의 모든 선수를 대상으로 하거나(1차 예방), 부상 위험이 높은 것으로 간주되는 선수를 대상으로 하거나(2차 예방), 부상으로 인한 피해를 최소화하려는 선수를 대상으로 한다(3차 예방).

스포츠 손상에 특화된 예방 모델도 제안되었다. 스포츠 손상 예방의 4단계 모델에는 스포츠 손상 문제의 정도인 발생률과 심각도를 식별하고, 부상의 원인을 파악한 다음에 예방 조치를 도입하여 그 효과를 평가한다. 두 번째 모델인 TRIPP 체계는 총 6단계로 구성된다.

- 1단계: 스포츠 손상에 관한 조사 시행(발생률, 심각도 등)
- 2단계: 부상의 원인 및 메커니즘의 확립
- 3단계: 여러 분야의 이론과 연구를 검토하여 잠재적 개입 개발
- 4단계: 이상적 조건에서 예방 개입 실행
- 5단계: 실제 상황에서 실행 전략을 용이하게 하기 위한 개입의 맥락 설명
- 6단계: 실제 상황에서 개입 실행 및 그 효과 평가

TRIPP 체계에서는 예방적 개입의 효능과 효과의 차이를 강조한다. 여기서 효능이란 개입이 통제된 환경에서 작동하는지에 관한 여부이다. 효과란 개입이 실제 환경에

서 작동하는지에 대한 여부를 뜻한다.

예방적 개입은 훈련, 장비, 규정, 심리사회적 개입의 네 가지 범주로 나눌 수 있다.

예방을 위한 훈련 개입은 민첩성, 균형 감각, 스포츠 특화 기술, 근력, 지구력 및 힘과 같은 속성을 강화하는 데 초점을 맞춘다. 신경근 훈련 프로그램은 스포츠 손상을 예방하는 데 효과적이고, 비용 측면에서도 효율적이다. 특히 11+ 교육 프로그램이 인터넷을 통해 널리 보급되었다. 장비 개입은 선수가 더 안전한 바닥에서 경기하고, 보호 장비와 보호 장치를 사용하도록 하는 것이 포함된다. 규정 개입에는 스포츠의 규칙 및 규정 변경이 포함된다. 스트레스─부상 모델에 따라 심리사회적 개입은 주로 스트레스 관리에 중점을 두며, 여러 예비 연구 결과들이 심리사회적 개입의 부상 예방 효과에 대한 근거를 제시한다. 한편, 연구에서 효과적이라고 밝혀진 예방적 개입이라고 할지라도 이를 적용하는 것은 시간, 비용, 교육, 동기 부여와 같은 요인에 의해 제한될 수 있다.

📅 **토론 질문**

1. 스포츠 손상 발생을 예방 혹은 감소시키기 위한 심리사회적 개입과, 제2장에서 논의된 스포츠 손상 발생 모델 사이의 연관성은 무엇인가?
2. 스포츠 손상을 예방하기 위해 고안된 개입을 실제 환경에서 시행할 때 어떤 어려움이 있는가?
3. 스포츠 손상 예방 프로그램의 효과에 대한 '위험 보상' 행동이 얼마나 큰 위협으로 작용하는가?
4. 스포츠 손상 발생을 예방하기 위한 훈련 개입, 장비 개입 및 규정 개입의 잠재적 성공에 심리학이 어떻게 관련되어 있는가?

Psychology of Sport Injury

제2부
스포츠 손상의 결과

스포츠 손상은 신체적 영향 이외에도 다양한 심리적 결과를 초래할 수 있다. 제2부의 각 장에서는 선수가 부상에 심리적으로 반응하는 방식을 다룰 것이다. 제4장에서는 선수가 부상을 당한 후 나타내는 일반적인 인지적 · 감정적 · 행동적 반응을 검토하고자 한다. 제5장에서는 선수가 부상을 당한 후, 또는 스포츠 활동 중에 흔히 경험하는 복잡한 감각적 · 정서적 현상인 통증에 초점을 두고자 한다.

제4장 스포츠 손상에 대한 심리적 반응
제5장 통증, 스포츠 그리고 부상

제4장

스포츠 손상에 대한 심리적 반응

학습 목표

1. 스포츠 손상에 대한 심리적 반응 모델을 비교한다.
2. 스포츠 손상의 인지적 · 정서적 · 행동적 영향을 조사한다.

다니엘(Danielle)과 니콜(Nicol)은 여덟 살부터 U11 클럽 축구팀에서 선수로 활동했다. 다니엘은 수비형 중앙 미드필더였고, 니콜은 공격형 중앙 미드필더였다. 오랫동안 그들은 친구로서 경쟁하는 것을 즐겼다. 두 선수 모두 지난 1년 동안 충분한 휴식 없이 전국 대회 조별 리그에서 뛰고 있었다. 두 소녀는 좋은 경기력을 보이고 있었으나, 신체 상태는 삐걱대고 있었다. 지난 여름, 그들의 삶을 완전히 바꿔 놓은 사건이 일어났다. 다니엘과 니콜은 모두 리그 경기 중 전방십자인대가 파열되는 비접촉 부상을 입은 것이다. 두 선수 모두 부상을 당한 후 통증으로 인해 고통을 호소했다. 하지만 두 선수의 부상 후 상황은 완전히 다르게 흘러갔다.

부상 후 다니엘은 피폐해져 갔다. 그녀는 평정심을 유지하려고 노력했지만, 하루에도 수십 번 주체할 수 없이 흐느끼는 자신을 발견하였다. 그녀는 가족과 친구로부터 멀어졌고, 부상에 대한 생각이 계속 떠올라 일상에 집중할 수 없었다. 그녀의 학교 성적은 현저하게 떨어졌다. 다니엘의 상태는 수술 날짜가 다가오면서 좋아지는 듯 보였다. 그녀는 수술 준비 및 수술 후 재활을 위해 모든 에너지를 동원하는 것처럼 보였다. 그러나 그녀는 1년 후 열릴 스프링 클럽 시즌에 출전하지 못할 수도 있다는 현실에 다시 좌절했다. 아직 대학 진학조차 확정되지 않은 다니엘은 자신의 목표와 꿈이 눈앞에서 무너지는 것을 보았고, 아무것도 할 수 없다는 무력감을 느꼈다.

부상에 대한 니콜의 반응은 다니엘의 반응과는 사뭇 달랐다. 그녀는 부상 후 1~2주 동안 약간의 통증을 느꼈지만, 그녀는 부상으로 인한 신체적 제약에 대해 크게 개의치 않는 것 같았다. 심각한 부상을 당했음에도 그녀의 정신 상태는 평소와 다른 점이 없었다. 그녀의 부모는 혹시 그녀가 다른 문제가 있는 것은 아닌지 걱정할 정도였다. 니콜은 부상 이후 어깨에서 무거운 짐을 내려놓은 것처럼 가벼움을 느꼈다고 말했다. 그녀는 재활 기간 동안 목발 사용과 통증 이외에는 큰 불편함을 느끼지 못했다고 말했다. 오히려 그녀는 축구 선수 활동 때문에 참여할 시간이 없었던 사회 활동과 학교 생활을 재활과 병행하며 균형을 맞춰 나갔다. 그녀는 미국 대학교 축구부 입학 과정인 디비전 1에서 축구를 할 기회가 없을 것이라고 알고 있었지만, 그러한 앞날에 개의치 않았다. 앞으로 며칠, 몇 주, 몇 달 동안 자신이 마주한 상황을 최대한 활용하기로 결심했다.

다니엘과 니콜은 모두 신체적뿐만 아니라 정신적 문제를 유발할 수 있는 심각한 부상을 당했다. 하지만 다니엘과 니콜은 유사한 부상을 당했음에도 불구하고, 심리적으로 매우 다르게 반응했다. 이들이 처한 상황의 유사성을 고려할 때, 이들은 부상에 대하여 왜 그렇게 다르게 반응했을까? 이 장에서는 스포츠 손상에 대한 인지적·정서적·행동적 반응을 다룬다. 뿐만 아니라 그러한 반응에 영향을 미치는 요인들에 대하여 다룬다. 이를 위해 먼저 스포츠 손상에 대한 심리적 반응 모델을 설명하고, 모델에 대한 실험적 근거를 정리하고자 한다.

1. 스포츠 손상에 대한 심리적 반응 모델

부상 선수에게 최상의 심리적 도움을 제공하기 위해서는, 스포츠 손상에 대한 심리적 적응 과정을 이해해야 한다. 부상으로 인해 선수가 심리적 어려움을 겪을 수 있다는 보고(Little, 1966) 이후, 연구자들은 스포츠 손상에 대한 심리적 반응 모델을 제안하였고, 그 모델들을 과학적으로 평가하였다. 연구 초기에는 스포츠 손상에 대한 심리적 반응과 관련된 과학 자료가 없었기 때문에 다른 영역의 심리학에서 관련 내용들이 많이 차용되곤 하였다. 이후 스포츠 손상과 관련한 두 가지 주요 심리적 반응 모델이 개발되었다. 즉, 애도 반응 관련 문헌에서 영감을 받은 단계 모델, 스트레스와 대처에 관한 이론과 연구에 기초한 인지 평가 모델이다.

1) 단계 모델

스포츠 손상에 대한 심리적 반응의 단계 모델은 두 가지 주요한 가정이 있다. 첫 번째 가정은 선수가 부상을 당하면 자신의 일부를 잃는다고 느낀다는 것이다. 선수는 스포츠에 참여함으로써 자신의 정체성과 사회적 역할을 얻는다. 따라서 부상으로 인해 정체성과 사회적 역할을 박탈당할 때 선수는 상실감을 경험할 수 있다. 두 번째 가정은 선수가 부상에 적응해 나가는 과정에서 예측 가능하고 일관된 심리적 반응을 보인다는 것이다. Astle(1986), Lynch(1988) 및 Rotella(1985)와 같은 스포츠 심리학자들은 스포츠 손상에 대한 심리적 반응의 모델을 설정하기 위하여 말기 질환과 관련된 일반적인 적응 모델을 채택했다(Kübler-Ross, 1969). 구체적으로, 그들은 부상에 대한 선수의 반응이 부정, 분노, 협상, 우울 그리고 수용의 단계로 순차적으로 진행한다고 주장했다. 또 다른 스포츠 특이 단계 모델들이 연구자들에 의해 제안되었는데, 이 모델들은 단계의 수, 이름, 내용 면에서 약간씩 차이를 보인다.

단계 모델은 실용적인 매력을 지니고 있다(Rohe, 1988). 왜냐하면 부상에 대한 심리적 반응의 진행 단계를 안다는 것은 선수가 경험한 것을 이해하고, 앞으로 일어날 일을 예측할 수 있게 해 준다는 것을 의미하기 때문이다. 단계 모델의 원칙과 일관되게, 일부 선수는 심각한 부상을 당한 후에 애도 반응과 유사한 심리적 반응을 경험하였다(Macchi & Crossman, 1996). 또한 선수들은 부상 후 시간이 지날 수록 심리적으로 호전되는 일반적인 추세를 보였다(McDonald & Hardy, 1990; Smith, Scott, O'Fallon, & Young, 1990). 선수가 부상 후 엄청난 고통을 느끼고, 시간이 지남에 따라 심리적 기능이 향상될 것이라는 사실은 일반적인 상식선에서도 유추할 수 있을 것이다.

또한 Piaget(1971)가 정의한 해석적 단계 모델의 기준에 따라, Rape, Bush와 Slavin(1992)은 다음과 같은 주장을 펼쳤다. 단계는, 첫째, 문화적 보편성이 있고, 둘째, 모든 사람에게 동일한 순서로 발생하며, 셋째, 모든 사람이 마지막 단계까지 도달하고, 넷째, 높은 단계에서 낮은 단계로 절대 회귀하지 않는, 변하지 않는 일련의 과정을 따른다는 것이다. 하지만 선수는 부상에 대해 고정 관념적이고 일정한 패턴의 심리적 반응만을 보이는 것이 아니다. 반면, 선수가 부상에 반응하는 방식은 매우 다양하다. 즉, 부상에 대한 선수의 일정한 대응 패턴은 확인되지 않았다. 선수는 부상 이후 일부 단계를 경험하지만, 일부 단계는 경험하지 않을 수도 있고, 단계 모델이 제시한 것과는 다른 순서로 심리적 경험을 할 수도 있다(Tracey, 2003). 말기 질환을 포함한 기타 위협적 사건에 대한 적응 과정의 문헌 검토를 한 결과, 단계 모델을 옹호할 수 없다는 결론에 도달했다(Silver & Wortman, 1980; Wortman & Silver, 1987; Friedman & James, 2008).

단계 모델은 몇 주의 휴식이 필요한 경미한 부상과 선수 경력을 끝낼 정도의 심각한 부상을 구분하지 않는다는 점에서 스포츠 손상을 둘러싼 모든 상황에 적용하는 것이 어렵다. 단계 모델에 따르면, 부상의 심각도가 크게 차이가 나더라도, 모든 선수가 부상 이후 같은 적응 단계를 경험할 것이라고 예상한다. 단계 모델은 선수의 환경 차이 또한 설명하지 않는다. 이러한 융통성 부족 때문에 단계 모델은 과학적 기반을 구축하기가 어렵다.

선수가 스포츠 손상 이후 보편적인 심리적 패턴을 따르지 않을지라도, 애도 반응을 보일 것이라고 인식할 수 있다(Evans & Hardy, 1995, 1999). 하지만 스포츠 손상에 대한 애도 반응의 단계를 그대로 받아들이면, 선수는 부상 이후 무조건 고통을 받을 것이고, 이후 선수는 자연적으로 문제를 해결하거나 자신의 문제를 수용할 것이라고 속단할 수 있다. 실제로 부상 후 선수의 심리적 고충을 함부로 예측하거나 무시하는 일은 매우 위험하다(Brewer, 1994). 더불어 선수가 부상 이후 경험하는 단계가 "딱 맞아 떨어져야 하는 퍼즐"(Hopson, 1981)처럼 여겨져서는 안 된다. 또한 부상 이후 선수의 고통을 인식하고 이에 대응할 수 있도록 해야 한다.

2) 인지 평가 모델

단계 모델은 스포츠 손상에 대한 심리적 반응의 개인차를 고려하지 않았다. 인지 평가 모델은 이러한 문제를 해결하기 위해 도입되었다. 인지 평가 모델은 단계 모델과는 달리 모든 선수가 예측 가능한 방식으로 부상에 반응한다고 가정하지 않는다. 인지 평가 모델은 부상과 부상 발생 상황에 대한 선수의 평가나 해석이 선수의 인지적·정서적·행동적 반응을 결정하는 데 중요한 역할을 한다고 가정한다.

인지 평가 모델의 대표적인 예로 스포츠 손상에 대한 심리적 반응의 통합 모델

(Wiese−Bjornstal, Smith, Shaffer, & Morrey, 1998)을 들 수 있다. 이 모델에 대한 자세한 설명은 [그림 4−1]에 제시되어 있다. 이 모델은 부상을 스트레스 요인으로 본다. 선수는 스트레스 요인으로 작용하는 부상 특성과 자신의 대처능력에 대하여 인지적으로 평가한다. 인지 평가는 스트레스−부상 모델에서 스포츠 손상 발생의 잠재적 기

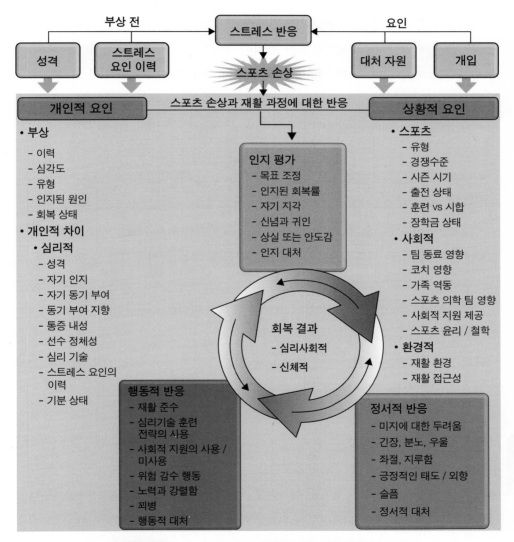

[그림 4−1] 스포츠 손상에 대한 심리적 반응의 통합 모델

여자로 작용하는 심리사회적 요인(성격, 스트레스 요인 이력, 대처 자원)의 영향을 받는
다. 인지 평가는 또한 많은 개인적 · 상황적 요인에 영향을 받는 것으로 생각된다. 개
인적 요인은 개인의 기질적 · 역사적 특성으로 구성된다. 상황적 요인은 신체적, 사
회적, 스포츠 환경 특성으로 구성된다. 인지 평가는 스포츠 손상에 대한 심리적 반응
의 세 가지 주요 영역인 인지, 정서 및 행동에 영향을 미치는 것으로 보인다. 스포츠
손상의 심리적 적응 과정은 끊임없이 변화하는 생각, 감정 및 행동의 지속적인 상호
영향으로 인해 역동성을 가진다. 또한 심리적 반응은 심리사회적 · 신체적 회복의 결
과에 영향을 미친다. 이러한 연관성은 제7장에서 자세히 논의할 것이다.

인지 평가 모델은 단계 모델에 비하여 부상 이후 심리적 반응을 예측하는 데 더 많
은 지지를 받았다. 이와 관련하여 다음과 같은 근거를 들 수 있다.

- 선수는 부상이 스트레스의 중요 원인이라고 생각한다(Bianco, Malo, & Orlick,
  1999; Brewer & Petrie, 1995; Evans, Wadey, Hanton, & Mitchell, 2012; Ford &
  Gordon, 1999; Gould, Udry, Bridges, & Beck, 1997a; Heniff, 1998).
- 다양한 개인적 · 상황적 요인은 스포츠 손상에 대한 심리적 반응과 관련되어 있
  다(Brewer, 2007).
- 심리적 반응은 스포츠 손상 재활 결과와 연관이 있다(Brewer, 2010).

단계 모델과 대조적으로, 인지 평가 모델은 심리적 반응의 여러 예측 변수를 고려
한 특유의 유연성과 포괄성을 특징으로 한다.

스포츠 손상 심리학 연구의 주요 도전 과제

연구 초점

스포츠 손상 심리학 연구는 강한 의지를 요구하는 분야이다. 스포츠 손상의 예측과 예방 연구는
여러 도전 과제와 좌절을 수반한다. 연구자들은 선수의 부상 전 심리 상태에 대한 데이터를 수집해
야 한다. 그리고 선수에게 심리적 개입을 적용하기 전후로 선수의 스포츠 참가를 꾸준히 기록해야

한다. 나아가 부상 상태를 모니터링하고 부상 상태와 부상으로 인한 참가 제한 시간의 데이터도 수집해야 한다.

　스포츠 손상의 심리적 결과에 관한 연구를 수행하는 것은 훨씬 더 어렵다. 먼저 스포츠 손상의 심리적 영향을 조사하기 위한 가장 좋은 방법인 실험연구는 윤리적이지 않고 현실적으로 실천하기 어렵다. 설령 실험을 진행할 수 있더라도, 부상 발생에 무작위로 할당될 수 있는 연구에 참가자를 모집하는 것은 어려울 것이다. 스포츠 손상의 심리적 결과에 관한 전향적 연구는 타당성과 관련하여 다음 세 가지 주요 도전에 직면할 수 있다.

- 선수의 부상 전 심리적 특성
- 부상 선수가 속한 집단의 심리적 특성
- 부상 특성

　연구 결과의 타당성 측면에서 선수의 부상 전 심리적 특성은 중요하다. 심리적 요인이 스포츠 손상의 발생을 유발할 수 있기 때문이다. 다시 말해, 선수의 부상 전 심리적 상태를 평가하지 않고서는 부상 전 심리적 상태가 스포츠 손상을 유발했는지 혹은 스포츠 손상 후 심리적 상태가 발생했는지 여부를 결정할 수 없다.

　부상 선수가 속한 집단의 심리적 특성 또한 연구 결과의 타당성 측면에서 중요하다. 그 이유는 부상 후 선수의 심리적 상태는 팀 성적 저조, 팀의 부조화와 같은 팀 집단의 특성에 영향을 받을 수 있기 때문이다. Leddy, Lambert와 Ogles(1994)는 부상 선수와 부상 선수가 속한 집단의 부상 전 심리적 특성을 확인하였다. 그들은 전향적 연구를 시행하였는데, 시즌 전 남자 대학생 선수 집단 343명을 대상으로 분노, 우울 및 자존감 척도를 평가하였다. 그리고 부상 선수가 발생하면 부상 선수 및 집단을 대상으로 심리 평가를 추가로 시행하였다. 이 연구는 선수의 부상 전 심리 상태를 사전에 파악하여 부상 전 심리적 특성이 부상 후 심리적 상태에 미치는 영향을 통제하였다. 또한 부상 선수를 포함한 집단을 대상으로 심리적 상태를 평가하여 부상 후 심리적 반응에 집단의 특성이 미치는 영향을 통제하였다. 이 연구만큼 철저하고 방법론적으로 엄격하게 시행한 연구는 거의 없다.

　선수가 경험한 부상의 특성도 심리적 결과와 관련된 연구의 타당성에 영향을 미친다. 스포츠 손상에 대한 심리적 반응은 부상 부위, 심각도, 기간 및 증상과 같은 부상 특성에 크게 영향을 받을 수 있다. 예를 들어, 근골격계 부상을 경험한 선수의 정서적 반응은 뇌진탕을 겪은 선수의 정서적 반응과 다르다(Hutchison, Comper, Mainwaring, Richards, & Bisschop, 2011; Mainwaring, Hutchison, Bisschop, Comper, & Richards, 2010). Leddy 등(1994)이 시행한 것과 같이 엄격하게 통제된 연구에서도 연구 대상자들이 경험한 부상은 서로 매우 달랐다. 연구자들은 이 문제를 해결하기 위하여 동일한 부상 선수들 집단에서 정보를 수집했다. 연구자들은 때때로 수술과 같은 사건 이후 종적인 심리 반응 데이터를 수집하고, 개별 선수들을 통제로 사용한다. 일례로, 여러 연구에서 전방십자인대 재건술 후 정서적 기능에 대한 다양한 평가가 이루어졌다(Brewer et al., 2007; Langford, Webster, & Feller, 2009; Morrey, Stuart, Smith, & Wiese-Bjornstal, 1999).

자기 보고와 같이 불완전한 연구에서도 유용한 정보를 수집할 수 있다. 특히 사례 연구(Carson & Polman, 2008; McArdle, 2010), 질적 연구(Bianco et al., 1999; Carson & Polman, 2012; Johnston & Carroll, 1998) 및 행동 연구(Evans, Hardy, & Fleming, 2000)는 심리적 기능 측면에서 스포츠 손상의 결과에 대한 이해를 향상할 수 있다.

2. 스포츠 손상의 심리적 결과

다니엘과 니콜의 사례에서 알 수 있듯이, 스포츠 손상은 신체적 기능뿐만 아니라 심리적 기능에도 많은 영향을 미칠 수 있다. 스포츠 손상의 심리적 결과를 조사하는 것은 쉽지 않다. 지난 30년 동안 이와 관련된 상당한 양의 연구 문헌이 축적되었다. 이 절에서는 스포츠 손상에 대한 인지적·감정적·행동적 반응을 조사할 것이다. 스포츠 손상에 대한 개인적·상황적 예측 요인 또한 확인할 것이다.

1) 스포츠 손상에 대한 인지적 반응

부상 발생 이후 재활과정을 거쳐 스포츠 복귀에 이르기까지, 인지는 선수의 반응에 항상 관여한다. 다음과 같은 인지의 측면은 스포츠 손상에 대한 심리적 반응과 관련이 깊다.

• 인지 평가

- 부상에 대한 귀인
- 인지 내용
- 자기 관련 인지
- 인지적 대처 전략
- 선수가 인지하는 부상의 혜택
- 부상 관련 인지
- 인지 능력

(1) 인지 평가

부상에 대한 심리적 반응은 선수가 부상을 인지적으로 평가하는 것에서부터 시작한다. 스트레스 대처 이론(Lazarus & Folkman, 1984)에 따르면, 사람이 사건이나 상황을 해석(또는 평가)하는 방식은 이에 대한 사람의 감정적·행동적 반응을 결정한다. 인지 평가는 세 가지 기본 형태가 있으며, 이는 1차 평가, 2차 평가 및 재평가로 나뉜다. 1차 평가는 스포츠 손상과 같은 사건이나 상황을 개인의 웰빙에 미치는 영향에 따라 평가하는 것이다. 1차 평가 결과에 따라 부상은 무관한(irrelevant) 사건, 무해한(benign-positive) 사건 및 스트레스(stressful) 사건으로 분류될 수 있다. 무관한 사건이란 선수가 부상이 자신에게 주는 영향을 그리 중요하지 않다고 평가하는 것이다. 무해한 사건이란 선수가 부상이 치명적이지는 않지만, 어쨌든 휴식이 필요하다고 평가하는 것이다. 스트레스 사건은 선수가 부상을 이보다 더 나쁜 시기에 올 수 없었다는 비관적인 평가를 할 때를 말한다.

스포츠 손상에 대하여 인지 평가를 할 때, 선수는 스포츠 손상을 피해 또는 손실, 위협 및 도전으로 생각할 수 있다. 스포츠 손상을 신체에 위협과 피해를 주는 것으로 평가하는 것은 스포츠 손상을 피해 또는 손실로 인지 평가를 하는 것이다(Clement & Arvinen-Barrow, 2013; Ford & Gordon, 1999; Gould et al., 1997a). 부상을 위협으로 평가하는 것은 미래의 피해에 대한 예상인 반면, 부상을 도전으로 평가하는 것은 부상을 성장의 기회를 활용할 수 있게 한다. 이러한 평가들이 반드시 상호 배타적인 것은 아니다(Lazarus & Folkman, 1984). 예를 들어, 선수는 부상이 피해 또는 손실을 초래한다고 평가하는 동시에 도전으로 해석할 수 있다. 부상에 대한 이러한 평가는 부상의 부정적 영향을 인정하지만, 동시에 재활 과정에서 개인의 자원을 적용할 기회로 본다.

2차 평가는 스트레스 사건을 관리하기 위해 개인이 무엇을 할 수 있는지 평가한다. 2차 평가는 결과 기대치와 효능 기대치를 모두 고려한다(Lazarus & Folkman, 1984). 결과 기대치는 특정 행동이 특정 결과를 낳을 것이라는 믿음을 나타낸다. 반면, 효능 기대치는 개인이 특정 결과를 가져오기 위하여 주어진 행동을 수행할 수 있을 것이라는 믿음을 나타낸다(Bandura, 1977, 1982). 따라서 2차 평가에서 선수는 부상을 치료할 수 있는지, 그리고 회복을 위한 조치를 취할 수 있는지의 여부를 고려한다.

인지 평가의 세 번째 기본 형태는 새로운 정보를 기반으로 기존의 평가를 수정하는 재평가이다(Lazarus & Folkman, 1984). 예를 들어, 선수가 효과적인 치료 기술을 배우면 부상의 영향을 재평가할 수 있다. 재평가는 평가 과정의 지속성을 강조한다. 실제 재활을 거치며 부상에 대한 선수의 인식은 바뀔 수 있다.

인지 평가는 다양한 개인적·상황적 요인의 영향을 받는다. 스포츠 손상과 관련하여 인지 평가는 부상의 위치 및 중상과 같은 부상의 특성에 영향을 받는다. 인지 평가에 많은 영향을 미치는 두 가지 개인적 요인은 선수의 전념과 통제에 대한 믿음이다. 먼저, 전념에 대하여 살펴보자. 특정한 목표에 대한 개인의 전념은 중요한 인지적·동기적 영향을 가진다(Klinger, 1977; Lazarus & Folkman, 1984). 전념의 특징은 세 가지로 정리할 수 있다. 첫째, 전념은 잠재적으로 위협적인 혹은 유익한 상황에서 선수가 행동하게 함으로써 인지 평가에 영향을 미친다. 일례로, 선수는 스포츠에서 성공하기 위해 자신의 인생에 더 큰 균형을 제공할 수 있는 다른 활동을 포기하는 경우가 많다. 둘째, 전념은 전념에 영향을 줄 수 있는 요인에 대해 민감도를 높인다. 예를 들어, 스포츠에서 신체적 기능은 중요하다. 이로 인해 선수는 비선수 또래 집단에 비해 신체 정보에 더 민감하거나 큰 비중을 둔다. 셋째, 전념이 심리적 취약성과 밀접한 관련이 있다는 것이다. 이는 가장 중요한 부분이다. 전념이 개인의 삶에서 우선순위를 결정한다는 점을 감안할 때, 이러한 전념을 위협하는 사건은 특히 의미 있는 것으로 평가된다.

Lazarus와 Folkman(1984)은 스포츠 손상과 관련하여 "신체적 장애가 심리적 문제에 영향을 미치는 정도는 신체적 장애가 개인의 전념을 위협하는 정도에 달려 있다."고 언급하였다. 즉, 발목 염좌는 사무실 관리자보다 테니스 선수에게 인생의 주요 장애물로 평가될 가능성이 있다.

다음으로, 인지 평가는 통제에 대한 일반적 믿음과 상황적 믿음의 영향을 받는다. 통제에 대한 일반적인 믿음은 중요한 사건과 결과를 통제할 수 있다고 생각하는 정도를 말한다. 이는 모호하거나 새로운 상황의 평가에 가장 강하게 기여한다(Rotter, 1966). 따라서 환경적 사건을 통제할 수 있다고 믿는 내적 통제 소재를 가진 선수는 자신의 행동이 결과에 영향을 미치지 않는다고 믿는 외적 통제 소재를 가진 선수보다 모호한 부상 상황을 통제 가능하다고 평가할 가능성이 높다. 그러나 스포츠 손상은 흔히 모호하지 않거나 익숙한 상황에서 발생한다. 따라서 2차 평가와 유사한 통제에 대한 상황적 믿음은 특히 부상 평가와 관련이 있다(Lazarus & Folkman, 1984).

인지 평가에 영향을 미치는 것으로 생각되는 주요 상황적 요인은 신규성, 예측 가능성, 사건 불확실성, 시간적 요인, 모호성 및 생애 주기 중 사건의 시기이다(Lazarus & Folkman, 1984). 부상을 당해 본 적이 없는 선수도 일반적으로 부상이 경기력에 부정적 효과를 미친다고 인지한다. 따라서 부상은 선수에게 일종의 피해 또는 손실로 평가될 가능성이 크다. 부상 이후 진행 과정에 대한 지식은 부상에 대한 예측 가능성과 통제감을 증가시킴으로써 곧 다가올 상황에 대하여 덜 위협적으로 평가하게 한다. 선수가 부상을 입었는지 확실하지 않을 때, 부상에 대한 평가는 사건 불확실성의 영향을 받을 가능성이 있다. 예를 들어, 선수가 자신의 다리 통증이 골절로 인한 것인지 단순 타박상으로 인한 것인지 확실하지 않을 때, 부상에 대한 선수의 평가는 불확실성의 영향을 받는다고 볼 수 있다. 스포츠 손상 평가와 가장 관련이 있는 시간적 요인은 부상의 기간이다. 예를 들어, 단기 부상은 만성 질환에 비하여 스트레스로 평가될 가능성이 낮다. 부상을 평가하기 모호한 상황은 통제에 대한 일반적인 믿음에 근거한 평가를 야기한다. 부상에 대한 평가는 부상의 시기에 영향을 받을 수 있다. 전성기 중 부상으로 인해 스포츠 경력이 끝난 선수의 예를 생각해 보자. 만약 그 선수가 더 오랫동안 스포츠에 참여할 계획이었다면, 부상에 대하여 피해와 손실 평가가 다른 평가보다 더 강하게 이루어질 것이다.

(2) 부상에 대한 귀인

예상치 못한 사건을 당했을 때, 사람은 사건의 원인을 생각하는 경향이 있다(Wong & Weiner, 1981). 즉, 사람은 사건의 원인을 귀인하는 경향이 있다. 귀인은 스포츠 손상 발생과 같이 예측할 수 없고 외상적인 사건 경험에 의해 발생한다. 선수는 부상의 원인에 대한 귀인을 할 때 일반적으로 어려움을 겪지 않는다고 한다. 예를 들어, 두 연구(San José, 2003; Tedder & Biddle, 1998)에 따르면, 선수는 부상의 원인으로 행동적 요인을 확인하는 경향이 있다. 반면, Brewer(1999a)의 연구에서는 선수가 자신의 부상 원인을 기술적 요인으로 돌리는 경향이 있었다. 인과적 귀인은 본질적으로 통제에 대한 상황적 믿음이다. 따라서 통제에 대한 일반적인 믿음인 통제 소재와 사회적 맥락과 같은 상황적 요인들이 부상에 대한 선수의 귀인에 영향을 미칠 것으로 예상된다.

(3) 인지 내용

스포츠 손상은 예측할 수 없고 외상적 성격을 가진다. 따라서 부상 사건은 선수의 정신을 반복적으로 침범하여 불안과 관련된 부상 이미지를 생성할 수 있다(McArdle, 2010; Newcomer & Perna, 2003; Shuer & Dietrich, 1997; Vergeer, 2006). Shuer와 Dietrich (1997)의 연구에 따르면, 일부 부상 선수는 지진 또는 화재를 겪은 사람과 비슷한 수준의 침습적 사고를 경험하였다. 또한 선수는 화재나 지진을 겪은 사람이 자연재해를 회피하려는 것보다 부상과 관련된 생각을 훨씬 더 회피하려고 노력하였다. 부상과 관련된 침습적 사고에 대한 회피는 일반적으로 시간이 지남에 따라 호전되는 경향이 있다(Vergeer, 2006). Shuer와 Dietrich(1997)는 1주 미만에서 1년 이상의 다양한 부상 기간을 가진 선수의 침습과 회피 정도에 큰 차이가 없다고 보고하였다. 침습적인 부상 관련 이미지는 심리적·신체적 기능 모두에 영향을 미칠 수 있다. Appaneal, Perna와 Larkin(2007)은 최근 심각한 스포츠 손상을 당한 선수가 부상 경험이 없는 선수보다 외상성 부상 관련 영상 콘텐츠에 더 큰 고통과 피부 전도 반응을 보였다고 보고하였다.

(4) 자기 관련 인지

스포츠는 대부분의 선수에게 자존감과 자기 정체성의 원천이다(Brewer, van Raalte, & Linder, 1993). 따라서 스포츠 참여에 위협이 되는 부상은 선수의 자아에 영향을 미칠 수 있다. 선수의 자존감 연구에 따르면, 부상 선수는 비부상 선수보다 전반적으로 자존감이 낮았다(Chan & Grossman, 1988; Kleiber & Brock, 1992; Leddy et al., 1994; McGowan, Pierce, Williams, & Eastman, 1994). 더불어, 선수들은 부상 후 전반적, 영역별 신체적 자존감이 감소하였다(Leddy et al., 1994). 나아가, 만성 부상 선수가 급성 부상 선수보다 자존감이 더 낮다고 보고했다(Wasley & Lox, 1998). 이는 부상 기간이 자기 관련 인지와 연관이 있음을 시사한다. 같은 맥락으로, Kleiber와 Brock(1992)은 부상 후 자기 인식에 대한 개인적 요인의 연관성을 설명하였다. 그들은 심각한 부상을 당한 선수 중 스포츠에 전문적으로 투자를 많이 한 선수가 그렇지 않은 선수에 비하여 낮은 자존감을 가진다는 사실을 발견했다. 이는 스포츠에 많은 투자를 한 선수는 그렇지 않은 선수보다 부상을 더 위협적으로 느끼고, 스트레스로 평가할 가능성이 더 크다는 것을 시사한다.

부상 후 시간 경과에 따른 스포츠 자신감 및 자기효능감의 변화가 보고되었다. Quinn과 Fallon(1999)은 부상 선수의 스포츠 자신감이 부상과 재활 기간 동안 변한다는 사실을 발견했다. 부상 선수는 스포츠 자신감이 높은 상태에서 재활을 시작해 재활하는 동안에는 자신감 감소를 겪었으며, 부상에서 회복되면서 스포츠 자신감이 다시 증가한다는 것을 발견했다. 비슷한 맥락으로, 무릎 부상을 당한 선수는 재활 동안 자기효능감이 증가했다고 보고하였다(Thomeé et al., 2007a). 이 연구에서 개인적 요인 및 부상 관련 요인도 내적 통제 소재 및 무릎 관련 자기효능감과 긍정적으로 연관되어 있었다(Thomeé et al., 2007a, 2007b).

스포츠 손상의 영향을 받을 수 있는 자기 관련 인지의 또 다른 측면은 자기 정체성이다. Brewer, Cornelius, Stephan과 van Raalte(2010)에 따르면, 전방십자인대 파열 후 재건 수술을 받은 선수는 수술 후 처음 2년 동안 선수 정체성이 감소하였다. 선수 정체성의 감소는 수술 후 6개월과 12개월 사이에 가장 컸다. 그중 재활 진행이 가장 더딘 선수가 정체성이 가장 많이 감소하였다. 이러한 정체성의 변화는 전방십자인대 손상이 자신의 스포츠 참여를 위협한다는 사실과 재활 치료 중에 경험한 고충에 대한 보호 반응이었을 수 있다. 또 다른 선행 연구에 따르면, 부상(Vergeeer, 2006) 또는 질병(Aparkes, 1998)으로 인해 신체 기능이 심하게 저해된 선수에게서 자기 정체성의 변화가 관찰되었다. 이러한 자기 정체성의 변화는 자기 가치 및 자기 기술의 원천으로서 스포츠의 의미가 감소한 것을 의미한다.

(5) 인지적 대처 전략

앞서 언급했듯이, 선수는 부상의 심리적 문제로부터 자기를 보호하기 위해 자기 정체성을 변화시키기도 한다. 이와 같이 선수는 스포츠 손상으로 인한 신체적·심리적 트라우마에 수동적으로만 반응하는 것은 아니다. 그들은 부상의 역효과에 대처하기 위한 노력을 할 수 있으며, 이러한 대처 전략 중 대표적인 것이 인지적 대처 전략이다. 선행 질적 연구에 따르면, 인지적 대처 전략의 사용은 부상 선수 사이에서 일반적이다. 이러한 인지적 대처 전략의 종류에는 부상 수용, 개선 집중, 정신적 해방, 긍정적 생각, 심상이 있다(Bianco et al., 1999; Carson & Polman, 2008, 2010; Gould et al., 1997b; Rose & Jevne, 1993; Ruddock-Hudson, O'Halloran, & Murphy, 2014; Tracey, 2003; Udry, Gould, Bridges, & Beck, 1997; Wadey, Evans, Hanton, & Neil, 2012b). 많은 종목의 선수가 부상 결과에 대처하기 위해 다양한 인지적 대처 전략을 사용한다고 보고한 양적 연구 결과는 앞서 제시한 질적 연구의 결과를 보완해 준다(El Ali, Marivain, Heas, & Boulva, 2008; Quinn & Fallon, 1999; Udry, 1997).

인지적 대처 전략의 사용은 부상 관련 요인과 개인적 요인에 따라 달라질 수 있다. 부상 관련 요인에는 부상 유형 및 재활 단계가 있다. 부상 유형에 관련하여, Wasley와 Lox(1998)는 만성 부상 선수가 급성 부상 선수보다 희망적 사고와 같은 탈출-회피 대처법을 더 많이 사용한다고 보고하였다. 재활 단계의 관점에서 살펴보면, Udry(1997)는 무릎 수술을 받은 선수는 재활의 진행 단계에 따라 부정적 감정 대처와 완화적 대처를 사용하는 정도가 달라진다는 것을 발견하였다. 여기서 부정적 감정 대처와 완화적 감정 대처는 모두 인지적 구성 요소를 포함한다. Johnston과 Carroll(2000)은 이러한 연구 결과를 보완하였다. 그들은 재활이 진행됨에 따라 논리적 분석, 긍정적 재평가, 인지적 회피 및 수용 대처 전략의 사용이 꾸준히 감소한다는 사실을 보고하였다. 따라서, 선수는 부상 증상의 변화와 재활의 요구 변화에 따라 인지적 대처 전략의 사용을 조절하는 것으로 보인다. 인지적 대처 전략 사용에 영향을 미치는 개인적 요인에는 대담성이 있다. Wadey 등(2012b)은 대담성이 낮은 선수는 부상에 대처하기 위해 회피 기반 전략을 사용하는 경향이 있음을 발견하였다.

(6) 선수가 인지하는 부상의 혜택

선수는 스포츠 손상을 위협과 피해 혹은 손실로 평가를 하는 경향이 있다(Ford & Gordon, 1999; Gould et al., 1997a). 그럼에도 불구하고 부상이 인지에 미치는 영향이 부정적이지만은 않다. 질적 연구들에 따르면, 대부분의 선수는 부상을 부정적으로 인지하지만, 일부 선수는 부상으로부터 얻을 수 있는 혜택이 있다고 인지하기도 한다(Almeida, Luciano, Lameiras, & Buceta, 2014; Crawford, Gayman, & Tracey, 2014; Ford & Gordon, 1999; Hurley, Moran, & Guerin, 2007; Podlog & Eklund, 2006a; Rose & Jevne, 1993; Ruddock-Hudson et al., 2014; San José, 2003; Tracey, 2003; Udry et al., 1997; Wadey, Clark, Podlog, & McCullough, 2013; Wadey, Evans, Evans, & Mitchell, 2011; Wadey et al., 2012b; J. A. Young, Pain, & Pearce, 2007). 선수들이 인지하는 부상으로 인한 혜택은 Udry 등(1997)이 정의한 다음의 세 가지 주요 범주로 분류될 수 있다.

- 개인적 성장
- 심리적 수행 향상
- 신체 및 기술 개발

부상으로 인한 개인적 성장에는 스포츠 참여에 대한 새로운 관점을 얻는 것, 스포츠 외의 관심사를 발견하는 것, 이해심과 포용력이 넓은 사람이 되는 것 등이 있다. 심리적 수행 향상에는 정신적 강인함, 전술적 인식 향상, 동기 부여 증가와 같은 이점이 있다. 신체 및 기술 개발과 관련된 이점에는 기술 향상, 건강 증진 및 근력 증가 등이 있다.

선수가 인지하는 부상의 혜택은 저절로 발생하지 않는다. 이는 노력이 필요하며, 어느 정도 시간이 지나야만 실현될 수 있다(Udry, 1999). 부상은 선수에게 잠재적 혜택을 제공할 수는 있다. 하지만 이러한 기회를 활용하는 것은 부상 선수와 그 선수를 돕는 사람들에게 달려 있다. 따라서 부상 선수가 인지할 수 있는 혜택을 확인하고, 선수가 부상으로 인한 혜택을 인지할 수 있도록 하는 것이 중요하다.

Wadey 등(2011)은 선수들이 인지하는 스포츠 손상의 혜택에 대한 조사를 하였다. 연구자들은 심각한 부상을 입은 10명의 팀 스포츠 선수 표본을 대상으로 선수들이 인지하는 스포츠 손상의 혜택의 선행 요인에 대한 기본 메커니즘을 탐색하였다. 연구자들은 부상 발생, 재활 및 스포츠 복귀의 세 가지 단계에 걸쳐 선수들이 인지하는 부상의 혜택과 선행 요인을 확인하였다. 부상 발생 단계에서 선수들은 부상과 관련 자원들을 찾고, 사회적 지원 네트워크를 동원하고, 다른 사람들의 도움을 구하였다. 이런 행동들은 신체 및 부상 관련 지식, 자기 이해, 감정 조절 및 사회적 관계망에 영향을 미치는 것으로 알려져 있다.

재활 기간 동안에는 자유시간, 팀 훈련 및 시합 참가 제한, 재활 프로그램 참여 등이 선수가 인지하는 혜택의 선행 요인으로 작용한다. 다시 말해, 이러한 선행 요인들은 선수가 가족과 더 많은 시간을 보내고, 새로운 사람을 만나고, 학업 및 일상에 더 많은 시간을 할애하는 것이다. 선수는 자신의 경험을 회고하고, 훈련을 관전하거나 참여하며, 부상으로 인해 지장을 받지 않는 수준에서 특정 스포츠 기술에 대해 연습하거나, 부상 예방법을 배울 수 있다는 점을 부상으로 인해 얻을 수 있는 혜택으로 꼽았다. 재활 기간 중 선수가 인지하는 혜택에는 사회적 관계망 강화, 학업 수행 향상, 개선된 전술적 인식, 자신감 향상, 기술력 향상, 근력 강화 및 전반적인 부상 위험 감소가 있다.

스포츠 복귀 단계에서 선수들은 회복에 대한 성찰, 부상당한 다른 선수와의 교류 등을 통해 부상에 대한 새로운 관점을 얻고, 직면한 역경을 처리하는 데 도움이 되었다고 하였다. 또한 이러한 요인들은 타인과 자신이 처한 상황에 대한 회복력과 공감 발달을 촉진하였다.

Wadey 등(2011)은 선수가 부상을 혜택으로 인지하게 되는 경로의 타당성을 평가하기 위한 추가 연구가 필요하다고 주장하였다. Salim, Wadey와 Diss(2015)의 연구는 향후 이 주제에 대하여 나아갈 발판을 제공한다. Salim 등(2015)은 대담성이 높은 선수가 부상을 입을 경우 그렇지 않은 선수에 비해 더 많은 성장을 경험했다고 보고하였다. 대담성이 높은 선수는 대담성이 낮은 선수와 비교했을 때, 사회적 지원을 더 잘 동원하고, 부상을 긍정적으로 해석하는 데 더 능숙해 보였다. 두 가지 대처 전략이 모두 그들의 성장을 촉진했을 수 있다.

(7) 부상 관련 인식

스포츠 손상은 선수의 스포츠 손상 그 자체에 대한 인식에 영향을 미친다. 지난 1년 이내에 부상을 경험한 선수는 그렇지 않은 선수에 비해 부상 위험에 대한 인지가 더 크고, 부상에 대한 걱정이나 우려가 더 컸으며, 부상을 피하는 능력에 대한 자신감이 적은 경향이 있었다(Reuter & Short, 2005; Short, Reuter, Brandt, Short, & Kontos, 2004). 선수들은 자신이 직접 부상을 경험하지 않더라도 심각한 부상을 입은 팀원이 있는 것만으로도, 부상에 대한 두려움이 증가하였다(O'Neill, 2008). 따라서 선수가 직간접 경험을 통해 부상을 인식하는 것은 선수의 부상 발생 가능성에 대한 민감성을 증가시키는 것과 연관이 있는 것으로 보인다.

(8) 인지 능력

스포츠 손상은 인지의 내용뿐만 아니라 인지의 질에도 영향을 미칠 수 있다. 특히 많은 문헌자료에 따르면, 스포츠로 인한 뇌진탕이 신경 인지 기능에 악영향을 미친다고 보고하였다(Broglio & Puetz, 2008). 뇌진탕은 주의력, 기억력, 처리 속도 및 반응 시간을 포함한 인지 기능에 손상을 입힐 수 있다(Moser, 2007). 그러나 축구에서 공을 헤딩하는 것과 같이 뇌진탕보다 약한 강도의 타격에 관한 연구 결과들은 모호하다. 연구에 따르면, 축구 헤딩의 빈도 및 강도와 신경 인지 기능 사이의 일관된 상관관계는 보고되지 않았다(Webbe & Salinas, 2011).

현재 뇌진탕 위험이 높은 스포츠 선수를 대상으로는 시즌 전 신경 인지 평가가 일반적으로 시행되고 있다. 그 결과, 뇌 손상을 포함한 모든 종류의 부상이 인지 능력에 미치는 영향을 조사하는 것이 가능해졌다. 한 연구에서는 대학 선수들을 대상으로 시즌 전과 부상 후 72시간 이내에 신경심리학적 평가를 시행하였다. 근골격계 부상을 당한 선수들은 일곱 가지 하위 인지 검사에서 뇌진탕을 경험한 선수들과 크게 다르지 않았으며, 비부상 선수들보다 하위 인지 검사 중 하나에서 유의미하게 낮은 점수를 보였다. 뇌진탕 집단은 7개의 하위 인지검사 중 세 가지 검사에서 부상을 당하지 않은 그룹보다 유의하게 낮은 점수를 받았다. 근골격계 부상 집단과 부상당하지 않은 집단 간 차이에 대한 이유는 명확하지 않다. 그러나 근골격계 손상에 동반될 수 있는 심리적 장애는 근골격계 손상 선수들이 정보를 효과적으로 처리하는 능력을 방해했을 수 있다(Hutchison, Comper, Mainwaring, & Richards, 2011).

적용 초점

뇌진탕 결과에 대한 합의

스포츠 뇌진탕은 대중의 인지도가 높은 스포츠 손상이다. 이와 관련한 연구의 폭발적인 증가와 대중의 관심이 급증함에 따라 2012년 취리히에서 전문가 집단이 모여 스포츠 뇌진탕의 정의, 평가, 관리, 예방, 조사 및 기타 주요 측면에 대하여 논의하였다. 이 회의를 통해 스포츠 뇌진탕 관련 과학의 최신 지식을 요약한 "스포츠 뇌진탕에 대한 합의문"(McCrory et al., 2013)이 탄생하였다. 전문가들은 만장일치로 뇌진탕을 "뇌에 영향을 미치는 복잡한 병태생리학적 과정…… [그리고] 외상성 힘에 의해 유발됨"이라고 정의하였으며, 스포츠 뇌진탕 관련 주요 정의와 주제를 다음과 같이 언급하였다.

- 뇌진탕은 일반적으로 머리, 목 또는 얼굴에 타격을 입거나 머리에 반향을 일으키는 다른 신체 부위에 타격을 받을 때 발생한다.

- 항상 그런 것은 아니지만, 일반적으로 뇌진탕은 빠르게 발생하고 스스로 사라지는 증상을 일으킨다.
- 뇌진탕의 급성 증상은 기능적인 경향이 있으며, 일반적으로 구조적 손상으로 인한 것이 아니다(신경 영상 검사에서 구조적 이상이 발견되지 않음).
- 뇌진탕은 의식 상실을 초래할 수도 있고 그렇지 않을 수도 있다.
- 일반적으로 뇌진탕 증상은 등급이 정해지고, 7~10일에 걸쳐 순차적으로 회복되는 경향이 있지만, 회복 과정이 길어질 수 있다.

뇌진탕에 대한 평가는 두부 손상의 첫 징후가 있을 때 응급처치와 함께 현장에서 시작하는 것이 바람직하다. 급성 뇌진탕의 정확한 진단을 위해서는 현기증과 같은 임상 증상, 무의식과 같은 신체적 징후, 분노와 같은 이상 행동, 반응 시간과 같은 인지 기능 및 수면에 대한 평가가 필요하다. 전문가 집단은 신속한 진단을 위해 스포츠 뇌진탕 평가 도구 3(SCAT3)를 개발하였으며, 검사 도구를 인터넷에 배포하여 스포츠 건강관리 전문가가 무료로 사용할 수 있도록 하였다(McCrory et al., 2013).

전문가 합의에 따르면, 의료진은 두부 손상을 입은 선수를 사고 후 몇 시간 동안 관찰해야 한다. 일부 선수는 증상 발현이 지연되기 때문이다. 뇌진탕 진단을 받은 선수는 부상을 입은 당일 경기에 복귀하는 것을 피해야 한다(McCrory et al., 2013). 많은 단체에서 뇌진탕 관리에 관한 법률 또는 정책을 제정하고 경기 복귀를 허용하기 위한 절차를 수립하였다. 취리히 전문가 집단은 현장에서 초기 평가 이후 병원에서 공식적이고 철저한 평가가 진행되어야 한다고 하였다. 후속 평가에서 의료진은 환자의 병력을 검토하고 균형, 인지 기능, 보행 및 정신 상태를 평가하는 심층적인 신경학적 검사를 시행해야 한다. 이 평가 결과는 현재 임상 상태를 결정하고 더 심각한 뇌 손상을 배제하기 위한 CT, MRI와 같은 신경학적 영상 검사의 필요 여부를 평가하는 데 사용된다(McCrory et al., 2013).

전문가들은 선수의 뇌진탕 관리와 경기 복귀 결정에 도움을 주기 위하여 신경심리학적 검사와 해석에 대하여 조언하였다. 조언 중 하나는 시즌 전 선수의 신경심리학적 정보를 수집해야 한다는 것이다(McCrory et al., 2013). 시즌 전 신경심리학 데이터는 고등학교 스포츠 참여에서 점점 더 요구되는 추세이며, 뇌진탕 후 수행을 판단하는 기준이 되어 뇌진탕 관리에 도움이 될 수 있다.

전문가들에 따르면, 뇌진탕 초기 관리의 핵심 요소는 신체적·인지적 휴식이다. 일단 증상이 완화되면 가벼운 유산소 운동부터 스포츠 특이 운동, 비접촉 훈련, 완전 접촉 훈련, 그리고 마지막 경기 복귀까지 점진적으로 진행하는 프로토콜을 적용해야 한다. 증상 완화가 지속될 시 단계적 진행이 가능하다. 전문가들은 또한 심리적·약리학적 치료의 필요성도 언급하였다. 나아가, 스포츠 뇌진탕의 발생을 줄이기 위하여 보호 장비 착용, 페어플레이, 규칙 변경과 같은 전략을 제안하였다(McCrory et al., 2013).

2) 스포츠 손상에 대한 정서적 반응

정서는 스포츠 손상에 대한 심리적 반응의 핵심이다. Little(1969)의 연구부터 현재까지 연구자들의 가장 많은 관심을 불러일으킨 스포츠 손상의 심리적 결과 중 하나는 선수의 정서적 반응이다. 스포츠 손상 발생이 선수의 정서, 기분 및 감정에 어떻게 영향을 미치는지를 조사하기 위해 양적·질적 연구들이 진행되었다.

(1) 스포츠 손상에 대한 정서적 반응의 질적 연구

질적 연구는 부상에 대한 선수의 정서적 반응을 알아보기 위해 선수에게 해당 주제에 대하여 자유롭게 이야기하도록 요청한다. 다시 말해, 질적 연구는 선수가 스포츠 손상을 당한 후 경험하는 정서와 이러한 정서가 재활이 진행됨에 따라 어떻게 변화하는지, 어떠한 개인, 상황 및 부상 요인이 자신의 정서와 관련이 있는지에 대하여 풍부한 '자신의 말로' 설명하게 한다.

부상 발생과 재활의 초기 단계에서 선수는 부상 이후 신체 기능 약화와 목표 추구의 붕괴로 인해 부정적 정서가 우세하다는 특징을 일관되게 나타낸다. 부정적 정서에는 분노, 불안, 쓰라림, 혼란, 우울, 실망, 황폐, 두려움, 좌절, 무력감, 분개 및 충격이 있다(Bianco et al., 1999; Carson & Polman, 2008; Gordon & Lindgren, 1990; Johnston & Carroll, 1998; Mainwaring, 1999; McArdle, 2010; Ruddock-Hudson et al., 2012, 2014; Sparkes, 1998; Stoltenburg, Kamphoff, & Bremer, 2011; Tracey, 2003; Thatcher, Kerr, Amies, & Day, 2007; Udry et al., 1997; Wadey et al., 2012b). 전방십자인대 재건 수술을 받은 선수들은 수술 자체가 스트레스의 실질적 원인이라고 설명했다(Carson & Polman, 2008; Heijne, Axelsson, Werner, & Biguet, 2008) 그리고 선수들은 수술을 앞두고 분노, 우울, 좌절감, 불안을 느끼고, 수술 후에는 안도감과 불안을 느낀다고 하였다(Carson & Polman, 2008).

재활 중간 단계에서 선수는 재활의 고단함과 재활 진행의 차질로 인해 주기적으로 우울과 좌절감을 경험하지만, 긍정적 정서를 더 많이 가지는 경향이 있다(Bianco et al., 1999; Carson & Polman, 2008; Johnston & Carroll, 1998). 재활 후기 단계의 회복과 복귀가 임박한 상태에 있는 선수는 확신, 기대, 불안, 자신감, 우울, 격려, 재부상에 대한 두려움과 좌절감과 같이 긍정적 감정과 부정적 감정이 혼합되어 나타난다(Bianco et al., 1999; Carson & Polman, 2008, 2012; Johnston & Carroll, 1998).

두부 손상의 경우, 정서적 후유증이 완치 및 스포츠 복귀 시점을 훨씬 넘어서 발생할 수 있다. 은퇴한 미식축구 선수를 대상으로 한 연구(Guskiewicz et al., 2007)에 따르면, 세 번 이상의 뇌진탕을 경험했다고 보고한 선수들은 뇌진탕 병력이 없다고 보고한 선수들보다 우울증 진단을 받을 가능성이 약 3배 더 높았다. 뇌진탕을 한두 번 경험했다고 보고한 선수들은 뇌진탕 이력이 없는 선수들보다 주요 우울증 위험이 약 1.5배 높았다.

이러한 질적 연구 결과들은 부상에 대한 정서적 반응에 기여하는 인지, 개인, 상황 및 부상 관련 요인들을 식별하는 데 도움을 주었다. 인지 요인의 측면에서, 부상에 대한 정서적 반응은 인지 평가와 부상 원인에 대한 귀인의 영향을 받는 것으로 보인다(Clement & Arvinen-Barrow, 2013; Johnston & Carroll, 1998; Ruddock-Hudson et al., 2014). McArdle(2010)은 부상 원인에 대한 귀인과 관련하여 다음과 같은 예를 들어 설명하였다. 한 선수는 부상을 당한 후 상대 선수가 자신의 무릎 부상의 원인이라고 인식하고 이에 대해 매우 화를 냈다고 하였다. 실제 그는 다시 축구 경기를 하면 가해자를 다치게 하고 싶다고 말하며 크게 화를 냈었다고 묘사했다.

선수의 부상 후 정서 상태에 영향을 미치는 개인적 요인 중 하나는 선수 정체성이다. 선수 정체성은 개인이 선수 역할을 동일시하는 정도를 나타낸다(Brewer et al., 1993). 선수 정체성이 높은 선수들은 부상 이후 정서적으로 적응하는 데 어려움을 겪는다(Sparkes, 1998; Stoltenburg et al., 2011). 스포츠 손상에 대한 정서적 반응에 기여하는 것으로 보이는 상황 및 부상 관련 요인에는 이전 부상 경험, 부상 심각도, 부상 유형, 시즌 시기 및 재활 진행 정도가 있다(Bianco et al., 1999; Johnston & Carroll, 1998; Ruddock-Hudson et al., 2012).

(2) 스포츠 손상에 대한 정서적 반응의 양적 연구

앞서 설명하였듯이, 질적 연구에서 얻은 정보는 스포츠 손상에 대한 광범위한 정서적 반응을 설명한다. 또한, 스포츠 손상에 대한 정서적 반응의 시간적 경향을 확인하고, 스포츠 손상에 대한 정서적 반응의 예측 변수를 제안하였다. 이러한 질적 연구를 통한 발견은 양적 연구에 의해 더욱 명확해졌다. 양적 연구는 질적 연구에 비하여 다음과 같은 장점을 가진다.

- 부상 선수의 임상적 정서 장애에 대한 유병률 확인 가능
- 스포츠 손상에 대한 심리적 반응 모델 실험 가능
- 스포츠 손상에 대한 정서적 반응을 예측하는 변수 목록 확대

양적 연구에서 스포츠 손상의 '정서적 반응'은 기분 상태 프로파일(Profile of Mood States: POMS; McNair, Lorr, & Droppleman, 1971) 또는 부상에 대한 선수의 정서적 반응 설문지(Emotional Responses of Athletes to Injury Scale: ERAIQ; Smith, Scott, & Wiese, 1990)를 통해 측정된다. 연구자들은 POMS, ERAIQ 및 기타 측정 도구를 사용하여 부상 선수들의 정서적 반응을 측정하였는데, 그 결과 부상을 당한 선수들은 질적 연구에서 확인된 것과 비슷한 부정적 정서를 경험했다고 확인하였다(Wiese-Bjornstal et al., 1998; Brewer, 2001).

선수는 부상을 당하면 긍정적 정서보다 부정적 정서를 주로 느낀다. 대부분 선수에게 부상은 중요한 목표를 추구하는 것과 양립할 수 없다. 즉, 부상 선수들은 긍정적 감정을 경험하기에 적합하지 않은 상황에 놓여 있다. 또한, 연구에서 사용되는 정서 반응 측정 도구는 부정적 정서 상태를 강조하는 경향이 있다. 이는 연구 결과를 통해서도 자주 확인할 수 있다. Evans와 동료들(Evans, Hardy, Mitchell, & Rees, 2008; Evans, Hardy, & Mullen, 1996)은 부상 선수의 심리적 반응을 측정하기 위하여 스포츠 손상에 대한 심리적 반응 설문지(Psychological Responses to Sport Injury Inventory: PRSII)를 개발했다. 이 설문지의 내용 구성은 재구성과 같이 긍정적 정서 상태보다 참담함, 낙담

함, 기만감, 불안함과 같은 부정적 정서 상태를 더 많이 포함한다.

많은 연구 결과가 스포츠 손상이 선수의 정서에 부정적 영향을 미친다는 사실을 시사하고 있다. 부상 선수는 비부상 선수보다 더 높은 수준의 정서적 장애를 보이는 경향이 있다(Abenza, Olmedilla, & Ortega, 2010; Appaneal, Levine, Perna, & Roh, 2009; Brewer & Petrie, 1995; Chan & Grossman, 1988; Johnson, 1997, 1998; Leddy et al., 1994; Mainwaring et al., 2004; Mainwaring et al., 2010; Pearson & Jones, 1992; Smith et al., 1993). 또한 연구에 따르면, 선수는 근골격계 외상에 노출될 때 주관적 고통을 더 많이 경험하는 경향이 있다(Appaneal, Perna, & Larkin, 2007). 유사한 맥락에서 선수는 부상 전보다 부상 후 더 심한 정서적 장애를 보인다(Appaneal et al., 2009; Leddy et al., 1994; Mainwaring et al., 2004, 2010; Smith et al., 1993). 부상 선수가 경험한 대부분의 정서 장애는 병원에서 임상 진단을 받을 만큼 심각하지 않거나 오래 지속되지 않는다(Heil, 1993a). 그러나 자가 보고 체크리스트를 사용한 연구(Appaneal et al., 2009; Brewer, Linder, & Phelps, 1995; Brewer, Petitpas, van Raalte, Sklar, & Ditmar, 1995; Brewer & Petrie, 1995; Leddy et al., 1994; Manuel et al., 2002) 및 임상적 면담 결과(Appaneal et al., 2009)에 따르면, 부상 선수들의 5~27%가 임상적으로 의미 있는 수준의 심리적 고통을 경험하였다.

부상 선수들은 그렇지 않은 선수들보다 정서 장애를 더 많이 경험한다. 이러한 경향은 스포츠 부상에 대한 적응 단계 모델의 주장과 일치한다(Astle, 1986; Lynch, 1988; Rotella, 1985). 그러나 단계 모델의 예측과는 달리 선수가 경험하는 정서 장애는 일관적이지 않다. 즉, 모든 선수가 일관된 경험을 하는 것은 아니다. 또한 부상 이후 분노가 우울보다 먼저 나타난다는 증거는 없으며, 부상에 대한 선수의 정서적 반응은 선수 개인 및 선수들 전반에 걸쳐 매우 다양하다. 즉, 일부 선수는 부상 후 다양한 정서를 경험하는 반면, 일부 선수는 부상 후 감정이 더 안정되거나 더 침착해질 수 있다.

부상 선수는 재활이 진행됨에 따라 긍정적 정서를 보인다는 연구 결과도 많이 있다(Appaneal et al., 2009; Brewer et al., 2007; Crossman, Gluck, & Jamieson, 1995; Dawes & Roach, 1997; Manuel et al., 2002; Mainwaring et al., 2004, 2010; Leddy et al., 1994; Macchi

& Crossman, 1996; McDonald & Hardy, 1990; Quackenbush & Crossman, 1994; Quinn & Fallon, 1999; Olmedilla, Ortega, & Gómez, 2014; Smith, Scott, O'Fallon, & Young, 1990). 그러나 재활이 끝나고 스포츠 복귀를 준비할 때가 되면, 오히려 선수들은 부정적 정서가 증가하고 긍정적 정서가 감소하는 경향을 보였다(Morrey et al., 1999). 이러한 변화는 단계 모델에 제시된 주장과 일치하지 않는다. 반면, 이러한 현상은 인지 평가 모델에서 제시한 스포츠 손상에 대한 심리적 반응에 미치는 상황적 요인의 영향과 양립할 수 있다.

　시간 요인만으로는 부상 후 선수의 다양한 정서 변화를 설명할 수 없다. 인지 평가 모델([그림 4-1] 참조)에서 제안하였듯이, 개인적·상황적 요인 또한 인지 평가를 통하여 스포츠 손상의 정서적 반응에 영향을 미치는 것으로 생각된다. 그러나 이 주제에 관한 대부분의 연구는 인지 평가의 자체 역할보다는, 부상 후 정서와 개인적·상황적 요인 간의 직접적 관계를 조사하였다.

　개인 및 부상 관련 요인과 관련하여 다음과 같은 선수에게서 부상 후 정서 장애가 더 심하게 보고되었다. 어린 선수(Brewer, Linder, & Phelps, 1995; Smith, Scott, O'Fallon, & Young, 1990), 대담성이 낮은 선수(Wadey et al., 2012a); 신경증이 높은 선수(Brewer et al., 2007), 낙관주의 성향이 낮은 선수(Wadey, Evans, Hanton, & Neil, 2013), 극심한 통증을 호소하는 선수(Baranoff, Hanrahan, & Connor, 2015), 완전히 회복이 안 된 선수(McDonald & Hardy, 1990; Smith, Young, & Scott, 1988), 일상 활동의 수행 능력이 더 많이 손상된 선수(Crossman & Jamieson, 1985), 급성 손상을 당한 선수(Alzate, Ramírez, & Artaza, 2004; Brewer, Linder, & Phelps, 1995), 많은 통증을 경험한 선수(Brewer, Cornelius, et al., 2007), 심하게 다친 선수(Alzate et al., 2004; Malinauskas, 2010; Manuel et al., 2002; A. M. Smith, Scott, O'Fallon, & Young, 1990; A. M. Smith et al., 1993), 선수 정체성이 더 강한 선수(Baranoff et al., 2015; Brewer, 1993; Manuel et al., 2002), 전문적인 스포츠에 더 많이 투자하는 선수(Kleiber & Brock, 1992), 불편한 경험을 덜 수용하는 선수(Baranoff et al., 2015)의 경우, 부상 후 정서 장애가 더 심하다.

　상황 요인과 관련하여 다음과 같은 선수에서 부상 후 정서적 장애가 더 심하게 발생활 가능성이 크다. 스포츠에 많은 시간을 할애하는 선수(Salvador, 1985), 낮은 수준의 스포츠 경쟁에 참여하는 선수(Crossman et al., 1995), 높은 수준의 생활 스트레스를 보고한 선수(Albinson & Petrie, 2003; Brewer, 1993; Brewer et al., 2007; Malinauskas, 2010; Manuel et al., 2002); 재활을 위한 사회적 지원이 낮은 선수(Brewer, Linder, & Phelps, 1995; Rees, Mitchell, Evans, & Hardy, 2010), 일반적인 사회적 지원이 낮은 선수(Malinauskas, 2010), 사회적 지원에 대한 전반적인 만족도가 낮은 선수(Green & Weinberg, 2001; Manuel et al., 2002)의 경우, 부상 후 정서 장애가 더 심하다.

더 나아가, 사회적 지원은 부상 이후 심리적 적응에 대한 생활 스트레스를 완충하는 것으로 나타났다. 특히, 높은 수준의 사회적 지원을 받는 선수들의 경우 생활 스트레스와 심리적 적응 간의 부적 상관관계가 감소하였다(Malinauskas, 2010; Rees et al., 2010).

인지 평가 모델에 따르면, 스포츠 손상에 대한 정서적 반응을 예측하는 몇 가지 인지 요인이 발견되었다. 특히 부상에 대처할 수 없다고 생각하거나(Albinson & Petrie, 2003; Daly, Brewer, van Raalte, Petitpas, & Sklar, 1995), 회피-초점 전략을 자주 사용하거나(Gallagher & Gardner, 2007), 대처 전략을 적게 사용하거나(Wadey et al., 2013), 초기에 부적응적 도식이 있거나(Gallagher & Gardner), 신체적 자존감이 낮은(Brewer, 1993) 선수들이 부상 후 정서 장애가 더 큰 것으로 보고되었다. 스포츠 손상의 원인에 대한 귀인도 부상 후 정서와 관련이 있는 것으로 보이지만, 이 관계의 성격은 불분명하다. Brewer(1993)의 연구에 따르면, 부상에 대한 귀인을 내적 및 안정적 요인에 하는 경우는 정서적 장애가 적었다. 반면, 다른 연구(Tedder & Biddle, 1998)에서는 부상에 대한 귀인을 내적 요인에 하는 경우 정서적 혼란이 더 높았다.

앞서 설명한 부상 위험에 대한 인식과 마찬가지로, 부상을 경험한 선수는 그렇지 않은 선수보다 부상에 대한 더 높은 수준의 두려움을 가진 것으로 나타났다(Reuter & Short, 2005). 철인 3종 선수들을 대상으로 한 조사에 따르면, 스포츠 부상 불안은 이전 부상의 수, 심각도와 정적 상관관계를 보였다(Habif, 2009). 대학 선수들을 대상으로 한 연구에 따르면, 중증 부상으로부터 복귀한 선수들은 중간 또는 경미한 부상에서 복귀한 선수들보다 부상에 대한 두려움을 더 많이 나타냈으며(Deitrick, Covassin, Bleeker, Yang, & Heiden, 2013), 지난해 부상을 경험한 선수들은 최근 부상 이력이 없는 선수들보다 시즌 전 운동 공포증이 더 높다고 보고하였다(Rivet, Brewer, van Raalte, & Petitpas, 2013). 부상에 대한 심한 두려움은 직접 부상당하지 않아도 발생할 수 있다. 예를 들어, 스키 선수들은 팀 동료가 슬로프에서 부상을 당한 것을 목격한 후 두려움과 관련된 단어와 구문을 더 자주 사용하는 모습을 보였다(O'Neill, 2008). 두려움이 직간접적 경험에서 비롯된 것인지에 관계없이, 부상 선수들은 스포츠 복귀가 임박한 시점에 두려움과 같은 부정적 감정이 급증하는 것을 확인할 수 있다 (Morrey et al., 1999).

3) 스포츠 손상에 대한 행동적 반응

[그림 4-1]에서 확인할 수 있듯이, 스포츠 손상은 인지와 정서뿐만 아니라 행동에도 영향을 미칠 수 있다. 스포츠 손상에 대한 행동적 반응은 재활 결과에 직접적인 영향을 미칠 수 있기 때문에 중요하다(Brewer et al., 2002; Wiese-Bjornstal et al., 1998). 재활 과정에 영향을 미칠 수 있는 가장 중요한 행동은 재활 프로그램을 준수하는 것인데, 제6장에서 자세히 설명할 것이다. 대처 행동 또한 중요하다. 선수가 인지 전략을 통해 부상에 대처하려고 시도하는 것처럼, 선수는 같은 목적을 달성하기 위하여 행동 전략을 시도할 수 있다.

Gould 등(1997b)에 따르면, 스키 선수들은 부상에 대응하기 위하여 다양한 행동적 대처 전략을 사용한다고 보고하였다. 대처 전략은 다음과 같다. 첫째, '돌파 전략'을 사용한다. 돌파 전략이란 부상에도 불구하고 가능한 정상적으로 생활하려고 노력하고, 재활 목표를 달성하기 위해 열심히 노력하는 것을 말한다. 둘째, '주의 산만'으로, 주의 산만이란 부상으로부터 마음이 벗어나도록 하기 위하여 바쁘게 지내고 환경 변화를 찾는 것을 말한다. 셋째, 사회적 자원을 찾고 이용한다. 넷째, 타인을 피하거나 자신을 고립시킨다.

　　Bianco 등(1999)에 따르면, 스키 선수들은 '돌파 전략' 및 다음과 같은 전략을 사용하여 부상에 대처하려고 노력하였다. 첫째, 재활에 대하여 공격적으로 접근하고 행동한다. 둘째, 부상에 대한 정보를 획득한다. 셋째, 대체 요법을 시행한다. 넷째, 신체를 강화시킨다. 이러한 종류의 대처 방법은 무릎 수술 후 재활 중인 선수들을 대상으로 한 조사에서 가장 자주 사용된 대처 전략이었다(Udry, 1997). 호주식 축구 선수들은 만성 부상에 대처하기 위하여 클럽 환경에서 벗어나 사회적 지원을 구하는 전략을 사용한 것으로 나타났다(Ruddock-Hudson et al., 2014). 그리고 다양한 종목의 선수들은 부상에 대처하기 위하여 문제 중심 행동 전략(예: 목표 추구) 및 정서 중심 또는 회피 행동 전략(예: 텔레비전 시청, 술자리 외출)을 사용하는 것으로 보고되었다(Wadey, Evans, Hanton, & Neil, 2012a, 2012b).

　　선수의 행동적 대처 전략이 신체 증상과 재활 과정의 변화에 따라 인지적 대처 전략과 같은 방식으로 변하는지에 대한 몇 가지 논의 사항이 있다. Udry(1997)는 재활 과정 동안 선수들의 행동적 대처 전략의 변화가 없음을 발견했다. 하지만 다른 세 가지 연구(Bianco et al., 1999; Johnston & Carroll, 2000; Quinn & Fallon, 1999)에서는 부상 후 시간 경과에 따른 대처 행동의 차이가 있다는 사실을 발견하였다. 불행히도, 이러한 연구 결과에는 일관성이 없었다. Quinn과 Fallon(1999)은 선수들이 재활 초기보다 재활이 끝날 무렵 더 적극적 대처 행동을 한다고 보고했다. 즉, 선수는 재활 후기에 행동을 통해 스트레스 요인을 직접적으로 다루려고 시도한다. 반면, Johnston과 Carroll은 선수들이 재활이 진행됨에 따라 지원 요청, 문제 해결, 감정 방출과 같은 대처 행동을 더 적게 사용한다고 보고하였다. 시간 경과와 재활 단계에 따른 대처 행동 전략의 변화를 명확히 하기 위해서는 추가 연구가 필요하다. 선수들은 부상을 스트레스 또는 대처하기 어려운 것으로 평가하거나 기분 장애를 경험할 때 적극적인 행동 대처 전략을 사용한다고 보고하였다(Albinson & Petrie, 2003). 이는 고통이 스포츠 손상의 재활 동안 행동을 위한 신호의 역할을 한다는 것을 시사한다(Brewer, 2007).

　　스포츠 손상에 대한 일부 행동적 반응은 그 자체로 문제가 될 수 있다. 예를 들어, 자살 행동은 심각한 부상 후 정서 장애를 가진 선수들 사이에서 보고되었다(Smith &

Milliner, 1994). 스포츠 손상은 또한 섭식 장애(Sundgot-Borgen, 1994)를 유발하거나, 알코올 섭취(Martens, Dams-O'Connor, & Beck, 2006) 및 단백 동화 스테로이드, 암페타민, 에페드린, 마리화나와 같은 금지 약물의 섭취를 유발하였다(National Collegiate Athletic Association, 2012). 이러한 부적응적 반응을 고려하면, 부상 선수들을 대할 때 생물심리사회적 접근을 하는 것이 중요하다.

물론, 앞서 설명한 부상에 대한 적응적 행동 대처 전략에서 알 수 있듯이, 스포츠 손상에 대한 모든 행동 반응이 문제가 되는 것은 아니다. 돌파 전략, 재활 프로토콜 준수, 부상 관련 정보 획득, 체력 강화와 같은 행동 전략은 선수의 회복 및 스포츠 복귀 결과에 유익한 영향을 미칠 수 있다. 일부 부상 후 행동은 부상에 대한 적응을 넘어서 선수에게 장점으로 작용할 수도 있다. 즉, 가족 및 친구와 시간을 보내고, 사회적 지원 관계망을 구축하고, 학업 및 직업 추구에 시간을 할애하는 것(Stoltenburg et al., 2011; Wadey et al., 2011)은 스포츠 밖의 영역에서 선수에게 가치 있는 행동이다. 일부 부상 때문에 스포츠 경력이 단절된 선수는 은퇴라는 절망 속에서 한 줄기 희망을 발견하고, 결국 다른 선수를 돕기 위하여 건강, 스포츠 의학 또는 관련 분야에서 경력을 추구하기도 한다(Wiese-Bjornstal, 2009).

3. 생물심리사회적 분석

다니엘과 니콜의 사례는 스포츠 손상에 대한 심리적 결과의 주요 측면을 강조한다. 특히 다니엘의 부상과 재활에 대한 반응은 다음과 같은 사실을 나타낸다.

- 부상이 선수의 인지, 정서, 행동 기능에 미치는 영향의 정도
- 부상, 재활, 회복 및 스포츠 복귀 과정 전반에 걸친 신체적 기능과 심리적 기능 간의 상호 관계
- 상황적 요인이 스포츠 손상에 대한 심리적 반응에 미치는 영향

반대로, 부상에 대한 니콜의 반응은 부상에 대한 선수의 반응이 반드시 부정적인 것은 아니라는 사실을 보여 준다. 부상에 대해 일반인이 예상하는 것과 실제 선수들이 경험하는 것이 일치하지 않을 수 있음을 보여 준다.

특히 다니엘과 니콜의 상반된 반응이 눈길을 끈다. 그들의 부상과 당시 상황은 실질적으로 비슷했지만, 그들의 반응은 완전히 달랐다. 이러한 차이는 스포츠 손상에 대한 심리적 반응에 보편적인 규칙이 없다는 사실을 명백히 보여 준다. 두 선수의 반응 차이는 부상에 대한 인지 평가와, 목표 달성에 대한 인지 평가의 영향을 받았다. 다니엘은 부상을 부정적으로 인식했다. 자신에게 일어난 일은 자신이 거의 통제할 수 없다고 생각했다. 반면, 니콜은 부상을 긍정적으로 해석하고 자신의 운명을 통제할 수 있다고 생각하였다. 부상에 대한 두 선수의 반응이 개인의 성격 특성에 어느 정도 영향을 받았는지는 확실하지 않다. 하지만 사회적 지원 시스템은 니콜이 부상에 대하여 더 만족스러운 적응을 하는 데 도움이 되었다고 생각할 수 있다.

4. 요약

선수는 스포츠 손상에 대하여 광범위한 인지적 · 정서적 · 행동적 반응을 보인다. 부상에 대한 선수의 심리적 반응을 설명하려는 시도는 주로 단계적 또는 인지 평가적 접근 방식을 사용한다. 애도반응의 영향을 받은 단계 모델은 부상이 상실 상태를 만들고, 상실로 인해 선수가 일련의 심리적 단계를 경험한다고 주장한다. 이 모델은 쉽게 적용이 가능하다는 실용적 장점에도 불구하고, 실험적 근거가 부족하다. 단계 모델은 선수가 부상 이후 일관된 반응을 보인다고 주장하는 것에 비해, 스포츠 손상에 대한 선수의 심리적 반응은 매우 다양하며, 정해진 패턴을 따르지 않는 것으로 보인다.

스트레스 및 대처 전략 연구에 뿌리를 둔 인지 평가 모델은 부상이 스트레스 요인으로 작용한다고 주장한다. 또한 선수가 스포츠 손상을 평가하고 해석하는 방식에 따라 스포츠 손상에 대한 선수의 인지, 감정 및 행동 반응이 크게 영향을 받는다고 주장한다. 부상에 대한 선수의 해석은 개인·상황 요인의 영향을 받을 수 있다. 인지 평가 모델은 단계 모델에 비하여 일관된 지지 근거를 가지고 있다.

부상은 선수의 건강과 상황 관리 능력에 대한 해석에 영향을 미친다. 또한, 선수는 다양한 인지적 방식으로 부상에 반응한다. 선수는 부상의 원인을 귀인하고, 부상 관련 침습적 사고와 이미지를 경험한다. 또한, 자존감, 자신감, 자기효능감, 자기 정체성 등의 자기 관련 인식의 변화를 경험할 수 있다. 선수는 부상에 대한 인지적 대처 전략을 시행하고, 부상 발생으로 인해 얻을 수 있는 혜택을 인지한다. 선수는 또한 재부상에 대한 위험을 인지하며, 인지 기능 감소를 경험한다.

부상에 대한 선수들의 정서적 반응과 관련하여 질적 및 양적 연구가 시행되었다. 이러한 연구들은 선수들이 부상 이후 분노, 혼란, 우울, 두려움, 좌절, 무력감 및 충격을 포함한 정서적 반응을 보인다고 보고하였다. 부정적 정서는 부상 직후 가장 두드러지고, 시간이 지남에 따라 감소하는 경향이 있다. 스포츠로 복귀가 가까워짐에 따라 불안, 두려움 같은 정서적 반응이 급증할 수 있다. 스포츠 손상에 대한 정서적 반응의 예측 인자에는 개인, 상황 및 부상 관련 요인이 있다. 부상 선수 중 일부는 중대한 정서적 장애를 경험하기도 한다.

선수는 스포츠 손상에 대하여 행동적 반응을 한다. 이러한 반응에는 재활에 몰두하고, 주의를 산만하게 하는 활동에 참여하는 것 등이 있다. 더불어 선수는 사회적 지원을 구하고, 부상과 재활을 공부하는 것과 같은 대처 전략을 사용한다. 스포츠 손상으로 인한 문제가 되는 행동 반응에는 섭식 장애, 약물 사용 및 자살 행동이 있다.

토론 질문

1. 스포츠 손상에 대한 심리적 반응의 단계 모델 및 인지 평가 모델은 관련 선행 연구 결과들과 얼마나 잘 부합하는가?
2. 선수가 스포츠 손상에 대처하기 위해 노력하는 방법은 무엇인가?
3. 스포츠 손상에 대한 긍정적 또는 부정적 인지, 정서 및 행동 결과에는 어떠한 것들이 있는가?
4. 뇌진탕은 선수의 인지 및 행동에 영향을 미친다. 이에 대한 언론의 관심은 뇌진탕을 당한 선수의 심리적 문제에 관한 대중의 인식과 이해에 어떤 영향을 미치는가?

제5장

통증, 스포츠 그리고 부상

학습 목표

1. 스포츠 참여 및 스포츠 손상의 맥락에서 통증을 개략적으로 설명한다.
2. 스포츠 관련 통증의 정의, 유형, 범위, 측정, 이론적 설명 및 관련 요인을 확인한다.
3. 스포츠 관련 통증이 어떻게 해석되고 조치되는지와 관련된 문제를 설명한다.

베로니카(Veronica)는 소프트볼 경기 중 왼쪽 허벅지에 공을 맞았다. 그녀는 눈앞이 새하얘지면서 쓰러졌다. 숨을 고르고 정신을 차리려고 애쓰는 베로니카의 눈에는 눈물이 가득했다. 현기증이 진정되자 그녀는 왼쪽 허벅지 쪽에서 타는 듯한 통증을 느꼈다. 코치와 팀원들은 그녀를 경기장 밖으로 데리고 나갔다. 팀의 트레이너는 베로니카의 부상을 파악했다. 그는 베로니카에게 심각한 손상은 발생하지 않았으며, 단순 타박상이라고 설명하였다. 코치는 이번 이닝이 끝나면 경기장으로 돌아갈 준비를 하라고 베로니카에게 지시하였다. 그녀는 통증이 다소 완화되긴 했지만, 경기장에 복귀하라는 코치의 말에 매우 놀랐다.

루이스(Luis)는 훈련 시간에 열 차례에 걸쳐 고통의 언덕을 올랐다. 그의 폐는 타오르고 있었고, 허벅지는 평소보다 힘든 반복 훈련으로 인해 터질 것 같았다. 그는 가슴을 들썩이고 숨을 헐떡이며 말했다. "너무 힘들어. 하지만 정말 굉장해!"

23세 키주안(Kijuan)은 자신이 마치 노인이 된 것처럼 느껴졌다. 그의 무릎은 훈련과 시합 후 계속 아팠고, 무릎의 감각만으로도 비가 언제 올지 예상할 수 있었다. 이는 93세인 그의 할아버지가 82세가 되어서야 할 수 있었던 것이었다. 냉찜질과 소염제가 그의 통증을 어느 정도 완화해 주었지만, 키주안은 비시즌에도 무릎 통증을 느꼈다. 정형외과 의사는 그가 현재 부상을 입지는 않았으나, 선수 경력의 초기에 반복적 충격으로 인해 흉터 조직이 형성되어 관절염으로 진행되었다고 설명하였다. 의사는 현재 그가 할 수 있는 것이라고는 증상을 조절하는 것 정도라고 설명하였다.

로베르타(Roberta)는 두려움을 느끼며 치료실로 향했다. 치료를 받기 시작한 이후 그녀의 정강이 통증은 좋아진 느낌이었지만, 매일 마사지를 받고 싶지는 않았다. 마사지 치료는 그녀에게 통증을 유발하였다. 그녀는 치료로 인한 일시적 통증이 정강이의 만성 통증을 장기적으로 완화할 가치가 있음을 상기했다.

스콧(Scott)은 햄스트링이 파열된 날을 회상하였다. 그는 부상이 임박했다는 몸의 경고 신호를 느꼈으나, 그것을 무시했다. 스콧의 햄스트링은 부상 며칠 전부터 긴장되어 있었고 압통도 있었다. 하지만 그는 진통제, 테이핑, 가벼운 스트레칭만으로도

400m 계주 예선전과 결승전을 통과하기에 충분할 것이라고 과신했다. 그러나 예상과 달리 그는 햄스트링 파열을 당했다.

통증은 스포츠 참여와 밀접하게 연결되어 있다. 복싱과 같은 격투 스포츠 선수는 필연적으로 상대방에게 통증 또는 부상을 가하려고 한다(Parry, 2006). 미식축구와 같은 스포츠에서도 흔히 상대방에게 통증을 주는 행동을 한다. 베로니카의 사례에서 보듯이 스포츠는 본질적으로 선수의 통증을 유발하는 환경을 조성한다. 루이스와 스콧의 사례에서 볼 수 있듯이, 선수는 스포츠 관련 목표를 달성하기 위해 통증을 유발하는 행동을 한다. 선수들의 이러한 행동을 비추어 볼 때, 스포츠 전반에 만연한 위험 문화는 우연히 진화한 것이 아니라는 사실이 분명하다. 위험 문화는 나아가 통증의 문화라고도 부를 수 있다.

통증은 스포츠 참여와 밀접한 관련이 있기에, 스포츠 손상과도 관련이 있다. 흔히 통증은 스콧의 사례와 같이 부상 발생하기 이전에 나타나 위험 신호를 보낸다. 그리고 베로니카의 사례처럼 부상은 흔히 통증을 유발한다. 그러나 키주안의 사례와 같이 통증과 부상이 직접적인 연관이 없을 수도 있다. 통증은 부상이 없을 때도 발생할 수 있으며, 반드시 부상이 임박했음을 나타내는 것 또한 아니다. 반대로, 어떤 상황에서는 심각한 스포츠 손상이 통증을 유발하지 않는다. 이처럼 통증은 스포츠 손상과 관련하여 일반적이지 않고, 독특하며, 문화적이고, 임상적인 맥락에서 존재한다.

스포츠 영역에서 통증은 미화되고, 찬양되고, 추구되기도 한다. 이러한 문화적 배경에도 불구하고, 대부분의 스포츠 관련 통증은 예방할 수 있고, 치료할 수 있으며, 감소시킬 수 있다. 예를 들어, 스포츠에 참여하지 않으면 스포츠 통증을 경험할 일이 없다. 하지만 선수는 통증에도 불구하고 스포츠에 참여해야 하는 금전적·사회적·개인적인 압력이 있다. 또한 스포츠에 참여하지 않으면 많은 손실을 감수해야 한다. 이러한 이유로 선수는 통증 발생의 가능성에도 불구하고 스포츠에 참여하기로 선택한다.

통증과 스포츠 손상 사이의 밀접한 관계를 고려하여, 이 장에서는 스포츠 참여와 스포츠 손상의 맥락에서 통증에 대하여 설명하고자 한다. 이를 위해 스포츠 관련 통증의 정의, 유형, 범위, 측정, 이론적 설명 및 관련 요인을 검토하고자 한다. 또한, 스포츠 관련 통증이 어떻게 해석되고 작용하는지에 대해 고찰할 것이다. 예를 들어, 통증과 부상의 구별, 통증을 견디며 시합 참가하기, 치료법 찾기, 통증 관리와 같은 문제를 다룬다.

1. 통증의 정의

통증은 개념적으로 파악하고 정의하기 어렵다. 대부분의 사람은 통증이 무엇인지에 대해 잘 알고 있다고 생각하지만, 통증에 대한 정의는 다양하다. 스포츠 건강관리와 관련하여 자주 사용되는 통증의 정의는 다음과 같다. 통증이란 "실제 또는 잠재적 조직 손상과 관련되거나 그러한 손상의 관점에서 설명할 수 있는 불쾌한 감각 및 정서적 경험"(International Association for Study of Pain, 1979)이다. 이 짧은 정의에는 다양한 정보가 포함되어 있다. 우선 사람은 통증을 불쾌한 것으로 여긴다. 그리고 통증은 감각적 · 정서적 구성 요소를 모두 포함한다. 또한 통증은 경험이므로, 그것을 경험하는 사람과 독립적으로 존재할 수 없다. 더불어 통증은 흔히 조직 손상 이후 발생하지만, 조직 손상이 예상되거나 조직 손상이 전혀 없는 경우에도 발생할 수 있다. 통증은 다음과 같은 추가적인 측면을 고려하여 다양한 정의를 내릴 수 있다. 즉, 통증 자극의 경험, 자극 탈출, 회피 또는 파괴 행동, 사회적 · 환경적 맥락, 이전 경험, 학습 이력, 인지 과정 등이다.

[그림 5-1]에 묘사된 것처럼, 통증은 때로는 용어가 겹치기도 하고, 구분되기도 하는 복잡한 모습을 보인다. 예를 들어, 통증과 통각은 다른 정의를 가진다. 통각(nociception)이란 기계적, 열 및 화학적 에너지가 통각 수용체(직경이 작은 A-델타 및 C 신경 섬유)로 알려진 특수화된 말초신경 말단을 자극하여 뇌에 불쾌한 사건이 발생했음을 알리는 것(Fordyce, 1988; Mann & Carr, 2006)으로 통증(pain)과 구분된다. 통각

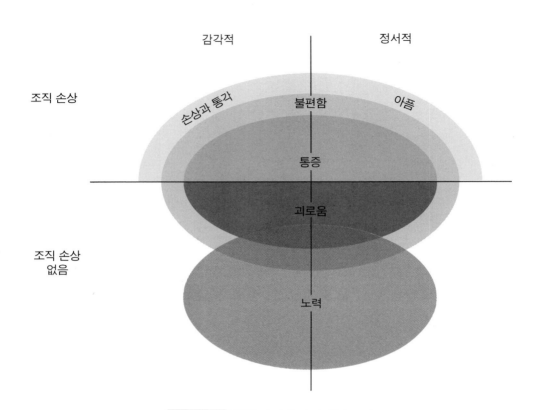

감각적   정서적

조직 손상

손상과 통각   불편함   아픔

통증

괴로움

조직 손상
없음

노력

[그림 5-1] 통증 관련 용어의 개념 묘사

과 통증은 함께 발생하는 경우가 많지만, 통각 없이도 통증이 발생할 수 있다. 예를 들어, 이전 부상을 생각하는 것만으로 날카로운 통증이 선수의 몸에 발생할 수 있다. 반면, 경기 중 선수가 기록을 세우는 동안 신체 감각을 알아차리지 못하는 경우와 같이 통각 또한 통증 없이 발생할 수 있다.

통증과 관련된 또 다른 용어는 정서적 요소를 나타내는 괴로움(anguish)이다. 괴로움 상태에서 개인은 부상, 신체 조직의 손상과는 관계없이 정서적 고통을 경험한다. 대조적으로, 불편함(discomfort)은 통증, 통각, 괴로움과 같은 상태로 인해 가벼운 고충을 경험하거나 불편함을 느끼는 것을 말한다. 아픔(hurt)은 통증이나 고통을 유발하는 상황을 경험하는 것을 말하며, 손상(harm)은 부상이나 조직 손상을 입었을 때를 말한다. 즉, 손상은 아픔을 유발할 수 있지만, 아픔이 꼭 손상을 유발하는 것은 아니다(Parry, 2006).

통증과 개념적으로 가장 멀게 느껴지지만 스포츠 참여와 가장 직접적으로 연관된 용어는 노력(exertion)이다. 노력(exertion)은 정신적 또는 육체적으로 각고의 노력을 기울이는 행위이다. 통증을 가장 포괄할 수 있는 용어는 고통(suffering)이다. Parry(2006)에 따르면, 고통은 통각, 괴로움, 불편함, 아픔, 손상, 노력을 모두 포괄할 수 있다. 그러나 Fordyce(1988)에 따르면, 고통은 단순히 통각이나 다른 혐오 자극에 의해 촉발된 정서적 또는 감정적 반응의 구성 요소이다.

2. 통증의 종류

통증은 증상, 지속 시간, 원인에 따라 분류할 수 있다. 통증을 지속 시간에 따라 구분하면 급성 통증과 만성 통증으로 분류할 수 있다. 급성 통증은 3개월 미만 지속되지만, 만성 통증은 3개월 이상 지속되거나 예상 치유 시간을 초과한다(International Association for Study of Pain Subcommittee on Taxonomy, 1986). 급성 통증은 골절, 근육 과사용 등의 특정한 조직 손상의 결과로 발생한다. 반면, 만성 통증은 다음의 세 가지 하위 유형으로 더 나눌 수 있다(Turk, Meichenbaum, & Genest, 1983).

- 만성-재발성 통증(chronic-recurrent pain): 양성(benign)이고 간헐적임. 즉, 무해하며 통증이 있는 기간과 없는 기간이 번갈아 나타남
- 만성-난치성-양성 통증(chronic-intractable-benign pain): 무해하지만 지속적이고 치료에 저항성이 있음
- 만성-진행성 통증(chronic-progressive pain): 악성(malignant) 기저 질환으로 인해 발생하고 지속적이고 시간이 지남에 따라 통증 강도가 증가함

다른 통증 유형에는 작열통, 환상지통 및 연관통이 있다. 이러한 통증들은 조직 손상과 통증 사이의 연관성이 부족할 수 있음을 나타낸다. 작열통은 상처가 치유되고 신경이 재생된 후에 발생하는 지속적으로 타는 듯한 통증을 말한다. 예를 들어, 라크로스 선수는 빠르게 움직이는 공에 맞아 발생한 부상에서 회복한 후 작열통을 경험할 수 있다. 환상지통은 사지 중 일부가 절단된 사람이 절단되어 존재하지 않는 신체 부위에 통증을 경험할 때 발생한다. 이러한 종류의 통증은 장애인 올림픽에 참가하는 절단 선수에게서 발생할 수 있다. 연관통은 생리학적 기반을 가진다. 연관통은 신체의 한 조직에서 시작하지만, 실제로 통증은 신체의 다른 부분에서 경험된다. 일례로 고관절 부상을 경험한 선수는 고관절 통증을 느끼기보다 무릎 통증을 경험할 수 있으며, 고관절이 치료된 후에야 무릎 통증이 완화될 수 있다.

급성 통증, 만성 통증, 작열통, 환상지통 및 연관통과 같은 용어는 유용하게 사용된다. 그러나 이러한 용어들은 스포츠에 참여하는 사람이 경험하는 통증 유형을 완전히 설명하지는 못한다. 이러한 문제를 해결하기 위하여, 스포츠 참여 및 스포츠 손상과 관련된 통증 유형을 구분하기 위한 몇 가지 분류 체계가 제안되었다. 이러한 분류 체계는 모두 추가적인 실증적 검증이 필요한 상태이기는 한다. 예를 들어, Miles와 Clarkson(1994)은 신체 활동과 관련된 세 가지 유형의 통증을 다음과 같이 제시하였다.

- 운동 중 또는 운동 직후 발생하는 통증
- 격렬한 운동 후 24~48시간 후에 발생하는 지연성 근육통
- 근육 경련으로 인한 통증

이 통증 체계는 스포츠, 특히 스포츠 손상과 관련된 통증에 대한 인식을 촉진하는 데 도움이 된다.

Taylor와 Taylor(1997)는 Heil(1993b)의 통증 분류를 발전시켰다. 그들은 수행 통증을 부상 통증과 구분하였고, 양성 통증과 유해 통증을 구분하였다. 선수는 수행 통증을 일시적이고 급성이며, 자발적으로 발생한다고 생각한다. 따라서 선수는 수행 통증

을 관리할 수 있고, 쉽게 감소시킬 수 있는 것으로 간주한다. 반면, 선수는 부상 통증을 부정적이고, 만성적이며, 관리할 수 없을 뿐더러 신체적으로 해롭다고 생각한다. 즉, 선수는 부상 통증이 발생하면 부상 부위를 보호해야 한다고 생각한다. 유해 통증은 양성 통증과 비교하여 더 날카로운 성격을 가지고, 국소 범위에서 발생한다. 또한 유해 통증은 운동 후 더 오래 지속되고, 심한 부기와 압통 및 통증을 동반하는 것으로 고려된다.

Addison과 Kremer(1997)는 12명의 엘리트 선수를 대상으로 상담을 진행하였다. 이를 통해 다양한 스포츠 관련 통증을 수치, 강도 및 위협 수준 측면에서 여섯 가지 유형으로 분류하였다. 긍정적 훈련 통증은 선수가 격렬하게 훈련하는 동안 발생하는 근육 피로감과 불쾌한 심폐 감각을 말한다. 이는 양성이며, 스포츠 수행에 유익한 것으로 인식된다. Taylor와 Taylor(1997)의 통증 분류 체계에 따르면, 긍정적 훈련 통증은 수행 통증과 동의어로 고려된다. 부정적 훈련 통증은 긍정적 훈련 통증과 같이 위협적이지 않은 증상을 뜻하지만, 이러한 증상은 스포츠 수행에 유익한 것으로 여겨지지 않는다. 불편함은 통증으로 생각될 만큼 충분히 강하지 않은 증상을 말한다. 부정적 경고 통증은 부정적 훈련 통증과 유사하지만, 부상 가능성을 나타내는 위협으로 해석할 수 있다. 부정적 급성 통증은 특정 사건이나 부상으로 인해 직접 발생한다. 이는 강렬하고 유해하며, 갑작스럽게 발생하는 감각을 동반한다. 무감각은 위협적인 것으로 인식되는 감각의 부재를 말한다.

3. 통증의 범위

통증은 질(quality)과 강도(intensity)라는 두 가지 주요 범위로 평가할 수 있다. 통증의 질은 통증에 대한 묘사이다. 통증과 같은 주관적 현상을 구두로 완벽하게 설명하는 것에는 한계가 있지만, 통증을 언어적으로 전달할 수 있는 몇 가지 단어가 있다. 예를 들어, 통증이 날카로운지, 지속적인지, 변동성이 있는지, 포괄적인지 혹은 국소적

인지에 대하여는 언어적 묘사가 가능하다. Heil(1993b) 및 Taylor와 Taylor(1997)의 주장과 같이, 스포츠 관련 통증의 유형에 따라 통증의 질이 다를 수 있다.

통증 강도는 경험한 통증의 강도 또는 크기를 나타낸다. 통증 강도는 질적·양적으로 표현될 수 있다. 통증의 질적 강도는 '어제보다 훨씬 더 많이 아픔'과 같이 표현할 수 있다. 반대로, 통증의 양적 강도는 '0~10의 통증 척도에서 7 정도의 통증이 있다'고 표현할 수 있다. 통증 강도의 범위는 통증 역치 및 내성 개념과 밀접하게 관련되어 있다. 통증의 역치 및 내성은 연구 초점 상자에서 설명한 통증 유도 방법을 통해 실험실에서 광범위하게 조사되었다. 통증 역치는 주어진 자극이 통증으로 인식되는 데 필요한 자극 강도이다. 예를 들어, 등을 쓰다듬는 행동은 통증 역치에 미치지 못하는 자극이다. 반면, 등을 때리는 행동은 통증의 역치를 초과하는 자극일 것이다. 등에 손을 대는 접촉의 경우, 통증 역치는 쓰다듬는 것과 때리는 것 사이에 있을 것이다.

반면, 통증 내성은 자극에 대한 노출을 거부할 때 느끼는 자극 강도이다. 일반적으로, 통증 역치보다 더 높은 정도의 자극에 해당한다. 어떤 사람은 등을 때리는 것에 통증을 느끼지만, 이 통증을 참을 수는 있을 것이다. 그러나 그 사람이 등을 때리는 자극을 그 이상 받아들일 수 없는 지점이 올 것이다. 그 지점이 특정 자극에 대한 개인의 통증 내성이다. 통증 역치는 주로 생리적 요인에 의해 영향을 받는 데 비해, 통증 내성은 주로 심리적 요인에 의해 영향을 받는다(DiMatteo & Martin, 2002). 통증 내성은 스포츠 손상의 재활과 관련이 있다. 통증 내성이 높은 것은 스포츠 손상 재활 훈련을 잘 준수하는 것과 연관이 있기 때문이다(Byerly, Worrell, Gahimer, & Domholdt, 1994; Fields, Murphey, Horodyski, & Stopka, 1995; Fisher, Domm, & Wuest, 1988).

실험적 통증 유발

통증 내성에 관한 지식은 연구 참가자가 통증 유발 장치 또는 절차를 통해 점진적으로 증가하는 자극에 노출되도록 설계한 실험실 연구를 통해 얻을 수 있다. 연구를 위해 인간에게 통증을 유발하는 자격을 갖추려면 장치 또는 절차가 안전하고 윤리적으로 허용 가능해야 한다. 또한 통증 역치, 통증 내성을 구별할 수 있는 유해 자극의 단계를 생성할 수 있어야 한다(Friedman, Thompson, & Rosen, 1985; Pen & Fisher, 1994). 지난 50년 동안 온열, 한랭, 허혈, 전기 및 압력 자극과 같은 통증을 유발하기 위해 수많은 방법이 실험연구에서 사용되었다.

실험실에서 가장 보편적으로 사용되는 통증 유도 방법은 온열 자극이다. 연구 참가자는 뜨거운 물, 뜨거운 물체, 적외선, 이산화탄소 및 아르곤 레이저, 발열체(Naidu, Reddy, Rani, & Rao, 2011) 및 캡사이신 크림(Petersen & Rowbotham, 1999)과 같은 온열 자극에 노출된다. 통증을 유발하는 또 다른 일반적인 방법은 한랭 압박 검사를 통한 한랭 자극이다. 이 검사에서 참가자는 한 손을 찬물에 담근다. 이후 참가자가 처음으로 차가움이 통증으로 느껴질 때와 물에서 손을 빼고 싶을 때를 연구자에게 알려 준다. 참가자가 처음으로 차가움이 통증으로 느껴질 때를 통증 역치, 참가자가 물에서 손을 빼고 싶을 때를 통증 내성이라고 한다. 이 검사는 사람들이 자극을 통증으로 느끼기 전이나 물에서 손을 빼기 전에 손이 저린 느낌을 먼저 경험할 수도 있다는 제한점이 있다(Pen & Fisher, 1994). 그러나 얼음과 같은 차가운 자극을 견디는 능력은 스포츠 손상 재활에 유용할 수 있다. 예를 들어, 한랭 자극을 잘 견디는 선수는 냉동 치료를 처방받았을 때 치료를 잘 받을 수 있다.

허혈성 통증은 신체 부위의 혈류가 차단되어 유발된다. 허혈성 연구 절차를 설명하면 다음과 같다. 연구 참가자는 표준 혈압계 커프로 팔을 압박하고 있는 동안 주먹 쥐기 운동을 시행한다(Sternbach, Deems, Timmermans, & Huey, 1977). 이러한 자극은 천천히 심해지고, 오래 유지되는 형태의 통증을 유발한다. 전기 자극은 통증 역치 및 내성의 정량적 지표를 얻기 위해 신체 부위인 팔, 손가락에 점차 강도가 강해지는 전류 자극을 가한다.

압력 통증은 신체 부위에 압력을 가함으로써 유발된다. 압력 통증 유도 장치의 예로는 압력 측정 통증 자극기가 있다(Forgione & Barber, 1971). 이 장치는 무딘 칼날이 두 번째 손가락뼈에 압력을 가하여, 가벼운 압력부터 둔한 아픔까지의 통증을 유발한다. 압력 통증 유도 장치의 다른 종류는 Ryan과 Kovacic(1966)에 의해 도입된 총 압력 장치이다. 이 장치는 정강이 보호대가 경골의 앞쪽 경계에 부착되고, 혈압계의 커프로 고정된다. 이후 혈압계 커프를 일정한 속도(5mmHg/sec)로 서서히 팽창시켜 통증을 유발한다. 참가자가 압력을 통증으로 판단하거나, 압력 중지를 요청하는 압력의 양(mmHg)에 따라 통증 역치 및 통증 내성의 정량적 지표가 제공된다. 총 압력 장치는 스포츠 통증 연구에서 상당히 광범위하게 사용되었다.

대부분 실험연구에서 사용되는 통증 유도 방법은 일반적으로 통증의 지속 시간이 짧고, 임상적 통증과 유사하지 않을 수 있다. 참가자가 실험이 안전하고 실제로 신체적 손상을 겪을 가능성이 낮은 사실을 인지하고 있어 두려움이 최소화된다는 제한점도 있다(Pen & Fisher, 1994). 일부 연구자들은 실험실 통증의 시간을 연장하고 통증 경험의 타당성을 향상하기 위해 실험연구에서 지연성 근육통을 사용하기 시작했다. 표준 지연성 근육통 유도에서, 참가자들은 훈련되지 않은 근육으로 등척성 운동이 포함된 근력 훈련을 하도록 요청받는다(Pen & Fisher, 1994; Sullivan et al., 2002). 근육통은 대략 운동 24시간 이후에 나타난다. 근육통은 운동 48~72시간 이후 최고조에 달하고, 천천히 감소하여 5~8일이 지나는 동안 완전히 호전된다(Clarkson, Nosaka, & Braun, 1992). 지연성 근육통의 유도는 다른 방법을 통해 발생하는 통증보다 스포츠에서 직면하는 통증을 더 유사하게 재현되는 것으로 여겨진다. 지연성 근육통 유도에서 통증 역치와 통증 내성을 평가하는 것은 불가능하지만, 이 방법은 참가자가 경험한 통증 수준과 참가자의 신체 활동 내성을 측정할 수 있다(Pen & Fisher, 1994).

4. 통증의 측정

통증은 객관적으로 측정하기가 어렵고 직접 평가도 할 수 없는 복잡한 주관적 현상이다. 그러나 효과적 치료와 의미 있는 연구를 위해서 통증에 대한 정확하고 타당한 측정이 필요하다. 스포츠 관련 통증은 정신생리학적, 행동적, 자가 보고 등의 방법을 통해 측정된다.

1) 정신생리학적 측정

통증의 정신생리학적 측정은 통증에 대한 감각적·정서적 반응으로 인한 신체의 변화를 측정하는 것이다. 근육 긴장, 자율신경계 활동 및 뇌의 전기적 활동은 통증의 영향을 받는 생리학적 매개변수로서 통증의 지표로 사용할 수 있다(Sarafino & Smith, 2011). 근육 긴장은 일반적으로 근전도(EMG)로 측정할 수 있다. 자율신경계 활동에는 심박 수, 호흡 수, 혈압, 피부 온도 및 피부 전도도와 같은 생리적 반응이 포함된다. 뇌의 전기적 활동은 뇌파계(EEG)로 평가된다.

정신생리학적 측정의 가장 큰 장점은 자가 보고로 인한 편향이 없는 객관적 데이터를 제공한다는 것이다. 그러나 통증의 독립 지표로서의 유용성은 제한적이다. 왜 나하면 측정 방법에 따라 통증의 값이 일관성 없는 관계를 보여 주었기 때문이다. 그 리고 주의 집중과 스트레스 같은 통증 이외의 심리적 요인의 영향을 받을 수 있기 때 문이다(Chapman et al., 1985; Flor, 2001). 그러나 최근 연구는 기능적 자기공명영상 및 근육 미세투석과 같은 측정 기술들이 임상적 통증(Gerdle, Ghafouri, Ernberg, & Larsson, 2014) 및 실험실 통증(Wager, Atlas, Lindquist, Roy, & Woo, 2013)의 생물학적 지표 를 구별하는 데 사용할 수 있다고 보고하고 있다.

2) 행동적 측정

통증은 주관적인 내적 현상이다. 하지만 통증을 느끼는 사람은 통증의 정도를 전 달하는 명백한 행동을 하기도 한다. 이러한 통증 행동으로는 절뚝거리기, 움찔하기, 신음하기, 끙하는 소리내기, 불평하기, 누워 있기, 진통제 요청하기 등이 있다. 스포 츠에서 통증 행동은 스포츠 윤리에 의해 억제되거나 최소화되기도 한다(Hughes & Coakley, 1991). 반면, 선수는 강화 가능성이 클수록 화려한 통증 행동을 보여 줄 수도 있다. 예를 들어, 상대편에 대한 반칙 선언을 유도하기 위하여 강화된 통증 행동을 할 수도 있다.

통증 행동을 평가하기 위해 통증 행동을 관찰하고, 행동이 발생한 상황, 행동의 지 속 기간 및 결과 등의 세부 사항을 기록한다. 이러한 정보는 통증 유발 요인, 통증이 기능에 미치는 영향, 통증 유지 요인을 확인하는 데 유용하게 사용된다(Sarafino & Smith, 2011). 스포츠 환경에서 선수의 통증 행동은 부모, 코치 또는 스포츠 건강관리 전문가에 의해서 확인된다. 관찰된 통증 행동의 평가는 통증이 급성일 때와 비슷한 시간대에서 확인되었을 때 자가 보고와 일치할 가능성이 높다(Labus, Keefe, & Jensen, 2003).

3) 자가 보고 측정

통증과 같이 주관적 현상을 평가하고자 한다면, 우선 평가받는 사람의 관점에서 이해해야 한다. 이에 통증은 일반적으로 자가 보고 방식으로 보고된다. 자가 보고는 면담, 평가 척도, 일기, 설문지 등의 방식을 통해 시행한다. 특히 면담은 다음 주제에 대한 정보를 얻는 데 유용하다(Karoly, 1985; Sarafino & Smith, 2011).

- 통증의 기원과 진행(언제 시작되었는가? 무엇이 촉발시켰는가? 시간이 지남에 따라 어떻게 변화했는가?)
- 통증 발생 전후의 신체적·정신적 기능 변화(통증으로 인해 활동에 어떤 변화가 있었는가? 통증이 정서에 어떤 영향을 미치는가?)
- 통증에 대처하기 위해 시도한 방법(통증을 다루기 위해 어떤 전략을 사용했으며 얼마나 효과가 있었는가?)
- 통증의 사회적 측면(당신이 심한 통증을 겪고 있을 때, 당신은 타인을 어떻게 대하고 타인은 당신을 어떻게 대하는가?)
- 통증의 유발, 악화 또는 강화 요인

통증 평가 척도는 통증의 강도를 평가하는 데 자주 사용된다. 응답자는 통증의 강도가 표시된 선에 점을 찍어 응답하거나, 0~100의 숫자를 써서 대답할 수 있다. 여기서 0은 통증이 없음을, 100은 최대한의 통증을 의미한다. 0~10의 통증 수치가 할당된 상자 척도를 사용할 수 있으며, 단계적 선택지 중에서 단어 또는 구절을 선택하여 응답할 수 있다. 단계적 선택지에는 통증 없음, 약간 통증, 상당한 통증, 이보다 더 심할 수 없는 정도의 통증 등이 있다. 통증 강도를 평가하기 위한 평가 척도의 타당성은 연구를 통해 잘 확립되어 있다(Jensen, Karoly, & Braver, 1986; Jensen, Karoly, O'Riordan, Bland, & Burns, 1989).

일반적으로 통증 평가는 특정한 한 시점에서 통증에 대한 짧은 정보를 제공한다.

따라서 더 넓은 맥락에서 통증을 평가하는 것이 필요하다. 이러한 방법 중 한 가지는 통증 일기를 작성하는 것이다. 통증 일기는 통증의 강도 및 기타 정보를 하루에 한 번 이상 기록한다. 통증 일기는 시간에 따라 통증이 어떻게 변하는지, 이런 변화와 관련된 요인이 무엇인지에 대한 상세한 설명을 제공할 수 있다.

Brewer 등(2004)은 전방십자인대 재건 수술 후 42일 동안 환자들의 현재 통증 강도, 최대 통증 강도 및 평균 통증 강도를 매일 조사하였다. 또한 그 기간 동안 7일간의 최대 및 평균 일일 통증에 대한 후향적 평가를 두 차례 시행하였고, 30일간의 최대 및 평균 일일 통증에 대한 후향적 평가를 시행하였다. 그 결과, 통증의 후향적 평가는 일일 평가와 밀접한 관련이 있었다. 그러나 후향적 평가는 일일 평가 통증의 강도를 과대평가한 측면이 있었다. 다시 말해, 연구 참가자들은 지난 주 또는 지난 1개월 동안 경험한 통증의 강도를 회상하여 보고하였을 때, 그 당시 통증을 평가한 것보다 더 높은 점수를 주는 경향이 있었다.

[그림 5-2]는 연구 참가자들의 통증 일기 데이터를 보여 주고 있다(Brewer et al., 2004). [그림 5-2]에 따르면, 수술 후 6주 동안 연구 참가자들의 평균 일일 통증의 양이 전체적으로 꾸준히 감소했다는 것을 알 수 있다. 그러나 참가자들 중 일부 개인이 보고한 통증 정도는 날마다 크게 변하는 것을 확인할 수 있다(Brewer & van Raalte,

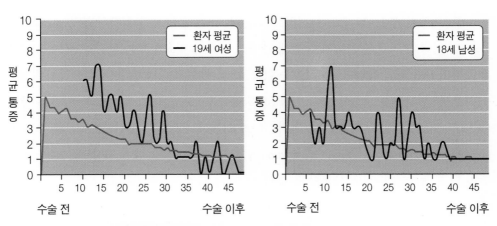

[그림 5-2] 전방십자인대 수술 후 통증 일기 데이터

2009). 통증 일기를 사용하여 이러한 변동을 추적하는 것은 스포츠 손상 재활 영역에서 유용하게 사용할 수 있을 것이다.

통증을 측정할 수 있는 또 다른 방법으로는 통증 설문지가 있다. 평가 척도 및 통증 일기와 비교할 때, 통증 설문지는 사람의 통증을 보다 포괄적으로 살펴볼 수 있다. 첫 번째로 개발되어 가장 널리 사용되는 통증 설문지는 McGill 통증척도 설문지(McGill Pain Questionnaire: MPQ; Melzack, 1975)이다. McGill 통증척도 설문지는 통증 위치, 특성, 변화 및 강도를 다룬다. 응답자는 인체 그림에 통증 위치를 표시하고, 통증이 신체 내부에서 발생하는지 혹은 외부에서 발생하는지 여부를 기록한다. McGill 통증척도 설문지는 통증의 감각적·정서적·평가적 측면을 측정하기 위해 2~6개의 형용사로 구성된 20개의 선택지를 제공한다. 그리고 응답자에게 자신의 통증과 가장 잘 관련되고, 통증을 가장 잘 묘사하는 선택지에서 하나의 단어를 선택하도록 요청한다. 예를 들어, 응답자는 통증의 감각적 측면을 나타내는 선택지에서 따끔함, 떨림, 박동성, 욱신거림, 두근거림, 쿵쾅거림과 같은 여섯 가지 단계적 설명어 중에서 한 단어를 선택할 수 있다.

통증의 변화를 평가하기 위해 McGill 통증척도 설문지(Melzack, 1975)는 통증 양상을 설명하는 단어를 표시하고 통증을 완화하거나 악화시키는 요소를 기록하도록 요청한다. 통증 강도는 현재, 가장 심할 때, 가장 약할 때의 통증 정도를 숫자(경미한 경우 1에서 극심한 경우 5까지)로 표시하도록 한다. 또한 응답자가 경험하였던 심한 치통, 두통 및 복통의 정도를 기록하여 현재 통증의 강도와 비교하도록 한다. 따라서 McGill 통증척도 설문지의 작성은 복잡할 수 있고, 영어 어휘력이 풍부하지 않은 사람에게는 어려울 수 있다(Karoly, 1985). 그러나 McGill 통증척도 설문지에 응답한 사람은 통증에 대한 다양한 정보를 얻을 수 있다. West Haven−Yale 다차원 통증 설문지(West Haven−Yale Multidimensional Pain Inventory, WHYMPI; Kerns, Turk, & Rudy, 1985)를 포함한 다른 통증 설문지도 사용할 수 있다.

5. 통증의 모델과 이론

통증을 정의하고 측정하는 것은 어렵다. 이로 인해 통증의 발생을 설명하는 보편적인 이론은 없었다. 하지만 통증에 대한 모델과 이론은 지난 60년 동안 눈에 띄게 발전하였다. 이 절에서는 통증의 다섯 가지 모델과 이론을 살펴본다. 즉, 감각 모델(sensory model), 순차적 요소 모델(sequential component model), 병렬 처리 모델(parallel processing model), 게이트 제어 이론(gate contorl theory) 및 신경 매트릭스 이론(neuromatrix theory)이다.

① 감각 모델

감각 모델은 기계적·열적·화학적 자극이 조직 손상을 일으키고 통증 신경 경로에 자극을 유발하여 통증으로 해석되는 감각 및 행동 반응을 초래한다고 주장하였다. 따라서 통증의 강도는 신체 조직의 손상 정도에 정비례한다고 주장하였다. 그러나 감각 모델은 몇 가지 단점이 있다. 첫째, 뉴런에 통증 정보만을 전적으로 전달하는 통증 신경 경로는 없다. 둘째, 시합 중 부상당했음에도 시합이 끝날 때까지 이를 알아차리지 못하는 사례가 있다. 즉, 통증의 정도는 단순히 조직 손상의 정도에만 영향을 받는 것이 아니다. 통증에 대한 선수의 지각은 주의 집중, 과제 동기, 생리적 각성과 같은 요인에 의해 조절될 수 있다. 셋째, 조직 손상이 통증 발생의 전제 조건이라는 가정은 잘못된 것이다. 일부 선수는 조직 손상 후 통증을 거의 또는 전혀 경험하지 않는다. 반면, 일부 선수는 조직 손상이 없이도 통증을 경험한다. 일례로, 선수가 휴식을 취하는 동안 느끼는 원인을 알 수 없는 날카로운 통증이 있다. 감각 모델은 이러한 한계 때문에 학계에서 선호도가 떨어졌다. 이후 감각 모델은 통증이 발생하는 과정을 더 잘 설명하는 다른 모델로 대체되었다(Leventhal & Everhart, 1979).

② 순차적 요소 모델

순차적 요소 모델은 통증을 단순한 감각 현상 이상으로 보았다. Beecher(1959)는 통증이 감각적 요소와 정서적 반응 요소로 구성되어 있다고 주장하였다. 순차적 요소 모델에 따르면, 먼저 부상이나 상처에 의해 통증의 감각적 요소가 활성화된다. 더 나아가, 통증에 대한 반응은 고통, 두려움과 같은 통증 감각과 이러한 감각과 관련된 기억에 의해 유발된 정서적 반응이라고 주장했다. 즉, 순차적 요소 모델은 정서적·인지적 요인이 통증 지각 과정에 영향을 미칠 수 있다고 주장하였다.

순차적 요소 모델과 스포츠 손상의 연관성은 분명하다. 예를 들어, 과거에 특정 부상이나 통증으로 인해 스포츠 참여에 제외되었다고 인지하는 선수는 이러한 통증을 경험한 적이 없는 선수보다 더 강한 통증 반응을 나타낼 수 있다. 반대의 경우도 있을 수 있다. 즉, 특정 통증에 대한 사전 경험이 있는 선수는 통증을 처음 경험하는 선수보다 통증에 대해 더 양성(benign)의 반응을 보일 수 있다. 순차적 요소 모델은 감각 모델을 개선한 것이었지만, 통증을 경험하기 위해서는 감각 모델과 마찬가지로 신체적 부상이나 상처가 필요했다. 즉, 순차적 요소 모델 또한 통증을 감각 자극의 양에 비례하는 것으로 설명하였다. 그리고 순차적 요소 모델은 정서적 요인이 통증에 대한 반응에 영향을 미칠 수 있음을 나타내는 연구 결과를 설명할 수는 없다(Leventhal & Everhart, 1979).

③ 병렬 처리 모델

감각 모델과 순차적 요소 모델의 한계를 해결하기 위해 연구자들은 병렬 처리 모델을 제안하였다. 병렬 처리 모델에서는 감각과 정서를 동등하게 취급했다. 또한, 통증 지각에서 주의 집중의 역할을 강조하였다. 이 모델에 따르면, 자극에 대한 감각 정보와 정서적 반응은 전의식적으로 처리된다. 이러한 정보적·정서적 단서에 대하여 의식적으로 주의 집중(attention)하는 것은 개인이 자극을 어떻게 인식하는지, 얼마나 많은 통증을 느끼는지, 생리학적으로 어떻게 반응하는지를 결정할 수 있다. 통증을 유발할 수 있는 자극에 노출된 사람이 주의 집중의 위치를 어디에 두는지에 따라 자극에 대하여 그들이 인지하는 것이 달라진다. 주의 집중은 주의 산만 전략으로도 사용될 수 있다.

병렬 처리 모델은 부상이 반드시 통증을 유발하지 않으며, 부상이 없는 경우에도 통증을 경험할 수 있다고 설명한다. 예를 들어, 병렬 처리 모델은 훈련이나 시합에 온전히 집중하는 선수가 통증 자극을 받고도 통증이 없다고 보고하는 상황을 설명할 수 있다. 또한 선수가 근육 긴장과 같이 경증의 자극에 대하여 심한 통증을 경험하는 상황을 설명할 수 있다. 병렬 처리 모델에 따르면, 이는 선수가 근육 긴장과 같은 감각 신호보다는 재부상에 대한 두려움과 같은 정서적 반응에 주의를 기울이기 때문이다. 하지만 병렬 처리 모델은 통증을 형성하는 생물학적 요인과 심리적 요인 사이의 접점을 명시하지는 않는다.

④ 게이트 제어 이론

심리학자인 Melzack과 생리학자인 Wall은 게이트 제어 이론을 제시하였다(Melzack & Wall, 1965). 게이트 제어 이론에 따르면, 통증은 감각적·심리적 요인이 핵심 역할을 한다. 여기서 감각적 요인은 상향식 현상이며, 심리적 요인은 하향식 현상이다. 게이트 제어 이론은 통각 수용체에 의해 감지된 유해 자극 정보가 뇌로 직접 전달되지 않고 신경학적 '게이트'인 척수의 뒷뿔(posterior horn)을 통해 흐른다고 가정한다. 개인이 유해한 자극의 감각을 받게 되면 이 자극은 게이트를 통과해야 한다. 여기서 게이트를 여는 것은 자극 정보를 통과시켜 통증의 지각을 유도한다. 반면, 게이트를 닫는 것은 자극이 뇌로 전달되는 것을 방지하여 통증을 감소시키거나 제거한다. 유해한 자극에 반응하여 나타나는 통증은 A-델타와 C(소구경) 신경섬유의 활성 정도, A-베타(대구경) 신경섬유의 활성 정도, 자극에 대한 뇌의 해석에 의해 결정된다. A-델타와 C 신경섬유의 활성은 게이트를 여는 경향이 있으며, 주로 유해한 자극의 강도에 영향을 받는다. 더 강한 자극은 일반적으로 더 뚜렷한 통증 반응을 유도한다. 그러나 A-베타 신경섬유의 활성은 게이트를 닫는 경향이 있다. A-beta 신경섬유는 화학적(약물 치료), 전기적(TENS), 신체적(마사지) 또는 온열 등에 자극되어 게이트를 닫을 수 있다.

게이트는 또한 뇌의 시상, 시상하부, 대뇌피질로부터 오는 자극이 어떻게 해석되는지에 따라서 열리거나 닫힐 수 있다. 병렬 처리 모델(Leventhal & Everhart, 1979)과 비숫하게 주의를 자극으로부터 멀리 두거나, 자극의 정서적 측면이 아닌 정보적 측면으로 돌리면 게이트가 닫힌다. 게이트가 닫히게 되면, 자극 관련 통증이 감소하거나 없어질 것이다.

병렬 처리 모델에서 개인의 도식(schema)은 중요한 역할을 한다. 이러한 도식의 역할은 게이트 제어 이론과도 양립할 수 있다. 경력이 많은 지구력 선수는 장기간의 훈련 중 발생하는 통증을 미리 예상을 할 수 있다. 그리고 이러한 통증은 대부분 무해하며, 시합을 위하여 감내할 수 있다고 해석한다. 이런 해석은 유해한 자극에 대한 정보 게이트의 문을 닫을 것이다. 그러나 초보자나 경험이 부족한 선수는 장시간 훈련 중에 발생하는 통증을 두려움, 공황, 고통으로 해석할 수 있다. 이러한 해석은 게이트를 열고 통증을 유발하게 된다.

⑤ 신경 매트릭스 이론

게이트 제어 이론을 넘어 Melzack(1999)은 신경 매트릭스 이론을 제안했다. 신경 매트릭스 이론은 뇌에 분포된 신경망이 통증을 지각하는 역할을 한다고 설명했다. '신체-자기 신경 매트릭스'라고 불리는 신경망은 변연계와 대뇌 피질 사이의 광범위한 피드백 루프로 구성되어 있다. 신경 매트릭스는 유전적으로 결정된다. 하지만 신경 매트릭스는 시각, 청각, 촉각과 같은 감각 자극, 내분비, 면역, 자율신경계와 같은 신체 시스템, 신경전달물질 및 심리를 포함한 여러 자원의 입력 결과로 변경될 수 있다. 신체-자기 신경 매트릭스는 개인이 통증에 행동적으로 반응하는 특정 방식인 신경 지문(neurosignature)을 생성한다. 신경 매트릭스 이론은 통증의 복잡성을 인식하고 통증에 대한 많은 요인의 전향적 영향을 인정한다(Melzack, 1999).

앞서 논의된 모델들은 스포츠 관련 통증을 염두에 두고 설계된 것은 아니다. Addison과 동료들(Addison & Kremer, 1997; Addison, Kremer, & Bell, 1998)은 병렬 처리 모델, 게이트 제어 이론, 인지 평가 과정(Lazarus & Folkman, 1984)을 스포츠 환경에 적용하였다. 이 모델에 따르면, 통증은 스포츠 수행 과정 동안 어떠한 행동이 생리적 감각을 유발할 때 시작된다. 개인은 이 감각이 개인에게 위협이 되는지에 대하여 평가를 하는데, 이를 1차 평가라고 부른다. 이어서 통증이 스포츠 관련 통증의 여섯 가지 유형 중 어느 것에 해당하는지를 평가하는데, 이를 2차 평가라고 부른다. 여기서 스포츠 관련 통증의 여섯 가지 유형은 긍정적 훈련 통증, 부정적 훈련 통증, 불편함, 부정적 경고 통증, 부정적 급성 통증, 무감각이다. 이 모델에 따르면, 통증에 대한 평가 과정은 문화, 성역할, 과거 경험, 중요한 다른 요인, 상황적 맥락과 같은 다양한 외적 요인과 기대감, 통증 내성, 성격, 자기효능감 등의 내적 요인에 영향을 받는다.

이러한 1차 및 2차 평가를 통해 선수는 통증에 반응한다. 이러한 반응은 문화, 동기, 보상, 비용 등의 요인에 의해 영향을 받는다. 통증에 대한 반응에는 다양한 선택지가 있다. 예를 들어, 선수들은 통증에 대한 반응으로 정상적으로 활동하거나, 주의를 기울이며 활동하거나, 활동을 중지하거나, 도움을 요청하거나, 인지 대처 전략을 적용한다. 인지 대처 전략을 사용하는 것은 생리적 감각의 지각과 평가에 영향을 미칠 수 있다. 이 모델의 장점을 평가하기 위한 추가 연구가 필요하다. 그러나 이 모델은 스포츠 참여의 맥락에서 통증을 개념화하기 위한 시도를 했다는 것에 의의가 있다.

6. 스포츠에서 통증과 연관된 요소

통증에 대한 현대 이론은 감각 자극뿐만 아니라 다양한 요소가 통증 경험에 기여한다고 본다. 건강 심리학 영역에서는 인구통계학적·개인적 차이, 인지적 요인, 감정적 요인, 사회적 학습과 같은 변수들이 급성 및 만성 통증 경험과 연관되어 있다고 본다(DiMatteo & Martin, 2002; Straub, 2012). 인구통계학적·개인적 차이에는 나이, 인종, 민족성, 성별 및 성격이 있다. 인지적 요인은 주의 집중, 산만, 기대, 지각된 통제감 등이 있다. 감정적 요인은 불안, 기쁨, 슬픔 등의 감정을 예로 들 수 있다. 이러한 요인 중 일부는 스포츠 손상과 관련하여 연구되었다.

1) 인구통계학적 · 개인적 차이

스포츠 통증에 영향을 주는 인구통계학적 · 개인적 차이 중 가장 중요한 변수는 선수 여부이다. Tesarz, Schuster, Hartmann, Gerhardt와 Eidt(2012)는 선수와 비선수의 통증 인식을 비교한 62개의 연구를 조사하였다. 62개의 연구 중 엄격한 기준을 만족하는 15개 연구를 선정하여 메타분석을 시행하였다. 분석 결과, 선수는 비선수들에 비해 높은 수준의 통증 내성 및 통증 역치를 보였다. 선수-비선수의 통증 내성은 한랭, 온열, 허혈, 전기 및 압력의 다섯 가지 통증 유형에서 차이가 있었다. 선수는 한랭과 압력 통증에 대해서는 비선수보다 더 높은 통증 내성을 보였지만, 전기, 열 또는 허혈 통증에 대해서는 그러한 결과를 보이지 않았다. 또한, 지구력 스포츠에 참가한 선수는 비선수보다 더 높은 수준의 통증 내성을 보였지만, 근력 스포츠에 참가한 선수는 그러한 결과를 보이지 않았다. 비슷한 맥락에서 근력 스포츠 선수는 비선수보다 통증 역치가 더 높았지만, 지구력 스포츠 선수는 그렇지 않았다. 연구의 편향 가능성을 고려했을 때, 통증 역치 결과보다 통증 내성의 결과를 더 신뢰할 수 있는 것으로 보인다(Tesarz et al., 2012).

Tesarz 등(2012)의 메타분석 결과는 통증 역치가 높은 사람이 스포츠 참여를 하는지 혹은 스포츠 참여가 통증 역치를 상승시키는지에 관한 질문에 명확한 답을 내놓지 못한다. 즉, 두 가지 설명이 모두 유효할 수 있다. 통증을 잘 참지 못하거나 피하는 사람은 스포츠 참여를 회피할 것이다. 한편, 개인이 지속적으로 스포츠에 참가하게 되면 통증으로 생각하는 감각에 익숙해질 수도 있다. 대부분의 연구는 스포츠 참여 전 통증 내성에 대한 측정을 수행하지 않았기 때문에 통증을 잘 참지 못하는 사람이 스포츠 참여를 회피할 것이라는 주장을 뒷받침하는 증거는 희박하다. 그러나 스포츠 참여가 통증 내성을 증가시킬 수 있다는 주장은 다음과 같은 연구에 따라 뒷받침된다.

- 고강도 신체 활동은 통증 내성 및 통증 역치를 증가시키고 통증 감소 효과가 있다(Koltyn, 2000, 2002).

- 12주간의 유산소 피트니스 트레이닝은 남성의 통증 내성을 상승시킬 수 있다(An-shel & Russell, 1994).

단기 및 지속적 스포츠 참여가 통증 내성을 높일 수 있다는 강력한 근거가 있다. 이러한 근거에는 생물학적·심리적·사회적 요인이 있다. 실험실 동물을 대상으로 한 연구 결과에 따르면, 내인성 아편제와 신경전달물질은 신체 활동의 진통 효과에 영향을 미친다(Koltyn, 2000). 통증 내성을 향상시킬 수 있는 심리적 요인에는 통증에 대한 두려움 감소(Geva & Defrin, 2013; Rudy, 2013), 통증을 참을 만하다고 가정하는 것, 통증을 긍정적인 용어로 재해석하는 것, 통증의 기간이 제한적일 것이라고 가정하는 것(Heil & Podlog, 2012)이 있다. 위험 문화에 지나치게 노출되는 것도 통증 내성에 영향을 미칠 수 있다.

인구통계학적·개인적 요인 중 성별도 스포츠 통증과 관련되어 있다. 스포츠 영역 밖에서 남자는 여자에 비하여 일부 만성 질환에 대해 낮은 수준의 통증을 보였다(Robinson, Wise, Riley, & Atchison, 1998). 또한 남자는 여자에 비해 여러 유형의 실험실 통증에 대해 높은 역치와 내성을 보이는 것으로 밝혀졌다(Riley, Robinson, Wise, Myers, & Fillingim, 1998). 이러한 성별 차이는 전통적인 성역할 고정관념에 어느정도 기초하고 있다. 전통적인 남성적 성역할을 지지하는 사람은 통증 장애를 덜 호소한다(Alabas, Tashani, Tasabam, & Johnson, 2012).

스포츠 통증 관련 연구들은 대부분 단일 성별에 초점을 맞추고 있다(Tesarz et al., 2012). 그 결과, 스포츠 영역에서 통증 지각의 성별 차이에 대한 결론을 내리는 것은 불가능하다. 여자와 남자 선수 모두를 대상으로 한 일부 연구에서 통증과 관련된 직접적인 성별 비교가 가능하였다. 그러나 연구 결과 통증에 대한 성별 차이가 선수들에게는 미미하였다. 일례로, Jaremko, Silbert와 Mann(1981)은 허혈과 냉압기 통증에서 남녀 성별 차이를 발견하지 못했다. Manning과 Fillingim(2002)은 남자 선수들이 냉압기 통증에 대해 여자 선수보다 높은 통증 내성과 통증 역치를 가졌으나, 허혈과 압박 통증에 대해서는 성별 차이가 관찰되지 않았다고 하였다. 마찬가지로, 전방십자인대 재건술 후 재활 중인 신체 활동적인 사람들 사이에서 통증의 성별 차이가 발견되지 않았다(Brewer et al., 2007).

Tesarz 등(2012)의 메타분석 결과는 스포츠 관련 통증의 측면에서 성별의 차이를 잘 나타낸다. 연구 결과에 따르면, 통증에 대한 선수-비선수의 차이가 특히 여성에게서 뚜렷했다. 여자 선수는 통증 내성과 통증 역치 두 영역에서 여자 비선수보다 상당히 높았다. 반면, 남자 선수들은 통증 내성에서만 남자 비선수보다 높았다(Tesarz et al., 2012). 즉, 여자 선수 집단은 통증에 관한 전통적인 성역할을 고수하지 않는 경향이 있는 것으로 보인다.

통증에 관한 전통적인 성역할을 거부하는 여자가 스포츠에 주로 참여하게 되는지는 분명하지 않다. 또한 스포츠 사회화 과정이 여자에게 비전통적인 성역할을 부여하는지도 불분명하다. 물론, 앞의 두 가지 상황 모두 통증에 대한 여자 선수들의 태도와 행동의 발달에 영향을 미친다고 생각할 수 있다. 스포츠 통증과 정적 상관관계에 있는 개인적 요인에는 운동 관련 통증의 이력(Reinking, Austin, & Hayes, 2010; Walker, Gabbe, Wajswelner, Blanch, & Bennell, 2012), 외상성 부상 이력(Tate et al., 2012), 훈련 및 경기 노출(Sein et al., 2010; Tate et al., 2012), 생체역학적 이상(Walker et al., 2012) 및 선택된 유전자형(George et al., 2014)이 포함된다. 스포츠 통증과 부적 상관관계에 있는 개인차 요인에는 근력, 유연성 및 지구력이 포함된다(Tate et al., 2012).

2) 인지적 요인

인지 과정은 병렬 처리 모델(Leventhal & Everhart, 1979)과 게이트 제어 이론(Melzack & Wall, 1965)에서 중요한 역할을 한다. 병렬 처리 모델에서 인지 과정은 통증 자극이 개인의 초점 인식에 도달하는 정도를 결정한다. 게이트 제어 이론에서 인지 과정은 통증을 유발할 수 있는 게이트의 하향식 경로에 영향을 미친다. 따라서 인지적 요소는 스포츠 통증과 관련하여 광범위하게 검토되어 왔다. 스포츠 통증에 영향을 주는 인지적 요소로는 주의 집중과 인지 내용이 있다.

(1) 주의 집중

선수는 경기 중 찰과상, 타박상 혹은 심한 부상을 당했음에도 불구하고 경기가 끝날 때까지 그 사실을 알아차리지 못하는 경우가 많다. 선수가 경기에 주의 집중하면, 부상 유발 사건과 통증 자극은 선수의 초점 인식에 도달하지 못한다. 그러나 경기가 끝나고 경기에 주의 집중함으로써 발생한 통증에 대한 주의 산만이 없어지면, 통증이 의식의 표면 위로 발현되어 선수는 부상에 대한 통증을 경험한다. 이렇듯 통증에 대한 주의 산만은 유해 자극에 반응하여 통증 경험을 최소화하는 수단으로 보고되고 있다(McCaul & Malott, 1984). 물론, 몇몇 유해 자극은 그 강도나 지속성이 강해 사람의 주의를 끌게 된다. 이러한 경우, 주의 산만은 성과를 내지 못한다. 반면, 예상되는 통증 자극에 주의를 기울이는 것이 항상 부정적인 것만은 아니다. 병렬 처리 모델(Leventhal & Everhart, 1979)에서 볼 수 있듯이, 개인은 자극에 대한 정서보다 감각에 주의 집중함으로써 통증 정도를 줄일 수 있다.

예를 들어, 젊은 성인을 대상으로 스포츠 손상 재활과 주의 집중의 직접적인 관련성에 대한 연구가 있다(Pen, Fisher, Storzo, & McManis, 1995). 이 연구에서 성인들은 근육통을 유발하도록 설계된 운동 프로토콜에 따라 대퇴 사두근과 햄스트링의 근력과 지구력 기초 평가를 시행하였다. 이틀 후, 대퇴 사두근과 햄스트링 근력 및 지구력에 대한 두 번의 추가 평가가 3시간 간격으로 수행되었다. 이 중 두 번째 추가 평가는 여러 가지 주의 집중 조건에서 수행되었다. 첫 번째 집단의 참가자들은 근력과 지구력 동작을 할 때마다 특정 문구를 반복하거나, 반복 횟수를 세는 등 주의를 산만하게 하는 과제에 집중하라는 요청을 받았다. 두 번째 집단의 참가자들은 통증에 주의 집중하고, 통증을 밝은 빛으로 이미지화하도록 지시받았다. 통제 집단에서는 아무 지시가 없었다. 통증에 주의 집중하도록 지시받은 참가자들의 근력은 1차 평가보다 2차 평가에서 큰 감소 폭을 보였다. 하지만 3차 평가에서는 근력이 다시 증가하여 처음 평가 수준으로 돌아왔다. 나머지 두 집단의 근력도 1차 평가보다 2차 평가에서 유의미하게 감소했다. 하지만 3차 평가에서는 2차 평가의 수준으로 증가하지는 못했다. 이 연구 결과에 따르면, 통증에 초점을 맞춘 주의 집중은 근력 수행과 관련하여 주의 산만보다 더 적응적이었다.

(2) 인지 내용

선수의 스포츠 관련 통증 경험은 주의 집중뿐만 아니라 인지 내용과도 관련이 있다. 선수는 통증을 유발하는 상황에 직면했을 때, 다양한 생각이 떠오른다고 말했다. 이러한 생각 중 일부는 통증 자체에 대한 반응이지만, 일부 생각은 불쾌한 자극에 대처하기 위한 계획적인 시도이다. 예를 들어, 선수는 흔히 스포츠 관련 통증에 부정적으로 반응한다. 예를 들어, 선수는 실제 또는 예상되는 통증에 대한 부정적 사고를 하며, 통증에 대해 반추하고, 확대 해석하며, 무력감을 느끼기도 한다(Sullivan et al., 2001). 반면, 선수는 의식적으로 통증에 대한 생각을 안 하려고 노력하거나, 통증을 무시하거나 혹은 통증에 대처하는 생각을 하려고 노력한다(Deroche, Woodman, Stephan, Brewer, & LeScanff, 2011; Meyers, Bourgeois, Stewart, & LeUnes, 1992). 통증에 대한 재앙적 수준의 부정적 사고는 슬개 대퇴 증후군을 가진 사람들에게서 증가한다(Thomeé, Thomeé, & Karlsson, 2002). 이러한 재앙적 수준의 부정적 사고는 통증을 느끼는 동안 스포츠 (Deroche et al., 2011) 또는 신체 활동(Sullivan et al., 2002) 참여를 꺼리게 만드는 것과 관련이 있다(Deroche et al., 2011). 전방십자인대 재건술 후 재활 중인 레저 선수들을 대상으로 한 연구에 따르면, 통증에 대한 재앙적 수준의 부정적 사고는 재부상에 대한 두려움과 정적 상관관계가 있었다. 반면, 부상 후 복귀에 대한 자신감과 부적 상관관계를 보였다(Tripp, Stanish, EbelLam, Brewer, & Birchard, 2007).

구조적인 인지 내용에는 정보와 목표가 있다. 병렬 처리 모델(Leventhal & Everhart, 1979)에 따르면, 불쾌한 자극의 감각적 특성에 대한 정보를 얻는 것은 불쾌한 자극에 대한 정서적 반응으로 향하는 주의 집중을 대체할 수 있다. 이는 결과적으로 통증 경험을 감소시킬 수 있다. 이 주장은 대학 선수들을 대상으로 한 연구 결과에서도 확인할 수 있다. 시험 중 일부 선수는 냉수 침지와 관련된 네 가지 감각 용어 중 하나를 안내받았다. 반면, 일부 선수는 경험하려는 감각에 대한 정보를 받지 못했다. 이후 선수들은 21분 동안 냉수에 발을 담갔다. 그 결과, 사전 감각 정보를 받은 선수들이 아무런 정보를 받지 못한 선수들보다 통증 강도를 낮게 평가하였다(Streator, Ingersoll, & Knight, 1995). 재활 활동과 관련된 또 다른 연구에서 목표를 인지하는 것은 통증 내성 증가에 유의미한 효과가 있었다. 이 연구에서는 냉각 압력기 실험을 하였는데, 시간 목표가 주어진 어린 선수들은 그렇지 않은 선수들보다 더 오랜 시간 동안 영하의 물에 손을 담갔다.

3) 정서적 요인

병렬 처리 모델은 선수가 통증의 정서적 측면에 주의 집중하는 것이 통증 경험에 좋지 않은 영향을 미친다고 가정하고 있다(Leventhal & Everhart, 1979). 일부 부정적 정서가 부상 선수의 통증과 실제로 관련이 있다는 것을 발견한 연구 결과들도 있다. 남성 아마추어 및 프로 축구 선수를 대상으로 한 연구에 따르면(Otzekin, Boya, Ozcan, Zeren, & Pinar, 2008), 우울증과 전방십자인대 수술 전후 통증은 서로 관련이 없었다. 하지만 다양한 연령의 스포츠 참여 남자와 여자를 대상으로 한 연구에서는 다른 결과를 도출할 수 있었다(Brewer et al., 2007). 연구 결과, 이 연구의 참가자들은 전방십자인대 수술 후 6주간의 재활 동안 부정적 정서와 통증 등급이 강한 연관성을 보이는 것으로 나타났다. 즉, 부정적 정서가 높은 날에는 통증 등급 또한 높게 나타났다. 더불어, 남자와 여자 레저 선수를 대상으로 한 연구에 따르면(Tripp, Stanish, Coady, & Reardon, 2004), 불안이 전방십자인대 수술 24시간 후 통증과 정적 상관관계가 있다는 것을 발견했다.

4) 사회적 · 환경적 요인

인구통계학적 · 개인적 요인, 인지적 요인, 감정적 요인은 개인의 내적 측면에 존재한다. 반면, 사회적 · 환경적 요인은 개인의 외적 측면에 존재하며, 통증이 상호작용하는 현상이라는 점을 강조한다. 스포츠 관련 통증에 있어서 통증 유발 환경이 통증 반응에 많은 영향을 미친다는 연구 결과들이 있다. 한 연구에 따르면, 보디빌더, 규칙적으로 운동하는 사람, 좌식 생활을 하는 사람들은 실험실 환경에서보다 운동 환경에서 더 높은 통증 역치를 보였다. 보디빌더는 또한 운동 환경에서 더 높은 통증 내성을 보였다(Bartholomew, Lewis, Linder, & Cook, 1993). 따라서 단순히 운동 환경에 있는 것이 위험 문화(Nixon, 1992)와 관련된 신호를 유발하고, 개인의 통증 자극에 대한 반응을 최소화하도록 유도할 수 있다.

통증에 대한 반응은 주변 사람의 영향을 받을 수 있다. 예를 들어, 학생 선수들은 실험실에 다른 사람이 있을 때 한랭 압박 검사에서 더 큰 통증 내성을 보였다(Lord & Kozar, 1989). 특히 코치의 존재는 선수의 통증 자극에 영향을 미칠 수 있다. Coutu (1995)의 연구에 따르면, 고등학교 선수들은 코치가 실험을 관찰했을 때에 그렇지 않을 때보다 더 낮은 통증 등급을 보였고, 높은 통증 내성을 보였다. 연구자에 의해서 실험이 관찰되었을 때도 관찰자가 없었을 때보다 통증 내성의 수치가 높게 측정되었다. 하지만 이는 코치에 의해 관찰되었을 때보다 현저하게 낮은 수치였다. 따라서 선수는 코치의 존재를 인식하는 것만으로 통증을 참고, 통증 등급이 낮다고 보고할 수 있다.

스포츠와 신체 활동의 맥락에서 통증 반응은 타인의 행동에 의해서도 영향을 받는다. 이는 타인의 행동을 모방하는 관찰 학습 과정을 통해 설명할 수 있다. 연구에 따르면, 대상자들은 영상 속 모델이 운동하는 모습을 보고 이를 통증 반응과 관련짓기도 했다. 대상자들은 영상에서 모델이 운동 중 얼굴 주름, 신음, 근육 단축과 같은 통증의 징후를 보이면, 이후 비디오에서 묘사된 운동을 할 때 부정적 영향을 받았다.

예를 들어, 여자들은 통증 내성이 있는 선수와 통증 내성이 없는 선수가 운동하는 영상을 본 후 최대 유산소 능력의 80%로 자전거 에르고미터를 수행하였다. 여자들은 수행 전 통증 내성이 없는 선수를 보았을 때가 내성이 있는 선수를 보았을 때에 비해 운동 수행 전 부정적 정서를 더 많이 경험하였고 수행 중 더 큰 힘듦을 경험했다고 보고하였다(Rejeski & Sanford, 1984). 마찬가지로, 등척성 운동을 수행한 남자들은 통증 내성이 있는 모델을 본 후 운동 중 통증에 더 둔감하게 반응하고 느린 통증 증가 속도를 보였다(Symbaluk, Heth, Cameron, & Pierce, 1997). 이러한 연구 결과는 다수의 선수가 동시에 재활 치료를 받는 재활 환경에서 선수들이 통증이나 불편함에 대하여 서로에게 보내는 메시지가 중요하다는 사실을 암시한다. 즉, 재활 중인 선수들 간의 상호작용이 중요성하다는 것이다.

시합은 통증 반응에 영향을 줄 수 있는 사회적 상호작용이다. 시합은 통증 반응을 약화하는 내인성 아편 신경전달물질과 기타 스트레스 유발 진통제를 생성한다. 즉, 시합 상황에서 선수는 생리학적 요인으로 인해 자신의 통증에 둔감할 수 있다. 또한 시합 상황에서 선수는 통증에 대한 주의 분산과 이완을 통해 통증을 유발하는 게이트를 닫는 방식으로 통증에 반응할 수 있다(Sternberg, 2007). 대학 선수들을 대상으로 한 연구에 따르면, 경기 직후 온열 자극에 대한 선수의 민감도는 경기 이틀 전이나 이틀 후보다 현저히 낮았다(Sternberg, Bailin, Grant, & Gracely, 1998). 선수는 시합 상황에서 통증에 대한 민감도가 감소하게 되고, 이는 선수가 시합 중 자신의 신체적 한계까지 몰아붙일 수 있게 한다. 그 결과, 선수는 경기 중 부상에 대한 취약성이 증가하게 된다. 그러나 이러한 상황을 재활 중 유익한 방법으로 적용할 수도 있다. 통증을 유발하는 재활 운동을 할 때 시합 상황을 추가한다면 선수의 통증에 대한 민감도를 감소시킬 수 있기 때문에 재활 운동의 참여도를 높일 수 있을 것이다.

7. 스포츠 관련 통증에 대한 해석과 행동

스포츠 관련 통증을 해석하고 통증에 반응하는 첫 단계는 선수가 증상을 알아차리는 것이다. 선수는 일반적으로 훈련이나 시합 전, 중, 후 중 어느 한 시점에서 통증과 관련된 증상을 알아차리게 된다. 게이트 제어 이론(Melzack & Wall, 1965)과 병렬 처리 모델(Leventhal & Everhart, 1979)에 따르면, 통증에 대한 주의 산만과 같은 하향식 프로세스는 일시적으로 증상이 인지까지 도달하는 것을 막을 수 있다. 그러나 만약 증상이 강하고 오래 지속된다면, 결국 증상은 감지될 것이다. 일단 증상이 감지되면 증상은 일차적·이차적 평가 과정을 거치게 된다. 그리고 이러한 증상은 다양한 생물학적·심리적·사회적 요인의 영향을 받는다.

1) 통증과 부상의 구별

통증 평가 과정의 핵심은 무해한 증상과 유해한 증상을 구분하는 것이다. 즉, "일상통증"과 "부상 통증"(Heil, 1993b)을 구분하는 일이다. 이는 "수행 통증"과 "부상 통증"(Taylor & Taylor, 1997) 또는 "위협적 통증" 또는 "비위협적 통증"(Addison & Kremer, 1997; Addison et al. 1998)과 같은 용어로도 사용되고 있다. 만약 선수가 이전에 특정한 증상을 경험하지 않았고, 그 증상을 특정 의학적 상태와 연관할 수 없다면 단순 통증과 부상을 구별하는 것은 어려운 일이다. 이러한 어려움은 스포츠 관련 통증의 다양성, 통증이 발생할 수 있는 다양한 신체 부위 등에 관한 연구 부족에서 기인한다(Addison & Kremer, 1997; Addison et al., 1998). 그러나 단순 통증과 부상을 구별하는 일반적인 방법이 존재한다. 일반적으로 통증이 둔하고, 활동이 끝난 후에 지속되지 않으며, 부기나 압통을 동반하지 않을 때 단순 통증이라고 제안한다(Heil, 1993b). 반면, 통증이 날카롭고, 특정 부위에 국소적이며, 스포츠 참가 중과 후에 모두 나타나면 부상 통증이라고 판단할 수 있다. 부상 통증은 또한 휴식 중에도 지속되며, 부기와 압통을 동반하고, 통제할 수 없고 위험한 것으로 생각된다(Heil, 1993b; Taylor & Taylor, 1997).

2) 통증을 참고 경기하기

통증을 부상의 징후로 평가하는 것은 향후 선수가 취하는 행동에 영향을 미칠 수는 있지만 선수의 행동을 완전히 결정하지는 못한다. 통증에 대한 평가 이외에 다양한 요소가 선수의 행동에 영향을 줄 수 있기 때문이다. 통증은 일반적으로 사람이 병원을 방문하게 되는 가장 많은 증상 중 하나이며(Safer, Tharps, Jackson, & Leventhal, 1979), 스포츠 손상에서도 마찬가지이다. 그러나 위험 문화(Nixon, 1992)와 스포츠 윤리(Hughes & Coakley, 1991)에 익숙해진 선수는 코치, 팀 동료, 가족, 언론, 심지어 자신의 내면화된 믿음(Heil & Podlog, 2012)으로 인해 통증을 감추고 병원 방문을 미룬다. 선수가 통증에도 불구하고 병원 방문을 하지 않을 경우, 선수는 더 심한 손상의 위험에 노출될 뿐 아니라 부상의 궁극적인 회복이 방해될 수 있다. 그러나 통증을 이겨내고 인내하기를 강요하는 스포츠 문화에 적응한 일부 선수는 통증을 참는 것의 잠재적 보상이 부상의 위험을 감수할 가치가 있다고 생각하며 통증을 참고 경기에 참가하게 된다.

선수가 통증을 참고 경기하는 것은 사회적 요인의 영향을 받지만 결국 선수 개인의 결정이다. 선수는 다음과 같은 이유로 통증을 참고 경기하는 것을 선택할 수 있다.

• 스포츠의 목적은 경기를 하는 것이다(Hibberd & Myers, 2013).
• 경기하는 것은 선수 정체성과 일치한다(Ritter-Taylor, 1998; Weinberg, Vernau, & Horn, 2013).
• 경기를 통해 자신의 목표를 달성할 수 있다.
• 경기를 통해 선수의 삶에서 스포츠가 얼마나 중요한지 확인할 수 있다.
• 경기하지 않는 것과 관련된 부정적 감정을 피하도록 도와준다.

선수는 통증을 유발할 수 있는 상태를 심각하게 인식하지 않기 때문에 통증을 참고 경기하기로 선택할 수 있다(Shaffer, 1996). 통증 대처 전략은 통증을 참고 경기를 할 것인지에 영향을 미칠 수 있다. 통증의 강도가 낮을 때 통증 대처 전략은 경기 참가 유무에 영향을 미치지 않는다. 하지만 통증의 강도가 높을 때 일부 선수는 통증을 무시함으로써 통증을 통제하려고 시도한다. 이러한 선수는 그렇지 않은 선수보다 통증을 참고 경기를 하는 경향이 있다(Deroche et al., 2011).

선수가 통증을 참고 경기한 결과에 대해서는 거의 알려진 것이 없다. 선수의 이러한 결정은 통증을 유발한 신체 상태를 악화시킬 수 있지만, 실험적으로 입증되지는 않았다. 스포츠 역사에서 통증을 참고 경기하여 놀라운 업적을 이룬 선수들의 사례가 많다. 일부 연구는 통증이 운동 유형에 따라 수행력에 다른 영향을 미친다는 사실을 밝혀냈다. 연구 참가자들은 실험적으로 유도된 통증 조건에서 운동 과제를 수행하였다. 여기서 유도된 통증 조건이란 지연성 근육통, 전기적 자극, 허혈성 통증, 압력 통증이었다. 그 결과, 통증은 골프 퍼팅과 같은 미세한 운동 수행 능력에 부정적인 영향을 미치지만, 역기 들기와 같은 덜 복잡한 작업에는 영향을 미치지 않았다(Brewer, van Raalte, & Linder, 1990; F. J. Evans & McGlashan, 1967; J. Walker, 1971). 그러나 통증은 비교적 단순한 운동 수행 능력에 부정적인 영향을 미칠 수도 있다(Sullivan et al., 2002). 또한 통증은 스포츠 경기력에 중요한 역할을 하는 주의 집중과 수행 기능에 부정적인 영향을 미칠 수 있다(Boselie, Vancleef, Smeets, & Peters, 2014; Moore, Keogh, & Eccleston, 2012).

3) 통증 관리

스포츠 관련 통증을 예방하거나 감소시키는 가장 좋은 방법은 스포츠 참여를 제한하면서 휴식을 취하는 것이다. 그러나 스포츠 참여를 위해 신체를 철저히 관리하는 선수조차 부상, 수술, 재활과 같이 상당한 통증을 경험하는 상황에 놓일 수 있다. 통증이 스포츠 참여로 인해 악화될 수 있다는 것을 알면서도 스포츠 참여를 강요하는 위험 문화에 놓인 선수에게 통증을 관리하는 것은 중요한 문제이다.

선수는 일반적으로 스포츠 건강관리 전문가와 상담을 통해 통증을 관리한다. 스포츠 건강관리 전문가는 선수의 통증 강도, 위치, 원인, 유형과 같은 주요 측면을 확인한다. 그리고 이러한 정보를 참고하여 선수의 요구와 대처 방식에 기초한 통증 관리 계획을 수립한다. 선수는 통증을 관리하기 위하여 다양한 치료 접근법을 이용하고(Kolt, 2004), 다양한 분야의 전문가를 만나는 것이 보편적이다. 통증 관리법에는 약물 치료와 물리 치료, 심리 치료 등이 있다.

(1) 약물 치료

진통제는 스포츠 손상의 통증 관리를 위해 일반적으로 많이 사용된다. 선수가 가장 많이 사용하는 진통제는 아스피린, 이부프로펜, 나프록센, 파라세타몰 및 코데인이다. 아스피린과 이부프로펜은 진정 작용 없이 통증과 염증을 줄여 주는 비스테로이드성 소염제의 일종이다. 비스테로이드성 소염제는 부상 후 염증 반응 초기 단계에 사용한다(Kolt, 2007). 비스테로이드성 소염제는 복통, 소화불량, 메스꺼움, 설사와 같은 위장관계 부작용을 주로 나타내지만, 일반적으로 심각한 부작용은 잘 나타나지 않는다. 파라세타몰과 코데인은 통증 완화 효과가 있으나, 염증을 감소시키지는 못한다(Garnham, 2007).

아스피린, 이부프로펜, 파라세타몰은 미국에서 처방전 없이 살 수 있다. 그러나 코데인은 진통제 형태의 오피오이드(opioid)이기 때문에 처방이 필요하다. 비암성 통증의 경우, 오피오이드는 내성과 의존에 대한 우려가 있다(DiMatteteo & Martin, 2000). 이런 부작용에도 오피오이드는 흔히 수술 후 통증에 대해 처방되는 경우가 있다. 부작용의 최소화를 위해 수술 이후 사용을 급격히 줄여야 한다(Tripp, Sullivan, Stanish, Reardon, & Coady, 2001). 연구에 따르면, 오피오이드의 잠재적 위험에도 불구하고, 은퇴한 미식축구 선수들은 강력한 진통제를 오남용한다는 사실이 밝혀졌다. 전직 미식축구 선수들은 일반인보다 3배 이상 오피오이드를 오남용하고 있는 것으로 나타났다(Cottler et al., 2011).

스포츠 손상 관련 통증에 약물 치료를 고려할 때, 선수와 스포츠 건강관리 전문가는 스포츠 관리 기구의 관점을 고려해야 한다(Heil & Podlog, 2012). 예를 들어, 강력한 항염증 효과가 있는 코르티코스테로이드(corticosteroid)의 사례가 있다. 코르티코스테로이드는 급성 염증을 감소시킬 수는 있으나 이후 부상에 대한 취약성을 증가시킬 수 있다(Garnham, 2007; Kolt, 2007). 이러한 약물의 위험성 때문에 일부 스포츠 단체는 경기 전 코르티코스테로이드 치료에 대한 고지나 승인을 요구한다(Garnham, 2007). 진통제는 강력한 진통 작용으로 인해 다른 문제를 야기할 수 있다. 진통제로 인해 일시적으로 통증이 없다고 느낀 선수는 완전히 회복하지 못한 상태에서 스포츠에 참여하게 되어 다른 부상을 초래할 수 있다.

(2) 물리 치료

스포츠 관련 통증을 치료하기 위해 다양한 물리 치료법이 사용된다. 일부 물리 치료법은 통증의 근원을 해결하기 위해 처방된다. 반면, 일부 물리 치료법들은 맞자극 (counterirrittaion) 원리를 기반으로 한다. 맞자극 원리란 통증 부위 주변에 경쟁적이거나 반작용적 감각을 만들어 냄으로써 통증이 완화되게 하는 것이다. 통증 치료를 위한 일반적인 물리 치료법은 전기 치료, 수기 요법, 운동 치료 등이 있다. 그리고 이러한 치료법의 효과를 뒷받침하는 실험적 근거는 다양하다.

① 전기 치료

전기 치료는 진통 효과를 내기 위해 전기 자극을 사용한다. 스포츠 손상과 관련된 통증 치료에 널리 사용되는 전기 치료는 경피전기신경자극, 간섭전기자극 및 초음파가 있다(Kolt, 2007). 경피전기신경자극 치료는 고주파 전류를 피부에 주파한다. 이 치료는 신경학적 관문을 닫음으로써 통증을 줄일 수 있는 정도의 따끔함을 만들어 낸다. 경피전기신경자극 치료는 침술과 같은 방식을 이용하여 강한 저주파 전류를 적용할 수도 있다. 이러한 방식의 경우, 일반적인 경피전기신경자극 치료보다는 불쾌한 감각을 유발하지만, 뇌에서 내인성 오피오이드를 방출하여 통증을 감소시킨다(Snyder-Mackler, Schmitt, Rudolph, & Farquhar, 2007).

경피전기신경자극 치료와 마찬가지로 간섭전기자극 치료도 피부에 전류를 보낸다. 그러나 간섭전기자극 치료는 전류가 통증 부위에 교차하도록 전극을 배치하여 두 개의 교류 중주파 전류를 가한다. 간섭전기자극 치료는 큰 직경의 A-베타 신경 섬유를 자극하여 신경학적 관문을 닫는 치료법이다(Kolt, 2007). 반면, 초음파 치료는 고주파를 피부에 적용한다. 초음파는 심부 조직에 보온 효과를 주고 통증을 완화할 수 있다. 또한 전기 치료는 소염제 및 진통제를 전달하는 데 사용될 수 있다. 일례로, 이온 영동법(iontophoresis)은 전기적 수단을, 음파 영동법(phonophoresis)은 초음파를 사용하여 약물을 주입한다(Snyder-Mackler et al., 2007).

② 수기 요법

스포츠 건강관리 전문가는 마사지, 관절 가동술 및 도수 치료를 통해 통증을 감소시킨다(Kolt, 2007). 치료 마사지는 통증과 관련된 근육을 이완시키기 위해 연부 조직을 문지르거나 주무르는 맞자극의 형태이다(Taylor & Taylor, 1997). 마사지가 통증을 완화시키는 메커니즘은 다음과 같다. 마사지를 통해 근육이 이완되고, 통각과 관련된 화학 물질들이 부상 부위에서 사라지며, 직경이 큰 신경 섬유가 자극되어 통증 유발 게이트가 닫히기 때문에 통증이 완화된다(Kolt, 1997; Prentice, 2011). 수기 요법은 다른 물리 치료 및 인지 행동 개입과 쉽게 병용할 수 있다(Taylor & Taylor, 1997).

③ 운동 치료

운동 치료는 통증 완화에 중요한 역할을 한다. 운동은 스포츠 손상 재활과 통증의 감소를 위한 치료의 핵심 요소이다. 스포츠 건강관리 전문가는 부상 발생의 위험 요인으로 판단되거나 부상 회복에 방해되는 운동 장애를 파악한다. 그리고 이를 교정하기 위해 근력, 유연성, 지구력, 협응력 및 균형 감각 운동 치료를 처방한다. 재활 중에도 스트레칭, 저항성 운동, 고유수용감각 훈련과 같은 다양한 운동 치료가 시행된다.

운동 치료는 움직임을 교정하여 통증을 줄일 뿐만 아니라, 다양한 경로를 통해 통증 조절에 도움을 준다. 예를 들어, 운동은 스트레스로부터 주의를 돌리고, 이완을 촉진하고, 자기효능감을 높인다(Kolt, 2007). 또한 기분을 개선하며, 사회적 지원을 제공받을 수 있는 환경을 제공한다.

선수는 부상 이후 통증 악화나 추가 부상 위험을 피하기 위해 운동 참여가 제한된다. 하지만 그러한 위험이 없는 가벼운 운동에 참여하는 것은 건강을 증진시키고 통증을 완화시키는 심리적 이점을 제공한다. 예를 들어, 유산소 운동은 불쾌한 자극에 대한 진통 효과를 일으킬 수 있다(Anshel & Russell, 1994; Gurevich, Kohn, & Davis, 1994).

④ 기타 치료법

통증 관리를 위한 기타 치료법에는 냉치료, 온열 치료, 수술 그리고 침술이 있다. 냉치료와 온열 치료는 스포츠 관련 통증에 가장 흔히 사용되는 치료법이다. 냉치료는 스포츠 손상의 직후 염증 단계 동안 적용하는 RICE 치료(휴식, 냉찜질, 압박, 거상)의 일부이다. 냉치료는 또한 수술과 재활 운동 후 염증 반응기에도 사용된다. 냉치료는 얼음 주머니, 냉각젤, 냉각팩, 냉각 커프스(cooling cuffs) 및 냉수 침지 등을 통해 통증 부위에 적용 가능하다(Snyder-Mackler et al., 2007). 냉치료는 일반적으로 연부조직 손상에 단기 진통제로 효과적이다(Bleakley, McDonough, & MacAuley, 2004). 반면, 온열 치료는 부상 발생 후 염증 단계가 완료될 때까지는 사용되지 않는다. 온열 치료는 일반적으로 온열젤, 온열팩 및 온수 월풀 등을 통해 통증 부위에 적용되며(Snyder-Mackler et al., 2007), 스포츠 관련 통증을 완화할 수 있다(Petering & Webb, 2011).

수술은 만성 통증을 치료하기 위한 최후의 수단으로 사용된다. 그러나 수술은 스포츠 손상 관련 통증을 치료하는 목적으로는 거의 사용되지 않는다. 수술은 통증 완화의 목적보다 신체의 손상을 복구하고 기능을 회복하기 위한 것이다. 반면, 침술은 통증을 치료하고 스포츠 손상 회복을 돕기 위해 점점 더 많이 사용되고 있다. 침술 치료는 일반적으로 특정 지점에 침을 삽입한다. 시술 효과를 강화하기 위해 침에 열, 전기 자극을 가하는 경우도 있다. 아직 침술의 통증 완화 메커니즘을 완벽히 설명하지는 못하지만, 침술은 통증이 있는 선수에게 잠재적으로 적용할 수 있고 안전한 선택지이다(Wadsworth, 2006).

(3) 심리적 방법

스포츠 관련 통증을 완화하기 위한 심리적 방법은 게이트 제어 이론(Melzack & Wall, 1965)을 기반으로 한다. 심리 기술은 일반적으로 안전하고, 약물을 사용하지 않으며, 장소를 가리지 않고 사용할 수 있다. 또한 심리 기술은 용도가 다양하고 상황에 따라 유연하게 적용할 수 있다. 명백한 부작용이 없는 심리 기술은 약물 치료를 꺼리는 선수에게 선호된다. 또한, 선수는 일반인보다 급성 통증에 대처하기 위해 심리 기술을 자주 사용하고, 더 능숙하게 사용할 수 있다(Manning et al., 1997).

통증 관리를 위한 심리적 방법은 인지 내용, 인지 대처, 행동을 변화시킨다(Jensen, 2011).

대부분의 심리 기술은 특별한 장비가 필요하지 않다. 심리 기술은 다양한 맥락에서 여러 통증 유형에 쉽게 적용할 수 있다. 심리 기술은 재활 전, 중, 후에 발생한 통증에 대처하기 위하여 사용할 수 있다. 또한 심상은 향후 치료, 부상 이후 일상 활동, 도전적인 스포츠 과제와 관련된 통증을 완화하는 데 도움이 될 수 있다.

스포츠 관련 통증이 빈번하게 발생함에도 불구하고, 스포츠 영역에서 심리 기술이 통증 완화에 미치는 효과에 관한 연구는 거의 이루어지지 않았다. 주의 집중, 바이오피드백, 심호흡, 최면, 심상, 정보 제공, 조작적 조건화, 통증 재인식 및 이완을 포함한 다양한 인지 행동 기법이 스포츠 관련 통증의 치료법으로 추천되었다(Kolt, 2004, 2007; Singer & Johnson, 1987; Taylor & Taylor, 1997). 하지만 이러한 기법 중 주의 집중, 정보 제공 및 다방면 개입이 통증 완화에 도움이 되는 것으로 나타났다.

주의 집중(attentional focusing)은 의도적으로 자극에 주의를 집중하는 것을 말한다. 반면, 통증이 아닌 외부에 주의를 집중하는 것을 통증에 대한 주의 산만(distraction) 또는 회피라고 정의한다. 한편, 통증의 정서적 측면이 아닌 감각적 측면에 주의 집중하는 것은 재정의(redefinition)라고 부른다. 통증에 대한 주의 산만과 재정의는 급성 통증을 대처하는 데 효과적이다. 연구에 따르면, 통증에 대한 주의 산만은 단기 또는 낮은 강도의 통증에 대하여 재정의보다 효과적이다. 반면, 재정의는 만성 또는 큰 강도의 통증에 대해 주의 산만보다 나은 효과를 보인다(McCaul & Malott, 1984; Suls & Fletcher, 1985).

주의 집중은 지구력 스포츠 선수가 느끼는 불편함을 감소시키고, 경기력을 향상시키는 방법으로 광범위하게 검토되었다. 재정의와 주의 산만이라는 용어 대신에, 내부에 초점을 둔 주의 집중을 연관(association), 외부에 초점을 둔 주의 집중을 해리(dissociation)라고 부르기도 한다. 연관과 해리는 지구력 수행력을 촉진하는 데 효과적이며, 연관은 주로 숙련된 선수에게 효과적이었다(Brewer & Buman, 2006).

스포츠 관련 통증은 스포츠 참여나 재활 훈련 중 발생하기 때문에 관리하기에 어려움이 있다. 여기서 통증 관리 목표는 증상을 감소시키는 것 이상이기 때문이다. 선수는 통증을 관리할 때 경기력 향상, 시합 참가라는 요인도 고려해야 한다. Hail(1993b) 및 Stevinson과 Biddle(1998)가 지적했듯이, 스포츠 참여 및 재활 과제에 대한 주의 산만이 일어나는 경우 경기력에 부정적 영향을 미칠 수 있다. 예를 들어, 스포츠 참여 및 재활과 관련된 외부 단서에 선수가 주의 집중을 하면, 과제 수행과 통증 제어가 모두 가능하다. 반면, 스포츠 참여 및 재활 과제와 무관한 외부 단서에 주의 집중을 하면 통증은 완화할 수 있수 있지만 경기력은 나빠질 수 있다. 통증이 선수의 경기력과 무관한 경우, 주의 집중 전략은 통증 대처를 위해서만 사용할 수 있다. 그러나 통증이 경기력과 관련되어 발생한다면 주의 집중 전략은 경기력과 관련된 요구를 고려할 필요가 있다.

정보 제공은 선수에게 통증, 부상과 연관된 해부학적·생리학적 세부 사항에 대한 정보를 제공하는 것을 말한다(Kolt, 2004). 이러한 종류의 정보를 제공하는 것은 선수에게 통제감을 부여하며, 주의 집중을 통증의 정서적 측면보다는 정보적 측면으로 향하게 할 수 있다. 이는 통증을 감소시키는 데 도움이 된다. Streator 등(1995)은 선수의 발과 발목에 냉수 자극을 주는 실험을 하였다. 선수들은 냉수 자극에 대한 최소한의 정보 제공만으로도 통증이 줄었다고 보고하였다.

다방면 개입은 두 연구에서 스포츠 관련 통증을 줄이는 데 효과가 있었다. 첫 번째 연구를 살펴보면, 심호흡, 이완, 심상, 긍정적 자기암시와 같은 다양한 심리적 통증 관리 기법을 시행한 선수들은 그렇지 않은 선수들보다 무릎 연골 수술 후 통증이 덜하다고 보고하였다(Ros & Berger, 1996). 두 번째 연구를 살펴보면, 이완과 유도 심상을 결합한 개입을 받은 선수들은 위약 치료를 받거나 아무런 치료를 받지 않은 선수들보다 전방십자인대 수술 후 통증이 덜하다고 보고하였다(Cupal & Brewer, 2001). 두 연구에서는 다방면 개입이 적용되었기 때문에 개입의 개별 요소가 통증 감소에 영향을 미치는 정도를 확인하는 것이 어렵다. 그러나 다방면 개입의 연구 결과는 다양한 심리적 기법들은 조합하여 스포츠 관련 통증을 치료할 수 있다는 가능성을 시사한다.

해리는 지구력 스포츠의 부상 발생 위험 요소가 아니다.

통증 관리 전략을 선택할 때 가장 중요하게 고려해야 하는 것은 안전이다. 예를 들어, 약물 치료는 안전에 대한 잠재적 위협인 의존성, 과다복용, 약물 상호작용이 발생할 수 있다. 대조적으로, 심리적 통증 관리 기술은 일반적으로 안전하고, 위험한 부작용이 없다고 알려져 있다. 그러나 Morgan(1978) 은 외부 자극에 주의를 집중함으로써 통증으로부터 주의 분산하는 '해리(dissociation)'를 남용하는 지구 력 선수의 안전에 우려를 표명했다. 특히 과도하게 해리 전략을 사용하는 선수는 신체적 감각으로부 터 주의 집중이 차단되어 부상의 신체적 경고 신호를 알아차리지 못할 수 있어 부상 위험이 크다고 주장하였다.

선수가 통증 관리 전략을 오용할 수도 있다. 하지만 해리 전략 사용에 대한 Morgan(1978)의 우려 는 부당한 것으로 보인다. 주의 집중 전략과 부상에 대한 정보를 수집한 5개 연구에 따르면, 해리의 사용과 부상 발생 사이의 연관성에 대한 근거를 얻지 못했다(Brewer & Buman, 2006). 오히려 '연관 (association)'으로 알려진 전략처럼 지구력 활동 수행 중 신체 증상에 주의를 집중하는 행동이 선수를 부상으로부터 보호하지 못할 수도 있다. 연관 전략의 사용이 문제가 되는 것은 아니지만, 연관 전략 을 사용하는 선수는 해리 전략을 사용하는 선수보다 더 경쟁적이고, 자신을 강하게 밀어붙여 결과 적으로 더 많은 부상을 겪는 경향이 있다(Masters & Ogles, 1998; Masters, Ogles, & Jolton, 1993).

8. 생물심리사회적 분석

통증은 전형적인 생물심리사회적 현상이다. 통증의 정의, 모델, 평가 그리고 치료 는 생물학적·심리적·사회적 요인을 포함한다. 이러한 요인은 통증의 발생, 경험, 반응, 관리 및 완화에 영향을 미친다. 기본적으로 통증은 신체적 자극, 통각, 감각과 같은 생물학적 과정으로 부터 시작한다. 하지만 주의 집중, 인지, 기대 및 사회화와 같 은 심리적·사회적 과정은 통증의 생물학적 과정에 영향을 미칠 수 있다.

앞에서 다룬 베로니카, 루이스, 키주안, 로베르타, 및 스콧의 사례는 스포츠 참여와 관련된 통증의 광범위한 단면을 보여 준다. 키주안을 제외한 나머지 사례들은 스포츠 관련 급성 통증의 전형적 특징을 반영한다. 통증에 대한 개인의 반응은 통증의 원인,

강도 및 해석에 따라 상당히 다르다. 이 사례들은 모두 스포츠 영역에서 통증의 광범위한 성격을 보여 주며 스포츠에서 통증이 정상적으로 발생할 수 있다는 사실을 보여 준다. 실제 선수는 통증을 스포츠 경험의 일부로 예상하고 받아들인다. 그리고 통증이 스포츠 영역에서 사라지는 것은 불가능할 것으로 보인다. 그러나 통증에 기여하는 다양한 요인들을 고려한다면 키주안이 경험한 만성 통증의 관리를 효과적으로 할 수 있을 것이다.

9. 요약

통증은 스포츠 손상과 관련된 생물심리사회 현상의 전형적인 예이다. 통증은 감각적·정서적 요소를 포함하고, 실제 또는 잠재적 조직 손상과 관련된 불쾌한 경험으로 묘사된다. 통증은 지속 시간에 따라 급성 통증과 만성 통증으로 구분한다. 통증은 속성에 따라 작열통, 환상지통, 연관통으로 분류할 수 있다. 하지만 스포츠 영역에서는 통증을 수행 통증과 부상 통증으로 구분하여 이해하는 것이 더 효율적이다.

통증은 질과 강도의 측면에서 평가할 수 있다. 질은 통증이 묘사되는 방법과 관련 있고, 강도는 통증 자극의 강도와 관련이 있다. 통증 역치는 자극이 통증으로 인식되는 데 필요한 자극의 양이다. 반면, 통증 내성은 추가적 자극을 거부하기 전에 견딜 수 있는 자극의 양이다. 통증은 평가하기 어렵지만 정신생리학적·행동적·자가 보고 및 방법을 통해 측정될 수 있다. 이러한 측정 방법 등은 각기 장단점을 가지고 있다.

통증에 대한 다양한 모델과 이론이 발전되어 왔다. 먼저 통증을 조직 손상에 대한 직접적인 상향식 반응으로 간주하는 감각 모델이 제시되었다. 이후 이러한 이론은 통증 인식에 대한 하향식 주의 집중과 신경학적 영향을 통합한 관점으로 발전되었다.

스포츠 영역에서 통증은 인구통계학적·개인적 요소, 인지·정서·사회·환경적 요소를 포함한 다양한 요인과 관련이 있다. 예를 들어, 인구통계학적·개인적 요인 측면에서, 선수는 비선수보다 높은 통증 내성을 보였다. 그러나 남성과 여성은 유사한 수준의 통증 지각을 보였다. 스포츠 관련 통증과 연관된 주요 인지적 요인은 주의 집중과 인지 내용이다. 통증으로부터 주의 분산이 불가능할 때, 통증 자극의 정서적 측면보다는 감각적 측면에 주의 집중을 하는 것이 효과적인 통증 대처 전략의 수단이 될 수 있다.

통증에 대한 인지 내용과 관련하여 부정적 사고 내용, 특히 통증 파국화는 통증 반응에 부정적 영향을 미친다. 그러나 목표 설정과 같은 긍정적인 생각은 통증에 대한 적응적 반응과 관련이 있다. 사회적·환경적 요인의 측면에서 스포츠 관련 통증을 인식하고 통증에 반응하는 것은 물리적 환경, 타인의 존재 및 상호작용과 관련이 있다.

선수가 스포츠 관련 통증을 해석하고 통증에 반응하는 행동에는 통증과 부상 구별하기, 통증을 참고 시합하기, 통증 관리하기가 있다. 스포츠 통증을 관리하는 방법에는 약물 치료, 물리 치료 및 심리 기술이 있다.

📅 **토론 질문**

1. 통증(pain)과 통각(nociception)의 차이점은 무엇인가?
2. 통증 내성(pain tolerance)과 통증 역치(pain threshold)의 차이점은 무엇인가?
3. 통증을 평가하는 다양한 방법과 각 방법의 장단점은 무엇인가?
4. 선수가 통증을 견디고 경기를 하는 현상은 스포츠 윤리와 어떠한 관련이 있는가? 그리고 어떤 사회적·문화적 요인이 선수가 부상을 숨기도록 조장하는가?

제3부

스포츠 손상의 재활

제3부는 스포츠 손상 재활 중 발생하는 심리적 측면에 초점을 맞추고 있다. 구체적으로, 스포츠 손상 예방 및 재활 프로그램을 준수하는 것에 대해 다룬다. 또한, 심리적 요인이 스포츠 손상 재활의 결과에 영향을 미치는 경로를 탐구한다. 그리고 유의미한 재활 결과를 얻기 위한 심리적 개입에 대하여 알아본다.

제6장 스포츠 손상 예방 및 재활 프로그램 준수
제7장 스포츠 손상 재활에서의 심리적 요인
제8장 스포츠 건강관리에서의 심리적 개입

제6장

스포츠 손상 예방 및 재활 프로그램 준수

학습 목표

1. 스포츠 손상 예방 및 재활 프로그램 준수의 이론, 측정, 예측 요인 및 강화를 알아본다.
2. 치료 준수와 스포츠 건강관리 결과 사이의 용량-반응 관계를 알아본다.

　카를로스(Carlos)는 오늘도 야근을 했다. 그는 퇴근길에 승진에 관해 생각해 보았다. 대학 시절 그가 했던 모든 노력은 성과를 거두었다. 대학에서 좋은 학점을 받은 것은 그가 회사에 입사하는 데 중요한 역할을 했다. 대학 시절 야구를 했던 경험은 그의 사회생활에 도움이 되었다. 그의 상사는 업무와 사내 레저 활동 모두에 열정적이었다. 회사는 공식적으로 소프트볼 리그에 참가하고 있었다. 카를로스는 소프트볼 경기장에서 치열한 전투가 벌어진다는 것을 알았고, 야구를 했던 그는 팀의 승리를 돕기 위해 최선을 다했다. 그는 어깨 부상으로 인해 프로 야구 경력의 꿈을 포기했었다. 비록 어깨 부상이 있었지만 카를로스는 팀의 주요 선수였고, 통증에도 불구하고 시합을 뛰었다. 카를로스는 어깨 통증으로 인해 병원을 방문하였다. 물리 치료사는 그에게 스트레칭 및 근육 강화 운동법을 가르쳐 주었다. 카를로스는 그 프로그램을 따르고자 매우 노력했다. 하지만 오늘 밤 그는 피곤했고 운동하고 싶지 않았다. 더군다나 그는 어깨를 과하게 사용했음에도 불구하고, 그리 통증이 심하지 않았다. 카를로스는 저녁을 먹고, 텔레비전을 보다가 잠이 들었다.

　타미(Tammy)와 티나(Teena)는 16세이고, 많은 공통점을 가지고 있었다. 두 소녀는 만난 적은 없지만, 각자 배구와 농구에서 두각을 나타내고 있었다. 그들은 같은 정형외과 의사에게 비슷한 시기에 전방십자인대 재건술을 받았다. 또한, 같은 병원에서 같은 물리 치료사의 재활 치료를 받았다. 타미는 월요일과 수요일에 재활을 진행하였고, 티나는 화요일과 목요일에 재활을 진행하였다. 이러한 유사성에도 불구하고, 이 소녀는 전혀 다른 재활 과정을 경험했다. 외향적 성격의 티나는 수술 후 부기와 통증을 거의 느끼지 않았고, 거의 모든 재활 훈련에 참석하였다. 그녀는 치료사가 처방한 재택 재활 훈련의 약 1/4만 시행하였고, 재활 동안 평소에 시간이 없어 하지 못했던 일들을 하였다. 그녀의 회복은 놀라웠다. 그녀는 수술 후 4개월 만에 6개월 기준치를 만족시켰다. 또한, 예정된 스케줄대로 팀 훈련에 복귀했다. 이와 대조적으로, 조용하고 진지한 타미는 수술 후 거의 한 달 동안 심각한 부기와 통증을 경험했다. 그녀는 물리 치료 프로그램을 맹신적으로 따랐고, 모든 재활 훈련에 충실히 참석했다. 처방받은 모든 재택 운동 또한 부지런히 마쳤다. 하지만 그녀의 재활 과정의 진행은 더뎠고, 수술 후 9개월이 지나도록 그녀는 6개월의 기준치를 달성하지 못했다.

스포츠 손상의 예방 및 치료를 위하여 체육학, 의학, 물리치료학, 심리학, 공중 보건학 등의 분야에서 다양하고 혁신적인 방법이 개발되었다. 선수가 예방 및 치료 프로그램을 완수하는 것은 스포츠 손상 예방 및 부상 회복을 위한 프로그램의 성공에 중요한 역할을 한다.

선수는 부상 예방 및 재활 프로그램을 행동으로 실천하는 데 어려움을 겪는다(Granquist & Brewer, 2013). 처방된 프로그램을 실제로 완수하는 정도를 치료 준수라고 한다. 준수(adherence)는 흔히 순응(compliance)의 의미로도 사용된다. 그러나 순응은 전문가의 지시를 순순히 따르는 상대적으로 수동적 의미를 지닌다. 반면, 준수는 원하는 예방적·치료적 결과를 도출하기 위하여 환자와 전문가가 함께 능동적이고 협력적으로 개입에 참여하는 것을 의미한다(Meichenbaum & Turk, 1987). 이 장에서는 스포츠 손상 예방 및 재활 프로그램의 준수에 대한 측정, 이론, 예측 요인 및 강화를 검토한다. 또한 이러한 프로그램의 준수와 결과 사이의 용량-반응 관계를 탐구하고자 한다.

1. 스포츠 손상 예방 프로그램 준수

최근 스포츠 손상을 예방하기 위한 시도가 증가하고 있다. 이와 더불어 스포츠 손상 예방 프로그램의 효과에 있어 준수의 중요성이 강조되고 있다(Finch & Donaldson, 2010; van Tiggelen, Wickes, Stevens, Roosen, & Witvrouw, 2008). Finch(2006)는 부상 예방을 위하여 예방 프로그램이 선수 및 스포츠 단체에 의해 수용, 채택 및 준수될 수 있어야 한다고 주장했다. 그러나 안타깝게도, 예방 프로그램의 채택과 준수 정도에 대한 연구는 많이 시행되지 않았다(Finch, 2011). 선수의 부상 예방 프로그램 준수를 평가해 보면, 대상과 측정 방법에 따라 '전혀 아님(Duymus & Gungor, 2009)'부터 '100% 준수함(Heidt, Sweeterman, Caronas, Traub, & Tekulve, 2000)'까지 상당히 다양한 수준으로 나타났다.

부상 예방을 위하여 선수, 스포츠 관리자, 입법자 및 스포츠 건강관리 전문가 모두가 노력해야 한다. 하지만 이 장에서는 선수의 부상 예방 프로그램 준수에 초점을 맞춘다. 선수에게 권장되는 부상 예방법에는 준비운동, 스트레칭, 근력 강화, 민첩성, 점프, 균형과 같은 신체 운동이 있다. 또한, 수분 보충, 보호 장비 착용 및 스트레스 관리 활동(Emery & Meeuwisse, 2010; Gissane, White, Kerr, & Jennings, 2001; Perna et al., 2003) 등의 방법이 있다. 이 절에서는 스포츠 손상 예방 프로그램 준수의 측정, 이론, 예측 요인 및 강화를 살펴본다.

1) 측정

스포츠 손상 예방 프로그램 효과를 평가하기 위해서는 선수가 해당 프로그램을 얼마나 잘 준수하는지를 확인해야 한다. 예를 들어, 선수가 프로그램을 준수하지 않았다면, 프로그램 자체가 효과가 없는 것인지 혹은 선수가 프로그램을 준수하지 않았기 때문에 효과가 없는 것인지를 판단할 수 없다. 따라서 프로그램 준수를 정의하고 측정하는 것이 필요하다.

스포츠 손상 예방 프로그램은 팀 및 개인 환경에서 실행된다. 팀 환경에서 스포츠 손상 예방 프로그램의 준수를 측정하는 일반적인 방법은 준수 여부를 기록하는 것이다. 예방 프로그램 시행 여부와 선수의 참석 여부를 기록하여 준수 여부를 확인할 수 있다. 구체적으로, 팀 훈련 회기 중 예방 프로그램이 적용된 비율, 예방 프로그램을 완수한 팀 참가자의 비율을 수집한다. 또한 예방 프로그램의 팀 완수 및 개별 완수를 설명하는 복합 준수 지수를 계산할 수도 있다(Junge et al., 2011; Keats, Emery, & Finch, 2012; Soligard et al., 2008; Soligard, Nilstad et al., 2010; Sugimoto et al., 2012; van Beijsterveldt, Krist, van de Port, & Backx, 2011a, 2011c). 개인 환경에서 부상 예방 프로그램 준수 여부는 일반적으로 자가 보고 설문지를 통해 평가된다(Chan & Hagger, 2012a; Emery, Rose, McAllister, & Meeuwisse, 2007).

스포츠 손상 예방 프로그램의 준수 보고서는 코치 또는 선수가 작성할 수 있다. 이러한 보고서는 모두 자가 보고라는 잠재적 한계를 가진다. 자가 보고의 잠재적 한계에는 망각, 부정확 및 사회적으로 바람직한 반응이 있다. 이러한 잠재적 한계에도 불구하고, 선수의 부상 예방 프로그램 준수에 대한 코치의 보고서는 독립적인 관찰자의 모니터링을 통해 타당성이 검증되었다(van Beijsterveldt, Krist, van de Port, & Backx, 2011a). 독립적인 관찰자는 헤드기어, 마우스가드와 같은 보호 장비 착용 여부를 감시 및 기록하는 데도 사용된다(Braham & Finch, 2004). 전반적으로 스포츠 손상 예방 프로그램 준수의 측정은 아직 초기 단계에 있다. 준수를 보다 객관적이고 정확하게 평가하기 위해서는 보다 정교한 방법이 필요하다(Chan & Hagger, 2012a).

2) 이론적 관점

준수에 대한 이론은 예방 행동의 과정을 이해하는 데 도움을 준다. 그것은 또한 예방 프로그램의 실천을 유도하기도 한다.

최근까지 스포츠 손상 예방 프로그램 준수에 대한 연구는 체계적 이론을 기반으로 한 것이 아니었다. 일부 실험에서 예방 활동의 준수 정도가 평가되었지만, 선수의 예방 활동 준수 여부를 설명하기 위해 이론적 접근을 시도한 연구는 거의 없었다. 스포츠 손상 예방과 관련된 안전 행동을 조사한 100개의 연구 중 단 11개의 연구만이 행동과학 및 사회과학의 이론이나 모델을 사용한 것으로 나타났다.

예방 프로그램 준수와 관련된 이론적 관점에는 합리적 행동이론(Ajzen & Fishbein, 1980; Fishbein & Ajzen, 1975)과 계획적 행동이론(Ajzen, 1991)이 있다. 합리적 행동이론에 따르면, 선수가 스포츠 손상 예방 행동을 준수할 가능성은 그러한 행동에 관여하려는 선수의 의도에 직접적으로 영향을 받는다. 또한, 이러한 의도는 사회적 환경, 주변인의 의견, 예방 행동에 대한 선수의 태도에 영향을 받는다. Ajzen(1991)은 계획적 행동이론을 주장하였다. 그는 예방 행동을 준수하려는 선수의 의도에 자기 통제력에 대한 믿음을 추가했다. 계획적 행동이론의 관점에 따르면, 다음과 같은 경우 스포츠 손상 예방 프로그램의 준수가 가장 높다.

- 선수와 동료가 예방 행동의 잠재적 혜택에 가치를 둔다.
- 선수가 스스로 예방 행동을 통제할 수 있다고 생각한다.
- 이 두 항목의 직접적인 결과로서, 선수는 예방 행동에 참여하고자 한다.

Keats 등(2012)은 계획적 행동이론을 지지했다. 그들은 또한 계획적 행동이론을 자기결정이론(Ryan & Deci, 2000)과 통합해야 한다고 주장했다. 자기결정이론에 따르면, 선수는 자율성, 역량 및 관계성에 대한 심리적 욕구가 충족될 때 예방 행동에 가치를 부여하고, 타인의 지지를 인식하며, 자신의 통제력을 인식하고, 부상 예방 활동에 참여하게 된다. 선수는 예방 행동에 대한 결정을 스스로 내릴 때, 자율성을 경험한다. 즉, 선수는 외적 요인(코치, 팀동료)이 아닌 내적 요인(자아)에 의해 예방 행동을 결정할 때 자율성을 경험하는 것이다. 또한, 선수는 부상 예방 행동을 성공 및 코치, 동료와의 관계와 긍정적인 관련이 있는 것으로 인식할 때, 자신의 역량과 관계성에 대한 요구가 충족되고 계획적 행동이론에 기반하여 예방 행동을 준수하게 된다(Chan & Hagger, 2012b; Keats et al., 2012).

스포츠 손상 예방 행동을 하는 선수의 동기를 예측하기 위하여 자기결정이론이 사용되었다(Chan & Hagger, 2012a). Keats 등(2012)이 제안한 통합 접근법은 스포츠 손상 예방 프로그램의 준수를 이해하고, 프로그램의 적용을 안내하는 수단으로서 상당한 가능성을 보여 준다.

3) 예측 요인

스포츠 손상 예방 프로그램의 준수에 영향을 미치는 요인에 대한 연구가 부족하기 때문에, 예방 행동에 대한 예측 요인을 확인하기가 어렵다. 예측 요인은 개인의 내부, 외부에 존재하느냐에 따라, 내적 요인과 외적 요인으로 구분할 수 있다. 내적 요인에는 부상 이력, 개인 특성 및 인지적 변수가 포함된다. 예를 들어, 특정 부위에 부상을 당한 이력이 있는 선수는 그렇지 않은 선수보다 스포츠 참가 중에 보호 장비를 착용할 가능성이 더 큰 것으로 나타났다(Cornwell, Messer, & Speed, 2003; Eime, Finch, Sherman, & Garnham, 2002; Yang et al., 2005). 또한, 나이가 많거나(Cornwell et al., 2003; Eime et al., 2002; Yang et al., 2005), 운동 경험이 많은 선수(Eime et al., 2002)가 어리고 운동 경험이 적은 선수보다 보호 장비를 더 많이 사용하였다. 여자 선수는 남자 선수보다 보호 장비를 착용할 가능성이 더 컸다(Yang et al., 2005). 그러나 신경근 훈련의 경우, 운동 경험과 부상 예방 프로그램 준수는 반비례 관계에 있었다(McKay, Steffen, Romiti, Finch, & Emery, 2014).

스포츠 손상 예방 프로그램의 준수를 예측하는 인지 요인에는 준수 의도, 자기효능감, 기대, 부상 위험에 대한 지식, 태도와 신념이 있다. 선수는 장비를 착용할 수 있는 능력에 대한 확신이 있고, 장비를 착용할 의도가 있고(De Nooijer, De Wit, & Steenhuis, 2004), 부상 위험에 대한 지식이 있으며(Eime et al., 2002), 착용에 대한 장벽이 적다고 인식하며, 장비가 없으면 부상당할 확률이 높다고 인지할 때 보호 장비를 착용할 가능성이 컸다. 또한, 선수가 장비를 착용하지 않을 때 심각한 부상이 발생한다는 사실을 인식하고, 장비의 착용에 여러 장점이 있다고 생각할 때 장비를 착용할 가능성이 컸다(Williams-Avery & MacKinnon, 1996).

Chan과 Hagger(2012b)는 다양한 인지적 요소와 스포츠 손상 예방 프로그램의 준수 사이에 정적 상관관계가 있다고 보고하였다. 이 연구에 따르면, 기본적인 심리적 욕구의 만족, 스포츠에 대한 자기 결정성, 부상 예방에 대한 자기 결정성과 같은 요인이 높을 때 선수가 예방 행동을 준수할 가능성이 높았다. 준수는 또한 구체적인 태도 및 믿음과 정적 상관관계를 보였다. 다시 말해, 선수는 안전에 대한 헌신, 스포츠 손상에 대한 걱정, 부상 예방 활동을 우선순위에 두는 것과 같은 태도와 믿음이 클 때 예방 프로그램 준수를 하는 경향을 보였다. 안전 위반에 대한 태도(즉, 스포츠 성과를 추구하기 위해 안전 위반이 때때로 필요한 것으로 보는 것)와 부상 예방에 대한 운명론(즉, 스포츠 손상을 피할 수 없는 것으로 보는 것) 같은 믿음과 태도는 예상과 달리 준수와 정적 상관관계를 보였다. 이러한 특정한 태도와 스포츠 손상 예방 활동의 준수와의 관계를 명확히 하기 위해 추가 연구가 필요하다.

스포츠 손상 예방 프로그램의 준수에 영향을 미치는 외적 요인에는 사회적 영향, 프로그램 특성 및 적용 특성이 포함된다. 사회적 영향 측면에서, 선수는 팀 동료나 친구가 높은 비율로 예방 프로그램을 준수할 때(De Nooijer et al., 2004; Yang et al., 2005), 자율성에 대한 높은 지지를 느낄 때(Chan & Hagger, 2012a), 부모로부터 준수하라는 압박을 받을 때(De Nooijer et al., 2004)에 예방 행동을 더 잘 준수했다.

프로그램의 특성 및 프로그램의 적용 방법 또한 선수의 프로그램 준수에 영향을 미치는 요인이다. 예를 들어, 선수에 비해 코치의 수가 많은 고등학교에 다니는 선수는 선수에 비해 코치가 적은 학교의 선수보다 보호 장비를 더 많이 착용했다(Yang et al., 2005). 비슷하게, 호주의 스쿼시 선수들은 예방 행동을 상기시키는 포스터가 주변에 많이 존재할 때, 예방 행동을 하는 비율이 높았다. 더불어 보호 안경이 필요시 즉시 사용 가능한 상황일 때, 보호 안경을 착용할 가능성이 더 컸다. 부상 예방 신경근 훈련 프로그램은 다음과 같은 특성을 가질 때 프로그램을 충실히 준수하는 것으로 나타났다. 즉, '프로그램이 부상 예방보다 경기력 향상에 초점을 맞추고 있다(Alentorn-Geli et al., 2009; Hewett, Ford, & Myer, 2006)', '코치가 프로그램의 수행 시간이 길다고 인식하지 않는다(Soligard et al., 2010)', '프로그램을 적용하는 코치가 이전에 부상 예방 프로그램을 적용한 적이 있다(Hewett et al., 2006)', '코치가 선수의 동기 부여가 높다고 인지한다(Soligard et al., 2010)' 등이다. 따라서 예방 프로그램에 대한 선수의 준수 정도는 선수 자신의 내적 요인뿐 아니라 타인, 프로그램의 특성에 의해서도 영향을 받을 수 있다.

부상 예방 프로그램 준수의 방해 요인 또한 존재한다. 선수는 프로그램을 준수하는 것에 어려움을 느낄 때, 그 프로그램을 덜 준수하게 된다. 선행 연구에서 선수가 보호 장비를 착용하지 않는 여러 이유를 확인했다. 그 이유로는 비용 문제(Chatterjee

& Hilton, 2007; Pettersen, 2002), 호흡 불편감(Chapman, 1985), 의사소통 곤란(Finch, McIntosh, & McCrory, 2001), 싫음(Braham et al., 2004), 시야 제한(Eime et al., 2002), 불편감(Braham, Finch, McIntosh, & McCrory, 2004; Finch et al., 2001; Pettersen, 2002; Schuller, Dankle, Martin, & Strauss, 1989; Upson, 1982) 등이 도출되었다.

4) 강화

스포츠 손상 예방 프로그램을 준수하는 것이 프로그램의 성공에 필수적인 것으로 인식되고 있다. 하지만 준수를 강화함으로써 예방 프로그램의 효과를 강화하려는 시도는 제한적이다. 준수를 향상시키기 위한 중요한 단계는 스포츠 손상 예방 프로그램의 설계 및 적용에 행동 이론을 융합하는 것이다(McGlashan & Finch, 2010). Finch(2006)가 권고했듯이, 준수에 영향을 미치는 요인에 대한 이론 기반의 연구는 예방 프로그램을 채택하고 준수하는 것을 촉진하기 위한 절차인 메타 개입(개입에 대한 개입)의 개발과 평가에 정보를 제공할 수 있다. 예를 들어, 계획적 행동이론과 자기결정이론을 통합하는 모델의 핵심 구성 요소와 준수의 다양한 예측 요인을 체계적으로 조작하여 프로그램의 준수를 최적화한 프로그램을 개발할 수 있다.

2. 스포츠 손상 재활 프로그램 준수

재활 프로그램의 준수는 부상의 종류에 따라 다르다. 하지만 몇 가지 일반적인 행동을 수반하는 경향이 있다. 일반적인 준수 행동의 예로는 병원 기반 재활 치료 참여, 유해한 활동 금지, 치료기기 착용, 의약품 복용 및 재택 재활 완수(Brewer, 2004) 등이 있다. 일부 재활 프로그램의 준수는 스포츠 건강관리 전문가의 시야 밖에서 발생할 수 있다. 이 절에서는 재활 프로그램의 준수에 대한 측정, 이론, 예측 요인 및 강화에 대해서 살펴본다.

1) 측정

예방 프로그램과 마찬가지로, 의료진과 연구자는 스포츠 손상 재활 프로그램의 준수를 측정하는 데 관심이 있다. 이에 재활 프로그램의 준수를 측정하는 다양한 방법이 개발되었다. 이러한 측정 중 일부는 병원에서 시행하는 재활 활동의 준수를 평가하는 반면, 일부는 임상 환경 밖, 특히 재택 재활 활동의 준수를 평가한다.

(1) 병원 기반 측정

병원 기반 스포츠 손상 재활 프로그램의 준수는 예약 시간에 참석하고, 재활 운동을 완수하고, 물리 치료를 받는 것과 같은 행동을 말한다. 병원 기반 재활 프로그램 준수의 측정은 일차적으로 재활 회기 참석에 초점을 둔다. 재활 프로그램 출석 점수는 재활 치료의 실제 참석 횟수를 재활 치료의 예약 수로 나눈 것이다. 출석 점수는 프로그램 준수에 대한 단순하고, 직설적이며, 객관적 정보를 제공한다. 출석 점수는 프로그램 준수에 대한 기본적 정보를 제공하지만 구체적인 정보를 제공하지는 않는다. 출석 점수만 확인하는 것은 선수가 회기 동안 어떠한 행동을 하는지 파악할 수 없기 때문이다.

재활 회기 동안 선수가 실제로 하는 행동을 평가하기 위해서는 선수의 행동을 관찰하고 표준화된 방법으로 기록해야 한다. 이를 통해 시간 경과에 다른 해당 선수의 행동 변화를 비교하고, 다른 선수의 행동과도 비교할 수 있다. 재활기간 동안 선수의 행동을 관찰하고 기록하기 위한 가장 포괄적인 측정 도구는 스포츠 의학 관찰 코드 (Sports Medicine Observation Code: SMOC; Crossman & Roch, 1991)이다. 스포츠 의학 관찰 코드는 다음 열세 가지 행동 범주로 구성된다. 즉, 능동적 재활, 초기 치료, 재활 회기 참석 관련 행동, 재활 회기 참석 비관련 행동, 상호작용 관련 행동, 상호작용 비관련 행동, 대기 행동, 초기 진단, 예방적 치료, 재활 지속, 비활동, 무관한 활동 및 제외이다. 일부 행동 범주의 경우 해당 행동이 선수의 부상 치료와 관련이 있는지 여부를 나타낸다.

스포츠 의학 관찰 코드를 적용하기 위해, 훈련받은 관찰자는 선수의 재활 회기를 관찰하고, 짧은 간격(10초, 20초) 동안 선수가 하는 행동을 가장 잘 설명하는 행동 범주를 기록한다. 스포츠 의학 관찰 코드의 주요 강점은 병원 기반 재활 회기 동안 선수의 행동에 대한 풍부한 세부 정보를 제공한다는 것이다. 그러나 이 코드 체제의 실용성은 시간, 노동 및 비용 집약도의 측면에서 제한점이 있다. 실제로, 대부분의 임상적 환경에서는 스포츠 의학 관찰 코드를 광범위하게 사용할 인적·재정적 자원이 없다. 게다가, 스포츠 의학 관찰 코드는 재활 프로그램의 준수를 측정하기 위한 목적으로 설계되지 않았기 때문에 선수가 재활 회기 동안 구체적으로 무엇을 해야 하는지를 고려하지 않는다.

스포츠 의학 관찰 코드의 한계를 해결하고 병원 기반 스포츠 손상 재활 준수에 대한 사용자 친화적인 지표를 개발하기 위해 다양한 척도가 개발되었다. 이러한 측정 도구에는 스포츠 손상 재활 준수 척도(Sport Injury Rehabilitation Adherence Scale: SIRAS; Brewer et al., 2000)와 선수 훈련을 위한 재활 준수 척도(Rehabilitation Adherence Measure for Athletic Training: RAdMAT; Granquist, Gill, & Appaneal, 2010)가 있다. 이 척도들은 스포츠 건강 전문가가 재활기간 동안 선수의 행동을 관찰한 후 관찰 결과에 따라 등급을 기록한다. 이렇게 측정한 등급 척도는 스포츠 의학 관찰 코드만큼의 구체적인 정보를 확인할 수는 없지만, 측정 방법이 간결하고 재활 프로그램 준수와 직접적인 관련성이 있다는 이점이 있다.

스포츠 손상 재활 준수 척도는 세 가지 측정 항목을 포함하고 있다. 이 세 가지 측정 항목은 회기 중 선수가 보여 주는 노력의 강도, 지시나 조언을 따르는 정도, 재활 프로그램의 변화에 수용하는 정도이다. 스포츠 손상 재활 준수 척도는 재활 프로그램의 준수를 낮은 수준, 중간 수준 및 높은 수준으로 구별할 수 있는 신뢰할 수 있고 타당한 도구이다(Brewer et al., 2002; Brewer et al., 2000; Granquist et al., 2010; Kolt, Brewer, Pizzari, Schoo, & Garrett, 2007). 스포츠 손상 재활 준수 척도는 측정이 간단하기 때문에 스포츠 건강관리 전문가는 각 회기 종료 시 단 몇 초 만에 회기 간 준수 변화를 기록할 수 있다.

선수 훈련을 위한 재활 준수 척도는 16개 항목으로 구성되어 있다. 선수 훈련을 위한 재활 준수 척도는 스포츠 손상 재활 준수 척도보다 내용 구성이 길다는 단점이 있지만 항목의 구체성에서 그 단점을 보완한다. 선수 훈련을 위한 재활 준수 척도는 단일 회기가 아닌 전반적인 재활 회기에서 선수의 행동을 반영하기 위해 고안되었다. 선수 훈련을 위한 재활 준수 척도는 재활 프로그램에 대한 태도, 노력, 출석, 참여, 의사소통 등을 측정한다. 선수 훈련을 위한 재활 준수 척도는 재활 프로그램의 준수를 낮은 수준, 중간 수준 및 높은 수준으로 구별할 수 있는 내적 일관성을 가진 설문지이다. 또한, 선수 훈련을 위한 재활 준수 척도의 하위 항목들은 스포츠 손상 재활 준수 척도보다 병원 기반 재활의 준수를 더 정밀하게 평가할 수 있다. 또한, 선수 훈련을 위한 재활 준수 척도는 병원 기반 재활 프로그램 수행에 어려움을 겪고 있는 선수에게 적절한 준수 강화 개입을 확인하는 데 도움을 줄 수 있다(Granquist & Brewer, 2013).

(2) 재택 기반 측정

재택 재활 활동의 준수는 스포츠 손상 재활 프로그램의 성공에 필수적이다. 의료진은 재활의 성공을 위해서 선수가 재택 재활을 잘 준수하고 있는지 확인해야 한다. 그러나 재택 기반 재활 프로그램의 준수를 평가하는 것은 어렵다. 왜냐하면 그것은 병원 밖에서 발생하기 때문이다. 재택 기반 재활의 준수를 확인하기 위해서는 선수의 집에서 비디오 영상을 매일 촬영하는 수밖에 없다.

회복이 빠른 선수가 재활 프로그램을 더 강하게 준수한다고 가정하면, 재택 기반 재활 프로그램의 준수는 회복 상태에 기초하여 평가할 수 있다. 그러나 준수는 회복 과정인 반면, 회복은 재활 결과이기 때문에 이러한 추론은 부적절하다(Brewer, 1999b). 생물심리사회적 모델(Brewer, Andersen, & van Raalte, 2002)에서 제안하였듯이, 재활 프로그램의 준수는 재활 결과에 기여하지만, 재활 결과는 유전 요인, 의학 치료와 같은 다른 요인의 영향을 받는다. 결과적으로, 재활 프로그램을 완전히 준수한다고 해서 반드시 바람직한 재활 결과가 나오는 것은 아니다. 그러므로 재택 재활 활동의 준수는 선수가 얼마나 빨리 또는 얼마나 잘 회복하는지가 아니라 그들의 준수에 대한 평가에 근거해야 한다.

재택 기반 재활 프로그램 준수의 평가는 두 가지 접근 방식이 있다. 구체적으로 자가 보고 측정과 객관적 측정이다.

① 자가 보고 측정

재택 재활 프로그램의 준수를 측정하기 위한 가장 직접적이고 간단한 접근법은 선수에게 직접 물어보는 것이다. 재택 재활 행동의 주체는 선수 자신이기 때문에 선수의 자가 보고를 통해 재택 재활 활동의 준수 여부를 간단히 측정할 수 있다. 자가 보고를 통해 가장 많이 평가된 것은 재활 프로그램의 준수 여부였다. 그리고 재택 재활 준수를 평가하는 가장 일반적인 방법은 단일 후향적 형태의 자가 보고였다(Brewer, 1999b).

자가 보고의 편리한 이점에도 불구하고, 대부분의 자가 보고는 타당성이 부족하다(Bollen, Dean, Siegert, Howe, & Goodwin, 2014; Hall et al., 2015). 자가 보고를 통해 얻은 정보가 항상 정확한 것은 아니다. 예를 들어, 선수가 재택 재활 행동을 기억하도록 요구받았을 때, 이러한 기억은 부정확할 수 있다. 왜냐하면 자신이 수행하였던 활동의 세부 사항을 기억하지 못할 수도 있기 때문이다. 게다가, 자신이 긍정적인 모습으로 보이거나, 스포츠 건강관리 전문가를 실망시키지 않기 위하여 선수는 자신의 준수 정도를 과장할 수 있다. 이러한 주장을 뒷받침하듯이, 재활 프로그램 준수의 1일 자가 보고조차도 준수 정도를 과대평가하는 경향이 있다(Brewer et al., 2004). 자세한 내용은 이 장의 연구 초점 상자를 참조하라.

재택 재활 활동 준수에 대한 선수의 자가 보고를 신뢰할 수 있는가?

스포츠 건강관리 전문가는 선수에게 재택 재활 프로그램을 교육한다. 그리고 선수가 이 프로그램을 준수하도록 촉진하기 위하여 최선을 다한다. 하지만 선수는 병원에서 벗어나 재택 재활을 충실히 수행하지 않을 수도 있다. 일부 선수는 스포츠 건강관리 전문가의 감시하에 있지 않을 때, 재택 재활 프로그램을 권장하는 것보다 적게 수행하곤 한다. 반면, 동기 부여가 된 선수는 권장량보다 더 많은 재활을 수행하는 '과잉 준수'를 하기도 한다(Granquist, Podlog, Engel, & Newland, 2014; Niven, 2007; Podlog et al., 2013). 따라서 스포츠 건강관리 전문가가 선수의 재택 재활 프로그램 준수 여부를 우려하는 것은 당연하다. 이런 우려에 더불어 Webborn, Carbon과 Miller(1997)는 스포츠 손상 클리닉에서 치료를 받는 대다수 선수가(77%) 재활 프로그램의 내용을 완벽히 이해하지 못했다는 사실을 발견했다. 만약 선수가 프로그램에서 무엇을 해야 하는지 정확하게 보고하지 못한다면, 선수가 재활 프로그램을 준수하고 있을 가능성은 거의 없을 것이다. 선수의 재택 재활 준수에 대한 자가 보고는 망각과 편향된 기억과 같은 제한점이 있을 수 있다(Brewer, 1999b). 그렇다면 스포츠 건강 전문가는 재택 재활 준수에 대한 선수의 자가 보고를 신뢰할 수 있을까?

질문의 답은 '그렇다'이다. Brewer 등(2004)은 전반십자인대 수술 후 재택 운동 완수에 대한 자가 보고와 객관적 평가의 연관성과 일치성을 검토하였다. 여기서 연관성이라는 용어는 준수에 대한 두 측정치가 얼마나 강하게 관련되어 있는지 나타낸다. 반면, 일치성은 준수에 대한 두 측정치 사이의 불일치를 나타낸다. 이 연구는 전방십자인대 수술 후 42일 동안 참가자들의 재활 훈련 프로그램 준수를 관찰했다. 재택 운동의 지침과 시연은 참가자들에게 비디오테이프의 형태로 제공되었다. 참가자들은 매일 할당된 운동 세트를 몇 번 완수했는지 기록한 후 우편으로 매일 연구자에게 자가 보고서를 제출하도록 요청받았다.

연구진이 참가자들에게 알려 주지는 않았지만, 비디오테이프는 최소 5분 동안 규칙적인 속도로 재생될 때마다 기록되는 전자 기록 장치를 갖추고 있었다. 자가 보고와 전자 기록 측정 사이에는 정적 상관관계가 있었다. 이 결과는 자가 보고와 전자 기록 측정 사이에 연관성이 있음을 보여 준다. 그러나 이런 연관성에도 불구하고, 참가자들은 0.41세트 정도 자신의 재택 운동 완수 정도를 과장해서 보고하는 경향이 있었다. 특정 상황에서는 재택 재활 준수에 대한 자가 보고는 약간 과장될 수 있다는 설명이 설득력 있는 것으로 보인다.

이 연구의 몇 가지 특징은 자가 보고의 정확도를 증가시켰다. 연구진은 연구 참가자에게 다음과 같은 사항을 요청했다. 첫째, 매일 자가 보고를 하도록 하여 자신이 완료한 세트의 수를 잊어버릴 가능성을 최소화했다. 둘째, 참가자가 자신의 재활을 관리하는 스포츠 건강관리 전문가가 아닌 연구자에게 자신의 보고서를 보내도록 하였다. 이로써 사회적으로 바람직한 대응에 대한 요구가 줄어들었다. 셋째, 참가자가 자가 보고서 작성 및 제출에 대한 보상을 받기 때문에 자가 보고의 질이 향상되었을 수 있다. 더불어 보상의 양은 자기 보고의 내용에 영향을 주지 않았다. 이러한 특징은 대부분의 임상 환경에서 일반적으로 나타나지 않는다. 하지만 스포츠 건강관리 전문가가 재택 프로그램 준수에 대한 선수의 자가 보고의 정확도를 높일 수 있는 몇몇 조치가 있다. 구체적으로, 스포

> 츠 건강관리 전문가는 선수에게 자가 보고를 자주 요청할 수 있고, 재택 재활 프로그램의 내용을 자
> 주 상기시키는 방법이 있다. 나아가, 각 선수의 상태에 맞게 재활 프로토콜을 조정하기 위해서는 정
> 확한 자가 보고가 필수적이라는 사실을 강조할 수 있다(Finney, Putnam, & Boyd, 1998).

② 객관적 측정

약물 복용의 준수를 평가하기 위한 객관적인 측정 방법은 다음과 같다(Rand &
Weeks, 1998).

- 복용 약물 개수 확인
- 처방, 조제된 의약품 수량, 보충 날짜 등의 약국 자료 검토
- 약품 용기의 전자 모니터링
- 혈액, 소변 분석 등의 생화학 분석
- 약 복용 과정을 직접 관찰

재활 프로그램의 준수는 객관적 측정이 가능하다. 전자 모니터링은 특정 장비를 사
용하여 재활 프로그램의 준수를 평가할 수 있게 한다(〈표 6-1〉 참조). 모니터링 기기
는 일반적으로 일반 재활 환자의 재활에 사용되지만, 스포츠 손상 재활에도 적용할
수 있다. 가속도계와 EMG 바이오피드백 장치를 제외하고, 〈표 6-1〉에 나열된 장치
들은 맞춤 제작되며 특정 부위의 운동을 모니터링한다. 따라서 이 기기들은 재택 기
반 스포츠 손상 재활 프로그램 준수의 객관적 평가를 위한 표준 방법은 아니다. 또한
치료 기기의 재택 기반 적용, 유해한 활동 회피, 보호 장비 사용 준수에 대한 객관적
측정은 어렵다. 결과적으로, 재택 재활 프로그램의 준수를 객관적으로 측정하는 것은
추가적인 진취성, 혁신, 시간, 노력 및 비용이 필요하다. 준수의 객관적인 측정은 귀중
한 정보를 산출할 수 있으나, 이를 개발하고 적용하는 것이 항상 실용적인 것이 아니
며, 꼭 필요한 것이 아니다.

〈표 6-1〉 재택 운동의 전자 모니터링을 위한 기기

연구	기기
Belanger & Noel (1991)	발목 운동기기에 내장된 모션 센서
Levitt, Deisinger, Wall, Ford, & Cassisi (1995)	무릎 운동에 사용되는 EMG 바이오피드백 기기
Petrosenko, Vandervoort, Chesworth, Porter, & Campbell (1996)	발목 운동기기에 장착된 계측기
Olivier, Neudeck, Assenmacher, & Schmit-Neuerburg (1997)	보조기에 장착된 스텝 계측기
Dobbe et al. (1999)	손가락 부목에 부착된 계측기
Schlenk et al. (2000)	가속도계
Brewer et al. (2004)	운동 지침을 제공하는 비디오카세트에 내장된 계측기
Rathleff, Bandholm, Ahrendt, Olesen, & Thorborg (2014); Rathleff et al.(2015)	탄력 운동 밴드에 부착된 스트레치 센서

2) 이론적 관점

스포츠 손상 재활 프로그램의 준수는 일반적인 의학적 치료의 준수와 실질적으로 유사하다. 따라서 스포츠 손상 재활 프로그램 준수에 대한 이론은 일반 건강 행동을 설명하기 위해 개발된 이론에서 크게 차용되었다. 스포츠 손상 재활 프로그램 준수의 이론적 관점에는 적응 계획적 행동 모델(Levy, Polman, & Clough, 2008), 스포츠 손상에 대한 심리적 반응의 통합 모델(Wiese-Bjornstal, Smith, Shaffer, & Morrey, 1998), 개인 투자 이론(Maehr & Braskamp, 1986), 보호 동기 이론(Prentice-Dunn & Rogers, 1986), 자기결정성 이론(Ryan & Deci, 2000) 그리고 초이론적 모델(Prochaska & DiClemente, 1983)이 있다(〈표 6-2〉 참조).

〈표 6-2〉 **스포츠 손상 재활 프로그램 준수에 적용하는 이론적 관점**

이론적 관점	준수에 기여하는 것으로 가정된 주요 구조
적응 계획적 행동 모델	지각된 심각성, 지각된 민감성, 자기효능감, 자기 동기 부여, 목표 지향, 태도, 행동 의도, 대처 능력, 치료 효능, 사회적 지원, 준수 의도
스포츠 손상에 대한 심리적 반응의 통합 모델	인지 평가, 정서적 반응, 행동적 반응, 개인적 요인, 상황적 요인
개인 투자 이론	개인적 보상, 자아 감각적 신념, 지각된 선택지
보호 동기 이론	지각된 심각성, 지각된 민감성, 치료 효능에 대한 믿음, 자기효능감
자기결정성 이론	자율성, 역량, 관계성에 대한 기본적인 심리적 요구의 충족
초이론적 모델	변화 준비 단계, 변화의 경험적 및 행동적 과정, 자기효능감, 균형 잡힌 의사 결정

〈표 6-2〉를 살펴보면, 스포츠 손상 재활 프로그램 준수의 이론적 관점은 생물심리 사회적 접근과 일치한다. 즉, 이론들은 다양한 심리적(특히 인지적)·사회적·맥락적 요인이 스포츠 손상 재활 프로그램의 준수에 기여한다고 가정한다. 그리고 준수는 생물심리사회적 접근에서 행동적 요소이다. 이론들의 주요 개념은 상당히 유사하고 개념적으로 독립적이지 않다. 이론들의 공통적인 특징을 살펴보면 다음과 같은 상황에서 선수가 재활 프로그램을 잘 지킬 것이라고 예상할 수 있다.

- 준수하려는 동기가 부여되었을 때
- 준수할 수 있는 능력이 있다고 믿을 때
- 치료의 효과를 믿을 때
- 재활이 필요하고 중요하다고 인식할 때
- 준수할 의도가 있을 때
- 타인의 지원을 받을 때

3) 예측 변수

스포츠 손상 재활 프로그램 준수의 예측 요인을 확인하기 위하여 수많은 연구가 시행되었다. 일반 건강 행동 준수에 대한 200개 이상의 예측 요인이 확인되었으며 (Meichenbaum & Turk, 1987), 스포츠 손상 재활 프로그램 준수의 예측 요인 또한 많이 보고되었다. 대부분의 연구는 예측 요인과 준수 사이의 상관관계를 조사하였다. 상관관계 연구에서는 인과관계를 추정할 수 없기에 결정 요인, 기여 요인이라는 용어 대신에 예측 요인이라는 용어를 사용하고자 한다.

스포츠 손상 재활 프로그램 준수에 관한 초기 연구는 후향적, 단면 연구였던 경향이 있었다. 즉, 이는 준수 중, 후의 어느 시점에서 준수의 예측 요인을 평가했다는 것을 의미한다. 최근 연구는 전향적 접근을 하고 있다. 즉, 준수를 측정하기 전에 예측 요인을 평가한다. 따라서 전향적 연구 설계는 예측 요인이 준수에 인과적 영향을 미친다는 주장의 타당성을 높인다.

준수의 예측 요인은 스포츠 손상 재활에 대한 생물심리사회적 접근법에서 확인할 수 있다. 생물심리사회적 접근에 따르면, 준수는 심리적 요인 중 행동 요인으로 간주되므로, [그림 6-1]에서 제시된 모든 범주의 요인에 영향을 받을 수 있다.

(1) 부상의 특성

스포츠 손상의 특성과 재활 프로그램 준수의 관계를 조사한 연구는 그리 많지 않다. 한 연구에 따르면, 재활 프로그램 준수와 부상 심각도 사이에 정적 상관관계가 관찰되었다(Taylor & May, 1996). 즉, 심각한 부상은 선수의 건강, 경기력에 중대한 위협을 가하기 때문에 재활 프로그램을 준수하도록 유도할 수 있다. 하지만 이 연구는 부상 심각도를 평가하기 위해 자가 보고 측정법을 사용했다. 따라서 준수에 영향을 미친 요인이 부상 심각도에 대한 선수의 인식인지 혹은 실제 부상 심각도인지를 결정할 수 없다. 부상 심각도가 통제된 연구에 따르면, 부상 심각도에 대한 선수의 인지는 재활 프로그램 준수의 중요한 예측 변수가 아니었다(Brewer et al., 2003a). 반면, 다양한

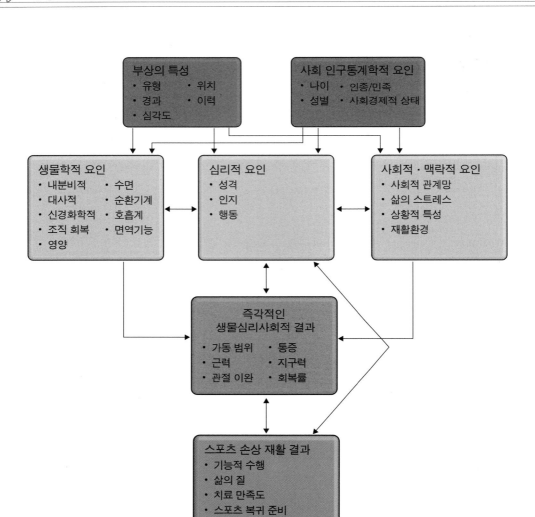

[그림 6-1] 스포츠 손상 재활에 대한 생물심리사회적 접근

부상 환자를 대상으로 한 연구에 따르면, 부상 심각도에 대한 인지는 준수의 중요한
예측 요인이었다(Grindley, Zizzi, & Nasypany, 2008). 따라서 부상 심각성에 대한 인지
와 재활 프로그램 준수 사이의 관계를 명확하게 정의하기 힘들다(Grindley et al., 2008;
Taylor & May, 1996).

(2) 사회통계학적 요인

사회통계학적 요인 중 오직 나이만이 스포츠 손상 재활 준수의 예측 요인으로 나타났다. 다양한 부상을 호소하는 엘리트 및 생활 체육 선수들 중 어린 선수는 나이가 든 선수보다 재활 프로그램을 훨씬 더 잘 준수했다. 나이는 또한 준수와 다른 심리사회적 변수들 사이의 연관성을 완화하는 것으로 밝혀졌다. 예를 들어, 전방십자인대 수술 후 재활에 대한 연구에서 젊은 선수의 경우 선수 정체성이 재활의 준수와 정적 상관관계가 있었으나, 나이가 많은 참가자는 선수 정체성이 준수와는 관련이 없었다 (Brewer et al., 2003b). 같은 연구에서 동기 부여와 사회적 지지는 나이가 많은 참가자의 준수와 정적 상관관계가 있었다. 그러나 젊은 참가자의 준수와는 관련이 없었다. Levy, Polman과 Borkoles(2008)는 인지된 자율성 지지가 나이든 선수의 준수와 긍정적으로 관련이 있었지만, 어린 선수의 준수와는 관련이 없다는 것을 발견했다. 따라서 나이는 스포츠 손상 재활 프로그램 준수 여부를 조사할 때 고려해야 할 중요한 사회통계학적 요인이다.

(3) 사회적 · 맥락적 요인

스포츠 손상 재활은 선수의 행동에 영향을 미치는 사회적 · 환경적 맥락에서 일어난다. 예를 들어, 재활 프로그램은 일반적으로 스포츠 건강관리 전문가에 의해 만들어지고 관리된다. 또한 재활은 병원이라는 특수한 환경에서 이루어지며 다른 부상 선수와 함께 진행되는 경우가 많다. 이렇듯 재활은 사회적 · 환경적 맥락에서 이루어지며, 재활 프로그램 준수와 사회적 · 환경적 변수 사이에서 연관성이 발견되었다.

사회적 관점은 재활 프로그램 준수에 영향을 미친다. 선수는 의료진이 재활 프로그램을 준수하기를 기대하고(Taylor & May, 1995), 타인이 재활을 지지한다고 생각할 때 프로그램을 더 잘 준수하는 경향이 있다(Byerly, Worrell, Gahimer, & Domholdt, 1994; Duda, Smart, & Tappe, 1989; Fisher, Domm, & Wuest, 1988; Johnston & Carroll, 2000 Levy, Polman, & Borkoles, 2008; Levy, Polman, & Clough, 2008). 비슷한 맥락으로, 선수는 재활을 관리하는 전문가가 자신의 자율성을 지지한다고 인식할 때, 더 큰 자율적

치료 동기를 경험한다(Chan, Lonsdale, Ho, Yung, & Chan, 2009). 환경적 관점에서, 편안한 진료 환경 및 편리한 예약 일정은 스포츠 손상 재활 프로그램의 준수와 정적 상관관계가 있다(Fields, Murphey, Horodyski, & Stopka, 1995; Fisher et al., 1988). 따라서 지지, 편안함 및 편의성은 스포츠 손상 재활 준수의 잠재적인 기여 요인이다.

(4) 심리적 요인

스포츠 손상 재활 준수의 예측 요인으로 확인된 요인 중 대부분은 심리적 요인이다. 심리적 요인과 일관되게, 여러 연구는 재활 프로그램 준수가 다양한 개인적·인지적·정서적·행동적 변수에 의해 예측된다는 것을 발견했다.

① 개인적 요인

개인적 요인은 그 사람을 묘사하고 다른 사람과 구별할 수 있는 안정적이며 지속적인 특성이다. 스포츠 손상 재활 준수와 관련된 개인적 특성에는 선수 정체성, 내적 통제 소재, 정신적 강인함, 통증 내성, 자기 동기 부여, 과제 참여, 우호성, 양심 및 경험에 대한 개방성 등이 있다. 특히 재활 프로그램을 잘 준수하는 선수는 다음과 같은 경향이 있다.

- 선수 역할에 강하게 동일시된다(Brewer et al., 2003b; Brewer, Cornelius, van Raalte, Tennen, & Armeli, 2013).
- 자신의 행동이 자신의 건강 상태에 영향을 미칠 수 있다는 믿음이 강하다(Murphy, Foreman, Simpson, Molloy, & Molloy, 1999).
- 통증에 대한 내성이 있다(Byerly et al., 1994; J. Fields et al., 1995; Fisher et al., 1988).
- 동기 부여가 잘 되어 있다(Brewer, Daly, van Raalte, Petitpas, & Sklar, 1999; Brewer, van Raalte, Cornelius, et al., 2000; Duda et al., 1989; J. Fields et al., 1995; Fisher et al., 1988; Levy, Polman, & Clough, 2008; Noyes, Matthews, Mooar, & Grood, 1983).

- 타인을 이기는 것보다 자기 성장에 가치를 둔다(Duda et al., 1989).
- 우호성, 양심 및 경험에 대한 개방성이 높다(Brewer, Cornelius, van Raalte, Petitpas, Sklar, et al., 2003b; Brewer, Cornelius, van Raalte, Tennen, & Armeli, 2013).

정신적 강인함과 재활 프로그램 준수는 정적 상관관계와 부적 상관관계가 모두 보고되어 관계가 명확하지 않다(Levy, Polman, Clough, Marchant, & Earle, 2006; Wittig & Schurr, 1994).

② 인지적 요인

스포츠 손상 재활 프로그램의 준수를 예측할 수 있는 대부분의 인지적 요인은 재활과 회복에 관한 생각이나 믿음과 관련된다. 재활 프로그램을 잘 준수하는 선수는 그렇지 않은 선수에 비해 다음의 성향을 가지고 있다.

- 재활 프로그램의 효과를 신뢰한다(Brewer et al., 2003a; Duda et al., 1989; Noyes et al., 1983; Taylor & May, 1996).
- 재활 프로그램의 가치를 높게 평가한다(Taylor & May, 1996).
- 재활을 위해 더 많이 노력한다(Fisher et al., 1988).
- 자기 결정에 따라 동기 부여가 더 많이 된다(Chan et al., 2009).
- 회복을 촉진할 수 있는 안정적이고 통제 가능한 요인을 확인한다(Laubach, Brewer, van Raalte, & Petitpas, 1996).
- 재활 프로그램을 준수하려는 강한 의지를 보인다(Bassett & Prapavessis, 2011; Levy, Polman, & Clough, 2008).
- 부상 대처 능력(Daly, Brewer, van Raalte, Petitpas, & Sklar, 1995; Levy, Polman, & Clough, 2008)과 재활 프로그램 완수 능력(Brewer et al., 2003a; Levy, Polman, & Clough, 2008; Milne, Hall, & Forwell, 2005; Taylor & May, 1996; Wesch et al., 2012)에 대해 높은 자신감을 가진다.

재활 프로그램 준수는 자존감에 대한 위협이 적고(Lampton, Lambert, & Yost, 1993), 목표 설정, 긍정적 자기암시(Scherzer et al., 2001), 심상(Scherzer et al., 2001; Wesch et al., 2012)와 같은 인지 전략을 더 많이 사용하는 것과 상관관계가 있다. 두 실험연구는 재활 프로그램 준수와 목표 설정 사이에 인과관계가 있다는 증거를 발견했다(Evans & Hardy, 2002a; Penpraze & Mutrie, 1999).

③ 정서적 · 행동적 요인

기분 장애(정서적 요인)와 도구적 대처(행동적 요인)는 스포츠 손상 재활 프로그램 준수를 예측하는 요인으로 밝혀졌다. 기분 장애는 분노, 불안, 혼란, 우울, 피로와 같은 광범위한 정서를 포함한다. 기분 장애는 단일 정서적 요인이라기보다 정서적 측면의 복합체이며 심리적 고충의 일반적인 지표이다. 기분 장애를 경험하는 선수는 그렇지 않은 선수보다 재활 프로그램을 덜 준수하는 경향이 있다(Alzate et al., 2004; Daly et al., 1995; Kingen, Shapiro, Katz, & Mullan, 2013). 분노, 불안, 우울 등의 감정은 목표 지향적인 행동과 재활 프로그램 준수를 방해할 수 있다. 대조적으로, 심리적 수용 상태는 재활 프로그램 준수를 촉진할 수 있다(Tatsumi, 2013).

도구적 대처는 부상에 대처하기 위한 다양한 행동의 복합체이다. 도구적 대처의 예로는 재활을 촉진하기 위해 정보를 찾는 행동 등이 있다. 도구적 대처를 많이 하는 선수는 덜 하는 선수보다 재활 프로그램을 더 잘 준수하는 경향이 있다(Udry, 1997).

(5) 결과

스포츠 손상 재활 프로그램의 준수는 생물심리사회적 결과, 스포츠 손상 재활 결과([그림 6-1] 참조)와 연관성이 보고되었다. 하지만 이러한 연관성은 결과가 준수의 예측 요인이라기보다는 준수가 결과에 영향을 미치는 것으로 보는 게 타당하다.

4) 강화

재활 프로그램 준수의 예측 요인을 통해 준수를 강화하기 위한 목표를 설정할 수 있다. 그러나 재활의 성공을 위하여 재활 프로그램 준수가 중요함에도 불구하고, 준수 강화 방법에 대한 연구는 거의 보고되지 않았다. 목표 설정은 스포츠 손상 재활 프로그램의 준수를 높이는 효과적인 방법이다(Evans & Hardy, 2002a; Penpraze & Mutrie, 1999). 선수가 재활에 대한 적절한 목표를 설정하는 것은 주의 집중력, 자기효능감 및 자신감을 향상시킨다. 목표 설정은 동기 부여, 회복에 대한 인지된 통제력, 책임감을 증대시킨다(Evans & Hardy, 2002b). 이는 모두 재활 프로그램 준수의 예측 요인이다. 목표 설정이 재활 프로그램 준수를 향상시킨다는 근거가 있다. 전방십자인대 수술 후 재활 프로그램의 준수는 목표 설정, 긍정적 자기 대화와 정적 상관관계가 나타났다. 하지만 프로그램 준수 강화를 위한 개입의 효과에 관한 연구는 부족한 실정이다.

재활 프로그램 준수 강화를 위한 개입으로 교육적 접근법이 있다. 이 접근법은 스포츠 손상 외에 일반 질병 재활에 더 많은 관심을 끌어왔다. 예를 들어, 19개의 연구를 메타분석한 결과에 따르면, 허리 통증에 대한 환자 교육은 재활 프로그램의 준수에 긍정적 영향을 미쳤다(DiFabio, 1995). 재활 프로그램의 내용뿐만 아니라, 교육 방식 또한 준수에 중요한 역할을 하는 것으로 보인다. 예를 들어, 환자는 전문가의 감독을 받을 때 재택 재활 프로그램을 더 잘 준수한다(Bentsen, Lindgarde, & Manthrope, 1997; Hidding et al., 1994). 또한 영상, 삽화 자료와 같은 교육 자료를 제공할 때 재활 프로그램을 더 잘 준수한다(Jackson, 1994; Schneiders, Zusman, & Singer, 1998).

다방면 개입은 재활 프로그램의 준수를 강화하기 위한 수단으로서의 가능성을 보인다(McLean, Burton, Bradley, & Littlewood, 2010). 다방면 개입은 효과적인 것으로 예상되는 여러 개입을 결합한 것이다. 행동 계약, 교육, 목표 설정, 과제, 정신 수련, 모델링 및 프로그램 알림 등의 방법을 결합한 다방면 개입은 류마티스 관절염 환자의 재활 준수를 향상시켰다(Hammond & Freeman, 2001). 다방면 개입의 요소 중 하나인 강화도 재활 준수 촉진의 효과를 입증했다. 강화는 혈우병 환자(Greenan–Fowler,

Powell, & Varni, 1987)와 중증 화상 환자(Hegel, Ayllon, VanderPlate, & Spiro-Hawkins, 1986)의 치료 프로그램에 대한 준수를 향상시킨 것으로 나타났다.

하지만 스포츠 손상 재활 프로그램 준수를 강화하기 위한 다방면 개입과 강화의 효과는 아직 근거가 부족하다. 그러나 이러한 접근법들을 적절히 보완한다면 재활 준수를 향상시키는 좋은 방법이 될 것이다. Granquist와 Brewer(2015)는 스포츠 건강관리 전문가가 재활 초기에 선수의 생물심리사회적 정보를 파악하고, 재활 프로토콜의 준수에 대한 장애물을 확인하며, 준수 감소를 줄이기 위한 전략을 사용해야 한다고 주장했다.

지금까지 논의한 이론과 실험적 발견들은 준수 향상을 위한 개입의 잠재적 목표를 식별하는 데 유용할 수 있다.

3. 스포츠 손상 예방 및 재활 프로그램 준수의 결과

스포츠 손상 예방 및 재활 프로그램 준수의 중요성은 준수하는 선수가 그렇지 않은 선수보다 더 나은 결과를 달성한다는 가정에 있다. 그러나 이러한 가정에 대한 근거는 예상보다 탄탄하지 않다. 따라서 스포츠 손상 예방 및 재활 프로그램 준수의 결과를 준수-결과 관계 및 용량-반응 관계 측면에서 검토하고자 한다.

1) 준수-결과 관계

준수와 결과 사이에는 세 가지 관계가 가능하다. 즉, 정적 상관관계, 부적 상관관계, 상관관계 없음이다. 정적 상관관계는 선수가 예방이나 재활 프로그램을 더 많이 준수할수록 재활 결과가 더 나아진다는 것이다. 정적 상관관계는 프로그램이 효과적이고, 선수가 그 프로그램에 투자한 만큼 더 좋은 결과를 얻는다는 것을 의미한다. 반대의 경우도 가능하다. 빠른 회복이 선수의 준수를 촉진할 수도 있다. 또한 체력과 같은 다른 요인이 프로그램 준수, 예방 및 재활 결과에 영향을 미치는 것도 가능하다.

부적 상관관계는 선수가 예방이나 재활 프로그램을 준수할수록 결과가 나빠진다는 것을 의미한다. 다시 말해, 프로그램을 준수하는 것이 예방 또는 재활 결과에 좋지 않다는 것이다. 부적 상관관계는 의료진에게 깊은 고민을 안긴다. 다른 요인으로 인해 부상 회복이 빠른 선수는 재활 프로그램 준수의 필요성을 느끼지 못해 프로그램을 준수하지 않을 수 있다. 이런 경우 재활 프로그램 준수와 재활 결과는 부적 상관관계를 보인다.

상관관계 없음은 준수와 결과 사이에 연관성이 부족하다는 것을 의미한다. 다시 말해, 재활 프로그램을 준수하는 것과 준수하지 않는 것이 재활 결과에 있어서 큰 차이가 없다는 것이다. 상관관계 없음은 해석하기 어려울 수 있다. 이러한 결과는 실제 연관성의 결여를 반영하기도 하지만, 측정 오류에 의한 것일 수도 있기 때문이다(Brewer, 2004; DiMatteo, Giordani, Lepper, & Croghan, 2002). 집단의 경우 일부 선수의 부적 상관관계가 다른 선수의 정적 상관관계를 상쇄할 수도 있다.

준수–결과의 세 가지 관계는 모두 연구를 통해 보고되었다. 일반적으로 질병에 대한 높은 치료 준수를 가진 환자는 반대의 경우보다 26% 이상 더 좋은 결과를 경험했다(DiMatteo et al., 2002). 그러나 Hays 등(1994)의 연구에 따르면, 치료 프로그램의 준수 여부가 치료 결과에 크게 좋은 영향을 미치지 않았다. 준수–결과의 정적 상관관계는 스포츠 손상 예방 및 재활 분야에서 뚜렷하게 나타난다. 연구에 따르면, 신경근 훈련 프로그램의 준수는 전방십자인대(Sugimoto et al., 2012), 발목(Verhagen, Hupperets, Finch, & van Mechelen, 2011), 햄스트링(Goode et al., 2015), 하지(Pasanen et al., 2008) 부상 감소에 영향을 주었다.

스포츠 손상 재활 프로그램 준수와 재활 결과는 일반적으로 정적 상관관계를 보인다(Brewer, 2004; Mendonza, Patel, & Bassett, 2007). 하지만 일부 연구들에 따르면, 스포츠 손상 재활 준수와 재활 결과의 관계는 복잡하다(Brewer, Cornelius, van Raalte, Brickner, Sklar, et al., 2004; Pizzari, Taylor, McBurney, & Feller, 2005; Quinn, 1996). 이 연구들에서 준수–결과는 정적 상관관계, 부적 상관관계, 상관관계 없음이라는 세 가지의 결과를 모두 보였다. 어떻게 단일 연구에서 세 가지 결과를 모두 도출하는 것이 가능한가? 이는 준수와 결과 모두 여러 지표로 평가되는 다면적인 구조이기 때문이다 (Brewer, Cornelius, van Raalte, Brickner, Sklar, et al., 2004). 따라서 준수와 결과 사이에 다양한 잠재적 관계가 발생할 수 있다.

　　Pizzari 등(2005)에 따르면, 전방십자인대 수술 후 재택 재활 훈련의 준수는 30세 미만 선수의 재활 결과와 정적 상관관계를 보였다. 그러나 30세 이상 선수의 경우 재활 결과와 부적 상관관계를 보였고, 수행력 및 기능 검사 평가 결과와는 상관관계가 없었다. Pizzari 등(2005)이 사용한 병원 기반 준수 지표는 재활의 결과와 어떠한 관련도 없었다.

2) 용량-반응 관계

　　준수-결과 관계는 예방 또는 재활 활동의 '용량'과 해당 활동에 대한 선수의 '반응' 사이의 관계에 기초한다. 용량은 실제로 시행한 치료의 양이다. 준수는 권장 치료량에 대한 실제로 시행한 치료량의 백분율이다. 용량-반응 관계는 용량을 통제할 수 있는 병원 또는 실험실 환경에서 가장 효과적으로 확인할 수 있다. 반대로, 준수-결과 관계는 예방 또는 재활 활동에 실제로 참여하는 현장에서 확인할 수 있다.

　　준수와 용량의 차이는 다음과 같이 설명할 수 있다. 자넬(Janel)과 트레이시(Tracy)는 부상 재활을 위해 같은 재활 운동을 처방받았다. 자넬은 하루에 운동 두 세트를 처방받지만 한 세트만 완수하는 반면, 트레이시는 하루에 한 세트를 처방받았고 이를 충실히 수행했다. 즉, 자넬의 프로그램 준수는 트레이시의 절반(50% vs. 100%)에 불과하지만, 그들의 재택 운동 용량(하루 한 세트)은 동일하다.

　　용량-반응 관계 측면에서 준수를 강화하기 위한 노력으로 다음 질문을 고려해야 한다.

- 원하는 예방 또는 재활 효과를 내기 위해 필요한 최소 치료 용량은 얼마인가?
- 최적의 예방 또는 재활 효과를 내는 치료 용량은 얼마인가?

- 치료 용량을 증가시켰을 때 예방 또는 재활 효과를 감소시키거나 역효과를 일으키는 시점은 언제인가?
- 예방 또는 재활 프로그램의 용량–반응 관계를 완화하는 요인은 무엇인가?

이러한 질문의 답을 찾기는 어렵지만, 용량–반응 관계에 대한 정보가 존재한다. 대표적인 예로 스트레칭의 용량–반응 관계가 있다. 햄스트링 이완을 위한 최적의 수동적 스트레칭 횟수는 4회이다(Boyce & Brosky, 2008). 스트레칭 4회 반복 시, 햄스트링 길이 변화는 상당한 효과를 보였다. 그러나 추가 반복 시행은 유의미한 결과를 도출하지 못했다. 발바닥 굴곡근의 경직성을 감소하기 위하여, 최소 30초의 수동적 스트레칭이 필요하다(Ryan et al., 2009). 또한 Snyder-Mackler, Delitto, Stralka와 Bailey(1994)는 전방십자인대 수술 후 근육 강화를 위한 신경근 전기 자극의 용량–반응 곡선을 제시했다. 치료 계획에 대한 정보를 제공하고, 치료 프로그램 준수 목표를 설정하고, 재활 활동이 해를 끼치는 지점을 결정하기 위해서는 스포츠 손상 예방 및 재활 프로그램 준수와 재활 결과 사이의 용량–반응 연구가 필요하다.

적용 초점

전방십자인대 수술 후 재활 프로그램을 준수하지 않는 것의 반전 결과

정형외과 의사 Donald Shelbourne은 수백 건 이상의 전방십자인대 재건술을 시행하였다. 그는 많은 수술 경험 후 자신이 처방한 수술 후 재활 프로그램을 준수하는 것과 환자가 경험한 재활 결과 사이에 부적 상관관계가 있다는 특이한 사실을 관찰했다. 당시의 재활 프로토콜은 선수에게 장기간 체중 부하를 제한하였다. 그리고 수술 부위를 움직이지 못하도록 했고, 무릎을 완전히 펴지 않게 하였다. 즉, 수술의 완성도를 위하여 천천히 진행되는 재활 프로그램을 실시하였다. 그러나 놀랍게도, Shelbourne은 이러한 보수적인 재활 프로그램을 잘 준수하지 않은 선수가 잘 준수한 선수보다 더 나은 재활 결과를 얻었다는 사실을 알아차렸다.

예상치 못한 연구 결과를 확인하고, Shelbourne은 전방십자인대 수술 후 재활에 대한 관습적인 접근법이 잘못되었다고 생각하였다. 이에 따라 그는 수술 전 재활을 추가하였다. 그리고 최대한 빨리 재활을 시작하는 '가속' 재활 프로그램을 개발하였다. 가속 재활 프로그램은 상처를 신속하게 치유하고, 완전한 관절 가동 범위를 얻고, 부기를 최소화하며, 수술한 다리의 통제력을 얻는 것을 목표로 했다. 새로운 프로토콜을 시행한 후, Shelbourne와 Wilckens(1990)는 "재활 프로그램만 변경했을 뿐인데, 안정성 향상, 합병증 감소, 예측 가능성 증가, 환자 수용력 향상이라는 놀라운 결과"가 있었다고 보고하였다. 개정된 프로그램은 전방십자인대 수술 후 재활 치료에 대한 스포츠 의학계의 표준 관행을 변경하였다. 이는 Shelbourne이 재활 준수와 재활 결과 사이에 부적 상관관계를 확인했기 때문이다.

4. 생물심리사회적 분석

준수는 다양한 생물학적·심리적·사회적 요인에 영향을 주고받는 행동적 요인이다. 과학적으로 효과가 검증된 예방, 재활 프로그램도 선수가 이를 준수하지 않는다면 효과적이지 않을 것이다. 다시 말해, 스포츠 손상의 예방과 재활의 성공 여부는 프로그램의 준수 여부에 달려 있다. 그러나 재활 프로그램 준수와 결과는 항상 직접적인 연관이 있는 것은 아니다. 재활 프로그램에 대한 타미의 확고한 준수에도 불구하고, 그녀는 좋은 재활 결과를 경험하지 못했다. 반대로, 티나는 재활을 잘 준수하지 못했지만 유의미한 회복을 경험하였다. 이러한 제한점에도 불구하고 준수의 이해는 스포츠 손상의 예방 및 재활에 대한 통찰의 가능성을 제공한다.

5. 요약

스포츠 손상 예방 및 재활 프로그램의 효과는 프로그램을 준수하는 정도에 달려 있다. 순응이라고도 불리는 준수는 스포츠 손상 예방 및 재활 프로그램을 완수하는 것을 말한다. 스포츠 손상 재활 프로그램을 준수하기 위해 선수는 재활 운동, 수분 섭취, 보호 장비 착용 및 스트레스 관리와 같은 행동을 취해야 한다.

준수 여부는 팀, 코치, 선수의 자가 보고를 통해 얻을 수 있다. 준수에 관한 이론 중 계획된 행동 이론은 부상 예방 프로그램의 준수 여부를 설명하는 수단으로서 가능성을 보여 준다. 계획된 행동 이론에 따르면, 선수가 부상을 예방할 의도가 있고, 부상 예방에 가치를 두며, 스스로 통제할 수 있다고 인식할 때 부상 예방 프로그램을 더 준수한다.

스포츠 손상 예방 프로그램 준수의 예측 요인은 내적 요인과 외적 요인이 있다. 내적 요인에는 부상 이력, 개인 특성 및 인지 변수가 있다. 부상 이력이 있는 선수, 경력이 많은 선수, 여자 선수가 보호 장비를 착용할 가능성이 더 크다. 또한 부상에 대한 지식이 있고, 예방 프로그램에 대한 긍정적 인식을 가지며, 프로그램에 참여할 능력이 있을 때, 예방 프로그램을 준수할 가능성이 더 크다. 외적 요인에는 사회적 영향, 프로그램의 적용 특성이 있다. 선수는 팀 동료가 예방 프로그램을 준수하거나, 타인이 예방 프로그램 준수를 지지한다고 인식할 때, 예방 프로그램을 더 잘 준수하는 경향이 있다. 선수는 또한 예방 프로그램을 코치가 직접 운영하거나, 코치의 수가 충분하며, 시각적 정보가 충분할 때 예방 프로그램을 더 잘 준수한다. 보호 장비 착용 준수를 방해하는 요인에는 비용 문제, 호흡 불편감, 의사소통 불편감, 시야 불편감이 있다.

스포츠 손상 재활 프로그램은 병원 및 재택 기반으로 수행된다. 병원 기반 재활의 준수는 재활 회기의 출석을 기록하고, 재활 회기 동안 행동을 관찰하거나 평가하여 측정한다. 재택 기반 재활의 준수는 선수의 자가 보고와 객관적인 측정법인 전자 모니터링, 생화학 분석을 통해 평가할 수 있다.

스포츠 손상 재활 프로그램의 준수 여부를 설명하기 위해 다양한 이론이 사용되었다. 다양한 이론에 포함된 공통 요소에는 동기, 의도, 타인의 지원, 치료 효과에 대한 믿음 및 준수 능력에 대한 믿음이 있다. 스포츠 손상 재활 준수의 예측 요인에는 부상 특성, 사회인구학적 요인 및 심리적 요인이 있다. 준수의 심리적 예측 요인에는 개인적 요인, 인지적 요인, 정서적 요인 및 행동적 요인이 있다. 개인적 요인에는 선수 정체성, 건강에 대한 내적 통제 소재, 통증 내성, 동기 부여 등이 있다. 인지적 요인에는 재활 효과에 대한 믿음, 재활 가치 평가, 준수 의도가 있으며, 행동적 요인에는 도구적 대처가 있다. 목표 설정은 스포츠 손상 재활 준수를 향상시키는 개입으로 확인되었다.

스포츠 손상 예방 및 재활 프로그램 준수의 중요성은 준수하는 선수가 그렇지 않은 선수보다 더 나은 예방 및 재활 결과를 달성한다는 가정에 달려 있다. 하지만 스포츠 손상 예방 및 재활 결과는 다양한 요인의 영향을 받기 때문에 프로그램을 준수하는 것이 항상 더 좋은 결과를 보이는 것은 아니다. 그럼에도 불구하고 프로그램의 준수와 프로그램 결과 사이 불일치가 발견된다면, 부상 예방 또는 재활 프로그램을 수정할 필요가 있음을 의미한다.

토론 질문

1. 스포츠 손상 예방 및 재활 프로그램 준수를 평가하기 위해 어떤 방법을 사용할 수 있으며 장단점은 무엇인가?
2. 스포츠 손상 예방 프로그램 준수와 관련된 내적 · 외적 요인은 무엇인가?
3. 스포츠 손상 재활 프로그램 준수를 설명하기 위해 제안된 주요 이론의 핵심 개념은 무엇인가?
4. 스포츠 손상 예방 및 재활 프로그램 준수와 그 결과 사이의 관계를 조사하여 무엇을 파악할 수 있는가?

제7장

스포츠 손상 재활에서의 심리적 요인

학습 목표

1. 심리적 요인이 스포츠 손상 재활 결과에 영향을 미치는 경로에 대한 근거를 검토한다.
2. 부상 후 스포츠 복귀를 위한 심리적 준비를 알아본다.

샘(Sam)은 중거리 달리기 선수이다. 그는 전국 선수권대회 출전 자격을 얻었다. 전국 선수권대회를 앞둔 그는 컨디션 점검 차원에서 지역 선수권대회에 출전했다. 몸을 푸는 동안 그는 다리가 조이고 무거운 느낌을 받았다. 그는 걱정하지 않으려 노력했지만 뭔가 잘못되었다는 생각을 지울 수 없었다. 그의 우려는 현실이 되었다. 시합 결과, 그는 평소 기록보다 4초나 뒤진 성적을 보였고, 다리 통증으로 인해 겨우 걸음을 옮길 수 있었다.

샘은 아픈 다리를 절뚝거리며 곧장 의무실로 갔다. 의무실에서 그는 햄스트링 염좌를 진단받았다. 팀닥터는 당분간 운동을 자제하고 냉찜질, 압박 붕대를 시행하라고 권고했다. 또한 통증 관리를 위해 이부프로펜을 복용을 처방하였다. 그는 4일 후부터 가벼운 운동을 시작할 수 있을 거라고 설명하였다. 샘은 그 말을 믿을 수가 없었다. 전국 선수권대회를 앞둔 4일은 평생과 맞먹을 정도였다. 샘은 일반적으로 부상에서 회복하는 데 4일이 걸리겠지만, 자신은 기껏해야 이틀이면 회복할 것이라고 확신했다.

부상 이후 48시간은 샘의 인생에서 가장 긴 시간이었다. 그는 언제 훈련에 복귀할 수 있을지, 대회를 충분히 준비할 수 있을지, 전국 선수권대회에서 성적이 좋지 않아 코치, 가족, 친구들을 실망시키지 않을지에 대한 걱정에 사로잡혀 있었다. 이러한 걱정은 그의 수면을 방해하고, 식욕을 억제하며, 그를 우울하게 만들었다. 샘은 조급한 마음에 조심스레 훈련장으로 향했다. 그리고 햄스트링이 괜찮은지 시험해 보기 위해 짧은 전력 질주를 해 보았다. 처음엔 괜찮은 듯 했지만, 곧이어 햄스트링에서 통증이 느껴졌다. 그는 눈물을 글썽이며 라커룸으로 돌아왔다.

혼자라고 생각한 샘은 자신의 운명을 큰 소리로 한탄했다. 마침 라커룸에 있던 높이뛰기 선수 에릭(Erik)이 샘의 한탄 소리를 엿들었다. 에릭은 샘에게 다가가 이렇게 말했다. "샘, 진정해. 그리고 좀 더 긍정적인 태도를 가져. 부정적 에너지를 가지고는 몸이 회복될 수가 없어." 해결책이 절실히 필요한 샘은 에릭이 한 말의 의미를 곰곰히 생각해 보았다. 정말 부상에 대한 걱정과 비관적인 생각이 그의 회복을 방해했을까?

선수는 스포츠 손상에 대해 다양한 심리적 반응을 보인다. 이러한 심리적 반응이 재활 결과에 미치는 영향은 수십 년 동안 스포츠 건강관리 영역에서 다루어져 왔다. 이 장의 주요 목적은 심리적 요인이 스포츠 손상 재활 결과에 영향을 미치는 경로를 확인하고, 그 경로에 대한 근거를 확인하며, 스포츠 복귀를 위한 심리적 준비의 개념을 조사하는 것이다.

1. 스포츠 손상 재활 결과

근거에 기반한 치료는 치료의 최종 결과에 관심을 둔다(Evans & Lam, 2011). 스포츠 손상 재활 프로그램 효과에 대한 근거는 재활 결과에 따라 결정된다(Sackett, Rosenberg, Gray, Haynes, & Richardson, 1996). 스포츠 손상 재활 결과는 초기에 단일 구조로 간주되었다(Gordon, 1986; Weiss & Troxel, 1986; Wiese & Weiss, 1987). 하지만 재활 결과 지표들 사이에 연관성이 발견됨에 따라 복잡하고 다차원적인 개념으로 발전하였다(Neeb, Aufdemkampe, Wagener, & Mastenbroek, 1997).

재활 결과는 생물심리학적 결과와 스포츠 손상 재활 결과를 의미한다. 생물심리학적 결과는 가동 범위, 근력, 유연성, 통증, 지구력, 회복 속도를 의미한다. 스포츠 손상 재활 결과는 기능적 수행력, 삶의 질, 치료 만족도, 스포츠 복귀 준비를 의미한다. 스포츠 건강관리 영역에서 근거에 기반한 치료에 대한 강조가 커지고 있다. 또한, 재활 결과를 평가할 때 병원 평가 중심에서 환자 중심 평가에 가치를 두는 경향으로 변하고 있다. 병원 평가 결과는 신체 능력 감소와 같은 손상에 초점을 두고 있으며, 의료진의 임상적 평가로 이루어진다. 환자의 평가 결과는 기능적·사회적 활동 제한과 같은 장애에 초점을 맞춘다. 이는 선수가 원하는 결과를 잘 성취했는지에 대한 질문을 통해 평가된다(Jette, 1995).

스포츠 손상 재활 결과는 인지적·정서적 결과, 행동적 결과, 신체적 결과로 분류할 수 있다. 인지적·정서적 결과는 삶의 질, 재부상에 대한 불안, 주관적 증상 등이 있다. 행동적 결과는 회피, 보조기 착용, 기능적 수행력 회복, 스포츠 복귀 등이 있다. 신체적 결과는 치유, 관절 이완, 가동 범위 등이 있다. 인지적·정서적 결과는 일반적으로 자가 보고를 통해 평가되고, 행동적 결과는 관찰을 통해 측정된다. 신체적 결과는 생리적·해부학적 지표를 통해 평가된다. 이 분류는 실험적 근거가 부족하지만, 심리적 요인이 스포츠 손상 재활 결과에 영향을 미치는 경로를 설명하는 수단이 된다.

2. 심리적 요인이 스포츠 손상 재활 결과에 영향을 미치는 과정

심리적 요인이 스포츠 손상 재활 결과에 미치는 영향은 오랫동안 명확하게 밝혀지지 않았다. 그러나 최근 이 주제는 연구자들의 많은 관심을 받고 있다. 심리적 요인이 재활 결과에 미치는 영향에 대한 이론적 기반은 부족한 상태이지만 그 기반이 조금씩 다져지고 있다.

심리적 요인이 스포츠 손상 재활 결과에 미치는 영향에 대한 최초의 보고가 있었다 (Wise, Jackson, & Rocchio, 1979). 이 연구는 성격이 무릎 수술 후 증상 및 기능에 영향을 미칠 수 있다고 설명하였으나 그 이유를 설명하지는 못했다. 이후 스포츠 손상에 대한 심리적 반응의 초기 모델은 인지 평가, 정서 반응 및 행동 반응이 재활 결과에 영향을 미친다고 가정하였다(Gordon, 1986; Weiss & Troxel, 1986; Wiese & Weiss, 1987). 하지만 이러한 모델들은 심리적 요인이 재활 결과에 미치는 영향의 메커니즘을 구체적으로 설명하지 않았다. 그러나 개정된 모델들은 인지와 정서가 재활 결과에 미치는 영향이 재활 프로그램 준수, 사회적 지원, 위험 감수, 노력과 같은 행동에 영향을 받는다고 제안하였다(Wiese-Bjornstal & Smith, 1993; Wiese-Bjornstal, Smith, & LaMott, 1995). 다시 말해, 이 모델들은 인지와 정서가 부상 선수의 행동에 영향을 미치고, 이는 재활 결과에 기여한다고 주장하였다.

심리적 요인이 스포츠 손상 재활 결과에 영향을 미치는 경로는 생물심리사회적 모델에 의해 확장되었다(Brewer, Andersen, & van Raalte, 2002). 심리적 요인은 재활 결과에 직접 영향을 미치거나, 생물학적·사회적·맥락적 요인 및 기타 결과와 상호작용을 통해 재활 결과에 영향을 미친다. 생물심리사회적 모델은 스포츠 손상에 대한 심리적 반응 모델(Wiese-Bjornstal & Smith, 1993; Wiese-Bjornstal et al., 1995)의 행동 경로를 설명할 뿐만 아니라 심리적 요인이 스포츠 손상 재활 결과에 영향을 미치는 경로를 설명하기 위한 기반을 제공한다.

다양한 심리적 요인이 재활 결과와 연관되어 있다는 점을 감안할 때, 심리적 요인이 재활 결과에 영향을 미치는 경로는 다양하다. 심리적 요인이 재활 결과에 영향을 미치는 경로는 [그림 7-1]에서 확인할 수 있다. 이 도해는 A부터 D까지로 분류된 네 가지 경로를 통해 심리적 요인이 재활 결과로 이르는 경로를 설명한다.

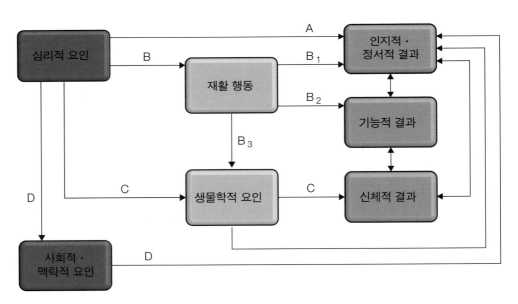

[그림 7-1] 심리적 요인이 스포츠 손상 재활 결과에 영향을 미치는 경로

1) 경로 A(북쪽 경로)

경로 A는 심리적 요인이 재활 결과에 영향을 미치는 가장 직접적인 경로이다. 경로

A에서 심리적 요인은 인지적·정서적 결과에 직접적으로 영향을 미친다. 인지와 정서는 그 자체로 심리적 요인이며, 특정 심리적 요인이 다른 심리적 요인에 영향을 미친다는 사실은 놀라운 것이 아니다. 경로 A는 심리적 요인이 생각과 정서에 영향을 미친다고 주장하는 다양한 이론이 적용될 수 있기 때문에 강력한 이론적 근거를 가진다. 부상에 대한 인지 평가 이론(Lazarus & Folkman, 1984)에 따르면, 부상 대처 능력에 대한 해석(심리적 요인)이 건강 인식과 삶의 질(재활 결과)에 영향을 미친다. 이는 경로 A의 이론적 근거가 될 수 있다.

경로 A는 모든 경로 중 가장 많은 근거를 보유하고 있다. Brewer(2010)는 심리적 요인과 재활의 인지적·정서적 결과의 관계를 조사한 연구들을 검토하였다. 그 결과, 경로 A는 13개의 상관관계 연구에서 지지를 얻었다(Chmielewski et al., 2008; Chmielewski et al., 2011; George, Lentz, Zeppieri, Lee, & Chmielewski, 2012; Lentz et al., 2009; Lu & Hsu, 2013; Parr et al., 2014; Podlog, Lochbaum, & Stevens, 2010; Prugh, Zeppieri, & George, 2012; Swirtun & Renström, 2008; Thomeé et al., 2007b; Thomeé et al., 2008; van Wilgen, Kaptein, & Brink, 2010; Wadey et al., 2014).

신체 증상 및 기능의 주관적 평가는 심리적 요인과 연관성이 입증된 가장 일반적인 인지적·정서적 결과이다. 여기서 신체 증상과 기능의 주관적 평가는 신체적·행동적 결과 범주에 속한다고 생각할 수도 있다. 그러나 신체 증상 및 기능의 주관적 평가는 객관적 지표라기보다는 주의 집중, 정서, 기억 및 동기를 반영한다. 신체 증상과 기능의 주관적 평가와 객관적 평가는 차이를 보인다(Neeb et al., 1997). 따라서, 신체 증상 및 기능의 주관적 평가는 인지적·정서적 결과라고 볼 수 있다.

인지적·정서적 결과와 연관되어 있는 심리적 요인은 자신감, 자기효능감, 회복의 통제 소재, 대처, 부상 표현, 성격, 심상, 목표 설정이다. 이러한 심리적 요인은 인지적·정서적 결과와 상관관계 및 인과관계를 보이며, 이는 경로 A의 강력한 근거가 된다. 스트레스 접종 훈련, 목표 설정, 스트레스 관리, 이완, 심상, 모델링과 같은 심리적 개입은 통증, 불안, 수행 만족도, 재활 태도, 신체 준비 및 자기효능감에 긍정적인 영향을 주었고 이 또한 경로 A의 강력한 근거이다(Brewer, 2010).

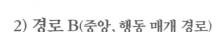

2) 경로 B(중앙, 행동 매개 경로)

경로 B는 재활 행동이 심리적 요인과 스포츠 손상 재활 결과 사이의 관계를 매개한다. 경로 B는 도해의 중앙을 통과하는 경로이다([그림 7-1] 참조). 경로 B는 먼저 심리적 요인에서 출발하여 재활 행동에 이른다. 이후 재활 행동은 세 가지 경로로 연결된다. 이 세 가지 경로는 인지적·정서적 결과, 기능적 결과, 생물학적 요인이다. 생물학적 요인은 신체적 결과로 이어진다.

경로 B의 첫 번째 단계는 재활 행동이다. 재활 프로그램의 준수는 재활 행동에 속하며 다양한 심리적 예측 요인이 있다. 재활 행동의 심리적 예측 요인은 개인적·인지적·정서적·행동적 변수로 분류할 수 있다. 재활 행동을 예측하는 개인적 요인에는 선수 정체성, 건강에 대한 내적 통제 소재, 정신적 강인함, 통증 내성, 동기 부여 및 과제 참여가 있다. 개인적 요인은 상황에 따라 특정한 방식으로 행동하는 일반적인 성향을 나타낸다. 예를 들어, 평소 동기 부여를 많이 하는 선수는 재활 상황에서도 동기 부여를 많이 하는 경향을 나타내며, 이러한 경향은 높은 수준의 재활 프로그램 준수를 유도한다. 재활 행동을 예측하는 인지적 요인은 재활 프로그램 수행에 대한 자신감, 재활에 대한 긍정적인 생각, 신념 및 심상이 있다. 인지적 요인은 또한 준수 동기 및 재활 결과를 통제할 수 있다는 인식을 포함한다. 재활 행동을 예측하는 정서적·행동적 요인은 다음과 같다. 선수는 기분 장애를 경험하지 않을 때(Alzate, Ramírez, & Artaza, 2004; Daly, Brewer, van Raalte, Petitpas, & Sklar, 1995), 적극적으로 스포츠 손상을 대처하고 있을 때(Udry, 1997)에 재활 프로그램을 준수 할 가능성이 크다.

경로 B는 재활 행동에 도달 후 재활 결과에 따라 세 가지 경로로 진행된다. 경로 B1은 재활 행동이 인지적·정서적 결과로 이어진다. 경로 B1은 재활 프로그램 준수가 신체 증상 및 기능의 주관적 평가와 정적 상관관계에 있다는 연구에 의해 뒷받침된다(Brewer et al., 2004; Pizzari, Taylor, McBurney, & Feller, 2005; Treacy, Barron, Brunet, & Barrack, 1997). 경로 B2는 재활 행동이 곧바로 기능적 결과로 이어진다. 재활 프로그램 준수는 기본적으로 기능적 결과를 달성하도록 제작되었기 때문이다. 스포츠 부상 재활 준수와 기능적 결과 사이의 정적 상관관계는 여러 연구를 통해 보고되었다(Alzate et al., 2004; Brewer, 2000; Derscheid & Feiring, 1987).

경로 B₃은 재활 행동이 생물학적 요인을 통해 신체적 결과로 이어진다. 재활 운동, 물리 치료, 유해한 활동 회피, 처방약 복용와 같은 재활 프로그램의 준수는 생물학적 요인에 변화를 일으키고 이는 신체적 결과에 영향을 미친다. 하지만 재활 프로그램 준수와 무릎 이완 사이에 예상치 못한 부적 상관관계가 보고되었다(Brewer et al., 2000). 따라서 재활 프로그램 준수와 신체적 결과 사이에 생물학적 요인이 매개하는 지 여부는 아직 입증되지 않았다.

3) 경로 C(생물학적으로 매개된 신비한 남중부 경로)

경로 C는 심리적 요인이 생물학적 결과를 통해 인지적·정서적 결과 또는 신체적 결과에 영향을 미치는 경로이다. 경로 C는 경로 A, B에 비해 덜 명확하다. 다시 말해, 경로 C를 지지하는 확실한 근거는 없는 상황이다. 그러나 경로 C는 심리적 개입이 신체적 결과에 미치는 효과를 합리적으로 설명할 수 있기 때문에 가치가 있다.

대부분의 연구는 심리적 요인과 생물학적 요인을 모두 측정하지 않았기 때문에 경로 C는 근거가 부족하다. 예를 들어, 전방십자인대 재건술 후 재활 중인 환자를 대상으로 한 연구에서 선수 정체성, 심리적 고충(심리적 요인)은 무릎 이완(신체적 결과)에 영향을 미쳤다(Brewer et al., 2000). 그러나 심리적 요인과 신체적 결과 사이의 생물학적 매개 요인은 평가되지 않았다. 따라서 심리적 고충이 생물학적 요인에 영향을 미쳐 무릎 이완을 유도했다는 추론은 직접적인 지지를 얻지 못한다.

경로 C의 메커니즘을 생각해 볼 필요가 있다. 다양한 생물학적 요인이 심리적 요인과 신체적 결과 사이의 관계를 중재할 수 있다. 스트레스, 우울, 불안 및 걱정과 같은 심리적 요인은 면역 및 신경 내분비 시스템에 영향을 주어 치유에 부정적인 영향을 미칠 수 있다. 이러한 심리적 요인에 대한 생물학적 반응에 초점을 맞추면 경로 C의 생물학적 요인을 유추할 수 있다(Christian, Graham, Padgett, Glaser, & Kiecolt-Glaser,

2006).

염증 과정은 스포츠 손상과 밀접한 관련이 있다. 부상 후 치유의 첫 단계에서 다양한 화학 물질은 염증 반응을 유발한다. 염증을 유발하는 전염증성 사이토카인은 손상된 조직의 복구를 준비하며, 식세포를 손상된 부위로 유도하여 감염을 예방하는 역할을 한다(Lowry, 1993). 심리적·신체적 스트레스는 전염증성 사이토카인의 조절 장애를 유발할 수 있다(Evans, Wadey, Hanton, & Mitchell, 2012). 따라서 염증 과정은 심리적 요인과 연관되어 있다. 특수한 상황에서 스트레스 요인이 전염증성 사이토카인 생성을 억제하여, 치유 과정의 첫 번째 단계를 약화시킬 수도 있다(Christian et al., 2006). 또한 염증은 회복에 필요한 부분이지만, 스트레스와 부정적인 정서는 전염증성 사이토카인을 과잉 생성하여 만성 염증에 기여하고 회복을 방해할 수 있다(Kiecolt-Glaser, McGuire, Robles, & Glaser, 2002).

부정적 심리 상태는 다른 생물학적 과정을 통해서도 치유를 방해할 수 있다. 예를 들어, 스트레스, 우울, 불안은 상처 치유를 지연시키는 호르몬인 코르티솔 분비를 증가시킨다(Kiecolt-Glaser et al., 2002). 또한 상처 회복을 방해하고 전염증성 사이토카인의 생성을 억제하는 글루코코르티코이드 호르몬의 분비를 증가시킬 수 있다(Christian et al., 2006). 수면 문제 또한 내분비 문제를 유발할 수 있다. 특히 잘못된 수면 습관은 코르티솔 상승, 전염증성 사이토카인 생성 감소, 성장 호르몬 분비 감소를 초래할 수 있으며 이는 치유 과정을 방해할 수 있다(Christian et al., 2006; Kiecolt-Glaser et al., 2002).

경로 C는 부정적 심리 상태에만 국한되지 않는다. 긍정적 심리 상태가 치유를 촉진하는 생물학적 요인에 기여할 수 있음을 보여 주는 연구 결과도 있다. 긍정적 정서는 팔의 '테이프 떼기' 실험(Robles, Brooks, & Pressman, 2009), 암에 대한 방사선 치료(Sepah & Bower, 2009), 명상(Kok et al., 2013)과 같은 다양한 상황에서 유익한 생물학적 상태와 연관되어 있었다.

테이프 떼기 연구에서는 참가자들의 긍정적 정서와 부정적 정서를 측정하였다. 그리고 참가자들을 스트레스 유무에 따라 분류하고, 팔의 테이프 떼기 실험을 시행하였다. 연구 결과, 긍정적 정서는 피부 회복에 대한 스트레스의 영향을 완충하였다. 스트레스가 있는 조건에서 긍정적 정서가 높은 집단이 낮은 집단보다 회복이 유의미하게 빨랐다. 반면, 스트레스가 없는 조건에서는 두 집단의 회복은 차이를 보이지 않았다. 이러한 완충 효과는 긍정적 정서가 피부 손상의 면역 및 염증 과정에 영향을 미친 것으로 생각된다(Robles et al., 2009).

긍정적 정서는 또한 암의 방사선 치료에 대한 적응 면역 반응에서 긍정적 역할을 할 수 있다. Sepah와 Bower(2009)의 연구에서 방사선 치료 전 긍정적 정서가 높았던 유방암, 전립선암 환자들은 낮았던 환자들에 비해 전염증성 사이토카인 IL-1 및 IL-6의 농도가 유의하게 높았다. 이 연구는 상관관계 연구이기 때문에 인과관계를 유추할 수 없지만, 연구 결과는 긍정적 정서가 염증 및 조직 복구 촉진 효과를 보일 수 있다는 점을 시사한다.

명상이 치유에 미치는 영향에 대한 실험도 긍정적 정서가 치유에 미치는 유익한 효과에 대한 근거를 제시한다. 이 연구에서 실험군은 명상을 통해 긍정적 정서를 유발하였고, 대조군은 어떠한 조치도 취하지 않았다. 명상을 통해 긍정적 정서를 유발한 실험군은 대조군에 비해 미주신경 활성도가 유의미하게 더 높았다(Kok et al., 2013). 미주신경 활성도는 부교감 신경계의 주요 측면이며, 이는 염증과 반비례한다(Thayer & Sternberg, 2006). 명상은 사회적 연결에 대한 인식을 향상시키는 긍정적 감정을 유발하여, 궁극적으로 미주신경 활성도를 높이는 것으로 보인다(Kok et al., 2013).

앞서 제시한 사례들은 스포츠 손상과 거의 관련이 없는 것처럼 보인다. 하지만 이 사례들에서 보여 준 염증 및 조직 회복 과정은 스포츠 손상의 치료 과정과 유사하다. 이러한 이유로 앞선 요인들은 스포츠 손상 재활 결과에 영향을 미치는 요인으로 고려할 수 있다.

4) 경로 D(미개척 남부 경로)

경로 D는 도해의 하단에 위치하며, 경로 D에 대해서는 알려진 것이 거의 없다. 경로 D는 심리적 요인이 사회맥락적 요인을 통해 인지적·정서적 결과로 이어지는 경로이다. 이는 생물심리사회적 모델에서 확인할 수 있다. 경로 D에서 선수의 심리적 요인은 사회적 또는 물리적 환경의 변화에 영향을 미친다. 그리고 이러한 변화는 선수가 부상에 대해 생각하고 느끼는 방식에 영향을 미친다.

경로 D에 대하여 다음의 예를 들 수 있다. 선수는 부상 이후 사회적 지원을 요청하거나 보유할 수 있다. 반대의 상황 또한 존재할 수 있다. 사회적 지원은 인지적·정서적 결과에 영향을 미친다. 사회적 지원은 스포츠 손상 심리학 분야에서 중요한 주제이다. 그러나 이 경로의 첫 번째 단계인 심리적 요인이 사회적 지원으로 이어지는 과정에 관한 기록은 적다. 부상으로 인하여 사회적 지원을 요청하는 선수의 의도에 관한 연구들(Hoar & Flint, 2008; Nixon, 1994b; Stadden & Gill, 2008)을 제외하면, 선수가 타인으로부터 사회적 지원을 받는 과정은 거의 알려진 것이 없다. 연구자들은 부상 선수가 타인의 지원을 얻기 위해 어떠한 행동을 하는지에 대한 정확한 답을 주지 못했다. 그리고 사회적 지원을 요청하는 다양한 전략의 효과에 대해서도 아직 명확하게 답하지 못하였다.

경로 D의 심리적 요인이 사회맥락적 요인으로 향하는 경로는 명확하지 않고, 추측에 의한다는 특성을 가진다. 반면, 사회맥락적 요인이 재활의 인지적·정서적 결과로 이어지는 경로는 더 명확한 근거를 가진다. 사회적 지원의 유무가 인지적·정서적 결과에 영향을 미칠 수 있다는 근거가 있다. 사회적 지원의 수준이 낮다고 보고한 부상 선수들은 스포츠 손상에 대한 정서적 적응이 낮았다(Brewer, Linder, & Phelps, 1995; Green & Weinberg, 2001; Malinauskas, 2010; Manuel et al., 2002; Rees, Mitchell, Evans, & Hardy, 2010). 정서적 적응이 인지-정서의 결과로 간주된다면, 심리적 요인이 사회 맥락적 요인을 통해 인지적·정서적 결과에 영향을 미치는 경로가 가능해진다.

이 장에서 대부분의 사회적 지원 요인은 사회적 지원에 대한 객관적인 평가보다는 선수의 인식을 평가한 것이다. 사회적 지원을 선수의 인지로 간주한다면 경로 D는 심리적 요인이 인지-정서적 결과에 영향을 미치는 경로라고도 생각할 수도 있다. 경로 D를 발전시키기 위해서는 광범위한 연구가 필요하다.

5) 재활 결과 간 연관성

다양한 스포츠 손상 재활 결과 사이의 관계성은 약하다(Neeb et al., 1997). 그럼에도 인지적·정서적·행동적·신체적 결과 사이에는 연관성이 존재한다. [그림 7-1]에 묘사된 재활 결과 사이의 연관성은 인접한 섬의 문화가 서로 영향을 미치는 것과 유사하다.

재화 결과 사이의 연관성은 전방십자인대 재건술 후 스포츠 복귀와 관련된 요인 연구에서 확인할 수 있다. 문헌 검토(Bauer, Feeley, Wawrzyniak, Pinkowsky, & Gallo, 2014; Czuppon, Racette, Klein, & Harris-Hayes, 2014; Wierike, van der Sluis, van den Akker-Scheek, Elferink-Gemser, & Visscher, 2013) 및 후속 연구(Ardern, Taylor, Feller, Whitehead, & Webster, 2015; Gignac et al., 2015; Lentz et al., 2015)는 인지적·정서적 결과와 행동적 결과 사이의 관계를 보고했다. 다시 말해, 인지적·정서적 결과인 재부상에 대한 두려움 및 운동 공포증은 행동적 결과인 스포츠 복귀와 연관성을 가지고 있다. 연구 설계의 제한점으로 인해 재활 결과들 사이의 인과관계를 확인하는 것은 불가능이다. 하지만 심리적 요인이 재활 전반에 걸쳐 결과에 지속적으로 영향을 미치는 방법을 설명하기 위한 이론들이 발전하고 있다. 예를 들어, 특정 신체 감각은 선수가 이전 수준의 경기력으로 복귀하는 것을 방해하는 재부상에 대한 두려움을 유발할 수 있다.

스포츠 손상 재활에 심리적 요인이 미치는 영향에 관한 연구

심리적 요인이 스포츠 손상 재활 결과에 영향을 미친다는 인과관계를 주장하기 위해서는 강력한 증거가 필요하다. 일부 선수가 부상에서 기적적으로 회복된 이유를 긍정적 정신 상태로 여기는 것이 설득력 있게 들릴 수도 있다. 하지만 이는 심리적 요인이 재활 결과에 미치는 인과관계를 추론하는 데 필요한 근거가 되지는 않는다. 후향적 또는 상관관계 연구 설계 또한 인과관계를 추론할 수 없다. 구체적으로, 후향적 연구 및 상관관계 연구 설계는 다음의 요인을 확인할 수 없다.

- 심리적 요인이 재활 결과를 유발했는지에 대한 여부
- 재활 결과가 심리적 요인의 발생에 영향을 미쳤는지에 대한 여부
- 또 다른 요인이 심리적 요인과 재활 결과에 영향을 미쳤는지에 대한 여부

　심리적 요인의 측정이 재활 결과보다 먼저 측정되는 전향적 연구도 마찬가지다. 전향적 연구에서 심리적 요인과 재활 결과 사이의 연관성이 발견되었다고 해서 곧바로 인과적 추론을 도출할 수 없다. 예를 들어, 재활 초기에 높은 수준의 회복 자신감을 보인 선수가 자신감이 덜한 동료보다 더 잘 회복하는 것으로 나타난 연구를 가정해 보자. 회복 자신감이 높은 선수들이 좋은 재활 결과를 얻을 수 있었던 이유는 자신감 때문일 수도 있지만, 과거 스포츠 손상에서 빠르게 회복했던 경험에서 기인한 것일 수도 있다.

　대부분의 과학 분야와 마찬가지로, 심리적 요인이 스포츠 손상 재활 결과에 영향을 미친다는 주장을 뒷받침하는 가장 강력한 증거는 실험연구이다. 실험연구는 연구자가 선수의 심리적 요인을 사전에 조작하고 재활 결과에 미치는 영향을 측정한다. 그러나 심리적 요인이 스포츠 손상 재활 결과에 미치는 영향에 관한 실험연구는 지금까지 상대적으로 거의 수행되지 않았다. 심리적 요인이 부상 발생에 미치는 영향에 관한 실험연구가 수행되지 못한 주된 이유는 윤리적 문제였다. 반면 심리적 요인이 스포츠 부상 재활 결과에 미치는 영향에 관한 실험연구를 제한하는 주요 요인은 실용성의 측면이다. 우선, 적절한 통계적 타당성을 보장하고, 다양한 조건의 대상자와의 비교를 위해, 대규모의 비슷한 표본이 필요한데 대규모의 부상 재활 선수들을 모집하는 것은 쉽지 않다. 또한, 재활 결과에 대한 심리적 요인의 영향을 확인하기 위해서는 생물학적 요인을 배제하고 심리적 요인이 회복에 역할을 할 여지가 있는 부상을 조사해야 한다. 부상이 신체에 가해지는 손상이라는 점을 고려하면 생물학적 요인을 배제하기란 쉽지 않다. 부상 재활은 시간이 소요되는 과정이기 때문에 이러한 연구는 몇 주, 몇 달 또는 몇 년으로 시간이 오래 걸린다.

　실험연구를 수행하기 위해 필요한 시간, 노동 및 비용은 연구자가 용인할 수 있는 수준을 벗어날 가능성이 크다. 결과적으로, 심리적 요인이 스포츠 손상 재활 결과에 미치는 영향과 관련된 실험연구의 수는 여전히 적다. 따라서 심리적 요인이 스포츠 손상 재활 결과에 영향을 미친다는 강력한 인과적 주장을 뒷받침하기 위한 실험연구를 수행하는 데 실용적인 장벽을 극복할 헌신적이고 끈기 있는 새로운 연구자들이 필요하다.

3. 스포츠 복귀를 위한 심리적 준비

스포츠 손상 재활 결과에 대한 평가는 사람마다 다를 수 있다. 대부분 선수와 코치에게 있어 가장 중요한 결과는 바로 스포츠 복귀이다. 엘리트 선수에게 있어 성공적인 스포츠 복귀는 부상 전 경기력을 회복하여 유지하고, 부상 전 목표를 달성하고, 부상 후 경기력에 대한 현실적인 기대를 가지고, 부상이 없는 상태를 유지할 때를 말한다(Podlog & Eklund, 2009). 선수는 스포츠에 복귀하기 위하여 스포츠 건강관리 전문가에게 스포츠 활동 재개에 대한 허락을 받아야 한다. 선수는 허락을 받기 위하여 전문가가 인정하는 스포츠 복귀 준비 상태를 입증해야 한다. 스포츠 복귀 준비는 단지 신체적으로 경기를 할 수 있는지 여부(Clover & Wall, 2010)처럼 간단할 수 있고, 여러 경쟁적 요인을 평가하는 것만큼 복잡할 수도 있다(Creighton, Shrier, Shultz, Meeuwisse, & Matheson, 2010; Herring et al., 2002).

Creighton 등(2010)은 스포츠 건강관리 전문가가 선수의 스포츠 복귀를 결정하는 과정을 안내하기 위해 3단계 모델을 개발하였다. 3단계 모델은 다음의 요소를 포함하고 있다.

- 선수의 건강 상태
- 스포츠 참여와 관련된 위험
- 스포츠 복귀 결정을 수정할 수 있는 상황적 요인

선수의 건강 상태를 평가할 때, 신체적 요인을 강조하는 것은 당연한 것이다. 이 모델의 첫 번째 단계에서 선수의 인구통계학적 특성(연령, 성별), 신체 증상, 병력, 신체 징후, 검사실 결과, 기능적 검사 자료, 부상 심각도 및 심리적 상태와 같은 의학적 요소를 평가한다. 스포츠 복귀를 위한 신체적 준비 상태를 판단하기 위한 절대적인 기준은 없지만, 일반적으로 다음과 같은 경우 복귀가 허용될 수 있다.

- 근력, 관절 가동 범위, 고유수용성 감각, 지구력 및 스포츠 특이 수행력이 부상 전 수준과 거의 비슷하거나 손상되지 않은 쪽과 비슷할 때
- 통증, 압통, 부종, 염증, 삼출물, 관절 불안정성 및 운동학적 이상이 없을 때

두 번째 단계에서 선수의 준비 상태는 스포츠 참여 중 노출될 수 있는 위험 측면에서 평가된다. 이러한 위험도를 평가할 때, 스포츠 유형(접촉 스포츠, 비접촉 스포츠), 주로 사용하는 신체 부위, 포지션, 경쟁 수준 및 부상 부위 보호 능력 등의 요인을 고려한다. 세 번째 단계는 스포츠 복귀 결정이다. 스포츠 복귀 결정은 스포츠 시즌, 타인의 압박, 증상 은폐, 스포츠 건강관리 전문가의 이해 상충, 소송에 대한 두려움과 같은 상황적 요인의 영향을 받는다. 스포츠 복귀 결정에 영향을 주는 요인은 스포츠 복귀 결정의 위험과 이익 모두를 고려한다. 이러한 방식으로 이 모델은 스포츠 복귀 결정이 내려지는 실제 현장의 맥락을 반영한다(Creighton et al., 2010). 이와 같이 스포츠 복귀 결정 지침을 제공하는 모델이 존재하기는 하지만, 스포츠 건강관리 전문가가 복귀 결정에 가중치를 주는 요소는 다양하다(Shultz et al., 2013).

이 모델은 부상 선수의 복귀 준비 상태를 평가할 때 심리적 상태를 포함하고 있다. 하지만 이 모델은 어떠한 심리 상태가 스포츠 복귀를 방해하는지에 대한 정보를 제공하지 않는다. '스포츠 복귀와 관련 합의문(The team pyhsician)'(2012)에서도 '심리사회적 준비'를 스포츠 복귀 허가를 위한 8개의 필수 조건 중 하나로 포함하였다. 하지만 심리사회적 준비의 개념을 명확하게 정의하지는 않았다. 심리적 준비 상태에 대한 정의가 명확하지 않다는 것은 중요한 질문을 제기한다. 스포츠로 복귀할 심리적인 준비가 되어 있다는 것은 어떤 의미인가? 선수가 심리적으로 준비 되지 않은 채 스포츠로 복귀하면 어떤 일이 발생하는가? 이 질문에 대한 답을 얻기 위하여 심리적 준비의 특성과 심리적 준비 부족으로 인해 발생할 수 있는 결과를 확인해야 한다.

1) 특성

    스포츠 복귀의 심리적 준비에 대한 관심이 증가하고 있지만, 심리적 준비에 대한 보편적 정의는 없다. 그러나 스포츠 복귀를 촉진하는 안전하고 생산적이며 긍정적인 심리적 자원을 가지고 있고, 복귀를 방해하는 심리적 속성이나 상태가 없을 때 심리적으로 준비된 상태라고 생각할 수 있다. Ardern, Taylor, Feller와 Webster(2013)는 문헌 검토를 통해 심리적 준비의 주요 특성 중 하나는 공포나 불안과 같은 잠재적인 장애의 부재(또는 낮은 수준)라고 확인하였다. 그리고 자신감과 동기 부여가 높은 상태도 스포츠 복귀를 촉진할 수 있는 요인이다.

(1) 두려움과 불안의 부재(또는 낮은 수준)

    두려움과 불안은 스포츠 손상에 대한 일반적인 단기 반응이다. 따라서 스포츠 손상 발생 후 언제나 발생할 수 있다. 특히 두려움과 불안은 재활을 완료하고 스포츠 복귀를 앞둔 시점에서 두드러진다(Carson & Polman, 2012; Heijne, Axelsson, Werner, & Biguet, 2008; Kvist, Ek, Sporrstedt, & Good, 2005; Podlog, Dimmock, & Miller, 2011; Podlog & Eklund, 2006). 스포츠 복귀 과정에서 발생하는 두려움과 불안의 원인은 대부분 재부상에 대한 걱정(Podlog et al., 2011; Podlog & Eklund, 2006; Walker, Thatcher, & Lavallee, 2010)이지만, 경기력과 신체 외형에 대한 걱정 또한 발생할 수 있다(Podlog et al., 2011; Podlog & Eklund, 2006). 두려움과 불안이 스포츠 복귀를 위한 심리적 준비 부족을 나타낸다는 주장을 뒷받침하는 주요 근거는 다음과 같다. 재부상에 대한 두려움은 전방십자인대 수술 후 재활을 완료한 선수가 스포츠로 복귀하지 못하거나(Ardern, Webster, Taylor, & Feller, 2011), 부상 전 경기력 수준에 도달하지 못하는(Ardern, Taylor, Feller, & Webster, 2012; Flanigan, Everhart, Pedroza, Smith, & Kaeding, 2013; McCullough et al., 2012) 가장 흔한 이유 중 하나라는 사실이다. 그러나 선수가 스포츠 복귀를 포기하게 되는 두려움과 불안의 정도는 확인되지 않았다.

(2) 자신감과 자기효능감

스포츠 손상 재활의 핵심 과제 중 하나는 부상 부위, 수행력, 재부상 방지 능력에 대한 자신감을 회복하는 것이다(Carson & Polman, 2012). 자신감과 자기효능감은 재활이 진행되는 동안 증가하는 경향이 있다(Chmielewski et al., 2011; Thomeé et al., 2007a). 자신감과 자기효능감은 스포츠 손상 발생에 대한 두려움과 반비례한다(Cartoni, Minganti, & Zelli, 2005; Reuter & Short, 2005). 부상에 대한 두려움이 감소할수록 자신감과 자존감이 상승하고, 그 반대의 경우도 마찬가지이다. 자신감과 자기효능감이 인지적 · 정서적 결과([그림 7-1], 경로 A), 재활 행동([그림 7-1], 경로 B), 행동 결과(Thomeé et al., 2008)와 정적 상관관계가 있다는 점을 감안할 때, 자신감과 자기효능감은 스포츠 복귀를 위한 심리적 준비의 특성으로 고려할 수 있다. 그러나 두려움과 불안과 마찬가지로 심리적 준비에 필요한 자신감과 자기효능감의 수준은 확인되지 않았다.

(3) 동기 부여

동기 부여가 잘 이루어지지 않으면, 선수가 부상에서 회복했지만 스포츠로 복귀하지 않을 수 있다. 하지만 동기 부여의 정도가 스포츠 복귀 준비에 영향을 주는 유일한 측면은 아니다. 동기 유형 또한 스포츠 복귀 준비 상태에 영향을 줄 수 있다. 특히 내적 동기와 자기 결정적 동기는 스포츠 복귀를 위한 심리적 준비 상태를 나타낼 수 있다. Podlog와 동료들(Podlog & Dionigi, 2010; Podlog & Eklund, 2005, 2006, 2010; Podlog et al., 2010; Podlog, Kleinert, Dimmock, Miller, & Shipherd, 2012)은 연구를 통해 스포츠 복귀를 준비하는 선수가 능력, 관계성, 자율성에 대한 기본 욕구가 충족되지 않는 것에 대한 우려를 표현한다는 것을 확인하였다.

선수가 스포츠 복귀를 준비할 때, 기본 욕구를 충족하지 못하는 수많은 상황에 직면하게 된다. 능력과 관련하여, 선수는 경기력을 회복할지, 재부상을 당하지 않을지, 약해 보이지 않을지에 대해 걱정을 할 수 있다. 관계성과 관련하여, 선수는 코치와 팀원들을 실망시키지 않을지, 코치와 팀원으로부터 고립되지 않을지에 대한 우려를 보일 수 있다. 자율성과 관련하여, 선수는 스포츠 복귀 결정에 있어서 타인으로부터 압박을 느낄 수 있다. 또한, 통증을 참고 시합을 해야 한다는 스포츠 윤리에 굴복한다고 느낄 수 있다(Podlog & Eklund, 2007). 자기결정성 이론(Ryan & Deci, 2000)에 따르면, 이러한 기본적 욕구가 충족되지 않으면 스포츠 복귀 결정이 자기 결정적인 것이 아니기 때문에 부정적 정서 반응을 일으킬 수 있다(Podlog & Eklund, 2010; Podlog et al., 2011). 하지만 심리적 준비를 위한 기본 욕구의 만족 정도를 확인하지는 못하였다.

2) 결과

선수가 신체적으로 준비가 되기 전에 스포츠에 복귀하면 부상 위험이 높아진다. 그렇다면 선수가 심리적으로 준비되기 전에 스포츠로 복귀하면 어떠한 위험이 있을까? 스포츠 복귀에 대한 심리적 준비 상태를 '안전하고 생산적이며 즐겁게 스포츠 복귀를 촉진하는 상태'로 정의하였다. 따라서 심리적으로 준비가 되지 않은 상태에서 스포츠에 복귀하는 것은 안전성, 생산성, 즐거움에 부정적인 영향을 미칠 수 있다. 안전과 관련하여, 심리적 준비의 부족은 재부상 또는 새로운 부상의 가능성을 높인다. 심리적 준비 부족과 부상 취약성 사이는 재부상에 대한 불안, 두려움, 사회적 지원 부족 같은 요인이 매개한다.

심리적으로 준비가 되지 않은 상태에서 스포츠에 복귀한 선수는 스포츠 경기력 문제를 경험할 수 있다. 경기력 저하는 선수가 게임에 집중하지 못할 때 발생한다. 즉, 두려움, 불안, 낮은 자신감, 동기 부족과 같은 심리적 준비 부족은 집중력을 저하시키고 이는 경기력을 낮출 수 있다.

선수가 심리적으로 준비가 되기 전에 스포츠에 복귀하게 되면 즐거움이 감소할 수 있다. 심리적 준비 부족은 두려움, 불안, 자신감 부족, 외적 동기 부여와 같은 불쾌한 상태를 유발할 수 있으며, 이는 선수의 열정을 약화시키고 스포츠 참여를 위협할 수도 있다.

따라서 선수가 스포츠 복귀를 위한 심리적 준비가 되었는지를 확인하는 것은 필수적이다. 심리적 준비에 대한 평가는 적용 초점 상자에서 확인할 수 있다.

부상 후 스포츠 복귀에 대한 심리적 준비 평가

스포츠 복귀를 앞둔 선수의 신체적 준비 상태를 평가하기 위해 스포츠 건강관리 전문가는 다양한 임상적 도구와 테스트 및 절차를 사용한다. 예를 들어, 각도계는 관절 가동 범위를 측정하는 데 사용하고, 도약 테스트는 기능적 능력을 측정하는 데 사용할 수 있다.

선수의 스포츠 복귀에 대한 심리적 준비 상태를 평가하는 방법은 훨씬 더 제한적이다. 스포츠 복귀를 위한 심리적 준비 상태라는 개념에 대한 확립된 정의가 부족하기 때문이다. 따라서 스포츠 건강관리 전문가는 선수의 심리적 준비 상태에 대한 정보를 얻기 위하여 행동 관찰 및 자가 보고와 같은 제한된 방법을 사용한다. 행동 관찰 및 자가 보고의 접근 방식은 모두 단점이 있다.

행동 관찰이란 선수가 심리적으로 스포츠에 복귀할 준비가 되지 않았다는 명백한 징후를 감지하기 위하여 선수가 재활 및 스포츠 과제에 참여하는 것을 관찰하는 것이다. 이 접근 방식은 아직 실험적으로 검증되지 않았다. 하지만 행동 관찰이 완벽히 이루어진다면, 스포츠 복귀에 부정적 영향을 줄 수 있는 심리적 준비 부족의 행동적 징후를 식별할 수 있을 것이다. 행동 관찰을 통해 두려움과 불안을 반영하는 행동, 자신감 부족을 반영하는 행동 및 자기 결정적 동기 부족을 반영하는 행동을 확인할 수 있다. 보조기 착용, 스포츠 관련 동작 수행 시 주저함은 두려움과 불안을 반영하는 행동에 속한다. 자신감 부족을 반영하는 행동에는 주저하는 플레이, 훈련 중 평소 수행력의 절반 정도만 수행하는 행동들을 예로 들 수 있다. 자기 결정적 동기 부족 행동의 예로는 재활 또는 훈련 회기에 미참석하거나, 너무 빨리 스포츠에 복귀해야 한다는 압박감을 토로하는 행동이 포함된다. 심리적 준비 상태의 평가를 위한 행동 관찰의 또 다른 주요 제한 사항에는 선수가 자신이 관찰당하고 있다는 사실을 알았을 때 행동을 수정할 수 있다는 것이다. 이를 학술적인 용어로는 반작용이라고 부른다. 그리고 일부 심리적 상태는 행동을 통해 쉽게 관찰할 수가 없다.

스포츠 복귀를 위한 심리적 준비 상태를 평가하는 가장 직접적인 방법은 스포츠 복귀를 앞둔 선수에게 자신의 마음 상태에 대해 질문하는 것이다. 이러한 자가 보고를 사용하는 근거는 선수에게 스포츠 복귀에 대한 자기 생각과 감정을 물어보는 것이 가장 확실하기 때문이다. 예를 들어, 선수는 스포츠 복귀를 앞두고 경험하는 불안, 자신감 및 동기 부여 정도를 스스로 설명할 수 있다.

스포츠 복귀에 대한 심리적 준비 상태를 평가하기 위한 자가 보고식 설문지가 개발되었다(〈표 7-1〉 참조). 자가 보고 설문지는 스포츠 복귀 전 심리적으로 준비되지 않은 선수를 식별하는 데 유용할 수 있다. 예를 들어, 전방십자인대 재건 수술 4~6개월 후에 전방십자인대 부상 후 스포츠 복귀 척도(Webster, Feller, & Lambros, 2008)에서 낮은 점수를 받은 대상자들은 수술 12개월 후에도 스포츠 복귀를 할 가능성이 크지 않았다(Ardern, Taylor, Feller, Whitehead, & Webster, 2013; Langford, Webster,

& Feller, 2009). 그러나 이러한 심리적 준비 상태를 평가하기 위한 자가 보고 설문지는 높은, 중간 및 낮은 수준에 해당하는 기준 점수를 결정할 수 있을 정도로 검증되지 않았다. 또한 위양성 또는 위음성 정도도 확인되지 않았다. 여기서 위양성이란 선수가 실제로는 심리적으로 준비가 되어 있지 않은데, 심리적으로 준비가 되어 있다고 결론짓는 것이다. 위음성이란 선수가 실제로는 심리적으로 준비가 되어 있는데, 심리적으로 준비가 되어 있지 않다고 결론짓는 것을 말한다.

〈표 7-1〉 부상 후 스포츠 복귀를 위한 심리적 준비 상태에 대한 자가 보고 측정 도구

측정	평가 항목의 특성
ACL Return to Sport after Injury (ACL-RSI) scale (Webster et al., 2008)	두려움, 불안, 자신감
Attention Questionnaire of Rehabilitated Athletes Returning to Competition (AQ-RARC; Christakou, Zervas, Psychountaki, & Stavrou, 2012)	근골격계 부상 이후 스포츠 복귀 시 기능적 주의 집중 및 주의 산만
Causes of Re-Injury Worry Questionnaire (CR-IWQ; Christakou, Zervas, Stavrou, & Psychountaki, 2011)	재활과 상대 선수로 인한 재부상 걱정
Composite Return from Injury to Sport Scale (CRISS; Ankney, Jauhar, Schrank, & Shapiro, 2012)	자신감, 성취, 지원, 재활 경험
Injury-Psychological Readiness to Return to Sport (I-PRRS) scale (Glazer, 2009)	자신감
Need Satisfaction Scale (Gagne, Ryan, & Bargmann, 2003; adapted by Podlog et al., 2010)	기본적인 심리적 요구의 만족 (자기 결정 동기가 요구됨)
Re-Injury Anxiety Inventory (RIAI; N. Walker et al., 2010)	재활 불안, 시합 복귀 불안
Sport Injury Trait Anxiety Scale (SITAS; Kleinert, 2002)	부상에 대한 우려
Tampa Scale of Kinesiophobia (TSK; Miller, Kori, & Todd, 1991)	움직임 공포

심리적 준비 상태에 대한 자가 보고 평가법의 또 다른 한계는 선수가 응답할 때 모두 완벽히 진

실을 말하지 않을 수도 있다는 사실이다. 실제로 심리적 준비 상태를 평가하기 위해 자가 보고를 하는 것은 어떤 면에서 여우에게 닭장을 지키라고 요청하는 것과 같은 맥락이다. 빠른 복귀를 원하는 선수는 복귀가 늦어지는 것의 두려움 때문에 자기 생각과 감정을 정확하게 표현하지 못할 수 있다. 이러한 문제를 해결하기 위해 심리적 준비 상태 평가를 위한 질문지는 측정 항목의 의미에 대하여 응답자가 눈치를 채지 못하게 시행해야 할 수도 있다. 예를 들어, 암묵적 인지 검사(Greenwald, McGhee, & Schwartz, 1998)는 이러한 자가 보고의 제한점을 피하는 방식으로 심리적 준비 상태를 측정한다. 그러나 스포츠 손상 재활의 맥락에서 심리적 준비 상태를 평가하기 위해 검증된 평가 척도가 개발될 때까지는, 스포츠 건강관리 전문가는 스포츠 복귀를 앞둔 선수의 행동을 관찰하고, 마음 상태에 대하여 선수와 솔직하게 대화해야 한다. 그리고 코치 보고서, 설문지와 같은 이용 가능한 추가 정보를 수집함으로써 선수의 심리적 준비 상태를 평가해야 한다.

4. 생물심리사회적 분석

스포츠 손상 재활의 결과는 인지적·정서적·행동적·신체적 결과로 분류할 수 있다. 서두에 제시한 사례에서, 샘은 전국 선수권대회 성과라는 행동적 결과에 대하여 주된 걱정을 보였다. 하지만 인지적·정서적 결과(인지된 통증) 및 신체적 결과(근육 치유)에 대한 걱정 또한 나타냈다. 부정적 에너지가 샘의 회복을 방해하고 있다는 에릭의 의견은 검증할 수 없지만, 걱정과 비관적인 생각이 치유를 방해하고 있다는 생각은 일리가 있다. 다양한 유형의 스포츠 손상 재활 결과 사이의 관계를 고려할 때([그림 7-1] 참조), 부정적 정서 및 생각은 다양한 방식을 통해 회복에 영향을 미칠 수 있다. 구체적으로 샘의 걱정과 비관적인 생각은 인지적·정서적 결과(경로 A), 재활 행동(경로 B), 생물학적 요인(경로 C), 사회맥락적 요인(경로 D)에 영향을 미쳐 햄스트링 치유에 영향을 미칠 수 있다. 샘이 경로 B를 경험한 사실은 분명하다. 샘은 불안감으로 인해 충분한 회복 전에 빠른 달리기를 시도하였고, 이는 곧 햄스트링 상태의 악화로 이어졌기 때문이다. 에릭과의 관계를 통해 샘은 경로 D 또한 겪었다. 에릭은 샘의 통증에 대하여 조언하였고, 그 결과 샘은 재활에 대한 새로운 관점을 채택하게 되었다. 이를 통해 샘은 자신의 행동 및 신체적 회복을 변화시킬 수 있다.

샘은 스포츠 복귀에 대한 신체적 준비뿐만 아니라 심리적 준비도 부족했다고 생각할 수 있다. 그는 자신의 햄스트링 상태와 신체 수행 능력에 대한 자신감이 부족하였다. 더불어 샘은 자기 결정성 동기도 약했을 것이라고 추측할 수 있다. 부상으로 훈련에 불참하는 것은 샘의 능력에 대한 욕구를 좌절시켰다. 지인이 실망할 것이라는 걱정은 관계성에 대한 욕구를 충족시키는 데 방해가 되었을 수 있다. 만약 신체적 상태가 개선된다면 스포츠에 복귀할 심리적 준비가 향상될 수 있다. 하지만 전국 대회 기간에 맞춰 경기력에 대한 걱정이 사라지고, 자신감이 회복되며, 자기 결정성 동기가 생긴다는 보장은 없다.

5. 요약

스포츠 건강관리 영역에서 근거 기반 치료 기법의 적용을 중시하고 있다. 이에 스포츠 손상 재활 결과의 평가에 관심이 높아졌다. 일반적으로 재활 결과는 인지적·정서적 결과, 행동적 결과 및 신체적 결과로 평가할 수 있다. 심리적 요인이 스포츠 손상 재활 결과에 영향을 미친다고 여겨져 왔지만, 이 주장을 뒷받침하는 실험적 근거는 비교적 최근에 나타났다. 하지만 대부분의 근거는 상관관계를 나타내며, 심리적 요인과 재활 결과 사이의 인과관계를 설명하지 않는다. 그럼에도 심리적 요인이 스포츠 손상 재활 결과에 영향을 미치는 네 가지 경로가 확인되었다.

첫 번째 경로는 자신감, 자기효능감, 회복에 대한 귀인과 같은 심리적 요인이 통증, 회복률, 신체적 증상에 대한 주관적 평가와 같은 인지적·정서적 결과에 직접적으로 영향을 미친다. 두 번째 경로는 재활 행동이 심리적 요인과 스포츠 손상 재활 결과 사이를 매개한다. 세 번째 경로는 코르티솔 생성, 염증과 같은 생물학적 요인이 심리적 요인과 스포츠 손상 재활 결과 사이를 매개한다. 네 번째 경로는 사회맥락적 요인이 인지-정서적 결과에 영향을 미친다.

재활 결과 중 선수와 코치가 가장 높은 가치를 두는 것은 스포츠 복귀이다. 스포츠로 복귀할 준비가 되었다고 평가할 수 있는 보편적인 기준은 없다. 하지만 일반적으로 근력, 운동 범위, 고유수용성 감각, 지구력 및 기능적 스포츠 수행이 부상 이전 수준 또는 부상당하지 않은 쪽의 신체 부위와 비슷할 때, 통증, 압통, 부종, 염증, 삼출물, 관절 불안정성 및 운동학적 이상과 같은 증상이 없을 때 스포츠 복귀를 허가받을 수 있다. 의학적 상태 외에도 스포츠 복귀 준비 여부를 판단하기 위하여 스포츠 복귀 시 위험에 노출될 가능성(스포츠 유형, 포지션, 경쟁 수준, 보호 장비의 사용)과 상황적 영향(스포츠 시즌, 코치 또는 팀 동료의 압력, 전문적 이해 충돌, 소송에 대한 두려움) 같은 요인을 고려해야한다.

　스포츠 복귀를 위하여 심리적 준비가 중요하다. 하지만 스포츠 복귀를 위한 심리적 준비 상태에 대한 명확한 정의는 없는 상황이다. 스포츠 복귀를 위한 심리적 준비 상태는 재부상, 경기력 등에 대한 불안이 없거나 낮은 수준일 때를 말한다. 또한 높은 수준의 자신감과 동기 부여를 특징으로 한다. 심리적으로 준비되지 않은 상태에서 스포츠로 복귀하는 것은 재부상, 스포츠 경기력 저하, 즐거움 부족과 같은 결과를 유발할 수 있다.

📅 토론 질문

1. 스포츠 손상 재활의 인지적 · 정서적 · 행동적 · 신체적 결과를 예를 들어 설명하라.
2. 심리적 요인이 스포츠 손상 재활 결과에 영향을 미치는 과정을 설명하기 위해 어떤 경로가 제안되었는가?
3. 부상 후 스포츠 복귀를 위한 심리적 준비를 나타내는 요인은 무엇인가?
4. 유익한 재활 결과를 위한 심리적 개입은 어떠한 심리적 요인을 대상으로 하는가?

제8장

스포츠
건강관리에서의
심리적 개입

학습 목표
1. 부상 후 스포츠 건강관리를 위한 심리적 개입의 실험적 근거를 확인 및 논의한다.
2. 부상 선수에게 심리적 개입을 시행할 수 있는 전문가가 누구인지 검토한다.

그냥 다리가 부러진 것뿐인데, 재활은 왜 이렇게나 오래 걸리는 것일까? 카일(Kyle)은 스포츠 심리 상담사에게 좌절감을 토로했다. 상담사는 카일의 고충을 들은 후 동기 부여와 정신력을 향상을 위해 심상을 제안하였다. "제가 시합 준비 시 했던 것과 같은 심상을 말하는 건가요?" 카일이 물었다. "맞아요." 상담사가 대답했다. 상담사는 카일의 재활과 회복을 돕기 위해 그의 마음속에서 시각, 청각, 운동 감각, 미각, 촉각 이미지를 재창조할 수 있는 작업을 시작하였다.

마주키(Marzuki)의 트레이너인 파울라(Paula)는 그의 햄스트링 단축이 하지 부상의 원인이 될 수 있으며, 햄스트링 단축을 해결하기 위해 규칙적이고 짧은 정적 스트레칭이 도움이 된다고 설명하였다. 마주키는 그의 말에 완전히 확신이 서지 않았다. 그는 햄스트링 유연성 향상을 위해 수없이 노력했지만 거의 진전이 없었다고 대답했다. 파울라는 마주키를 안심시켰다. "네가 스트레칭 중 한계에 도달했을 때, 잠시 스트레칭을 완화하고 숨을 깊게 들이쉬어 봐. 흉부가 아니라 복식 호흡으로 말이야. 그런 다음 숨을 내쉬면서 스트레칭을 시도하면 몸이 이전보다 더 늘어나는 것을 알게 될 거야."

이 두 사례에서 스포츠 건강관리 전문가는 선수에게 심리적 개입을 시행하였다. 카일의 상담사는 다리 골절 재활 중 심상을 사용하였고, 마주키의 트레이너는 햄스트링 정적 스트레칭 중 이완과 심호흡을 사용했다. 이러한 개입이 실제로 선수에게 효과가 있을까? 심리적 개입은 선수가 부상에서 회복하는 데 도움이 될까? 심리적 요인과 스포츠 손상 재활 결과 사이의 관계에 관한 실험 결과와 이론적 모델을 기반으로 생각해 보면, 심리적 개입은 선수의 부상을 회복에 도움을 줄 수 있다. 이 장의 주요 목적은 스포츠 건강관리에서 심리적 개입에 대한 실험적 근거를 확인하고 논의하는 것이다. 스포츠 손상을 예방하기 위한 개입은 제3장에서 자세히 다루었기 때문에 이 장에서는 주로 부상 후 치료에 중점을 둔다.

1. 심리적 개입

　부상 선수를 치료하기 위해 수많은 심리적 개입이 적용되었다(〈표 8-1〉 참조). 이러한 개입은 스포츠 손상 재활 결과에 영향을 미치는 다양한 인지, 감정 및 행동 변화를 목표로 한다. 그러나 실험적 근거가 있는 개입은 매우 적으며, 무작위 대조군 실험을 통한 근거 또한 적다. 그러나 스포츠 건강관리에서 심리적 개입의 효과를 증명하는 실험적 근거는 점점 많아지고 있다. 〈표 8-1〉에서 제시한 개입법은 목표, 영향을 미치는 경로, 실험적 근거 수준이 매우 다양하다.

〈표 8-1〉 스포츠 건강관리에서 심리적 개입

개입	주요 목표	가능한 경로	실험적 근거*
바이오피드백	근육 활성, 근력, 가동범위	경로 B, B_2, B_3, C	있음
상담	부상 대처	경로 A, B_1, B_2	없음
표현적 글쓰기	정서적, 신체적 건강	경로 A, C	없음
목표 설정	일상 행동, 재활 행동, 스포츠 경기력	경로 A, B, B_1, B_2, B_3	있음
심상	자신감, 치유, 통증, 재활활동, 스포츠 경기력	경로 A, B, C	있음
모델링	불안, 자신감, 고충, 지식, 동기 부여, 재활 행동	경로 A, B, C	있음
다방면 개입	불안, 자신감, 치유, 통증, 재활 준수, 재활태도, 자기효능감	경로 A, B, C, D	있음
경기력 향상 집단	불안, 정서적 반응, 지식, 회복률, 사회적 지지, 스트레스	경로 A, B, C, D	없음
이완 훈련	불안, 정서, 근육 긴장, 통증, 개인 통제, 스트레스	경로 A, C	없음
자기암시	행동, 인지, 정서, 동기 부여, 생리적 반응	경로 A, B, C, D	있음

| 사회적 지원 | 자신감, 정서적 반응, 동기 부여, 실질적 과제 | 경로 A, B, C, D | 없음 |

* 이 열은 스포츠 손상 재활의 맥락에서 대조군 또는 위약 조건과의 비교를 참조한다.

부상 후 심리 개입이 미치는 영향에 대한 연구에서 위약 효과

무작위 대조군 시험은 스포츠 손상 예방 및 재활을 위해 개발된 개입의 효능 및 효과를 조사하기 위한 황금 표준이다. 연구자는 특정 심리적 개입이 재활 결과를 촉진하는 데 효과적이라는 결론을 내리기 전, 관찰된 효과에 대한 대체 가능한 설명을 배제해야 한다. 예를 들어, 선수는 심리적 개입 자체의 속성 때문이 아니라 치료를 받았으니 몸이 호전될 것이라는 기대로 인해 통증이나 기능적 손상이 덜하다고 보고할 수 있다. 이러한 기대는 위약 효과로도 알려져 있다. 이러한 효과를 통제하기 위해, 약물 치료와 관련된 무작위 대조군 시험에서는 대조군 환자들에게 실험 약물 대신 특별한 효과가 없는 일반적인 물질을 제공한다.

위약의 사용은 약물의 효과를 평가하는 연구에서 관행처럼 사용되었다. 하지만 심리적 개입이 스포츠 손상 재활 결과에 미치는 영향을 조사하는 연구에서는 거의 사용되지 않았다. 하지만 일부 연구자는 심리적 치료의 비특이적 효과인 희망, 치유에 대한 기대, 사회적 지지를 통제하기 위해 위약 조건을 고안하였다. 예를 들어, 실험군 대상자들은 전문가로부터 이완 운동 및 유도 심상과 같은 심리적 개입을 받았다. 반면, 위약군의 참가자들은 같은 전문가로부터 심리적 개입이 아닌 재택 재활과 관련된 구조화된 면담 시간을 가졌다(Cupal & Brewer, 2001). 이는 심리적 개입의 위약 조건이 될 수 있다.

위약은 때때로 해로운 반응을 유발할 수 있다. 이 부정적인 결과는 노세보 효과(nocebo effect)로 알려져 있다. 다행스럽게도 노세보 효과는 스포츠 손상 재활에 대한 심리적 개입과 관련되지 않은 것으로 보인다. 대부분의 심리적 개입의 특성으로 인해, 스포츠 손상 재활의 맥락에서 노세보 효과가 발생할 가능성이 희박하다. 하지만 심리적 개입이 주어진 선수들에게 해로울 수도 있다는 가능성을 인식해야 한다.

1) 바이오피드백

사람들은 바이오피드백을 통해 신체 과정에 관한 정보를 받는다. 바이오피드백 기법은 스포츠 건강관리 영역에서 체계적으로 적용되고 평가된 최초의 심리적 개입이다. 스포츠 손상 재활에서 가장 자주 사용되는 바이오피드백은 무릎 질병 재활에 주로 사용되는 근전도이다(Brewer, 2010; Silkman & McKeon, 2010). 근전도 바이오피드백을 통해 선수는 전극이 있는 근육(예: 무릎 재활을 위한 대퇴사두근)의 전기적 활동에 대한 정보를 받고, 이 정보를 바탕으로 해당 근육의 강도를 증가시키도록 설계된 재활 운동에 참여하게 된다.

실험연구는 바이오피드백의 효능을 일관되게 지지하지는 않는다. 그러나 근전도 바이오피드백은 재활의 행동 결과(예: 근력, 운동 범위)와 신체적 결과(예: 근전도 활성도, 회복 시간)에 유익한 효과를 보였다(Brewer, 2010; Silkman & McKeon, 2010). 이 연구 결과는 심리적 개입이 경로 B, B2, B3 및 경로 C([그림 7-1] 참조)를 따라 재활 결과에 영향을 미칠 수 있음을 시사한다. 근전도 바이오피드백과 함께 뇌, 심장, 피부 활동에 대한 정보를 제공하는 바이오피드백도 경로 A를 따라 인지적 · 정서적 결과에 영향을 미침으로써 스트레스와 불안을 관리하는 데 유용할 수 있다(Schafer, 1996). 그러나 이러한 기법들은 스포츠 손상 재활의 맥락에서 평가되지 않았다.

2) 상담

Shertzer와 Stone(1966)에 따르면, 상담은 자신과 환경에 대한 이해를 촉진하고, 미래에 대한 목표와 가치를 설정하고 명료화하는 과정이다. 스포츠 손상의 맥락에서 상담의 목적은 선수가 부상에 대처할 수 있는 자원을 확인하고 이를 개발할 수 있도록 돕는 것이다. 부상 선수의 상담은 경로 A, B1, B2([그림 7-1] 참조)를 따라 재활 결과에 영향을 미치며 다음 요소를 포함한다(Petitpas, 2002).

- 선수와 교감 및 협력 관계를 구축함
- 선수에게 부상, 치료(및 부작용) 및 재활 목표에 대한 정확한 정보를 제공함
- 선수와 협력하여 기존 대처 자원을 확인하고 새로운 대처 자원을 개발함
- 선수의 재활 목표를 설정하고 목표 달성에 대한 장벽을 예상하도록 지원함

• 원활한 재활 과정을 위해 선수 지원 인력과 상호작용을 촉진함

상담은 부상 선수를 위한 신뢰할 수 있는 개입으로 밝혀졌다(Brewer, Jeffers, Petitpas, & van Raalte, 1994; Myers, Peyton, & Jensen, 2004). 더불어, 사례 연구의 결과에 따르면, 상담은 부상 재활 중인 선수의 건강에 도움이 될 수 있다(Rock & Jones, 2002).

3) 표현적 글쓰기

선수는 부상 발생 후 흔히 정서 장애를 겪는다. 따라서 부정적 정서는 심리적 개입에서 다루는 주요 주제이다. 부정적 정서를 확인하는 것은 표현적 글쓰기의 주요 치료 방법이다. Pennebaker(1997)가 개발한 이 치료법에서 참가자들은 3~5일 동안 하루 15~30분씩 외상 경험이나 정서 문제에 대해 글쓰기를 한다. 표현적 글쓰기는 인지적·정서적·생리적 매개 요인에 영향을 미친다. 즉, 표현적 글쓰기는 경로 A와 C([그림 7-1] 참조)를 통해 스포츠 손상 재활 결과에 영향을 미칠 것이라 여겨진다. Pennebaker(1997)는 표현적 글쓰기가 행동에 영향을 미칠 수는 있지만 실제로 행동을 증가시키지는 않는다고 하였다. 따라서 경로 B([그림 7-1] 참조)의 가능성은 적다.

표현적 글쓰기에 관한 초기 연구들은 표현적 글쓰기가 면역 기능과 같은 신체적 결과와 불안, 우울, 기분 장애 등의 심리적 결과를 모두 개선할 수 있다고 보고하였다(Smyth, 1998). 이와 반대로, 최근 무작위 대조군 실험들을 분석한 결과에 따르면, 표현적 글쓰기는 신체적·정신적 건강에 유의미한 영향을 미치지 않았다(Mogk, Otte, Reinhold-Hurley, & Kröner-Herwig, 2006). 스포츠 손상 재활 영역에서 Mankad와 동료들(Mankad & Gordon, 2010; Mankad, Gordon, & Wallman, 2009a, 2009b)은 각각 9명의 부상 선수를 대상으로 표현적 글쓰기의 효과를 연구하였다. 선수들은 각 20분간 3회의 표현적 글쓰기 회기에 참여하였다. 부상 선수들은 참여 이전과 후 각각 3회에 걸쳐 면역 기능, 스트레스, 기분 장애 및 부상에 대한 심리적 적응을 측정하였다. 표현적 글쓰기를 실시한 결과, 부상 선수들이 측정한 각 평가 항목에서 긍정적인 변화가

보고되었다. 표현적 글쓰기를 진행한 선수들의 인지 처리가 향상되고 부정적 정서가 억제되는 것으로 나타났다. 그러나 이 연구는 통제 집단이 없었다는 제한점이 있다. 게다가 표현적 글쓰기를 하지 않았더라도, 시간이 흐름에 따라 선수들은 비슷한 양상의 변화를 보였을 수도 있다. 따라서 부상 선수를 위한 표현적 글쓰기의 효율성에 관하여 확고한 결론을 내릴 수는 없다.

4) 목표 설정

부상 선수는 바이오피드백, 상담 및 표현적 글쓰기에 익숙하지 않을 수 있으나, 목표 설정에 대해서는 익숙할 것이다. 실제로 대부분의 스포츠 선수는 목표를 설정하고, 이를 달성하기 위한 계획을 수립하며 실행하고, 성과에 따른 피드백을 기반으로 목표를 수정한다(Arvinen-Barrow & Hemmings, 2013). 목표 설정은 특정 기간 내에 달성하고자 하는 목표를 확인하고, 설정한 목표를 달성하기 위해 노력하는 것을 말한다(Weinberg, 2002). 목표 설정의 개념은 간단하지만, 선수가 설정하는 목표의 특성에는 수많은 유형이 있다.

목표는 난이도, 특이성, 영역, 유형, 시간 및 가치의 측면에서 다양하게 분류할 수 있다(Taylor & Taylor, 1997; Weinberg, 2002). 목표 설정은 쉽게 달성할 수 있는 것부터 어려운 목표까지 여러 형태로 분류할 수 있다. 목표는 '발꿈치 슬라이드 열 번 수행하기'와 같이 명확하게 정의되고 측정 가능할 때 구체적인 목표로 여겨진다. 그러나 '기분이 나아지기'와 같이 일반적인 목표는 모호하고 평가하기가 어렵다. 목표 설정 대상은 목표의 특정한 내용으로 구성된다. 예를 들어, 일부 목표는 재활 활동의 완수를 다룬다. 반면, 일부 목표는 스포츠 관련 과제(예: 상대 선수 경기 영상 검토) 또는 회복과 관련된 생활양식(예: 영양 및 수면)을 다룬다.

목표 설정의 유형은 결과 목표 혹은 과정 목표로 나뉜다. 결과 목표는 '왼쪽 무릎의 완전한 가동성 회복'과 같이 선수가 통제할 수 있거나 통제할 수 없는 최종 결과를 달성하는 것을 나타낸다. 반면, 과정 목표는 '매일 10분 스트레칭 시행'처럼 목표 달성을 촉진하고 일반적으로 선수가 통제할 수 있는 과제를 완수하는 것을 나타낸다. 목표는 시간적 관점에서 단기 목표와 장기 목표로 분류할 수 있다. 목표 가치는 목표가 긍정적으로 언급되었는지 또는 부정적으로 언급되었는지를 나타낸다. 예를 들어, '어깨를 느슨하게 스윙'하는 것은 목표를 긍정적으로 언급한 것이고, '어깨를 긴장하지 않음'은 목표를 부정적으로 언급한 것이다.

여러 선행 연구와 부상 재활을 경험한 선수들의 의견을 바탕으로 연구자들은 다음과 같은 재활 목표를 권고하였다(Arvinen-Barrow & Hemmings, 2013; Taylor & Taylor, 1997).

- 목표는 도전적이지만, 현실적이고 이룰 수 있어야 한다.
- 목표는 구체적이고 측정할 수 있어야 한다.
- 목표는 회복, 경기력, 삶의 방식과 같은 다양한 영역을 다루어야 한다.
- 목표는 과정 목표와 결과 목표를 모두 설정하되 과정을 강조해야 한다.
- 단기 및 장기 목표를 설정한다.
- 목표는 긍정적으로 기술되어야 한다. 즉, 하지 말아야 할 것보다 성취해야 할 것에 대해 긍정적으로 기술한다.

스포츠 건강관리 전문가는 부상 재활의 현실적인 목표를 설정하는 것에 전문적이다. 따라서 스포츠 건강관리 전문가는 목표 설정에 있어 선수보다 주도권을 가지게 된다. 그러나 목표 설정은 선수와 스포츠 건강관리 전문가가 서로 협력하여 이루어져야 한다. 더불어 코치 및 기타 개인의 의견도 목표를 설정하는 데 반영되어야 한다. 목표 설정 과정에 선수가 함께 참여함으로써 목표의 중요성과 명료성을 전달할 수 있다. 또한, 이 과정을 통해 목표 달성에 대한 선수의 통제력과 노력을 촉진할 수 있다(Arvinen-Barrow & Hemmings, 2013; Petitpas & Danish, 1995; Taylor & Taylor, 1997). 나아가, 선수가 목표 달성에 대한 장애물을 확인하고, 장애물을 극복하기 위한 전략을 개발하도록 도울 수 있다(Petitpas & Danish, 1995).

재활 목표가 설정되면, 재활 과정에서 선수가 목표를 계속 상기할 수 있도록 기록해야 한다. Taylor와 Taylor(1997)는 이를 위해 재활 목표와 실행 전략을 명시적으로 확인할 수 있는 서면 계약서를 작성해야 한다고 주장했다. 이러한 계약서는 재활 목표에 대한 지원과 격려를 위해 타인과 공유할 수 있다. 목표 설정의 성공 여부는 목표 달성을 위한 노력을 지원하고 재활 과정에 대한 정기적인 피드백을 제공하는 데 달려 있다. 선수가 재활 목표를 달성하지 못할 가능성도 있기에 절대적인 목표 달성보다 달성의 정도를 강조하고, 필요에 따라 목표를 수정하는 유연한 접근 방식을 권장한다(Arvinen-Barrow & Hemmings, 2013; Taylor & Taylor, 1997; Wadey & Evans, 2011).

목표 설정은 재활 성취를 위한 참고 자료를 제공하고, 노력과 끈기를 장려한다. 목표 설정은 이러한 방식을 통해 재활 준수를 향상시키는 심리적 상태인 노력, 동기 부여, 끈기, 자기효능감, 작업 집중 등을 증가시키는 것으로 보인다. 나아가, 목표 설정은 경로 B와 후속 경로인 B1, B2, B3([그림 7-1] 참조)을 통해 재활 행동을 개선하여 인지적·정서적·행동적·신체적 결과에 유익한 영향을 미칠 수 있다(Arvinen-Barrow & Hemmings, 2013; Wadey & Evans, 2011). 재활을 준수하는 선수의 심리적 상태를 인지적·정서적 결과로 간주한다면, 경로 A도 목표 설정의 효과 메커니즘으로 생각될 수 있다.

선수와 스포츠 건강관리 전문가는 모두 재활에 있어 목표 설정이 중요하다고 여긴다(Arvinen-Barrow, Hemmings, Becker, & Booth, 2008; Brewer, Jeffers, Petitpas, & van Raalte, 1994; Francis, Andersen, & Maley, 2000; Hamson-Utley, Martin, & Walters, 2008; Lafferty, Kenyon, & Wright, 2008; Ninedek & Kolt, 2000). 결과적으로, 스포츠 건강관리 전문가는 다른 심리적 개입보다 목표 설정을 도입할 때 선수의 반발을 더 적게 받을 가능성이 크다.

목표 설정이 스포츠 수행력 향상에 미치는 효과에 관한 많은 연구 결과(Weinberg, 2002)와 스포츠 손상 재활에서 목표 설정의 중요성에도 불구하고(Arvinen-Barrow & Hemmings, 2013), 목표 설정이 스포츠 손상 재활에 미치는 효과를 지지하는 연구 근거는 놀라울 정도로 적다. 그러나 여러 실험연구의 결과는 목표 설정이 재활 행동의 준수(Evans & Hardy, 2002a; Penpraze & Mutrie, 1999), 근력에 대한 행동적 재활 결과 (Theodorakis, Beneca, Malliou, & Goudas, 1997; Theodorakis, Malliou, Papaioannou, Beneca, & Filactakidou, 1996) 및 수행력에 대한 인지적·정서적 재활 결과(Theodorakis, Beneca, Malliou, & Goudas, 1997)를 향상할 수 있다고 주장한다. 하지만 이러한 연구는 목표 설정의 다양한 측면을 고려하지 않았기 때문에 어떤 유형의 목표가 더 효과적인지를 확인할 수 없다. 예를 들어, 재활 과정에 초점을 맞춘 목표가 재활 결과에 초점을 맞춘 목표보다 더 효과적일 것이라 추론할 수 있지만, 이를 검증하려면 과정 목표와 결과 목표의 효과를 직접 비교하는 연구가 필요하다. 또한, 부상 재활 과정 동안 목표 설정을 더 많이 한다고 보고한 선수는 그렇지 않은 선수보다 더 빨리 회복하고(Ievleva & Orlick, 1991), 재활 프로그램을 더 잘 준수하는 것으로 나타났다(Scherzer et al., 2001).

5) 심상

심상은 감각 입력이 없는 상태에서 의도적으로 지각 경험을 일으키는 내부 이미지를 생성하는 것이다(Wraga & Kosslyn, 2002). 부상 재활에 사용되는 목표 설정 및 기타 심리적 개입과 마찬가지로, 심상은 선수가 자발적으로 사용하거나 스포츠 건강관리 전문가의 도움을 받아 구조화된 방식으로 적용된다. 선수가 자발적으로 사용하는 심상은 일반적으로 치유, 통증 관리, 재활 및 스포츠 수행과 관련되어 있다. 치유와 관련된 심상은 재활 중에 일어나는 내부 신체의 변화 과정을 이미지화하는 것이다. 통증 관리에 대한 심상에서 선수는 통증이 없는 자기 모습을 이미지화한다. 재활과 관련된 심상은 재활 활동을 성공적으로 완수하고 재활 중에 직면하는 어려움을 극복하는 모습을 머릿속으로 그려 낸다. 선수는 수행 심상과 관련하여 스포츠 특이 기술을 연습한다(Walsh, 2005).

심상은 감각의 일부 또는 전부를 포함할 수 있다. 하지만 재활 중인 선수가 주로 사용하는 자발적 심상은 시각적이고 운동감각적인 것이다(Driediger, Hall, & Callow,

2006). 다시 말해, 선수는 심상의 내용을 보고 느낀다는 것이다. 부상 선수는 자발적 심상이 재활 과정을 촉진하지만 때로는 자신을 쇠약하게 만들기도 한다고 보고하였다(Driediger et al., 2006; Monsma, Mensch, & Farroll, 2009).

선수가 자발적으로 수행하는 심상의 내용은 심상 기능과 밀접하게 관련되어 있다(Evans, Hare, & Mullen, 2006). 부상 재활 기간 중 심상의 기능으로는 인지, 동기 부여, 치유 및 통증 관리의 네 가지 유형이 확인되었다(Driediger et al., 2006; Sordoni, Hall, & Forwell, 2000, 2002). 예를 들면, 선수는 재활 운동을 배우고 적절하게 수행하기 위하여 심상의 인지적 기능을 사용한다. 선수는 스포츠 수행 또는 회복과 관련된 목표를 달성하는 것을 상상하는데, 이 경우 동기 부여 목적으로 심상을 사용한다. 선수는 회복을 촉진하기 위하여 신체 내부의 생리적 과정에 대한 긍정적인 이미지를 만든다. 이 경우 심상은 치유의 목적으로 사용된다. 더불어 선수는 통증으로부터 주의를 분산시키거나, 자신이 경험하는 통증을 변형시키기는 등 통증을 대비하기 위해 심상을 사용한다. 이 경우 심상은 통증 관리의 목적으로 사용된 것이다(Driediger et al., 2006). 이 네 가지 목적 중 부상 선수는 치유보다는 인지, 동기 부여 및 통증 관리를 위해 심상을 사용한다고 보고하는 경향이 있다(Milne, Hall, & Forwell, 2005; Sordoni et al., 2002; Wesch, Hall, Polgar, & Forwell, 2008).

연구자들은 재활 과정에 따른 선수가 자발적으로 수행하는 심상의 패턴을 조사하였다. 그 결과, 재활 과정에 따라 선수의 심상 패턴이 변화할 수도 있고, 변화하지 않을 수도 있다는 결과가 도출되었다. 예를 들어, Evans 등(2006) 및 Monsma 등(2009)에 따르면, 선수는 재활 과정에 따라 사용하는 심상이 다르다. 그러나 이 주장과는 달리, Fox(2004)는 부상 발생 시와 스포츠 복귀 전 선수의 심상에는 차이가 없다고 발표하였다. Milne 등(2005)은 심상 사용이 재활 단계와 관련이 없다는 사실을 밝혔다.

연구자들은 재활 과정 중 심상 사용 패턴에 관한 연구 결과의 불일치를 발견했다. 이를 이해하기 위하여 Hare, Evans와 Callow(2008)가 수행한 사례 연구 결과를 검토해 볼 수 있다. 이들의 연구에서 재활 치료 중인 엘리트 수영 선수들은 재활 과정에 따라 심상의 내용을 바꾸어 진행하였다. 재활 중 수영 선수들은 재활 운동에 관한 심상을 수행하였고, 이후 스포츠 복귀를 준비하는 단계에서는 스포츠 수행과 관련된 심상을 하도록 했다. 자신감을 높이고 이완을 촉진하며 긍정적 태도와 동기를 강화하기 위한 근본적 심상의 목적은 일관되게 유지하되, 재활 과정에 따라 심상의 세부 내용은 변한 것이다. 즉, 재활의 초점이 변함에 따라 선수가 자발적으로 시행하는 심상의 주안점이 바뀔 수 있으나, 심상을 사용하는 근원적 이유는 상당히 일정하게 유지될 수 있다.

스포츠 손상 재활과 관련된 다양한 심상 내용과 기능을 고려해 보면, 심상은 여러 경로를 통해 재활 결과에 영향을 미칠 수 있다. [그림 7-1]의 경로 A, B, C가 관련 있어 보인다. 불안을 줄이거나 자신감과 행복감을 높이는 심상은 경로 A를 통과한다. 반면, 재활 운동의 완수를 촉진하는 심상은 경로 B를 따른다. 여기서 경로 C는 추론적 측면이 있다. 하지만 심상이 부상 재활 중인 선수의 신경생물학적 요인에 유익한 효과를 미쳐 신체적 결과에 영향을 미친다는 것을 시사하는 근거가 있다(Maddison et al., 2012).

스포츠 손상 재활 중 심상은 항상 긍정적인 것만은 아닌 것으로 보인다. 일부 연구에 따르면, 선수는 심상을 부상에 대처하기 위한 자발적 전략 중 하나로 사용한다(Clement et al., 2012; DeFrancesco, Miller, Larson, & Robinson, 1994). 또한 스포츠 건강관리 전문가들은 재활 중인 선수가 심상의 효과에 대해 긍정적인 인식을 가진다고 보고하였다(Hamson-Utley et al., 2008). 그러나 다른 연구에서는 선수(Francis et al., 2000)와 스포츠 건강관리 전문가(Francis et al., 2000; Ninedek & Kolt, 2000; Wiese, Weiss, & Yukelson, 1991) 모두 심상 개입에 대하여 부정적 의견을 표명하였다. 부상 선수는 심상에 대하여 호의적 인식을 보이는 경향이 있지만(Brewer et al, 1994; Handegard, Joyner, Burke, & Reimann, 2006), 목표 설정보다는 덜 호의적으로 반응했다(Brewer et al., 1994).

심상의 개입 및 자발적 사용에 관한 실험연구의 결과는 심상이 스포츠 손상 재활과정 및 결과에 유익한 영향을 미칠 수 있음을 시사한다. 사례 연구의 자료들은 선수가 심상을 사용하여 다음 항목이 향상될 수 있다는 예시를 제공한다.

- 경로 A를 통한 자신감, 이완, 긍정적 태도 및 동기 부여와 같은 인지적·정서적 결과(Hare et al., 2008)
- 경로 B를 통한 재활 행동의 질과 강도(Brewer & Helledy, 1998)
- 경로 C를 통한 근력 수준의 변화 인식(Handegard et al., 2006)

또한, 심상의 자발적 사용과 재활 준수 사이에 정적 상관관계가 있다는 것을 보고한 전향적 상관관계 연구가 있다(경로 B; Scherzer et al., 2001; Wesch et al., 2012). 또한, 높은 수준의 자발적 심상 사용은 높은 수준의 대처 및 작업 효능성(경로 A; Milne et al., 2005)과 연관이 있었고, 빠른 회복(다양한 잠재적 경로; Ievleva & Orlick, 1991)과 관련이 있었다.

스포츠 손상 재활에서 심상의 효능을 뒷받침하는 가장 강력한 근거는 심상 개입이 부상 선수에게 적용된 일부 실험연구에서 확인할 수 있다. Christakou와 Zervas(2007)의 연구에 따르면, 심상은 발목 부상 선수의 통증, 부종, 운동 범위와 같은 재활 결과에 유의미한 영향을 미치지 않았다. 하지만 다른 4개의 연구는 다양한 경로를 통해 유익한 재활 결과를 얻었다. 즉, 심상 개입은 다음과 같은 효과를 보였다.

- 전방십자인대 재건 수술 후 무릎 근력 강화 및 통증, 부상 불안이 감소함(경로 A; Cupal & Brewer, 2001)
- 전완 고정 후 손목의 가동 범위가 향상됨(경로 C; Newsom, Knight, & Balnave, 2003)
- 발목 염좌 선수의 근지구력이 향상됨(경로 B 및 B2; Christakou, Zervas, & Lavallee, 2007)
- 전방십자인대 재건 수술 후 무릎 불안정성과 회복을 방해하는 두 가지 신경전달물질인 노르아드레날린 및 도파민의 수치가 감소함(경로 C; Maddison et al., 2012).

고관절 또는 무릎 수술 후 재활을 받는 노인을 대상으로 한 조사(Waters, 2005)에 따르면, 심상 개입 집단은 통제 집단에 비해 수술 부위, 일상 활동 수행 능력에 대해 더 높은 자신감을 보였다. 더불어, 경직도 및 부상 불안이 낮았으며, 일상 활동 재개의 어려움이 낮았다. 따라서 심상은 스포츠 및 기타 정형외과적 질병의 재활 결과에 영향을 미치는 수단으로서 유용하게 사용될 수 있다.

6) 모델링

모델링은 바람직하다고 생각되는 행동, 태도, 생각 또는 가치를 가진 사람을 시각적 수단 등을 통해 개인에게 노출하는 것을 말한다. 모방, 관찰 학습 및 대리 학습으로도 알려진 모델링은 선수가 스포츠 경기력을 향상하기 위한 기술, 전략 및 정신 상태를 배우거나 개선하는 데 사용된다(McCullagh, Ste-Marie, & Law, 2014). 스포츠 손상 재활 영역에서도 모델링은 오랫동안 사용되어 왔다(Flint, 1991).

모델링은 다양하게 변형할 수 있는 유연한 심리적 개입이다. 예를 들어, 대면 모델, 비디오 모델 또는 오디오 모델의 형태로 수행할 수 있다. 모델은 목표에 대한 숙달된 모습을 보여 줄 수 있고, 끈기 있는 모습을 보일 수 있다. 더불어 모델은 당면한 과제의 요구를 충족시키기 위해 무엇이 필요한지에 대한 현실적인 인상을 전달할 수 있다. 선수에게 재활 과정을 함께하는 동료 선수가 모델 역할을 하지만, 선수는 자기 관찰 및 자기 모델링 과정을 통해 자신이 모델 역할을 할 수도 있다. 스포츠 손상 재활의 맥락에서, 자기 관찰은 재활을 수행하는 자신의 모습을 비디오 재생 화면으로 보는 것이다. 자기 모델링은 현재 부상으로 인해 수행할 수 없지만, 부상 이전에 수행했던 자신의 동작을 비디오 화면을 보는 것을 말한다(McCullagh et al., 2014). 모델링 비디오에서 제공하는 정보들은 불안, 통증 및 심박, 혈압, 근긴장도와 같은 교감 신경계의 과각성을 줄이고, 지식, 협응력 및 대처 능력을 높이는 데 사용될 수 있다(Gagliano, 1988). 그리고 이러한 모델링은 스포츠 손상 재활에도 도움이 될 수 있다.

모델링이 스포츠 손상 재활 및 기타 영역에서 유익한 효과를 달성하는 기전은 완벽히 이해되지 않았다. 그러나 경로 A, B, C는 모델링이 스포츠 손상 재활 과정 및 결과에 영향을 미칠 수 있는 잠재적 경로이다([그림 7-1] 참조). 경로 A의 경우를 살펴보자. Bandura(1997)의 주장과 일치하게, 재활 과정에 대한 정보를 배우고 자신 또는 유사한 타인이 스포츠 손상에 성공적으로 대처하는 것을 관찰하는 것은 재활 작업을 완수하는 능력에 대한 자신감을 증진할 수 있다(Flint, 1991). 또한, 재활을 진행하는 동안 선수가 직면할 수 있는 감각과 사건에 대한 현실적인 기대치를 생성한다(Maddison, Prapavessis, & Clatworthy, 2006). 나아가, 모델링은 통증과 불안의 인지적·정서적 결과에 유익한 영향을 미칠 수 있다(Gagliano, 1988). 경로 B는 모델링이 재활 활동에 대한 자기효능감에 미치는 유익한 효과를 설명한다(Flint, 1991). 다시 말해, 모델링은 재활 준수의 향상에 유익한 영향을 준다고 해석할 수 있다(Brewer et al., 2003a; Levy, Polman, & Clough, 2008; Milne et al., 2005; Taylor & May, 1996; Wesch et al., 2012). 경로 C의 경우, 스포츠 손상 재활의 맥락에서 아직 입증되지 않았다. 하지만 모델링은 교감 신경계의 진정 효과를 통해 재활 결과에 영향을 미친다(Manderino & Bzdek, 1984; Melamed, Yurcheson, Fleece, Hutcherson, & Hawes, 1978). 이는 경로 C를 나타낸다.

스포츠 손상 재활 맥락에서 모델링의 효과는 비교적 소수의 통제된 연구에서 조사되었다. Flint(1991)는 비디오 모델링 개입군이 대조군보다 전방십자인대 재건술 후 자기효능감(경로 A)이 더 많이 증가했다는 것을 발견했다. 기능적 결과에서도 긍정적인 변화가 보였으나, 표본의 크기가 한 집단당 10명 정도로 작았기 때문에 그 결과는 통계적으로 유의하지 못했다. Weeks 등(2002)은 재활 운동에 대한 비디오 모델링이 삽화에 의한 재활 운동 지도보다 더 높은 질의 수행(경로 B)을 유발하고, 재활 운동 완수에 대한 우수한 동기 및 자신감을 제공(경로 A)한다는 사실을 발견했다. Maddison 등(2006)은 전방십자인대 재건 수술을 받은 사람들에게 모델링 개입을 시행하였다. 그 결과, 모델링 개입은 수술 후 선수의 통증에 대한 예측치를 낮추고(경로 A), 재활 완수에 대한 자기효능감을 높였으며(경로 A), 무릎의 가동을 향상하는 데 기여했다(경로 B, C).

모델링을 스포츠 손상 재활에 적용할 수 있다는 것을 확인했지만, '숙달 대 대처' '자

기 대 타인'과 같이 어떤 유형의 모델을 사용할지, 또는 어떠한 결과를 목표로 할지 등
에 대한 더 많은 연구가 필요하다.

7) 다방면 개입

　다방면 개입은 치료에 대한 포괄적 접근 방식을 제공하기 위하여 다양한 단일 개입
을 조합한다. 〈표 8-2〉의 개입은 인지 행동 치료 영역에서 대부분 사용되며, 경기력
향상을 위해 사용되는 심리 기술 훈련과 일치한다. 목표 설정, 심상, 이완 훈련은 스포
츠 손상 재활에 사용되는 다방면 개입의 필수 요소이다. 다방면 개입은 다양한 부상
선수에게 제공되며, 특정 개입이 마음에 들지 않는다면 다른 치료 방식을 사용할 기
회를 제공한다. 다방면 개입의 구성 요소에 따라서 개입 효과의 기전은 다양하게 해
석할 수 있다([그림 7-1] 참조). 연구에 따르면, 부상 선수는 다방면 개입을 호의적으로
인식하였다(Appaneal & Granquist, 2007; Brewer et al., 1994; Evans, Hardy, & Fleming,
2000; Shapiro, 2009). 다방면 개입은 재활 준수, 불안, 재활에 대한 태도, 경쟁 불안, 회
피 행동, 외향성, 통증, 신체 활동 준비, 회복 시간, 안정감, 자기효능감, 사회적 지향,
스포츠 자신감, 긴장감과 같은 재활 과정 및 결과에도 효과적으로 나타났다(Elaziz,
2010; Johnson, 2000; Marcolli, Schilling, & Segesser, 2001; Ross & Berger, 1996).

〈표 8-2〉 스포츠 손상 재활을 위한 다방면 심리적 개입

연구	개입 요소
Brewer et al. (1994)	목표 설정, 상담, 심상
Ross & Berger (1996)	스트레스 예방접종 훈련(자기 관찰, 이완, 심상, 긍정적 자기 암시, 자기 재강화)
Johnson (2000)	스트레스 관리 및 인지 통제, 목표 설정, 이완 및 안내 심상
L. Evans et al. (2000)	사회적 지원, 목표 설정, 심상, 모의 훈련, 언어적 설득
Marcolli et al. (2001)	목표 설정, 이완, 심상

Appaneal & Granquist (2007)	이완, 재집중, 심상, 자기 관찰
Shapiro (2009)	목표 설정, 이완, 심상, 자기 암시(앞선 요소 중 두 요소의 조합)
Elaziz (2010)	목표 설정, 이완, 심상, 긍정적 자기 암시

다방면 개입은 개별 구성 요소가 치료 결과에 미치는 기여도를 확인하기 어렵다. 다방면 개입의 구성 요소들을 체계적으로 분석하는 것이 가능하지만, 스포츠 손상 예방 및 재활 결과에 대한 심리적 개입의 효과를 평가하는 기술은 아직 그 수준에 미치지 못한다. 장기적으로 다방면 개입의 구성 요소들의 필요성과 당위성을 확인하는 과정이 필요하다. 이는 선수에게 효과적·효율적인 근거 기반 치료를 제공하는 것에 매우 중요하기 때문이다. 스포츠 건강관리 전문가는 다방면 개입의 개별 구성 요소에 관한 연구를 진행해야 한다.

8) 경기력 향상 집단

대부분의 개입은 선수와 일대일로 개별적으로 적용된다. 그러나 심리적 개입을 집단 형식으로 제공하는 것이 선수에게 더 유리할 수 있다. 집단 개입은 개입 적용을 위한 시간을 보다 효율적으로 사용하고 서비스 범위를 확장시킬 수 있다. 더불어 집단 구성원 간의 사회적 지원을 촉진한다. 집단 개입은 재활에 적응을 잘하는 선수가 재활에 어려움을 겪고 있는 선수의 모델이 될 수 있으며, 선수가 생각과 감정을 다른 선수와 공유할 수 있는 안전한 환경을 제공한다.

부상 선수에게 집단 개입을 적용하는 것은 오랫동안 옹호되었고(Swenson & Dargan, 1994; Granito, Hogan, & Varnum, 1995), 집단 개입을 개발하고 실행하기 위한 지침이 수립되었지만(Clement, Shannon, & Connole, 2012a, 2012b), 집단 개입의 적용에 대한 실험적 근거는 거의 없다. Portenga, Sommer와 Statler(2001)는 부상을 당한 대학생 선수 6명을 대상으로 경기력 향상 집단에 대한 질적 조사를 시행하였다. 구성원들은 서로 지원을 주고받았으며, 신속하고 성공적인 스포츠 복귀를 위한 유용한 심리 기술을 공유했다. 경기력 향상 집단 평가에서 구성원들은 프로그램의 장점과 한계를 확인하고 향후 개선점을 제안하였다.

경기력 향상 집단이 스포츠 손상 재활 과정 및 결과에 영향을 미치는 경로([그림 7-1] 참조)는 전적으로 집단 상담에서 다루어지는 내용에 달려 있다. 경기력 향상 집단은 정해진 주제가 없는 집단부터 계획된 교육 요소가 있는 집단까지 내용에 따라 다양하게 분류할 수 있다(Petrie, 2007). 따라서 경기력 향상 집단이 재활 결과에 영향을 미치는 경로는 다양하게 해석할 수 있다. 부상 선수가 경기력 향상 집단에서 달성할 수 있는 것과 불가능한 것을 결정하기 위한 추가 연구가 필요하다.

앞서 보여 준 장점에도 불구하고 경기력 향상 집단은 운영에 있어서 실질적 문제에 직면할 수 있다. 즉, 부상이 심각하고, 집단 회기 참석에 관심이 있는 선수들을 충분히 모집하고 일정을 조정하는 일이 그 예이다(Clement et al., 2012b).

9) 이완 훈련

스포츠 손상 재활에서 보편적으로 사용되는 심리적 개입 중 하나인 이완 훈련은 스트레스 반응을 줄이기 위해 개발된 기술이다(Sherman & Poczwardowski, 2000). 이완은 스포츠 손상 재활에 도움이 될 수 있는 생리적 변화와 심리적 변화를 유발한다(Taylor & Taylor, 1997; Sherman & Poczwardowski; R. Weinberg, 2010). 구체적으로, 이완은 심박, 호흡 및 근육 긴장 감소와 같은 생리적 변화를 유발하고, 불안 감소, 의사결정 향상, 자신감 증가와 같은 심리적 변화를 유발한다. 이완 훈련은 신체 지향적 접근 방식과 인지 지향적 접근 방식으로 나눌 수 있다(Payne, 2004).

신체 지향적 이완 기술에는 점진적 근육 이완법과 횡격막 또는 복식 호흡이 있다. Jacobson(1938)은 점진적 근육 이완법을 개발하였다. 선수는 점진적 근육 이완법을 통해 주요 근육군을 교대로 긴장하고 이완시킨 후, 근육이 수축했을 때와 이완했을 때 긴장의 차이를 관찰하도록 지시받는다. 선수가 근육 이완에 능숙해지면 점차 긴장요소가 감소하고 결국 완전히 사라진다. 횡격막 호흡은 공기를 폐의 하부로 끌어들이는 깊고 느린 호흡을 말한다(Weinberg, 2010). 횡격막(복식) 호흡은 일반적으로 다음 설명과 같이 등을 대고 누워서 수행된다.

복식 호흡 안내

여기 편안히 앉으세요. 지금부터 복식 호흡을 함께해 보겠습니다. 눈을 감거나 뜬 채로 있어도 상관없지만, 눈을 감고 있는 것이 더 쉬울 것입니다. 무릎을 구부리거나 다리를 곧게 펴도 돼요. 무엇이든 가장 편한 자세를 취하세요. 오른손은 복부에 왼손은 흉부, 흉골 바로 위에 놓으세요. 자, 이제 평소대로 호흡하십시오. 그리고 단지 호흡을 관찰하십시오. 숨을 들이쉴 때 어떤 손이 가장 많이 움직입니까? 복부에 올린 손입니까? 가슴에 올린 손입니까? 복부에 올린 손이 움직이는 것이 바람직합니다. 호흡을 지속하십시오. 호흡 시 복부에 올린 손이 움직이는 것처럼 보입니다. 이제 최대한 숨을 내쉬고 폐에서 모든 공기를 빼내세요. 잘하고 있습니다. 이제 복식 호흡으로 숨을 깊게 들이마시세요. 좋습니다. 계속 그렇게 숨을 쉬세요. 복부에 올린 손이 올라가는 동안 가슴에 올린 손을 움직이지 않도록 하세요. 좋습니다. 기분이 어떤가요?(Sherman & Poczwardowski, 2000)

선수는 연습을 통해 자세에 상관없이 몇 번의 깊은 횡격막 호흡으로 이완된 상태에 도달할 수 있다. 따라서 이 기법은 재활 활동 중에 유용하게 사용할 수 있다(Walker & Heaney, 2013).

인지 지향적 이완 기법 중에는 자기 최면의 한 형태인 자율긴장이완법이 있다. 이 기법은 상지·하지의 무거움과 따뜻함, 심박 및 호흡 조절, 복부의 따뜻함 및 이마의 차가움과 같은 감각을 암시하는 자기 진술들을 반복한다. 수개월에 걸쳐 정기적으로 자율긴장이완법을 훈련하면 선수는 원하는 감각을 만들고, 깊은 이완 상태를 달성하는 데 능숙해질 수 있다(Payne, 2004; Weinberg, 2010).

이완 훈련은 경로 A와 C를 통해 스포츠 손상 재활 과정과 결과에 영향을 미친다([그림 7-1] 참조). 예를 들어, 선수는 이완 훈련의 직접적인 결과로 불안 감소와 자신감 상승을 느낄 수 있다(경로 A). 이완 훈련은 또한 근육 긴장을 감소시켜 간접적인 결과로 불안 감소와 자신감 상승을 느낄 수 있다(경로 C). 근육 긴장 감소는 신체적 결과에 직접적으로 기여할 수도 있다(Walker & Heaney, 2013). 이완 훈련은 심상 개입을 촉진할 수 있다(Christakou et al., 2007; Cupal & Brewer, 2001; Maddison et al., 2012). 그리고 다방면 치료의 구성 요소로서 흔히 사용된다(Johnson, 2000; Marcolli et al., 2001; Ross & Berger, 1996). 그러나 이완 훈련은 단독 개입으로서의 재활 결과에 대한 효과가 아직 검증되지 않았다. 이완 훈련이 스포츠 손상 재활 결과에 미치는 영향에 관한 2개의 연구에서는 그 효과에 대한 결론이 나지 않았다(Castillo, Cremades, & Butcher, 2002; Naoi & Ostrow, 2008). 한편, 다른 연구들은 이완 훈련이 다양한 신체적·심리적 질병의 치료에 미치는 효과에 대한 근거를 제공했다(Carlson & Hoyle, 1993; Kerr, 2000; Stetter & Kupper, 2002). 따라서 이완 훈련은 스포츠 손상 재활 중 사용할 수 있는 개입으로서 상당히 유용할 것으로 보인다.

10) 자기 암시

인지는 스포츠 손상 재활에 적용하는 심리적 개입의 핵심이다. 인지와 관련된 심리적 개입에는 자기 암시가 있다. 자기 암시는 선수가 큰 소리 또는 내부적으로 자기 자신에게 말하는 것이다(van Raalte, 2010). 자기 암시의 내용은 감정가와 기능 측면에서 다양하다. 감정가(valence)는 자기 암시의 정서적 어투를 말한다. 즉, 감정가는 칭찬, 격려 또는 비판, 낙담과 같이 어투의 긍정적·부정적 여부에 의하여 결정된다. 자기 암시는 또한 기능적 측면에서 교육 목적과 동기 부여의 목적을 제공할 수 있다. 교육적 자기 암시는 생각, 느낌 또는 행동 방법에 관한 구체적인 방향을 제공하는 반면, 동기적 자기 암시는 목표 달성에 대한 끈기와 헌신을 장려한다(Tod, Hardy, & Oliver, 2011).

선수는 무수히 많은 자기 진술을 만들어 낸다. 이러한 자기 암시는 스포츠 손상 재활 결과에 다양한 영향을 미친다. [그림 7-1]에 묘사된 네 가지 경로는 모두 자기 암시가 스포츠 손상 재활 결과에 영향을 미치는 경로를 설명할 수 있다. 스포츠 손상 재활에 대한 개입으로서 자기 암시는 여러 효능이 있다. 자기 암시는 사고 대체, 긍정적 확언, 동기 부여적 자기 암시, 단서어 및 자기 지시와 같은 다양한 인지적 기능이 있다. 선수는 사고 대체를 통해 부적절하거나 비생산적인 생각을 구별하고, 적절하거나 생산적인 생각으로 대체하는 법을 배운다(van Raalte, 2010). 이 접근 방식은 경로 A를 나타낸다. 자신감과 기분을 향상하기 위해 암송하는 긍정적 확언, 즉 격려하는 자기 암시 또한 경로 A를 따른다(Taylor & Taylor, 1997). 동기 부여적 자기 대화는 선수가 재활활동에 적극적으로 참여하도록 자극할 수 있다(경로 B). 반면, '진정', '냉정', '이완'과 같은 단서어는 선수의 생리적 변화를 촉진할 수 있다(경로 C). 자기 지시는 선수가 재활활동의 기술적 측면을 배우도록 돕는다(경로 B). 자기 지시는 또한 재활 과정 중 선수가 다른 사람과 유익한 방식으로 상호작용하도록 안내할 수 있다(경로 D; van Raalte; R. Weinberg, 2010).

자기 암시가 스포츠 손상 재활에 널리 사용되기는 하지만(Walker & Hudson, 2013), 스포츠 손상 재활 과정과 결과에 대한 자기 암시의 효과를 조사한 연구는 제한적이다. 관련 연구를 살펴보면, 자기 암시를 시행한 부상 재활 선수는 자기 암시를 하지 않은 선수보다 대퇴사두근 근력이 더 향상되었다(Theodorakis et al., 1997). Beneka 등(2013)은 반월상 연골 절제술을 받은 병력이 있는 신체적으로 활동적인 사람들을 대상으로 연구를 시행하였다. 연구 결과, 교육적 자기 암시와 동기적 자기 암시를 수행한 대상자들은 균형 감각이 향상된 데 비해, 중립적 자기 암시를 하거나 자기 암시를 하지 않은 대상자들은 균형 감각의 향상을 보이지 않았다. 자기 암시와 이완을 결합하여 시행한 연구 결과에 따르면, 개입은 재부상에 대한 불안(N Walker, 2006)과 부정적 정서(Naoi & Ostrow, 2008)의 감소에 기여했다. 긍정적 자기 암시는 전방십자인대 재건 수술 후 재활 준수와 정적 상관관계를 보였고(Scherzer et al., 2001). 자기 암시의 내용은 스포츠 손상 재활의 초기, 중기, 후기에 따라 다양하였다. 선수는 재활 중 수행한 자기 암시가 집중력, 자신감, 노력, 추진력, 동기 부여 및 격려를 향상한다고 보고하였다(Hodge, Evans, Hanton, & Hardy, 2009).

11) 사회적 지원

　　사회적 지원은 스포츠 손상 위험과 선수의 심리적 반응, 회복에 영향을 미친다. 사회적 지원에 대한 수많은 정의가 제안되었지만, 보편적으로 합의된 것은 없다. 사회적 지원의 정의와 관련하여 공통된 내용은 "사회적 지원이 필요할 때 지원 제공자 역할을 하는 사람"(Arvinen-Barrow & Pack, 2013)과 관련이 있다. 그 함축적인 설명에는 사람이 사회적 지원의 제공자이고, 특정 요구를 충족시키는 사회적 지원을 제공한다는 의미가 있다.

　　Arvinen-Barrow와 Pack(2013)은 스포츠 손상의 맥락에서 사회적 지원 제공자를 가족, 친구, 코치, 팀 동료 및 스포츠 의학 팀 구성원으로 범주화하였다. 연구자들은 선수에게 제공되는 자원의 유형에 대해서도 언급하였다. 연구자들은 Hardy, Burke와 Crace(1999)가 정의한 정서적, 정보적·실제적 지원의 차원을 넘어서 다양한 사회적 지원 유형을 발표했다. 구체적으로, 사회적 지원의 유형은 자신감 강화(존중 지원), 경청받고 있다는 느낌 전달(경청 지원), 정서적 편안함과 안정감 부여(정서적 지원), 재활 완수에 대한 동기 강화(동기 지원)를 포함한다. 나아가, 사회적 지원의 유형은 부상 상태에 대한 현실적 평가 유도(현실 공유 지원), 재활에 대한 노력과 성취감 강화(기술적 지원)를 포함한다. 또한 재활에 대한 흥미와 창의성 증진(기술적 도전 지원), 문제해결 및 피드백 제공(개인적 도움 지원), 실질적·금전적 지원 제공(물질적 지원)을 포함한다.

　　선수가 원하는 지원의 유형과 제공자는 재활 과정에 따라 달라질 수 있다(Johnston & Carroll, 1998; Peterson, 1997; Udry, 1997). 선수는 부상 직후에 가장 괴로워하는 경향이 있고, 일상을 가장 방해받을 때 정서적 지원과 물질적 지원을 선호한다. 반대로, 기술적 지원은 재활 프로그램을 집중적으로 받는 기간 동안 가장 선호된다.

　　한편, 특정 제공자는 다른 제공자보다 더 능숙하게 지원을 제공할 수 있다. 연구에 따르면, 선수는 재활에 대한 지원을 팀 동료가 제공하는 것보다 코치가 제공할 때 더 큰 만족을 보였다. 그러나 정서적 지원은 코치보다 팀 동료에게서 받기 원한다고 하였다(Corbillon, Crossman, & Jamieson, 2008). 또 다른 연구에서 선수는 경청 지원과 과제 공감 지원을 코치보다 트레이너에게 받을 때 더 효과적이었다고 평가하였다 (Robbins & Rosenfeld, 2001).

부상당했을 때, 일반적으로 선수들은 자신이 받는 사회적 지원에 만족한다고 보고 한다(Bianco, 2001; Judge, Harris, & Bell, 2009; Yang, Peek-Asa, Lowe, Heiden, & Foster, 2010). 하지만 그들은 사회적 지원의 제공자가 균일한 도움을 준다고 여기지 않으며 (Abgarov, Jeffery-Tosoni, Baker, & Fraser-Thomas, 2012; Peterson, 1997; Rees, Smith, & Sparkes, 2003; Yang et al., 2010), 실제 받은 지원보다 더 적은 지원을 받았다고 보고하 였다(Beaton & Langdon, 2012). 심지어 선수들은 친구, 가족, 트레이너조차 자신들을 지원하지 않았다고 느끼기도 하였다(Abgarov et al., 2012; Peterson, 1997; Rees et al., 2003; Yang et al., 2010). 더욱이 사회적 지원이 최선의 의도로 제공되었음에도 그 지원 이 모두 부상 선수에게 유익하게 여겨지는 것은 아니다(Rees et al., 2003). 이 같은 예 로, 사회적 지원 시스템을 유지하기 위하여 부상 선수를 팀에서 함께 생활하도록 하는 일반적인 관행을 들 수 있다. 그러나 이러한 관행은 선수에게 사회적 지원으로서 그 가치를 인정받지 못한다(Bianco, 2007). 누가 선수에게 사회적 지원 및 심리적 개입을 시행해야 하는지에 대한 문제는 적용 초점 상자에서 다룰 것이다.

사회적 지원은 [그림 7-1]에 명시된 네 가지 주요 경로를 통해 스포츠 손상 재활 결 과에 영향을 미칠 수 있다. 사회적 지원이 타인으로부터 받은 자원에 대한 선수의 인 식, 즉 심리적 요인으로 정의되는 경우 사회적 지원은 경로 A를 통해 재활 결과에 영향을 미친다. 사회적 지원은 부상 후 심리적 적응에 대한 생활 스트레스의 효과를 완충하고(Malinauskas, 2010; Rees, Mitchell, Evans, & Hardy, 2010), 부상 후 정서적 고 충과 부적 상관관계에 있다(Brewer, Linder, & Phelps, 1995; Green & Weinberg, 2001; Malinauskas, 2010; Manuel et al., 2002; Rees et al., 2010). 이러한 사실은 경로 A와 일치 한다. 반면, 사회적 지원이 타인으로부터 받은 실제 자원으로 해석되면, 재활 결과 는 경로 D를 따른다. 경로 B의 측면에서, 사회적 지원은 부상 선수의 동기를 강화하며 (Bianco, 2001), 이는 스포츠 손상 재활 프로그램 준수와 정적 상관관계에 있다(Byerly,

Worrell, Gahimer, & Domholdt, 1994; Duda, Smart, & Tappe, 1989; Fisher, Domm, & Wuest, 1988; Johnston & Carroll, 2000; Levy, Polman, & Borkoles, 2008; Levy, Polman, & Clough, 2008). 경로 C와 관련하여 타인과의 사회관계를 긍정적으로 인식하는 것(Kok et al., 2013)은 염증을 줄여 주는 매개변수인 미주신경 활성도 상승에 기여할 수 있다 (Thayer & Sternberg, 2006).

사회적 지원이 스포츠 손상의 발생과 반응 및 회복에 중요한 역할을 한다는 것을 보여 주는 여러 연구에도 불구하고, 사회적 지원이 스포츠 손상 재활 결과에 미치는 영향을 평가하는 실험연구는 부족하다. 이 주제에 관한 연구는 사회적 지원을 반복적인 개입의 형태로 정의해야 하기에 연구를 진행하기 어려울 수 있다. 그러나 사회적 지원은 스포츠 손상 재활 결과를 향상하는 수단으로서 큰 잠재성을 가지고 있으므로 추가 연구가 필요하다.

적용 초점

부상 후 어떤 전문가가 심리적 개입을 시행해야 하는가?

부상 선수에게 심리적 개입을 적용하는 것의 효과가 증명되고 있음에 따라, 어떤 전문가가 개입을 시행해야 하는지가 중요해지고 있다. 보기에 단순한 이 질문의 답은 실제로 매우 복잡하다. 어떤 전문가가 부상 선수에게 심리적으로 개입해야 하는지를 결정하려면 전문가의 능력, 접근성, 가용성 및 관심도와 관련된 문제를 신중하게 고려해야 한다.

전문가의 능력과 관련하여, 스포츠 건강관리 전문가는 자신의 업무에 전문적이고, 윤리적이며, 심지어 법적으로 유능해야 한다(Loubert, 1999; Makarowski, 2007). 전문가는 일반적으로 지식 습득과 임상 경험을 통해 자신의 역량을 획득한다. 심리적 개입이 우울증, 섭식 장애, 약물 남용 장애와 같은 심각한 정신건강 질환의 치료를 위해 적용되지 않는다고 가정하면, 스포츠 심리학 혹은 일반 심리학 전문가는 부상 선수에 대한 기본적인 심리적 개입을 적용할 수 있다. 정식으로 심리 훈련을 받지 않은 스포츠 건강관리 전문가의 경우 제공할 수 있는 심리적 개입의 범위는 매우 좁다. 그러나 스포츠 건강관리 전문가는 교육 과정(Gordon, Potter, & Ford, 1998) 및 교육 프로그램(Arvinen-Barrow et al., 2008; Heaney, 2013; Stiller-Ostrowski, Gould, & Covassin, 2009)에 심리 교육을 추가함으로써 심리 개입 능력을 키울 수 있다.

부상 선수에 대한 접근성은 스포츠 손상 관련 심리적 개입을 구현하기 위한 전제 조건이다. 일반적으로 스포츠 건강관리 전문가는 부상 선수와 자주 접촉하기 때문에 이러한 접근성이 높다. 반면, 스포츠 심리 상담사와 같이 부상 치료에 직접 관여하지 않는 전문가는 부상 선수에 대한 접근성이 낮다. 하지만 접근성이 높다고 해서 가용성이 보장되지 않는다. 부상 선수에게 거의 매일 접근할 수 있는 스포츠 건강관리 전문가 또한 심리적 개입을 적용하는 데 여전히 제한적일 수 있다. 대조적으로, 스포츠 심리 상담사는 심리적 개입을 체계적으로 적용할 능력이 있지만, 개입을 적용하기 위한 접근성이 부족할 수 있다.

어떤 전문가가 부상 선수에게 심리적 개입을 시행해야 하는지에 대한 또 다른 고려 사항은 전문가가 심리적 개입에 대하여 가지는 관심도와 편안함이다(Ray, Terrell, & Hough, 1999). 전문가의 능력, 접근성 및 가용성을 떠나 전문가가 심리적 개입에 관심이 없다면, 부상 재활 중인 선수에게 심리적 개입을 시행하지 않을 것이다. Clement, Granquist와 Arvinen-Barrow(2013)는 트레이너가 시행한 심리사회적 전략을 조사하였다. 그 결과, 트레이너는 가장 효과적이고 적합한 심리적 전략보다는 자신이 가장 자신 있게 사용할 수 있는 전략을 사용한다고 대답하였다.

실제로, 스포츠 손상의 재활 결과를 향상하는 데 효과적이라고 밝혀진 대부분의 심리적 개입은 일반적으로는 잘 사용되지 않는다. 스포츠 건강관리 전문가 집단이 그나마 규칙적으로 사용하는 심리적 개입은 목표 설정과 의사소통 기술이다(Clement et al., 2013; Francis et al., 2000; Lafferty et al., 2008; Ninedek & Kolt, 2000; Stiller-Ostrowski & Hamson-Utley, 2010). 더욱이, 대부분의 스포츠 심리 상담사는 부상 선수에게 꾸준히 접근할 수 없기 때문에 이론과 적용의 격차를 좁힐 수 있는 위치에 있지 않다. 이런 제한점은 앞서 언급한 전문가의 능력, 접근성, 가용성 및 관심 관련 문제를 해결하는 경우에만 변경될 가능성이 크다.

스포츠 건강관리 전문가는 스스로 스포츠 손상의 심리적 측면에 대한 정식 훈련이 부족하다고 보고했지만(Kamphoff et al., 2010; Pero, Tracey, & O'Neil, 2000; Stiller-Ostrowski & Ostrowski, 2009), 동시에 심리적 개입을 배우는 데 큰 관심을 표명하였다(Arvinen-Barrow et al., 2008; Clement et al., 2013; Kamphoff et al., 2010; Larson, Starkey, & Zaichkowsky, 1996; Stiller-Ostrowski & Ostrowski, 2009). 이는 좋은 현상임에도 불구하고, 스포츠 손상 재활에서 어떤 전문가가 심리적 개입을 시행해야 하는지에 관한 질문에 아직 명확한 대답을 내릴 수 없다.

2. 생물심리사회적 분석

이 장에서 논의된 심리적 개입들은 인지적 · 정서적 · 기능적 · 신체적 결과를 향상하기 위한 시도를 반영한다. 이러한 심리적 개입은 생물학적 · 심리적 · 사회적 요인이 재활 결과에 영향을 미치는 경로([그림 7-1] 참조)와 비슷한 과정을 유발한다. 도입부에 제시된 첫 번째 사례에서 심상은 카일의 정신건강, 재활 행동 및 기능적 · 신체적 결과에 기여할 수 있는 인지적 · 정서적 상태에 영향을 주었다. 이와 유사하게, 두 번째 사례에서 파울라가 마주키에게 적용한 이완 운동은 햄스트링 이완과 같은 생물학적 기능에 직접적인 영향을 미쳤다.

이 장에서 검토한 목표 설정, 심상, 이완 훈련, 자기 암시는 경기력 향상을 위하여 선수에게 흔히 사용된다. 스포츠 수행과 스포츠 손상 재활 사이의 유사점에 주목하면서, Heil(1993b)은 선수는 불안, 두려움, 동기 부여, 통증과 같은 재활 관련 문제를 해결하고 스포츠의 연속성을 유지하고 수행력을 향상하기 위해 심리 기술 훈련에 참여한다고 하였다. 또한 선수는 스포츠 손상 재활 및 스포츠 경기력과 관련된 인지적 · 정서적 및 정신 신체 기술의 제어를 촉진하기 위하여 심리 기술 훈련에 참여한다고 설명하였다. 스포츠 경기력 향상을 위한 심리 기술 훈련에 참여하는 선수는 이러한 접근 방식을 부상 재활 및 예방에도 도입할 수 있을 것이다.

3. 요약

부상 선수를 치료하기 위해 다양한 심리적 개입이 사용되었다. 하지만 이러한 개입 중 연구나 실험에 근거를 둔 경우는 거의 없다. 그러나 일부 연구는 스포츠 건강관리에서 심리적 개입을 적용하기 위한 다양한 근거를 제시하고 있다. 심리적 개입에는 바이오피드백, 상담, 표현적 글쓰기, 목표 설정, 심상, 모델링, 다방면 개입, 경기력 향상 집단, 이완 훈련, 자기 암시 및 사회적 지원이 있다.

바이오피드백을 통해 부상 선수는 자신의 신체 반응에 대한 정보를 얻을 수 있다. 스포츠 손상 재활에서 가장 자주 사용되는 유형인 근전도 바이오피드백을 통해 선수는 근육의 전기적 활동에 대한 정보를 받는다. 바이오피드백 정보는 근력과 운동 범위를 증가시키는 데 사용할 수 있다.

스포츠 손상의 맥락에서 상담은 선수가 부상 대처 자원을 식별하고 구별하는 것을 돕는다. 스포츠 건강관리 전문가는 상담을 통해 스포츠 손상 재활의 문제를 해결하는 데 도움이 되도록 선수와 협력 관계를 구축한다.

선수가 자신의 부상에 대해 기술하는 표현적 글쓰기는 인지적·정서적·생리적 매개 변수에 영향을 미친다. 재활 과정 동안 표현적 글쓰기를 한 선수는 면역력, 스트레스, 기분 장애 및 심리적 적응에서 유익한 변화를 경험하는 것으로 관찰되었다.

목표 설정은 스포츠 경기력 향상 및 스포츠 손상 재활을 위해 사용된다. 목표 설정은 정해진 기간 내에 달성하고자 하는 목표를 식별하는 것을 말한다. 목표는 난이도, 구체성, 목표 유형, 목표 영역 및 시간 측면에서 다양할 수 있다. 재활 목표는 도전적이지만 현실적이고 구체적일수록 좋다. 또한, 목표는 측정 가능하며, 과정 및 결과에 중점을 두고, 긍정적으로 기술하고 기록해야 한다. 목표 설정은 재활 준수, 근력 및 수행 만족도에 긍정적 영향을 미치는 것으로 나타났다.

선수는 심상을 통해 자신의 부상 경험에 대한 건설적인 인식을 유발하는 내적 이미지를 의도적으로 생성할 수 있다. 심상은 인지적, 동기 부여적, 치유 및 통증 관리적 목적으로 사용될 수 있다. 나아가, 심상은 재활의 인지적·정서적·행동적·신체적 결과에 유익한 효과를 보이는 것으로 나타났다.

부상 선수는 모델링 과정을 통해 모범이 되는 다른 부상 선수로부터 성공적 재활에 필요한 행동, 태도, 생각 또는 가치를 학습한다. 모델링은 대면 또는 영상을 통해 시각적으로 시행할 수 있다. 재활에 미치는 모델링의 긍정적 역할에도 불구하고, 연구자들은 모델링이 인지적·정서적·행동적·신체적 결과에 긍정적 영향을 미치는 기전에 대하여 아직 제대로 이해하지 못했다.

다방면 개입은 목표 설정, 심상 및 이완 훈련과 같은 단일 개입을 조합한 다양한 치료 방식을 제공한다. 대부분의 다방면 개입은 인지 행동 요소를 특징으로 한다. 다방면 개입은 선수가 자신이 선호하는 개입을 선택할 기회를 제공한다. 선수는 다방면 개입을 긍정적으로 인식해 왔으며, 다방면 개입은 재활 결과에도 영향을 미치는 것으로 밝혀졌다. 그러나 다방면 개입은 개별 구성 요소가 치료 결과에 얼마나 영향을 미치는지 확인할 수 없다는 데 그 제한점이 있다.

경기력 향상 집단에서 개입은 부상 선수들에게 집단적 형태로 제공된다. 이러한 집단 형태의 개입은 선수들의 시간과 자원을 효율적으로 사용할 수 있게 한다. 선수들이 재활하는 동안 집단은 사회적 지원 및 대처 모델을 제공할 수 있는 잠재력을 가지고 있다. 그러나 부상 선수들은 적절한 집단을 만들고 일정 조율하는 것과 관련하여 어려움을 겪는다.

이완 훈련은 스트레스에 대한 반응을 줄이기 위해 개발된 개입이다. 이완은 심박, 호흡, 근육 긴장과 같은 생리적 매개변수와 불안, 의사 결정, 자신감 등의 심리적 매개변수 모두를 변화시킨다. 점진적 이완과 횡격막 또는 복식 호흡은 선수의 재활 불안감을 줄이고 자신감을 향상하여 경기에 복귀하는 데 도움이 될 수 있다.

자기 암시는 재활 과제 학습, 동기 부여, 스트레스 관리에 도움이 되도록 자기 자신에게 하는 진술을 말한다. 자기 암시는 생각, 감정, 행동 및 생리적 반응을 수정하는데 사용할 수 있다.

사회적 지원은 부상 선수가 도움을 필요로 할 때 가까운 사람들이 제공하는 자원을 말한다. 부상 선수에 대한 사회적 지원의 제공자는 가족, 친구, 팀 동료 또는 코치, 스포츠 건강관리 전문가가 있다. 사회적 자원의 유형은 다양하게 분류된다. 자신감 강화, 경청받는 느낌 부여, 편안함 및 안정감 제공, 동기 부여, 문제 해결, 실질적인 지원 제공 등이 사회적 지원에 포함된다.

심리적 개입이 스포츠 손상 재활 결과에 유익한 영향을 미칠 수 있다는 근거가 증가하고 있다. 그러나 심리적 개입은 스포츠 건강관리에서 일반적으로 시행되지 않는다. 스포츠 건강관리 전문가가 스포츠 손상의 맥락에서 심리적 개입을 하기에 적합한지는 분명하지 않다. 이와 관련하여 스포츠 심리 상담사의 심리적 개입 적용 능력과 관심 여부를 고려해야 한다. 더불어 부상 선수에 대한 접근성 및 개입 적용 가능성 등을 고려해야 한다.

📅 **토론 질문**

1. 스포츠 손상 재활을 위한 심리적 개입 중 어떤 방법이 가장 강력한 근거가 있는가? 그리고 그 심리적 개입의 효과에 대한 기전은 무엇인가?
2. 부상 선수에게 심리적 개입을 제공하는 전문가를 결정할 때 고려해야 할 주요 사항은 무엇인가?
3. 스포츠 손상 재활에서 목표 설정의 효과를 향상하기 위한 방법은 무엇인가?
4. 스포츠 건강관리에서 심리적 개입에 대한 선수의 수용에 영향을 미치는 요인은 무엇인가?

Psychology of Sport Injury

제4부

스포츠 손상
관리에서의 소통

제4부는 스포츠 건강관리 전문가가 치료를 진행할 때 필요한 소통의 중요성을 다룬다. 특히 스포츠 건강관리 전문가 환자 및 다른 분야의 전문가와 소통하는 방법에 대해 다루고자 한다. 더불어, 기본적인 상담 기술의 습득과 심리 지원을 위하여 선수를 의뢰할 때 필요한 전문가의 숙련도를 강조할 것이다.

제9장 환자와의 소통

제10장 심리 서비스를 위한 선수 의뢰

제9장

환자와의 소통

학습 목표

1. 선수와 스포츠 건강관리 전문가 간의 소통 맥락을 설명한다.
2. 스포츠 건강관리에서 환자-의료진 관계 모델을 논의한다.
3. 스포츠 건강관리에서 환자와 의료진 사이에 소통 기능, 방식, 일치, 소통에 영향을 미치는 요인 및 향상 방법을 조사한다.

에리카(Erica)는 자신의 유니폼과 경기장의 흙에 많은 양의 피가 스며드는 것을 보았다. 그리고 자신의 부상이 심각하다는 것을 깨달았다. 그녀는 넘어지면서 상대편 주자의 신발 스파이크와 충돌해 부상을 당했다. 그녀는 부상과 출혈로 인해 당황한 상태였다. 이런 상황에서 팀의 트레이너인 다니엘의 차분한 태도는 그녀를 진정시켜 주었다. 평소 에리카는 비위가 약해 피를 무서워하곤 했다. 하지만 다니엘이 지혈하며 에리카에게 해 준 격려의 말, 들것에 올려질 때 에리카의 손을 살짝 움켜쥐는 다니엘의 모습은 에리카에게 엄청난 위안이 되었다. 이전까지 에리카는 다니엘과 직접 만날 일이 거의 없었어서 다니엘에 대해 잘 몰랐지만, 팀 내에서 다니엘은 선수들로부터 깊은 신뢰를 얻었다. 평소 다니엘에 대한 선수들의 신뢰는 부상 직후 에리카의 반응에 긍정적 영향을 미쳤다.

앨리슨(Allison)은 5일 후 회전근개 수술이 예정되어 있었고, 그녀는 겁에 질려 있었다. 앨리슨은 이전에 수술받은 적이 없었고, 앞으로 받을 수술에 대해서도 잘 알지 못했다. 하지만 그녀는 왜 스스로 두려움을 느끼는지 알 수 없었다. 그녀는 올림픽 선발전에서 국내 상위 10위를 차지한 수영 선수 중 한 명으로서, 통증 대처 방법을 더 잘 알고 있다고 생각하였다. 그래서 그녀는 자신의 불안을 미지에 대한 두려움으로 여겼다. 앨리슨은 불확실한 마음과 걱정을 가지고 치료실로 안내를 받았다. 그녀는 그곳에서 수술을 보조할 필(phil)을 만났다. 필은 수술 전날 밤부터 수술 당일, 수술 후 그녀에게 일어날 일을 자세하게 설명했다. 이후 그는 수술에 대한 그녀의 질문에 답하고, 마취 및 수술 후 관리에 대해 꼼꼼히 설명하여 그녀가 수술에 관한 모든 내용을 이해할 수 있도록 도왔다. 앨리슨은 병원을 떠나면서, 필의 배려 덕에 수술에 관하여 궁금한 점이 해소되었음을 느꼈다.

사례에서 알 수 있듯이, 스포츠 건강관리 전문가와 선수의 관계에서 소통은 매우 중요하다. 연구에 따르면, 선수(DeFrancesco, Miller, Larson, & Robinson, 1994; Fisher & Hoisington, 1993)와 스포츠 건강관리 전문가(Fisher, Mullins, & Frye, 1993; Gordon, Milios, & Grove, 1991; Larson, Starkey, & Zaichkowsky, 1996; Wiese, Weiss, & Yukelson, 1991)는

스포츠 손상 재활에서 소통의 중요성을 높게 평가하였다. 이는 일반 건강관리의 영역에서도 마찬가지이다. 환자-의료진의 소통이 제한되면 혼란, 불만족, 치료 미준수, 의료 서비스 재이용 감소, 항생제 내성 및 의료 과실 소송과 같은 결과가 발생했다(Taylor, 2012). 이와 반대로, 긍정적 환자-의료진 소통은 신뢰 관계를 구축하고, 재활 준수를 촉진하며, 위약 효과를 활성화하는 데 도움이 될 수 있다(Bystad, Bystad, & Wynn, 2015; Wright, Galtieri, & Fell, 2014). 그러나 스포츠 손상의 맥락에서 환자-의료진의 소통에 관한 연구는 매우 제한적이다.

이 장에서는 환자-의료진 간 소통이 스포츠 손상의 과정과 결과에 미치는 영향을 다룰 것이다. 그리고 환자-의료진 소통의 기능, 방식, 일치에 대하여 알아보고자 한다. 더불어 환자-의료진 소통에 영향을 미치는 요인 및 소통을 향상하기 향상을 위한 방법과 환자-의료진 모델을 검토한다. 먼저, 환자-의료진 간의 소통이 발생하는 맥락을 살펴본다.

1. 환자-의료진 소통의 맥락

스포츠 건강관리는 체계, 분야, 방문 목적 및 의료진에 따라 다양한 형태를 지닌다. 하지만 스포츠 건강관리 전문가를 방문하는 환자는 대부분 유사하고 일반적인 형식을 따르게 된다. 선수와 스포츠 건강관리 전문가가 소통하는 맥락은 다음 네 가지 주요 요소로 구성된다(DiMatteo & Martin, 2002; Stiles, Putnam, Wolf, & James, 1979).

- 병력 청취 및 면담
- 신체 검사 및 진단 검사
- 치료
- 의학적 권고

1) 병력 청취 및 면담

스포츠 건강관리는 일반적으로 스포츠 건강관리 전문가가 선수에게 병력에 대하여 질문하고 선수가 응답하는 형식으로 시작된다. 병력 청취 및 면담은 일반적으로 초기 평가 또는 접수 면담에 사용된다. 병력 청취 및 면담은 스포츠 건강관리 전문가가 선수에게 부상과 관련된 질문을 하며 진행된다. 부상과 관련된 질문으로는 병력, 스포츠 손상 경험, 현재 부상의 원인, 증상, 증상의 완화 혹은 악화 요인, 치료법과 건강 관련 기타 문제(Prentice, 2011) 등이 있다. 후속 면담은 일반적으로 초기 평가보다 약 1~2분 정도 짧다. 후속 면담은 치료의 준수, 부작용, 부상 상태나 증상의 변화에 초점을 맞춘다.

선수에 대한 정보를 수집하고 부상 이력을 기록할 때, 스포츠 건강관리 전문가는 개방형, 폐쇄형, 집중형으로 이루어진 세 가지 유형의 질문을 한다(DiMatteo & Martin, 2002).

개방형 질문은 선수가 자신의 상황에 대해 자세히 이야기하고 설명하도록 유도한다. 예를 들면, 스포츠 건강관리 전문가가 선수에게 "팔에 어떤 어려움이 있었나요?"와 같이 질문하는 것이다. 이런 질문은 면담 초기에 특히 유용하다. 전문가는 개방형 질문에 대한 선수의 의견을 경청함으로써 선수와 긍정적 관계를 형성할 수 있다(Petitpas & Cornelius, 2004).

이와 대조적으로, 폐쇄형 질문은 몇몇 단어로만 대답할 수 있도록 구성되어 있다. 예를 들어, "당신은 통증 없이 팔꿈치를 구부릴 수 있습니까?"와 같은 질문은 폐쇄형 질문으로 구분될 수 있다. 폐쇄형 질문은 선수의 의견과 대화 참여를 제한할 수 있다. 폐쇄형 질문은 인터뷰를 통해 자세한 정보를 얻고 수집한 정보들이 정확하게 이해되었는지 확인하기 위하여 인터뷰가 끝날 시점에 사용하는 것이 가장 좋다.

집중형 질문은 스포츠 건강관리 전문가가 선수의 응답을 제한하지 않는 방식으로 구체 정보를 요청하는 것이다. 집중형 질문은 개방형 질문보다는 범위가 좁지만, 폐쇄형 질문보다 광범위하다. 예를 들어, "팔꿈치의 통증을 악화시키는 것은 무엇입니까?"

와 같은 질문이 집중형 질문으로 분류될 수 있다(DiMatteo & Martin, 2002).

　　선수는 의료진이 하는 질문에 응답하거나 무응답으로 병력 청취 및 면담에 참여할 수 있다. 선수는 일반적으로 질문에 대한 답변을 통해 정보를 제공한다. 하지만 무응답도 선수의 치료에 대한 태도에 대한 정보를 스포츠 건강관리 전문가에게 제공할 수 있다.

2) 신체 검사 및 진단 검사

　　신체 검사 및 진단 검사는 일반적으로 병력 청취 및 면담 후 진행된다. 하지만 신체 검사의 일부인 관찰은 병력 청취를 하는 동안 진행할 수 있다. 예를 들어, 의료진은 병력 청취와 동시에 관찰을 통해 선수의 신체 기형, 부종, 위축, 운동 장애, 돌출 또는 혹, 자세의 부정렬과 같은 기타 부상 징후를 기록할 수 있다(Prentice, 2011). 부상 선수에 대한 신체 검사 및 진단 검사에는 부상 부위의 촉진, 관절 가동 범위 평가, 근력 테스트, 기능 수행 검사, 자세 검사 또는 인체 측정이 있다(Prentice, 2011). 필요한 경우 엑스레이 및 기타 방사선 검사를 진행할 수 있다, 혈액 검사 및 소변 검사와 같은 수단을 통해 추가 정보를 수집할 수 있다.

　　일반적으로 신체 검사 및 진단 검사를 시행할 때 스포츠 건강관리 전문가와 선수 사이의 힘의 불균형이 존재한다. 예를 들어, 의료진은 검사를 위해 부상 선수의 옷을 벗기고, 부상 부위를 자극하며 촉진할 수 있다. 하지만 그 반대는 보통 허용되지 않는다(Friedman, 2002). 이런 힘의 차이는 스포츠 건강관리 전문가와 선수 간 소통의 중요한 특성이다.

3) 치료

　　치료는 진료의 기본 형식에 포함되지는 않지만(DiMatteo & Martin, 2002; Stiles et al., 1979), 스포츠 건강관리에서 치료의 중요성 때문에 그 내용을 다루고자 한다. 부상 선수는 스포츠 건강관리 전문가를 만날 때 부상의 재활을 위한 치료에 참여하는 것을 중요하게 생각한다. 이러한 치료 활동 중 일부는 의료진이 선수를 촉진하거나 신체 능력을 평가한다는 점에서 신체 검사 및 진단 검사와 유사하다. 그러나 여기에는 중요한 차이점이 있다. 신체 검사 및 진단 검사는 선수의 문제를 찾는 초점을 두지만, 치료는 선수가 더 좋아지도록 돕는 것을 목표로 한다. 이러한 차이점은 스포츠 건강관리 전문가와 부상 선수가 서로 소통하는 방식에 중요한 역동성을 생성한다.

4) 의학적 권고

스포츠 건강관리 진료 및 상담은 대부분 전문가의 의학적 권고로 끝난다. 치료 초기에 제공하는 의학적 권고 사항으로는 약물 또는 물리 치료 처방, 건강 행동 제안(예: 생활 방식 변경, 재활 운동, 치료 기기 사용), 치료 또는 추가 진단 검사를 위해 다른 전문가에게 의뢰하는 것이 있다. 치료 후반부에 제공하는 의학적 권고 사항은 선수가 병원 밖에서 지켜야 할 것들을 강조하는 경향이 있다. 의학적 권고는 병력 청취 및 면담, 신체검사와 비교해 '묻기'보다 '말하기'를 포함할 가능성이 크다. 하지만 스포츠 건강관리 전문가는 선수가 권고 사항에 대해 가지고 있는 질문, 의견 또는 우려 사항을 주의 깊게 듣는 것 또한 필요하다.

2. 환자-의료진 관계 모델

건강관리 전문가와 환자 사이의 관계는 몇 가지 독특한 유형의 상호작용으로 분류된다. Szasz와 Hollender(1956)는 의사-환자 관계를 활동-수동적, 안내-협력적, 상호 참여적으로 총 세 가지 유형으로 구분했다. 활동-수동적 관계에서 환자는 의학 지식이 부족하다고 판단되기 때문에 자신의 치료에 참여할 수 없다. 따라서 의료진은 환자의 개인 건강에 대한 전적인 책임을 진다. 안내-협력적 관계에서 의사는 덜

가부장적인 역할을 한다. 여기서 의사는 진단과 치료에 대한 주된 책임을 진다. 한편, 환자는 의사에게 정보를 제공하고 그들의 권고에 따라 협력해야 한다. 상호 참여적 관계에서 환자와 의사는 모든 의료적 측면인 진단 검사, 치료에 대한 결정을 함께한다. 이후 환자-의사 관계의 유형은 더 발전되었다(Ballard-Reisch, 1990; Roter & Hall, 1992). 기존에 Szasz와 Hollender(1956)가 제시한 범주뿐 아니라 환자가 권력을 행사하고 건강관리 결정에 대한 모든 책임을 지는 환자 자율적 또는 소비자 중심주의 방식이 추가되었다.

스포츠 건강관리에서 활동-수동적 관계는 심각한 부상으로 인해 응급 수술과 같은 주요 의학적 개입이 필요한 상황에서 발생한다. 반면, 안내-협력적 관계는 부상 후 신체 재활 프로그램에 참여하고 있는 선수에게 더 잘 나타난다. 만약 선수가 자신의 부상에 대한 진단 및 치료에 대해 잘 알고 있다면, 스포츠 건강관리 전문가와 상호 참여적 방식으로 소통하는 경향이 있다. 선수는 다른 선수가 효과적으로 사용하고 있는 치료법을 알게 된다면, 환자 자율적 접근 방식을 채택하여 스포츠 건강관리 전문가에게 해당 치료법을 요청할 수 있다.

환자-의료진 관계가 상호작용이라는 점을 고려할 때, 의료진은 선수의 특성과 행동에 따라 상호작용하는 방식이 달라질 수 있다. 예를 들어, 통상적인 상황에서 트레이너는 선수에게 안내-협력적 접근 방식을 채택하는 경향을 나타낸다. 그러나 부상 및 재활에 대해 고등 교육을 받고 재활 진행 방법에 대해 강한 의견을 가진 선수를 대할 때는 환자 자율적 방식을 지지할 수 있다.

3. 환자-의료진 소통의 기능

부상 선수와 스포츠 건강관리 전문가 간의 소통은 정보적 기능 및 사회정서적 기능을 가진다. 정보적 기능 측면에서 소통을 정의하면, 부상 및 치료 관련 세부 정보 및 권고 사항을 선수에게 전달하는 것이다. 정보적 소통은 재활 환경에서 지배적인 역할을 한다(Hokanson, 1994; Owen & Goodge, 1981). 선수와 스포츠 건강관리 전문가 사이에 교환되는 정보를 미시적으로 분석을 할 수는 없지만, 전문가들은 다음 유형의 정보를 명확하게 전달해야 한다고 제안한다.

- 부상의 성격, 심각도 및 예상 경과
- 재활 프로그램의 내용 및 근거
- 통증, 증상, 가동성 및 회복에 대한 예상
- 부상 관리 기술의 필요성
- 선수의 부상 관련 우려를 경청하고 해결하려는 의지(Wiese & Weiss, 1987)

스포츠 건강관리에서의 정보적 소통은 1일 기반으로 재활 프로그램을 수정하는 것뿐 아니라 선수의 부상 상태 변화에 초점을 맞추는 경향이 있다.

사회정서적 소통은 스포츠 건강관리 전문가가 선수의 신체적·정신적 건강에 진정으로 관심을 가지고 따뜻하고 공감적인 사람임을 알리는 수단이다(O'Hair, O'Hair, Southward, & Krayer, 1987). 사회정서적 소통은 재활 환경에서 정보 제공보다 덜 일반적으로 사용되지만(Hokanson, 1994; Owen & Goodge, 1981), 선수와 스포츠 건강관리 전문가 간의 협력 관계를 구축하는 데 중요한 역할을 할 수 있다(Petitpas & Cornelius, 2004). 사회정서적 소통의 예로는 일상적 주제에 관해 질문하고 대화하기, 선수에 대한 지지를 표현하는 제스처 사용하기 등이 있다.

4. 환자-의료진 소통의 방식

스포츠 건강관리 전문가와 부상 선수는 언어적·비언어적으로 소통한다. 언어적 상호작용은 대부분 정보적 기능을 수행하는 데 사용된다. 반면, 사회정서적 기능은 언어적·비언어적으로 수행된다. 두 방식 모두 부상 선수를 치료하는 데 중요한 세부 사항을 전달하는 데 사용할 수 있다.

1) 언어적 소통

언어적 소통에는 말과 글이 모두 포함된다. 병력 청취 및 면담 절에서 언급하였듯이, 질문을 어떤 방식으로 표현하는가는 응답으로 얻은 정보의 유형, 양 및 질에 영향을 미칠 수 있다. 언어적 소통의 다른 측면도 정보가 얼마나 효과적으로 제공되고 수신되는지에 영향을 줄 수 있다. 특히 전달하고자 하는 메시지의 어휘, 구성, 명확성 및 길이에 주의를 기울이면 좀 더 활발한 언어적 소통을 야기할 수 있다(Wiese-Bjornstal, Gardetto, & Shaffer, 1999). 그러나 전문가가 의학적 전문 용어를 과도하게 사용하면 선수와의 소통이 원활하지 않을 수 있다. 스포츠 건강관리 전문가가 지나치게 전문 용어를 사용하는 경우, 선수는 제공된 정보를 완전히 이해하지 못할 수 있다. 하지만 일부 선수는 의학적 지식에 대한 자신의 이해가 부족하거나, 관련 교육을 받지 못했다고 보이지 않기를 바랄 수 있다. 이런 선수는 자신이 부상이나 의학적 정보에 대하여 이해하지 못한 것을 전문가에게 알리지 않을 수 있다. 즉, 스포츠 건강관리 전문가는 다음의 경우에 더욱 의학적 용어를 자주 사용할 수 있으므로, 용어의 선택에 주의하여야 한다(DiMatteo & Martin, 2002; Friedman, 2002).

- 전문 용어에 너무 익숙해서 선수가 용어를 이해하지 못할 수도 있다는 사실을 잊어버린다.
- 자신을 유능하고 교육받은 전문가로 보여 주기를 원한다.
- 더 간단한 용어로 소통하는 데 시간을 소비하고 싶지 않다.
- 선수의 의학적 문제로부터 정서적 거리를 유지하기를 원한다.
- 선수의 건강 상태에 대한 확신의 부족을 숨기기를 원한다.

흔히 선수는 일반 환자보다 자신의 신체에 대해 더 잘 알고 있지만, 기본 의학 지식을 더 잘 이해하고 있으리라는 보장은 없다.

스포츠 건강관리 전문가와 선수 간의 효과적인 소통을 위해 정제된 메시지 구성과 명확성 및 적절한 길이가 필수적이다. 전문가가 의도한 대로 선수에게 언어적 메시지를 전달할 가능성을 높이려면, 전문가는 정보를 논리적으로 구성하고, 명확하고 간결하게 전달해야 한다. 중요한 메시지의 세부 내용을 서두에 제시하고 이후 여러 차례 반복하여 제시해야 한다(Wiese-Bjornstal et al., 1999). 이러한 방식으로 언어적 소통을 하기 위해서는 미리 계획해야 하는 수고로움이 있다. 하지만 그렇게 함으로써 서로 오해를 할 가능성과 잘못된 소통 위험이 줄어든다.

언어적 메시지는 긍정적으로 표현되고 '잡음'이 최소화될 때 더 효과적이다. 긍정적 메시지는 선수가 수행해야 하는 행동을 나타낸다. 예를 들어, 스포츠 건강관리 전문가는 선수가 처방한 운동을 충실히 완수하면 선수에게 강화를 제공할 수 있다(Wiese & Weiss, 1987). 반면, 잡음은 제공자에서 수신자로의 성공적인 메시지 전송을 방해하는 요인을 말한다(Martens, 1987). Wiese-Bjornstal 등(1999)에 따르면, 잡음은 스포츠 건강관리 전문가와 관련된 요인(과거 경험, 잘못 구성된 메시지, 개인적 편견 등), 선수와 관련된 요인(감정 상태, 주의력 등) 및 기타 요인(환경적 주의 산만 등)으로 인해 잘못된 소통에 기여할 수 있다. 이런 잡음을 최소화하면 언어적 메시지의 명확성을 향상할 수 있다.

2) 비언어적 소통

비언어적 소통은 또한 스포츠 건강관리 전문가와 부상 선수 간의 상호작용에 중요한 역할을 한다. 실제 의료진의 비언어적 행동은 의료진에 대한 정보와 선수의 인식에 대한 많은 정보를 전달한다. 부상 선수는 흔히 정서적으로 불확실한 상황을 경험한다. 선수는 자신의 의학적 상태와 예후에 대한 정보를 얻기 위하여 스포츠 건강관리 전문가를 찾는다(Friedman, 2002). 전문가를 찾아온 선수는 의료진의 비언어적 행동을 통해 언어적 소통에서 미처 파악하지 못했던 정보를 파악할 수 있다. 즉, 선수는 의료진의 비언어적 행동을 통해 행간을 읽고, 전문가가 선수의 정서를 보호하기 위해 부상 심각도를 최소화하여 말한 선의의 거짓말을 감지할 수도 있다. 부상 선수는 환자로서 자신의 행동에 대한 의료진의 비언어적 피드백을 확인한다(DiMatteo & Martin, 2002). 결과적으로, 스포츠 건강관리 전문가는 자신의 비언어적 행동과 그것이 선수에게 미치는 영향을 인식하는 것이 중요하다.

선수가 의료진의 비언어적 행동을 통해 부상에 대한 정보를 알 수 있는 것처럼, 스포츠 건강관리 전문가 또한 선수의 비언어적 행동을 이해하기 위해 주의를 기울일 필요가 있다. 부상과 관련된 두려움이나 우울한 기분을 말로 표현하기를 꺼리는 선수는 자신의 감정 상태를 비언어적으로 드러낼 수 있다. 따라서 의료진이 환자의 비언어적 소통을 무시하는 것은 언어적 평가를 통해 접근하기 어려운 중요한 정보를 차단할 수 있다. DiMatteo, Hays와 Prince(1986), DiMatteo, Taranta, Fried-man과 Prince(1980)에 따르면, 환자는 비언어적 신호를 읽는 데 능숙한 의사에게 더 만족하고 협력하는 경향이 있다.

Martens(1987)와 Wiese-Bjornstal 등(1999)은 스포츠 건강관리의 맥락에 맞게 비언어적 소통을 동작, 공간, 준언어로 분류하였다. 각 영역의 비언어적 행동은 구체적이고 문화적으로 상대적인 메시지를 전달할 수 있다(〈표 9-1〉 참조). 즉, 특정 비언어적 행동을 통한 메시지는 문화에 따라, 혹은 문화 내에서 개인에 의해 다양하게 해석될 수 있다.

〈표 9-1〉 비언어적 소통

동작	
비언어적 소통	전달하는 메시지
외모(예: 옷차림, 몸단장, 체력 수준)	전문성
시간 엄수	존중(주의: 일부 문화권에서는 어느 정도의 지각은 존중으로 간주함)
똑바른, 목적 있는 자세 및 걸음걸이	열정, 자신감

손을 비비는 것과 같은 제스처	기대, 열정
단호하고 긍정적인 악수	자신감
자신의 가슴 바로 앞에서 상대방의 손을 잡는 것	진정시킴, 안심시킴
말하는 사람의 팔을 가볍게 만짐	(정중하게) 중단시키고 싶은 욕망
오랫동안 서로의 눈을 똑바로 쳐다보는 것 (관심선이라 알려짐)	갈등, 분노
미소와 '웃는 눈'과 같은 얼굴 표정	행복, 이완
멍한 얼굴 표정, 초점이 없는 눈	지루함, 산만함, 피로
눈썹 주름과 같은 얼굴 표정	곤혹스러움, 깊은 생각, 집중력
냄새(예: 강력한 향수)	환자에게 불쾌감을 줄 수 있음

공간*	
공간을 통한 소통	**중요 고려 사항**
신체검사 및 치료적 개입에 필요한 친밀한 영역으로 이동(0~1.5피트, 또는 0~0.5미터 간격)	이 공간은 보통 연인과 매우 가까운 친구들을 위한 공간이기 때문에 선수가 위협을 느끼거나 당황할 수 있다는 사실을 고려해야 한다.
선수와 일대일 미팅과 같이 개인적 영역으로 이동(1.5~4피트, 0.5~1.2미터 간격)	이 영역은 일반적으로 친구나 지인을 위한 것이므로, 개인적인 차원에서 공유하는 것에 불편함을 느낄 수 있음을 고려해야 한다. 선수가 살짝 뒤로 물러나는 것이 더 편해 보이면 그렇게 하도록 한다.
선수, 코치 및 스포츠 의학 의료진 사이의 전문적인 상호작용을 위한 거리인 사회적 영역에서의 상호작용(4~12피트, 1.2~3.7미터 간격)	이 영역은 서로 다른 문화권의 사람들과 전문적인 사업을 할 수 있는 안전한 거리로 생각된다.
집단 교육 회기 또는 강의 수업과 같은 공공 영역에서의 상호작용(20피트 이상 또는 6미터 이상 떨어져 있음)	이 거리는 소통의 목적에 따라 바람직하거나 바람직하지 않을 수도 있는 인간미가 없는 거리이다.

준언어	
말의 음성 요소	**전달하는 메시지**
낮은 음성 높이	피로, 침착, 우울

높은 음성 높이	기쁨, 두려움, 분노
얇은 공명	불안, 약함, 우유부단함
풍부한 공명	강인함, 자신감, 힘
약간 흐릿한 발음, 느릿느릿하게 말함	편안한 또는 친밀한 분위기
선명하고 명확한 발음	결단력, 자신감
빠른 템포	흥분, 설득(그러나 불안감을 암시하거나 듣는 사람을 긴장하게 만들 수도 있음)
느린 템포	성실함, 사려 깊음
큰 목소리	자신감, 열정 (공격성 또는 오만함을 나타낼 수도 있음)
부드러운 목소리	신뢰도, 배려심, 이해심 (그러나 자신감이 부족할 수도 있음)

* 제시한 거리는 일반적으로 북아메리카의 문화와 관련이 있으며, 다른 문화에 따라 다를 수 있다. 1987년 Martens에서 수정함.

(1) 동작

동작(kinesics)은 세 가지 영역 중 가장 넓은 영역을 담당한다. 동작에는 외모, 신체 언어(예: 몸짓, 자세, 보행), 표정, 접촉 및 냄새와 같은 비언어적 행동이 포함된다. 신체 언어는 통제하기 가장 어려운 비언어적 매체이다. 신체 언어는 감정 상태(DiMatteo & Martin, 2002)와 속이려는 시도(Friedman, Hall, & Harris, 1985; Riggio & Friedman, 1983)에 대한 정보를 전달한다. 예를 들어, 초조한 행동은 예민함이나 불안함을 암시할 수 있다. 더불어 구부정한 자세는 낙담이나 우울을 나타낼 수 있으며, 활발한 보폭은 낙관주의 또는 자신감을 투영할 수 있다(DiMatteo & Martin, 2002).

신체 언어와 마찬가지로, 표정은 분노, 혐오감, 두려움, 행복, 슬픔, 놀람의 여섯 가지 기본 감정 및 통증과 같은 심리적 상태에 대한 풍부한 정보를 전달한다(Friedman, 2002). 신체 언어는 통제하기 어려울 수 있으나, 표정은 그렇지 않다(Ekman & Friesen, 1974). 의료진은 환자에게 공감, 이해 및 긍정적 전망을 전달하기 위해 표정을 사용하며(Friedman, 2002), 환자의 표정에 주의를 기울이면서 소통할 수 있다. 환자의 표정에서 그의 감정을 읽는 데 능숙한 의사는 환자로부터 호의적인 평가를 받고 환자의 협력을 끌어내는 경향이 있다(DiMatteo, et al., 1980; DiMatteo, Hays, & Prince, 1986). 표정에서 특히 중요한 부분은 영혼의 창이라고 일컬어지는 눈이다. 눈은 비언어적 소통에 상당한 부분을 차지한다. 즉, 의료진은 눈 맞춤을 통해 환자의 말에 주의를 기울이고 관심 가지고 있다고 표현할 수 있다. 환자는 일반적으로 의료진이 의료 차트나 다른 신체 부위에 초점을 맞추는 것보다 눈 맞춤하기를 원한다(DiMatteo & Martin, 2002; Petitpas & Cornelius, 2004).

접촉은 스포츠 건강관리와 특히 관련 있는 비언어적 매체이다. 실제로 훈련, 마사지, 물리 치료와 같은 영역에서 접촉은 선수에게 제공되는 서비스의 필수적인 부분이다. 접촉의 예를 들면 촉진, 심부 조직 마사지, 관절 가동이 있다. 이러한 행위는 물론 의료진이 환자와 접촉하지 않고는 적용할 수 없다(Kolt, 2000). 앞서 언급했듯이, 의료진과 환자 사이의 접촉은 상호적이지 않은 성격을 지녔으며, 접촉의 측면에서 보면 의료진이 환자보다 우세하다. 그러나 스포츠 건강관리 전문가와 선수 사이의 관계는 일반 환자-의료진의 관계에서 보통 나타나지 않는 높은 수준의 친밀감이 있다. 일부 선수는 스포츠 건강관리와 관련된 접촉을 불편해하고 환자와 의사 사이의 위계질서를 반영한다고 생각한다. 반면, 다른 선수들은 접촉을 배려의 표시로 해석하여, 이를 신체적·정서적 이완을 촉진하는 것으로 여긴다(Kolt, 2000; Nathan, 1999).

또 다른 범주는 냄새이다. 선수와 스포츠 건강관리 전문가는 신체 활동이라는 특성으로 인해 독특한 냄새를 맡을 수 있다. 냄새는 스포츠 건강관리와 관련성이 있는 비언어적 매체가 될 수 있다. 체취, 탈취제, 향수 등과 관계없이 불쾌한 냄새는 거부감을 형성할 수 있고, 냄새를 흡인하는 사람의 표정을 바꿀 수도 있다(Friedman, 2002). 선수나 의료진이 냄새로 인해 물러서는 행동을 보이거나 불쾌한 표정을 짓는다면, 이는 효과적인 치료나 긍정적인 환자-의료진 관계를 촉진하지 않을 것이다.

(2) 공간

공간(proxemics)은 비언어적 소통의 세 가지 유형 중 가장 좁은 영역이다. 스포츠 건강관리 측면에서 보면, 공간은 환자와 의료진 간의 거리이다. 특정 진단 및 치료 방식에 따라 스포츠 건강관리 전문가와 부상 선수는 서로 만질 수 있을 정도로 가까운 거리에 위치할 수 있다(Hall, 1966). 그러나 너무 가까운 거리는 환자의 불편함을 유발한다. 특히 환자는 의료진이 시행하는 치료 행위의 이유와 목적을 알지 못할 때 더욱 불편함을 느낀다. 이런 우려를 해결하기 위해 몇몇 의사들은 환자의 가슴에 차가운 청진기를 댈 때, 환자들에게 그 이유를 설명하고 사전에 고지하기도 한다. 마찬가지로, 트레이너는 선수가 특정 스트레칭을 할 수 있도록 돕기 전 신체의 어느 부분을 만질지 미리 말해 주기도 한다.

공간은 친밀한 영역, 개인, 사회, 공공 영역 순서로 배치되어 있다(Hall, 1966). 비언어적 소통의 일반적인 특성과 마찬가지로, 각 영역에 해당하는 특정 거리는 문화적으로 상대적이다. 따라서 한 문화권에서 개인적 공간을 침범하는 것처럼 느껴지는 거리가 다른 문화권의 선수에게는 적절해 보일 수 있다. 북아메리카를 기준으로 한 네 가지 영역의 근사치는 〈표 9-1〉에서 확인할 수 있다. 친밀하거나 가까운 거리에서는 의료진과 환자 모두 불편함을 경험할 가능성이 크다. 그러나 부상 선수가 의료진이 자신을 만지거나 가까이 다가가는 것을 과도하게 꺼리는 것은 문제가 될 수 있다. 더불어 타인이 엿들을 수 있는 사회적 또는 공공장소에서 의료진이 선수의 개인적·사적 문제에 대해 논의하는 행동도 문제가 될 수 있다(DiMatteo & Martin, 2002).

(3) 준언어

준언어는 말을 통해 전달되는 메시지가 어떻게 해석되는지에 영향을 미친다. 준언어는 정보를 전달하는 음성적 특성, 즉 조음, 음의 높이, 울림, 속도, 음량 등을 말한다. 예를 들어, 상황에 따라 고음의 목소리는 기쁨, 두려움 또는 분노를 전달하기도 한다(Wiese-Bjornstal et al., 1999). 부상 선수가 꺼리는 준언어 중 하나는 의료진이 높은 음조로 단순화된 어휘를 사용하는 유아어이다. 일반 환자 집단에서 의료진의 유아어

사용은 그 근거가 분명히 존재한다(Friedman, 2002). 하지만 극기를 강조하는 스포츠 윤리는 스포츠 영역에서 유아어의 사용을 방해할 수 있다. 유아어를 대신하여 거칠고 논리적 언어 표현이 선호될 수도 있다. 스포츠 건강관리 전문가는 적절한 준언어 기술을 개발해야 한다. 환자는 음성 조절을 잘하는 의료진을 더 좋아하는 경향이 있기 때문이다(Friedman, DiMatteo, & Taranta, 1980).

5. 환자–의료진 인식 일치

스포츠 건강관리에서 소통의 중요성을 고려할 때, 환자와 의료진이 부상 문제와 관련하여 동등한 입장을 가지는 것이 중요하다. 그러나 선행 연구에 따르면, 부상에 대한 스포츠 건강관리 전문가와 부상 선수의 인식이 다른 경우가 많다. 이후 제시할 연구에서는 재활 치료, 회복 진행 및 심리적 상태에 대한 환자와 의료진 간 인식의 일치성을 조사하였다.

1) 재활 치료

재활 치료는 부상 회복을 위한 객관적인 청사진을 제공하며, 스포츠 건강관리의 핵심 측면이다. 하지만 놀랍게도, 의료진과 재활 중인 선수가 치료에 대하여 기대하는 것이 완전히 일치하지 않는 경우가 흔히 발생한다. 예를 들어, Kahanov와 Fairchild(1994)는 재활 초기에 선수와 트레이너 간의 인식 불일치를 조사하였다. 이 연구는 선수의 재활 프로그램에 대한 이해 여부를 조사하였는데, 그 결과 선수와 트레이너 사이의 52%가 불일치를 보였다. 활동 복귀 목표에 대하여는 선수와 트레이너 사이에서 48%의 불일치를 보였다. 주간 재활 목표에 대해서는 62% 불일치를 보였다. 모든 참가자는 24시간 이내에 평가를 시행하였고, 대다수 참가자는 3시간 이내에 평가했다고 생각하면 이러한 수준의 불일치는 놀라운 수준이다. 시간이 지날수록 불일치 격차는 더 벌어졌을 것이다.

May와 Taylor(1994) 및 Webborn, Carbon과 Miller(1997)의 연구에서도 유사한 결과가 도출되었다. May와 Taylor는 재택 재활 운동이 필요한 시간에 대하여 선수의 추정치와 물리 치료사의 추정치를 비교하였다. 평균적으로 선수의 추정치는 물리 치료사의 추정치보다 42% 정도 낮았다. Webborn 등(1997)의 연구에서 부상 환자들은 병원에서 재활 운동 프로그램 회기를 수행한 직후에 재활 운동과 관련된 질문을 받았다. 구체적으로, 그들은 운동 부위, 빈도, 반복 횟수, 운동 목적을 확인하도록 요청받았다. 재활 치료와 질문 사이의 짧은 시간 간격에도 불구하고, 선수의 정보 보유 정도는 열악했다. 실제로 응답자의 77%는 운동 프로그램과 관련된 질문에 대하여 잘못 응답하는 수준이었다. 따라서 재활 프로그램에 대한 부상 선수와 스포츠 건강관리 전문가의 인식 사이에는 일반적으로 불일치가 존재하는 것으로 보인다.

2) 재활 진행

스포츠 손상 재활의 진행은 선수와 의료진이 서로 관심을 가지고 노력하는 문제이다. 재활 진행에 대한 부상 선수와 스포츠 건강 전문가의 인식에 대한 연구 결과들이 있다. Crossman과 Jamieson(1985)의 연구에 따르면, 부상의 심각도와 파괴성에 대한 선수와 트레이너의 평가 사이에 어느 정도 일치성이 있었다. 그러나 부상 심각도에 대한 선수의 평가는 트레이너보다 유의하게 높았고, 부상 파괴성에 대한 선수의 평가는 트레이너보다 유의하게 낮았다. 그러나 이 연구는 객관적인 결과 데이터를 제공하지 않기 때문에 선수와 트레이너가 얼마나 정확하게 평가했는지는 불분명하다. 중요한 점은 재활 진행에서 중요한 부상 심각성와 파괴성에 대한 선수와 의료진 간의 인식 불일치가 나타났다는 사실이다. 선수가 스포츠 건강관리 전문가보다 부상이 훨씬 더 파괴적인 영향을 미친다고 평가한 연구 결과는 이와 맥락을 같이한다(Crossman, Jamieson, & Hume, 1990).

회복 진행에 대한 부상 선수의 인식과 스포츠 건강관리 전문가의 인식 사이에 유의미한 일치를 보고한 추가 연구가 확인되었다. 특히, 재활의 진행 상황에 대한 선수의 견해는 트레이너(van Raalte, Brewer, & Petitpas, 1992), 스포츠 의학 의사(Brewer, Linder, & Phelps, 1995), 물리 치료사 및 트레이너(Brewer, van Raalte, Petitpas, Sklar, & Ditmar, 1995)의 견해와 일치하는 것으로 나타났다. 선수가 스포츠 건강관리 전문가보다 재활 상태에 대해 더 낙관적인 청사진을 그릴 때도 있다(Brewer et al., 1995; van Raalte, Brewer, & Petitpas, 1992). 하지만 스포츠 건강관리에서 선수와 의료진이 현실적인 상황을 공유한다는 증거 또한 존재한다.

3) 심리적 상태

재활 치료, 재활 진행과 같이 객관적이고 명백한 것에 대해서는 환자와 의료진 사이에 인식의 일치를 기대할 수 있다. 그러나 환자의 심리적 상태에 대한 의료진과 환자의 인식이 일치할 것으로 기대하는 것은 더 힘들다. 의사가 환자의 심리적 상태에 대한 정보를 얻는 경로는 다음과 같다.

- 환자가 자신의 행동을 통해 심리적 상태를 나타냄
- 환자가 의료진에게 자신의 심리적 상태를 공개함
- 의료진이 심리적 상태를 확인하기 위해 개발된 진단 검사를 시행함
- 앞의 세 조합을 시행함

스포츠 건강관리 영역에서 선수의 심리 상태에 대한 평가는 표준적으로 이루어지는 관행이 아니다. 따라서 의료진은 선수의 심리 상태를 추론하기 위해 선수에 대한 꾸준한 관찰과 대화가 필요하다.

선수가 경험하는 중요한 심리 상태 중 하나는 심리적 고통이다. 심리적 고통은 그 자체로 불편을 유발한다. 그리고 정서적 장애는 재활 준수 및 재활 결과와 반비례 관계에 있다. Brewer, Petitpas, van Raalte, Sklar와 Ditmar(1995)의 연구에 따르면, 심리

적 고통을 암시하는 선수 행동에 대한 의료진의 평가는 선수 자신이 보고한 심리적 고통과 상관관계가 없었다. Maniar, Perna, Newcomer, Roh와 Stilger(1999)의 연구에서도 부상 선수의 우울감에 관한 트레이너의 평가는 선수의 자가 보고와 정적 상관관계가 있었지만, 임상 면담을 기반으로 한 우울감 평가와는 관련이 없었다.

동기 부여에 대한 선수의 자가 보고와 의료진의 인식 사이에는 일치성이 부족하다. Kahanov와 Fairchild(1994)의 연구에 따르면, 트레이너는 부상 선수가 스스로 보고한 것 이상으로 동기 부여되었다고 평가하였다. 이러한 결과는 스포츠 건강관리 전문가가 선수의 심리적 상태에 맞춰 의도적으로 일할 필요가 있다는 것을 강조한다.

6. 환자-의료진 소통에 영향을 미치는 요인

부상 선수와 스포츠 건강관리 전문가 간에는 양방향 소통이 이루어진다. 환자-의료진 소통은 의료진과 환자의 태도와 행동, 그리고 상호작용의 영향을 받는다. 스포츠 건강관리 맥락에서 환자-의료진 소통에 영향을 미치는 요인에 관한 연구는 미비하다. 하지만 다른 건강관리 영역에서의 연구를 통해 추론할 수 있다.

1) 의료진의 태도 및 행동

부상 선수가 의료진과 소통할 때 느끼는 어려움 중 일부는 의료진의 태도와 행동에서 기인할 수 있다. 이러한 태도와 행동에는 환자에 대한 고정관념, 선수의 말을 경청하지 않는 행동, 환자를 물건처럼 취급하는 행동, 환자와 너무 적은 시간을 보내는 행동, 전문적인 의학 용어를 과도하게 사용하는 행동이 있다(Straub, 2012). 의료진이 선수의 말을 경청하지 않으면 소통의 핵심인 양방향 정보 흐름이 차단된다. 의료진이 의도적으로 경청하지 않는 경우는 거의 없다. 대신 이 상황은 의료진이 환자의 대화를 방해하거나, 의료진이 대화를 독점하여 발생한다(Beckman & Frankel, 1984). 환자의 말을 경청하지 않는 전문가의 행동은 환자가 자신의 고민을 전문가에게 설명하고 중요한 질문을 하지 못하도록 한다.

　의료진은 환자를 물건처럼 대함으로써 의료진-환자 관계에서 객관화(depersonalization)를 할 수 있다. 객관화를 통해 의료진은 당면한 의학적 문제에 집중하고 감정적으로 과도한 관여를 하지 않을 수 있다. 그러나 이는 환자를 매우 고통스럽게 하기도 한다(Taylor, 2012). 의료진은 간혹 부상 선수를 이름이 아닌 부상 부위로 언급하여 물건처럼 취급하기도 한다. 예를 들어, 의료진은 병원에서 "무릎 (환자) 어디 있습니까?" 또는 "고관절 (환자) 3시 30분에 방문할 예정입니다."라고 말하기도 한다. 그러나 이런 화법은 선수에게 자신이 물건 취급을 받는 느낌을 줄 수 있다. 전문가가 환자를 이름으로 부르는 것은 환자를 물건이 아니라 사람으로 느끼게 한다. 전문가의 세심한 배려가 담긴 행동은 환자가 재활 과정에서 수동적인 치료 대상이 아니라 적극적인 협력자로 대우받고 있다고 느끼도록 한다(Petitpas & Cornelius, 2004).

　의료진은 환자에 대한 고정관념을 가짐으로써 소통에 부정적 영향을 미칠 수 있다(Strub, 2012). 일부 부정적인 태도는 특정한 인구통계학적 특징(연령, 성별, 인종, 민족, 성적 취향 등)을 가진 환자를 대상으로 한다. 일부 전문가의 부정적 태도는 특정 포지션, 특정 스포츠 종목을 대상으로 한다. 즉, 특정 스포츠 선수를 부유하고 강한 특권의식을 가진 문제아로 보는 의료진의 편견은 해당 스포츠 선수와 의료진과의 효과적인 소통을 방해할 수 있다.

　환자와 너무 적은 시간을 보내는 행동은 의료진이 환자에게 제공하는 정보의 질과 양을 모두 제한하며 효과적인 환자-의료진 소통을 방해할 수 있다. 스포츠 건강관리에서 의료진이 선수와 보내는 시간은 몇 분에서 1시간 이상에 이르기까지 다양할 수 있다. 진료 시간이 부족할지라도 의료진은 최소한 환자에게 이름을 부르며 인사하고, 안부를 묻고, 선수의 문제나 우려를 확인해야 한다.

　의료진이 의학적 전문 용어를 남용하는 행동도 효과적인 소통을 방해한다. 환자-의료진 중 한 사람만이 용어를 완전히 이해한다면 소통이 잘못될 가능성이 증가한다. 따라서 스포츠 건강관리 전문가는 해당 선수가 전문 용어에 익숙하다고 확신한 경우가 아니라면, 일반적인 용어로 설명하는 것이 적절하다.

2) 환자의 태도와 행동

　환자 또한 환자-의료진 소통에 책임이 있다. 특히, 환자가 정보를 제공하고 의료진의 진료에 반응하는 방식은 환자와 의료진 사이의 소통에 영향을 미칠 수 있다. 예를 들어, 신경증이 있는 환자는 증상을 과장된 방식으로 묘사하는 경향이 있다(Ellington & Wiebe, 1999). 이는 의료진이 환자의 증상을 정확하게 평가하기 어렵게 만든다. 선수는 부상의 심각성 또는 부상이 스포츠 참여에 미치는 영향에 대해 정확히 알 수 없을 때 불안을 느끼게 된다. 이러한 불안은 정보에 주의를 기울이고 정보를 처리하고 회상하는 능력을 훼손할 수 있다(Graugaard & Finset, 2000). 환자는 또한 다음과 같은 방식으로도 소통을 방해할 수 있다. 예를 들어, 부상의 근본 원인을 무시하고 증상에만 집중하는 행위, 병력에 대한 주요 세부 정보를 제공하지 않는 행위, 의료진이 말한 내용을 잘 이해하지 못했을 때 질문하지 않는 행위, 중요한 증상을 축소하여 표현하는 행위 등은 의료진과 환자의 소통을 방해한다(Taylor, 2012).

3) 상호적인 요인

　환자와 의료진의 소통에 영향을 주는 세 번째 요인은 환자, 의료진의 상호작용이다. 환자-의료진 소통은 환자 또는 의료진 중 어느 한쪽이 일방적으로 영향을 미치는 것이 아니라 서로 영향을 주고받는다는 것이다. 예를 들어, 의료진이 선수에게 질문할 시간을 허락하지 않을 수 있지만, 반대로 의료진의 질문에 대한 확실한 답변을 내놓지 못하는 선수도 있다(DiMatteo & Martin, 2002). 일부 선수는 성격이 급하거나 자기주장이 강한 반면, 이러한 선수에게 질문할 기회조차 주지 않는 의료진도 있다.

　인구통계학적 특성은 상호작용에 영향을 미치는 요인이다. 부상 선수와 의료진이 인구통계학적 특성에서 차이가 나는 정도가 그러한 예이다. 즉, 환자와 의료진의 나이, 성별, 인종, 민족, 종교 또는 스포츠 종목이 차이가 날 때 오해가 발생할 가능성이 더 크다. 이러한 차이가 환자-의료진 간의 소통을 불가피하게 망치는 것은 아니지만, 의료진과 환자는 이러한 요인의 격차를 좁히기 위해 적극적으로 노력해야 효과적으로 대화할 수 있다

환자-의료진 소통의 또 다른 상호작용에는 의료진이 환자로부터 자신의 행동에 대한 피드백을 받는 과정이 있다. 예를 들어, 부상 선수가 정기적으로 재활 회기에 열심히 참석할 때, 의료진은 자신이 말과 행동이 실제로 선수의 회복에 기여하고 있다고 합리적으로 추론할 수 있다. 그러나 선수가 의료진을 방문하지 않는 경우는 어떨까? 이러한 상황에서 의료진은 선수에게 자신의 진료 행위에 대한 직접적인 피드백을 거의 받지 못한다.

선수가 의료진을 재방문하지 않는 것에 대해 의료진은 다음과 같은 질문을 할 수 있을 것이다. 선수가 완전히 치유되고 만족해서 재방문하지 않은 것일까? 선수가 치료에도 불구하고 전혀 회복되지 않고 불만족해서인가? 아니면 선수가 새로운 의료진으로 치료를 전향했기 때문인가? 이런 상황에서 의료진은 자신의 진료 행위에 대한 선수의 피드백을 받지 못하기 때문에 이러한 질문에 답할 수 없다. 선수가 지속적인 치료를 위해 재활 시설을 재방문할 때도 의료진은 선수가 재활 시설에 밖에서 치료 권장 사항을 얼마나 준수하는지에 관한 피드백을 받지 못할 수 있다. 환자-의료진 소통에서 환자의 피드백이 부족할 때, 의료진은 환자와 상호작용하는 방식을 변경하려고 노력하는 것이 필요하다(Taylor, 2012).

7. 환자-의료진의 소통 향상

정보 및 사회정서적 기능을 하는 환자-의료진 소통의 질은 스포츠 건강관리의 중요한 결과와 관련이 있다. 그러나 환자-의료진 소통에서 환자가 보고한 인식과 의료진이 보고한 인식 사이에 상당한 불일치가 보고되었다. 따라서 환자와 의료진 간 소

통의 질을 향상한다면 얻을 수 있는 것이 많다. 소통의 향상은 두 가지 주요 접근 방식인 의료진 또는 환자에 대한 개입을 통해 추구할 수 있다.

1) 의료진의 소통 기술 향상

의과대학 소속 연구자들은 의사가 환자 요구에 적절하게 대응하는 것의 장점을 인식했다. 이후 연구자들은 의사가 환자와 효과적으로 소통할 수 있도록 지원하는 교육 프로그램을 개발하였다. 이 프로그램은 의사가 환자를 대하는 여러 태도를 설명한다. 예를 들어, 환자에게 이름으로 인사하기, 절차 설명하기, 진료 후 인사하기, 민감하거나 어려운 건강 문제 이야기하기, 환자 교육하기 등의 방법을 포함하고 있다.

의사의 소통 기술 향상을 위한 교육 프로그램에서는 비디오 피드백과 역할극이 있다(Strub, 2012; S. E. Taylor, 2012). 유사한 과정이 물리 치료사에게도 시행되었으며, 이는 소통 기술을 향상하는 데 효과적인 것으로 나타났다(Ladyshewsky & Gotjamanos, 1997; Levin & Riley, 1984).

소통의 기술은 스포츠 건강관리 현장에서 필수적인 것으로 여겨진다(Ray, Terrell, & Hough, 1999). 하지만 스포츠 건강관리 전문가를 대상으로 한 소통 향상 훈련은 아직 의과대학에서 시행하는 교육 수준에 도달하지 못했다. 이 격차를 해소하기 위해 Gordon, Potter와 Ford(1998)는 스포츠 건강관리의 맥락에서 소통 기술 향상을 위한 심리 상담 교육과정을 제안하였다. 많은 스포츠 건강관리 전문가들은 소통 기술에 대한 일정 정도의 훈련을 받지만, 이 교육과정은 아직 널리 적용되지 않았다. 기본 상담 기술은 스포츠 건강관리에 사용되는 소통 기술과 매우 유사하므로 스포츠 건강관리 전문가가 환자와 효과적인 협력 관계를 구축하는 데 도움이 될 수 있다.

스포츠 건강관리의 맥락에서 작업 동맹은 선수와 전문가가 부상을 관리하기 위해 협력하는 관계를 말한다. 작업 동맹은 신뢰와 공통 목표를 가진 환경을 조성하기 위하여 고안되었다. 작업 동맹은 스포츠 건강관리 전문가와 선수 사이에 정서적 유대를 형성하고, 치료의 목표와 방법에 대하여 두 당사자의 의견 일치를 유도할 수 있다

(Petitpas & Cornelius, 2004). Petitpas와 Cornelius(2007)는 Rogers(1957)의 연구를 바탕으로 선수와 효과적인 작업 동맹을 맺는 것은 진정성, 수용 및 공감을 전달하는 의료진의 능력에 달려 있다고 설명하였다. 의료진은 자신의 감정을 인식하고, 적절하게 공유하며 언어적 소통과 일치하는 비언어적 소통을 적절하게 나타낼 수 있을 때 진정성을 나타낼 수 있다. 의료진은 선수에게 무조건적 존중을 보임으로써 수용을 표현할 수 있다. 또한, 의료진은 선수의 입장에서 상황을 이해함으로써 선수에게 공감을 나타낼 수 있다. 의료진은 부상 선수에게 진정성, 수용, 공감을 전달함으로써 작업 동맹이 성장하고 번성할 수 있는 신뢰, 보살핌 및 이해의 분위기를 조성할 수 있다(Petitpas & Cornelius, 2004).

스포츠 건강관리 전문가는 진정성, 수용 및 공감을 어떻게 전달할 수 있을까? 기본적인 상담 기술을 배우고 현장에 적용함으로써 의료진은 이 목표를 달성할 수 있다. 이는 또한 의료진이 정보 및 사회정서적 기능, 언어적·비언어적 방식 등 소통에 대한 지식을 실천하는 데 도움이 될 수 있다. 기본 상담 기술은 여러 모델에 따라 구성되고 설명된다(Culley & Bond, 2007; Egan, 2014; Ivey & Zalaquett, 2013; Kottler, 2003; Young, 2012). 이러한 분류 체계는 용어 및 기능에 따라 다양하지만, 서로 유사성을 가진다. 구체적으로, 스포츠 건강관리의 맥락에서 기본 상담 기술은 주요 기능에 따라 세 가지 유형으로 나눌 수 있다. 세 가지 유형에는 선수의 관심사에 관심 기울이기, 선수의 현재 걱정 탐색하기, 선수의 현재 걱정과 관련된 생각이나 행동에 영향을 주기가 포함된다. 이 세 가지 유형의 기술은 개별적이지 않고 서로 연관되어 있다. 오히려 이 유형들 사이에 명확한 경계가 없다. 하지만 이해를 돕기 위해 각 유형을 개별적으로 검토해 보도록 하자.

(1) 주의 기울이기 기술

주의 기울이기는 초대 기술(Young, 2012)로도 알려져 있다. 주의 기울이기는 환자의 말을 경청하고 있다는 의료진의 의사 표현(Egan, 2014)이나 환자의 말을 경청하는 언어적·비언어적 행동이다. 주의 기울이기는 눈 맞춤, 격려하는 제스처와 표정, 편안한 자세, 대화 시 선수를 향해 약간 앞으로 기울이는 자세와 같은 수용적인 신체 언어를 포함한다. 더불어, 적절한 목소리 톤을 사용하여 비언어적으로 선수에 주의를 기울이는 것을 의미한다(Culley & Bond, 2007; Ivey et al., 2013; Kottler, 2003). 언어적 측면에서 주의 기울이기는 선수가 제시한 주제에 관해 충분히 이야기하도록 유도하는 것을 말한다. 의료진이 선수에게 주의를 기울이고 기꺼이 경청할 때 의료진의 진심과 수용을 선수에게 전달할 수 있다(Waumsley & Katz, 2013).

(2) 탐색 기술

스포츠 건강관리 전문가는 탐색 과정을 통해 선수의 현재 관심사에 대해 알 수 있다. 탐색은 일반적으로 의료진이 질문하면서 시작된다. 질문은 폐쇄형, 개방형 및 집중형과 같은 다양한 유형으로 할 수 있다. 전문가는 선수가 언급한 몇 가지 핵심 단어 또는 구문을 다시 언급하여 대화를 진행할 수 있다. 예를 들면, "당신은 스키 경력을 이어 가는 게 어려울 것 같습니다." "당신은 너무 열심히 훈련했습니다." 등의 핵심 내용을 대화 중 반복적으로 언급하는 것이다. 더불어 선수의 생각을 방해하지 않으면서 부드럽게 대화를 촉진하는 표현을 함으로써 대화를 지속할 수 있다. 이러한 표현에는 "더 말해 주세요." "어, 허." "그리고……." 등이 있다. 이러한 표현들은 대화를 촉진할 뿐만 아니라 선수의 반응을 적극적으로 경청하는 중요한 형태로 작용한다. 수동적 경청은 단순히 상대방의 말을 듣는 행동이지만, 능동적 경청은 상대방이 말하는 내용을 이해하기 위해 의식적으로 노력하고, 그 노력을 통해 얻은 이해를 그 사람에게 다시 전달하는 것이다(Culley & Bond, 2007; Kottler, 2003).

능동적 경청의 다른 형태에는 의역, 정서 반영 및 요약이 있다(Culley & Bond, 2007; Egan, 2014; Ivey et al., 2013; Kottler, 2003; Young, 2012). 의역이란 선수가 언급한 중요한 대화 내용을 요약하여 그 진술의 핵심을 되풀이하는 것이다. 예를 들어, "이전보다 부기가 나아졌지만, 무릎은 전보다 더 흔들린다."와 같이 의료진은 선수가 한 말을 요약 정리하여 다시 언급할 수 있다. 정서 반영은 언어적·비언어적 소통을 기반으로 선수의 정서를 확인하는 것을 말한다. 예를 들면, "수술 결과에 대해 꽤 화가 나신 것처럼 들리네요."와 같은 표현이 있다. 의역은 생각의 내용을 다루는 반면, 정서 반영은 정서적 내용을 다룬다. 정서 반영은 선수의 감정 표현을 바꾸어 표현하는 것을 말한다. 스포츠 건강관리 전문가는 요약 작업을 통해 선수의 생각, 감정, 행동 및 의미에 대한 간결하고 체계적인 설명을 할 수 있다.

격려, 의역, 정서 반영, 요약과 같은 능동적 경청 기술은 탐색 과정에서 다양한 역할을 한다. 이러한 기술의 사용은 스포츠 건강관리 전문가가 선수에게 공감을 전달하고 주의를 기울이고 있음을 입증하는 데 도움이 될 수 있다. 즉, 이러한 태도는 선수의 이야기에 관심이 있고, 경청하고자 하는 의지가 있음을 나타낸다. 의료진은 의역, 요약 등에 대한 선수의 반응을 통하여 선수가 언급한 내용을 이해하고 수정할 수 있다.

(3) 영향력 기술

스포츠 건강관리 전문가는 주의 기울이기 및 탐색 기술을 통해 환자의 말을 경청하고, 환자의 경험을 이해하고, 관계를 구축하고, 공감을 표현하고, 작업 동맹을 강화할 수 있다. 이 기술들은 일반적으로 정보를 수집하고 환자와 관계를 형성하는 데 매우 효과적이다.

한편, 영향력 기술은 의료진이 환자가 생각하고 느끼고 행동하는 것에 관한 대안적인 방법을 촉진하는 지시적인 방법이다. 영향력 기술을 능숙하게 사용하는 것 또한 스포츠 건강관리 현장에서 유익하다. 영향력 기술의 유형은 인지 변화 여부, 정보 제공 여부, 행동 변화 여부에 따라 다양하게 분류할 수 있다.

환자의 인지 과정에 영향을 미치는 두 가지 영향력 기술에는 재구성 및 초점 분석이 있다. 재구성은 선수가 특정 상황에 대하여 적응적 사고를 가지도록 유도하는 것을 말한다. 예를 들어, 의료진은 환자에게 다음과 같이 질문할 수 있다. "당신은 부상이 당신에게 주는 여러 문제점에 대하여 제게 이야기했습니다. 그렇다면 반대의 상황에 대해서 생각해 봅시다. 부상의 결과로 긍정적 경험을 한 적도 있습니까?" 이러한 질문은 선수가 문제나 상황의 다양한 측면을 고려하도록 돕는다.

의료진은 선수가 환자 초점, 타인 초점, 가족 초점, 문제 초점, 의료진 초점, 환자-

의료진 초점, 문화적, 환경적 또는 맥락적 초점에서 부상을 생각하도록 유도할 수 있다(〈표 9-2〉 참조). 초점의 위치는 선수가 경험한 문제 상황에 따라 다양하다. 이러한 기법은 일반적으로 선수가 자신의 관점에서 스스로 걱정을 이해하도록 돕는다. 하지만 선수가 관련 문제에 대해 깊이 있는 이해를 하고, 환자-의료진 관계에 대해 더 나은 감각을 얻기를 원한다면 초점을 넓히는 것 또한 중요하다(Ivey et al., 2013).

〈표 9-2〉 초점 분석의 예

초점	의료진 진술·질문
선수	"이 부상은 당신에게 꽤 심한 타격을 준 것 같습니다."
타인	"당신의 부상이 팀원들에게 어떤 영향을 미쳤습니까?"
가족	"당신의 가족은 그 부상에 대해 어떻게 반응했습니까?"
문제 또는 주요 주제	"어깨에 어떤 문제가 있는지 정확히 알지 못하는 것이 통증, 경기에 출전하지 못하는 것보다 당신이 현재 가장 힘들어하는 문제 인 것 같습니다. 보험 담당자가 가능하다고 말한 것보다 더 빨리 전문의에게 진찰을 받을 수 있는 방법이 있는지 알아보는 것이 필요한 것 같아요."
의료진	"저도 그런 적 있어요. 어깨가 아니라 무릎 문제 때문에요. 정확한 진단을 받는 데 몇 달이 걸렸는데 정말 답답했어요."
환자-의료진('우리')	"우리는 다음에 무엇을 할 것인지 결정하는 데 있어 많은 진전을 이루지 못하고 있는 것 같습니다."
문화적, 환경적, 맥락적	"당신이 참가하는 스포츠와 같은 일부 스포츠에서는 부상이 거의 불가피해 보입니다."

영향력 기술의 또 다른 유형은 환자의 생각이나 행동에 영향을 미치도록 설계된 정보를 제공하는 것이다. 그 예로, 조언, 정보 제공, 자기 개방, 피드백, 논리적 결과, 심리 교육, 대립 등이 있다. 조언은 환자가 취해야 할 조치를 권장하거나 환자에게 유용할 수 있는 새로운 정보를 제공하는 것이다. 자기 개방은 현재 또는 과거의 개인적인 경험을 환자와 공유하는 것이다. 그 예로, 의료진은 선수에게 다음과 같이 자기 개방

을 할 수 있다. "네, 당신이 무슨 말씀을 하시는지 이해합니다. 저도 얼마 전 발목 수술 후 재활을 받았습니다. 시간이 지나도 진전이 없는 것을 보는 것은 꽤 실망스러웠습니다. 그러나 저는 재활을 준수했고 완벽한 회복을 할 수 있었어요." 이러한 자기 개방은 환자와 의료진 사이의 신뢰를 구축하는 데 도움이 될 수 있다. 하지만 의료진은 개인 정보를 공개함으로써 환자의 필요가 충족되고 있는지를 인식해야 한다.

피드백은 의료진이 환자의 행동을 어떻게 인식하는지를 환자에게 알려 주는 것이다. 예를 들어, "환자분이 우리 직원을 대하는 태도를 봤을 때, 나는 당신이 꽤 화가 났다는 인상을 받았습니다." 의료진은 논리적 결과를 설명함으로써 환자에게 그들의 행동으로 인해 발생할 수 있는 결과에 대해 알릴 수 있다. 즉, 의료진은 선수에게 "재활 운동을 하지 않으면, 운동 범위가 제한되고 향후 부상 위험이 증가하여 당신의 경기력은 하락할 것입니다."라고 설명할 수 있다. 의료진은 심리 교육을 통해 환자의 심리적 상태를 향상시킬 수 있는 기술을 가르칠 수도 있다. 스포츠 건강관리 전문가는 선수에게 다양한 교육을 한다. 하지만 그들이 가르치는 기술은 신체적이거나 기술적인 경우가 많다. 심리 교육은 일차적으로 인지, 정서, 행동과 같은 심리적 요인의 변화를 의도하는 것이므로 스포츠 심리 상담사, 정신건강 전문가가 가르칠 가능성이 가장 크다.

영향력 기술의 세 번째 유형은 환자의 인지, 정서, 행동에 영향을 미치기 위해 행동 변화를 촉구하는 기술이다. 이 유형의 기술에는 대립, 지시, 목표 설정, 문제 해결, 스트레스 관리, 강화 및 치료적 생활 방식 변화가 있다. 대립이라는 용어는 적대적으로 들리지만, 그 의미는 다르다. 의료진은 대립을 통해 환자가 생각하며 느끼고 행동하는 방식의 불일치를 지적하고 환자의 주의를 환기시킬 수 있다. 예를 들어, 선수가 재활 회기에 반복적으로 불참하는 경우 의료진은 다음과 같이 이야기할 수 있다. "재활을 진행하는 동안 당신은 빨리 스포츠로 복귀하는 것이 얼마나 중요한지 제게 이야기했습니다. 그러나 당신의 행동은 당신이 명시한 목표와 일치하지 않는 것 같습니다. 당신은 약속을 많이 어기고 있고, 저와 재활을 할 때 시늉만 하는 것 같군요. 도대체 무슨 일이 일어나고 있는 건가요?"

다음 기술은 지시이다. 의료진은 지시를 통해 환자에게 특정 조치를 하도록 요청한다. 이러한 점에서 보면 지시는 조언이나 정보 제공과 유사하다. 예를 들어, 의료진은 "오늘은 재활 운동을 15회씩 3세트를 하시기 바랍니다."와 같은 지시를 할 수 있다. 지시는 환자의 자율성을 약화할 가능성이 있으므로 조언, 정보 제공, 자기 개방과 함께 신중하게 사용해야 한다.

목표 설정, 문제 해결 및 스트레스 관리 또한 환자의 행동 변화를 유도할 수 있는 기술이다. 예를 들어, 의료진은 목표 설정을 통해 환자가 명확하고 실천 가능한 목표를 설정하고 실천하도록 돕고 목표 진행 과정을 평가한다. 의료진은 문제 해결을 통해 문제를 정의하고, 이러한 문제를 해결하기 위한 최상의 계획을 세우고 실행한다. 그런 다음, 선택한 계획의 효율성을 평가한다. 의료진은 스트레스 관리를 통해 환자의 스트레스 요인을 식별하고 이를 관리하기 위한 개입을 환자에게 적용하고 평가한다.

마지막으로, 영향력 기술은 강화와 치료적 생활 방식 변화이다. 강화는 바람직하다고 여겨지는 행동을 지지하고 격려하는 것을 말한다. 의료진은 또한 환자가 건강을 향상하기 위해 생활 방식을 변화하도록 돕는다(Egan, 2014; Ivey et al., 2013; Kottler, 2003).

(4) 환자-의료진 소통 향상을 위한 상담 교육 시 고려 사항

환자-의료진 소통을 위한 상담 훈련을 할 때 이론과 사회문화적 맥락을 고려해야 한다.

첫째, 의료진이 영향력 기술을 적용할 때 이론의 역할이 중요하다. 의료진이 영향력 기술을 언제, 어떻게, 왜 사용해야 하는지를 선택할 때 이론은 의료진을 안내하는 중요한 역할을 한다. 따라서 스포츠 건강관리 전문가는 영향력 기술을 적용하기 전 해당 기술의 사용에 대한 교육, 훈련, 관리 및 감독을 받아야 한다.

둘째, 스포츠 건강관리에서 상담 기술을 적용할 때, 의료진과 환자의 연령, 장애 상태, 성별, 인종, 민족 및 성적 취향을 포함하는 사회문화적 맥락을 고려하는 게 매우 중요하다. 사회문화적 맥락은 상담 기술이 적용되는 과정에 영향을 미칠 수 있다. 이를 염두에 두고 스포츠 건강관리 전문가는 자신의 문화가 아닌 다른 집단의 문화를 조사하고, 개인 및 대인 관계의 주요 문화적 측면을 배워야 한다. 특정 문화 집단에 속한 개인과 소통하는 데 도움이 되는 특정한 기술과 전략을 구별하고, 기술과 전략을 평가함으로써 문화적으로 능수능란한 소통자가 될 수 있다(Ivey et al., 2013).

　재활 환경에서 의료진의 문화 이해 능력은 환자의 치료 준수에 유익한 영향을 미칠 수 있다(May & Potia, 2013). 동시에 의료진은 환자에 대한 고정관념에 빠지는 것을 피해야 한다. 그리고 선수가 일반적인 사회문화적 기대에 부합하지 않을 수도 있다는 사실을 기억하고 그들의 말을 경청해야 한다. 스포츠 환경에서 고정관념은 특정 스포츠, 특정 포지션 선수에 대한 믿음으로 확장될 수 있다. 스포츠 고정관념에 대한 해법은 선수 개개인의 이야기를 경청하는 것이다.

적용 초점

선수 상담을 위한 Littlefoot 지침

　Petitpas(2000)는 수십 년간의 선수 상담 경험과 여러 상담 훈련생을 감독하면서 선수 상담에 대한 Littlefoot 접근 방식을 개발하였다. 이 접근 방식은 선수를 상담할 때 무엇을 해야 하는지에 대한 지침이 아니라, 선수와 함께 작업하는 방법에 대한 지침을 제공한다. 이 지침은 원래 심리학 전문가를 염두에 두고 개발되었지만, 이 지침을 준수하면 스포츠 건강관리 영역에서 모든 의료진과 환자 사이의 협력을 강화하는 데 도움이 될 수 있다. Littlefoot 접근 방식의 주요 내용은 다음과 같다.

　① 문제를 해결하려고 시도하기 전, 먼저 문제를 이해하라. 선수가 해결책을 찾도록 돕기 전, 선수가 자신의 문제를 어떻게 인식하는지, 치료를 통해 원하는 것이 무엇인지 알아야 한다.
　② 호기심을 가지되, 마음 읽기를 피하라. 선수에 대해 배우고 선수가 자신의 상황을 어떻게 인식하는지 알아보는 가장 좋은 방법은 선수에게 질문하고 선수의 대답을 통해 질문이 올바르게 이해되었는지 확인하는 것이다.
　③ 앞서가기 전, 속도를 유지하라. 의료진은 개입하기 전에 선수의 현재 우려와 감정에 주의를 기울여야 한다.
　④ 격려하되 무시하지 말라. 스포츠 건강관리 전문가는 선수를 격려하기 전, 선수와 친밀감을 형성할 때까지 기다려야 한다. 그렇다고 해서 선수의 문제를 처리하는 데 필요한 작업을 최소화해서는 안 된다.

⑤ '그러나' 라는 단어의 사용을 경청하라. 치료에 대한 의심과 회복에 대한 우려는 '그러나' 라는 단어를 통해 드러날 수 있다. 선수는 '그러나' 단어를 통해 처방된 재활 치료의 잠재적 이점을 무시하거나 재활의 효과를 축소시킬 수 있다. 다음은 그러한 몇 가지 예이다. "일부 선수에게는 스트레칭 루틴이 효과가 있을 수 있어요. 그러나 내 근육이 다른 사람들처럼 반응하지는 않을 거예요." "부기가 나아졌어요. 그러나 곧 훈련에 복귀할 수 있을지 확신이 서지 않습니다."

⑥ 의심에 대해 도전하라. 선수가 의심을 표현할 때, 스포츠 건강관리 전문가는 논리적 · 사실적 근거에 대한 그들의 의심에 부드럽게 도전함으로써 선수가 자신감을 향상하도록 도울 수 있다. 예를 들어, 회복에 대한 의심이 있는 선수에게 "부기가 나아진다는 사실은 보통 무엇을 의미합니까?"와 같은 질문을 던짐으로써 선수의 의심을 감소시킬 수 있다.

⑦ 선수는 자신이 있어야 한다고 생각하는 곳으로 당신을 데려갈 것이다. 스포츠 건강관리 전문가가 부상 선수의 안내를 따르고 충분한 기간에 걸쳐 선수가 말하는 '그러나' 를 경청한다면 선수는 자신의 우려를 알릴 수 있다.

⑧ 변화 과정의 어려움을 인정하라. 재활과 부상을 효과적으로 다루는 기술의 습득은 일부 선수에게 어려울 수 있다. 어려움을 인정하는 것은 선수의 회복 과정에 대한 현실적인 기대치를 설정하는 데 도움이 될 수 있다.

⑨ 정체기와 차질에 대한 계획을 세워라. 의료진은 회복의 진전이 거의 없거나 심지어 퇴보하는 기간의 가능성까지 고려해야 한다. 선수가 이러한 힘든 기간에 효과적으로 대처할 수 있는 기술을 개발하도록 도움으로써 회복에 대한 현실적인 기대치를 설정하도록 도울 수 있다.

⑩ 일반화를 훈련하라. 스포츠 건강관리 전문가는 부상 선수가 대처 기술을 습득한 것 이상의 환경에서 기술을 사용할 수 있도록 도와야 한다.

2) 환자의 소통 기술 향상

의료진이 많은 환자와 대면한다는 점을 고려할 때, 의료진의 소통 기술을 향상하기 위한 개입이 필요하다는 것은 당연하다. 반면, 환자는 상대적으로 소수의 의료진을 만난다. 하지만 환자 또한 소통의 기술을 향상해야 하는 설득력 있는 이유도 존재한다. 환자는 자신의 신체에 대한 독특한 통찰력을 가지고 있으며, 자신의 건강관리에 많은 관심을 기울이기 때문이다. 환자의 소통 기술 향상을 위한 개입은 주로 의학적 만남에 대한 환자의 참여 수준과 의학적 상태에 대한 지식을 목표로 한다(Strub, 2012; Taylor, 2012).

　스포츠 건강관리 면담에서 환자와 의료진 사이의 권력 차이는 문제를 유발될 수 있다. 이러한 권력 차이로 인해 주장이 강한 환자조차도 의료진에게 중요한 질문을 하지 못하거나, 자신의 건강에 관한 주요 사항을 공유하는 것을 소홀히 하게 된다. 이는 일반 건강관리 영역에서도 마찬가지다. 일반 건강관리 영역에서는 환자가 의료진에게 묻고 싶은 질문을 미리 적어 두도록 지시하는 개입이 수행되었다. 그들은 의료진으로부터 다음 방문 때 원하는 질문을 적어 와서 하도록 격려받았고, 의료진과의 소통에 더 적극적으로 참여하는 방법에 대해 교육받았다. 이러한 개입은 환자가 의료진으로부터 얻는 정보의 양을 늘리고, 지각된 통제력과 병원 방문의 만족도를 높이고, 더 나은 의료 결과를 달성하는 데 효과적인 것으로 밝혀졌다(Greenfield, Kaplan, Ware, Yano, & Frank, 1998; Straub, 2012; Thompson, Nanni, & Schwankovsky, 1990). 환자가 건강관리 면담에 적극적인 역할을 하도록 유도하는 개입은 스포츠 손상의 맥락에서 체계적으로 시행되거나 조사되지는 않았다. 하지만 일반 건강관리 분야에서 보여 준 가능성은 선수가 개입을 통해 스포츠 건강관리 전문가와 효과적으로 소통할 수 있다는 가능성을 시사한다.

　환자는 의료진으로부터 많은 정보를 얻음으로써 더 큰 혜택을 얻을 수 있다. 하지만 모든 정보가 같은 가치를 가지지 않는다. 이상적으로 환자가 얻는 정보는 사용자 친화적인 방식으로 전달된다. 의료진이 환자에게 정보를 제공하는 방식 또한 중요하다. 이 문제는 연구 초점 상자에서 자세히 다룰 것이다.

연구 초점

스포츠 건강관리에서 환자 교육을 위한 정보 제공 기술

　환자에게 건강 정보를 제공하는 것은 환자와 의료진 사이의 소통뿐만 아니라 스포츠 손상 재활 결과도 향상할 수 있다. 스포츠 손상 영역에서 교육적 개입의 효과에 대해서는 아직 완벽히 조사되지는 않았지만 다른 기타 의료 영역에서는 유용하다고 입증되었다(Gagliano, 1988; Mahler & Kulik,

1998). 정보의 내용뿐만 아니라 정보를 제공하는 방법이 정보 제공 효과에 영향을 미칠 수 있다는 사실을 시사하는 연구 결과가 있다.

재활 운동을 처방할 때, 환자에게 재활 운동의 올바른 수행법에 대한 정보를 제공하는 것이 필요하다. 재활 운동에 대한 삽화 교육 자료가 제공되었을 때, 해당 운동법에 대한 물리 치료사의 직접적인 감독을 받은 환자는 그렇지 않은 환자보다 운동을 더 정확하게 수행하였다(Friedrich, Cermak, & Maderbacher, 1996). 비디오 교육을 통해 재활 운동을 배운 환자는 그림 교육 자료를 통해서만 운동을 배운 환자보다 더 높은 운동 수행률을 보였다. 그리고 더 높은 수준의 동기 부여와 자신감을 경험하였다(Weeks et al., 2002). 따라서 똑같은 정보라고 할지라도, 정보가 어떻게 제공되느냐에 따라 환자에게 다른 영향을 미칠 수 있다.

환자에게 수술에 대한 절차 및 감각 정보를 제공하는 것이 수술 결과에 효과적이라는 것은 오랫동안 알려진 사실이다(Suls & Wan, 1989). 그러나 스포츠 손상 영역에서 이러한 정보를 제공하기 시작한 것은 비교적 최근이다. 관련 선행 연구(Sechrest & Henry, 1996; Webber & Rinehart, 1992)의 발견을 바탕으로 연구자들은 전방십자인대 재건 수술을 받는 환자에게 수술 준비 및 재활 교육에 대한 양방향 멀티미디어 기술을 사용하였다. 한 연구에서는 전방십자인대 수술 및 재활에 대한 서면 및 비디오 정보를 포함하는 양방향 CD-ROM의 효과를 평가하였다. 구체적으로, 이 CD-ROM은 무릎 해부학, 수술 세부 사항, 마취, 약물, 수술 전 제한 사항, 수술 후 증상 및 제한 사항, 통증, 일상생활에 미치는 영향, 수술 부작용에 대한 정보를 담고 있었다. 수술 전 CD-ROM을 받은 환자는 교육 목적으로 제작된 표준화된 팸플릿을 받은 환자보다 수술 및 재활에 대처하는 능력에 대해 더 자신감을 느낀다고 보고하였다(Brewer, Cornelius, & van Raalte, 2010). 수술 6개월 후 평가에서 CD-ROM을 받은 환자는 팸플릿만 받은 환자보다 수술 준비가 더 많이 되었고, 교육 자료를 더 자주 참조했다고 보고하였다(van Raalte, Brewer, & Cornelius, 2012). 따라서 수술을 앞둔 환자에게 역동적이고 상호작용하는 방식의 교육 자료를 제공하면 표준 인쇄 자료보다 더 많은 이점을 제공할 수 있다.

8. 생물심리사회적 분석

소통은 사회적 과정이므로 생물심리사회적 접근 중 사회적 영역이 더 명확하게 강조된다. 그러나 생물학적 · 심리적 영역 또한 무시되지 않는다. 생물학적 · 심리적 영역 또한 스포츠 건강관리 전문가와 환자 간의 소통에서 중요한 역할을 하기 때문이다. 생물학적 영역은 환자-의료진 소통의 내용 측면에서 핵심 역할을 한다. 환자와 의료진이 소통할 때 다루는 주제는 대부분 부상의 예후, 증상 및 치료와 관련되는데, 이는 모두 생물학적 영역을 포함한다. 심리적 요인은 환자-의료진 소통에서 중요한 역할을 한다. 심리적 요인은 환자와 의료진이 교환하는 정보의 종류와 내용, 방법 등에 영향을 미친다.

생물학적·심리적·사회적 요소는 앞서 제시한 두 가지 사례에서 확인할 수 있다. 에리카의 사례에서 에리카를 둘러싼 출혈은 그녀가 입었던 생물학적 외상을 상기시켰다. 평소 예민한 그녀는 왜 자신이 피를 보았음에도 심리적으로 괴롭지 않았는지에 대해 인지적으로 생각하였다. 그 결과, 그녀는 트레이너인 다니엘의 사회정서적 지원 덕분에 부상의 여파를 침착하게 경험할 수 있었다고 결론지었다. 에리카는 다니엘과 응급 상황에서 만나게 되었고, 그들의 만남은 병력 청취 및 면담, 신체검사 및 진단 검사, 치료, 의학적 권고와 같은 일반적인 과정을 따르지 않았다.

부상 사건 이전에 에리카와 다니엘은 직접적인 왕래가 거의 없었다. 하지만 응급 상황으로 인해 그들은 일반적인 상황에서는 보기 드문 활동-수동적 관계를 맺었다. 에리카와 다니엘의 소통은 대체로 사회정서적이었으며, 소통에 있어서 신체 접촉과 적절한 거리의 강력한 효과를 보여 주었다. 효과적인 주의 기울이기 및 경청 기술을 보인 다니엘은 단박에 에리카의 고충을 알아차렸다. 그리고 에리카는 다니엘의 지지 표현에 긍정적으로 반응하였다.

필과 앨리슨의 사례를 살펴보자. 앨리슨은 회전근개 수술 전 필과 면담을 시행하였다. 그들은 스포츠 건강관리 면담의 일반적인 형식을 따르지 않았다. 수술은 고도의 전문적인 지식을 요구한다. 따라서 앨리슨과 필의 관계는 안내-협력적 범주에 속하는 것으로 보인다. 그리고 필과 앨리슨은 마취 및 수술 후 관리법에 대해 결정을 하는 단계에서 상호 참여적 요소를 보였다. 에리카와 다니엘의 소통과 달리 앨리슨과 필의 소통은 언어적이며 주로 정보를 제공하는 것이 목적이었다. 앨리슨의 불안은 필에게 얻은 정보와 시청각 자료 시청으로 인해 완화되었다.

9. 요약

효과적인 소통은 스포츠 손상 재활의 주요 과정과 결과에 영향을 미칠 수 있다. 따라서 소통은 선수와 스포츠 건강관리 전문가 간의 관계에서 중요하다고 널리 인식되고 있다. 스포츠 건강관리에서 환자-의료진 소통은 네 가지의 주요 구성 요소를 포함한다. 첫 번째 구성 요소인 병력 청취 및 면담에서 선수의 부상 정보가 수집되고 기록된다. 두 번째 구성 요소는 신체검사 및 진단 검사이다. 신체검사 및 진단 검사는 관찰, 촉진, 운동 범위 평가, 근력 검사 및 신체 측정과 같은 방법을 사용하여 선수의 부상 상태를 철저히 이해하는 것이다. 세 번째 구성 요소인 치료는 선수의 회복을 위한 치료 활동을 특징으로 한다. 네 번째 구성 요소인 의학적 권고에서 스포츠 건강관리 전문가는 선수가 따라야 할 행동을 제시한다.

스포츠 건강관리 전문가와 부상 선수 간의 소통은 그 목적에 따라 다양한 형태를 가진다. 스포츠 건강관리에서 소통은 정보 및 사회정서적 기능을 모두 가진다. 의료진이 선수에게 전달하는 정보에는 부상의 성격, 심각도, 예상되는 회복 과정, 재활 프로그램의 구성 요소 및 기대 효과가 포함된다. 스포츠 건강관리 전문가는 사회정서적 소통을 통해 선수를 따뜻하게 대하고 그들의 의견에 공감하며 선수의 건강과 관련된 모든 측면에 관심이 있음을 보여 준다. 사회정서적 소통은 원하는 재활 결과를 촉진하기 위해 의료진과 선수 사이의 효과적인 동맹을 발전시키는 데 중요한 역할을 할 수 있다.

스포츠 건강관리 전문가와 부상 선수 간의 소통은 언어적·비언어적 방식을 통해 발생한다. 언어적 소통은 어휘, 구성, 명확성, 말 또는 글의 길이가 이를 받아들이는 선수에게 적절할 때 향상된다. 메시지는 논리적이고 긍정적인 표현일 때 훨씬 더 효과적이다. 의료진이 의학 용어를 광범위하게 사용하면 소통에 방해가 될 수 있다.

비언어적 소통 또한 환자-의료진 관계에서 중요한 역할을 한다. 부상 선수는 치료 진행 상황에 대한 정보를 얻기 위해 스포츠 건강관리 전문가의 비언어적 소통을 관찰한다. 동시에 스포츠 건강관리 전문가는 선수의 비언어적 행동에 주의를 기울임으로써 선수의 정서 상태를 파악할 수 있다. 비언어적 소통은 세 가지 영역 즉, 동작, 공간, 준언어이다. 동작에는 외모, 신체 언어, 표정, 접촉 및 냄새가 포함된다. 공간이란 공간 점유를 통한 소통을 말한다. 공간은 부상 선수와 스포츠 건강관리 전문가 간의 위치 및 거리를 나타낸다. 준언어는 말의 높이, 톤, 속도 및 음향과 같은 음성 특성을 말한다. 준언어는 언어적 소통이 해석되는 방법에 영향을 줄 수 있다.

재활 프로그램의 내용, 선수의 심리 상태와 같이 중요한 문제에 대하여 의료진과 부상 선수 사이에 인식 불일치가 나타날 수 있다. 따라서 환자-의료진 소통을 향상시킬 필요가 있다. 환자와 의료진의 소통에 부정적인 영향을 미칠 수 있는 요인에는 스포츠 건강관리 전문가의 태도와 행동(경청하지 않음, 객관화, 고정관념 등), 선수의 태도 및 행동(질문 무시, 증상 축소 등), 상호작용적 측면(인구통계학적 차이, 피드백 부족 등)이 있다.

스포츠 건강관리에서 환자와 의료진 간의 소통을 향상시키기 위하여 의료진과 선수 모두에게 개입을 적용할 수 있다. 의료인의 소통 향상을 위한 개입에는 예의, 기본 상담 기술 및 문화적 능력에 대한 훈련이 있다. 환자의 소통 향상을 위한 개입에는 선수의 소통 참여 증가와 건강 관련 지식을 증가시키는 것이 있다.

📅 **토론 질문**

1. 환자와 의료진의 소통이 이루어지는 스포츠 건강관리 면담은 어떤 요인으로 구성되어 있는가?
2. 환자-의료진 소통의 유형인 활동-수동적, 지도-협력적 및 상호 참여적 방식의 주된 차이는 무엇인가?
3. 스포츠 건강관리에서 정보적, 사회정서적, 언어적·비언어적 소통을 예를 들어 설명하시오.
4. 스포츠 건강관리에서 환자-의료진 소통의 일치성 부족이 어떤 문제를 일으킬 수 있는가?
5. 스포츠 건강관리에서 의료진과 환자의 원활한 소통을 위해 무엇을 해야 하는가?

제 10 장

심리 서비스를 위한 선수 의뢰

학습 목표

1. 선수를 심리 서비스에 의뢰하는 것을 정의하고, 그 내용과 근거를 제시한다.
2. 스포츠 건강관리에서 심리 서비스 의뢰를 하게 되는 일반적인 상황을 확인한다.
3. 심리 서비스 의뢰를 위한 네트워크 구축의 실질적인 지침을 제시한다.

트레이너 켈리(Kelly)는 피겨 스케이팅 선수 힐러리(Hillary)의 고질적인 부상을 치료하고 있었다. 그러던 중 그녀는 힐러리의 왼쪽 손등에 이상한 상처를 발견했다. 힐러리가 "살찌고 싶지 않다."라고 여러 차례 말했던 사실을 고려해 볼 때, 켈리는 힐러리가 섭식 장애, 특히 폭식증을 앓고 있을지 모른다는 의심이 들었다. 켈리는 힐러리가 정신건강 전문가를 만나는 것이 필요하다고 생각했다. 하지만 그녀는 힐러리에게 식습관에 대해 직접적으로 묻는 것이 내키지 않았고, 힐러리 또한 이 주제에 관해 이야기하고 싶지 않은 듯이 보였다. 켈리는 만약 힐러리가 심각한 문제를 겪는다면 힐러리가 스스로 그 문제에 대해서 잘 알리라고 생각했다. 그리고 힐러리의 흉터가 자해성 구토 중에 생긴 것이 아닌 다른 이유로 생겼으리라 생각하기로 했다.

긴 재활을 마치고 무릎 부상에서 복귀한 아론(Aron)은 농구 선수로 활동하는 것이 자신 없었다. 그는 의학적으로 경기에 출전하는 것이 허가되었다. 하지만 아론은 자신의 역할에 전념할 수 없는 사람처럼 보였다. 아론은 트레이너 재클린(Jacquelyn)에게 그의 걱정을 토로했다. 그녀는 아론의 걱정에 공감하였다. 그리고 자신감은 높이되 걱정을 줄이고, 경기력 향상을 위해 스포츠 심리 상담사를 만나 보는 것을 추천했다. 그녀는 아론에게 스포츠 심리 상담사와의 상담에서 일반적으로 무엇을 하는지 설명했다. 아론은 망설임 없이 그녀의 제안에 동의했다. 재클린은 스포츠 심리 상담사에게 전화를 걸어 아론이 첫 예약을 잡을 수 있도록 도와주었다.

물리 치료사 존(John)은 블레어(Blair)에게 그의 알코올 섭취에 대해 상담이 필요하다고 제안했다. 하지만 블레어는 "고맙지만 사양하겠어요."라고 말했다. 그는 "걱정해 준 것은 감사하지만, 저는 아무 문제없어요."라고 덧붙였다. 블레어는 몇 주 전 슬로프에서 사고를 당해 뇌진탕을 겪었다. 몇 시간 후 블레어의 "숙취가 뇌진탕보다 훨씬 심하다."라는 말이 존에게 경고 신호를 보냈다. 블레어가 술을 마시고 있다는 신호였기 때문이다. 블레어의 동료 2명이 존을 방문하여 블레어의 음주와 마약 복용이 블레어의 건강과 안전을 위험에 빠뜨리고 있다며 걱정했다. 이에 존은 블레어에 대한 걱정이 더 심해졌다. 블레어가 심리 상담 의뢰를 거절하자 존은 블레어에게 음주와 약물 복용에 대해 다음에 다시 이야기해도 괜찮겠냐고 물었다. "물론이죠."라고 블레어가 대답했다. 그러나 곧 그는 "문제없어요, 전 여전히 괜찮아요."라고 대답했다.

칼라(Karla)는 변덕쟁이였다. 대학 테니스 선수로서 그녀는 훌륭한 스트로크 기술을 보였지만, 시합에서 좋은 성적을 거두지 못했다. 그녀는 코치들에게 피드백을 구했고, 경기력 향상을 위해서 무엇이든 할 수 있다고 말했다. 그러나 실제로 코치들이 그녀에게 피드백을 주자, 오히려 그녀는 그들과 논쟁하였고, 자신은 항상 훌륭한 경기를 하고 있다고 말했다. 한편, 평상시 그녀는 팀 동료들에게 매우 친절했지만, 어떨 때는 심하게 화를 내며 심술궂었다. 그녀의 행동에 코치들과 팀 동료들 모두 그녀에게 질려 버렸다. 칼라의 행동으로 인해 팀의 상황이 즐겁거나 생산적이지 않았다. 감독은 팀의 트레이너인 리니(Renee)에게 그녀를 위해 할 수 있는 일이 있는지 물었다. 리니는 평소 칼라의 발목을 테이핑을 해 왔고, 자주 그녀의 분노를 해소해 주었다. 리니는 코치에게 칼라를 위해 뭔가 조치를 할 것이라고 약속했다. 평소처럼 칼라는 연습 전 테이핑을 할 때 눈물을 흘렸다. 리니는 칼라에게 요즘 화가 난 것 같다고 말하며, 그녀의 기분이 좋아지는 방법을 찾기 위해 상담사를 함께 사적으로 만나는 것이 어떨지 물었다. 놀랍게도, 칼라는 그 제안에 동의했다.

제9장에서 스포츠 건강관리 전문가와 선수 사이의 소통에 대하여 다루었다. 소통은 또한 건강관리 전문가들 사이에 있어서도 중요한 측면이다. 특히 건강관리에 여러 분야의 전문가가 연관되어 있을 때 소통은 더욱 중요한 부분이다. 심지어 경험이 많은 전문가도 심리 서비스를 위해 선수를 의뢰할 때, 소통의 어려움을 겪을 수 있다. 의뢰는 평가, 치료 또는 진단 검사를 위해 환자를 해당 전문가에게 소개하는 형태이며, 의료 환경에서 흔히 볼 수 있다. 한 전문가가 다른 전문가에게 선수를 의뢰하는 일은 스포츠 건강관리 환경에서 원활하게 작용할 수 있다. 하지만 심리 서비스에 선수를 의뢰하는 것은 생각 외로 복잡하고 섬세한 과정으로, 전문가 사이 그리고 환자와 의료진 간에 효과적인 소통이 요구된다.

스포츠 건강관리 영역에서 선수는 심리 문제를 논의하는 데 불편한 감정을 느낄 수 있다. 따라서 선수를 심리 서비스에 의뢰하는 데 어려움이 발생할 수 있다. 이를 해결하기 위해, 이 장에서는 스포츠 건강관리 영역에서 심리 서비스 의뢰에 대하여 정의한다. 나아가, 선수를 의뢰하는 근거를 제시하고 의뢰가 필요한 상황을 식별하며, 의뢰를 위한 네트워크 설정에 대한 실질적 정보를 제공한다. 더불어 협업, 네트워킹, 문서화, 법적·윤리적 의무 및 임상적 의사 결정과 관련된 문제를 다룬다.

1. 의뢰의 정의 및 의뢰를 위한 근거

Lemberger(2008)에 따르면, 심리사회적 의뢰는 서비스 제공자가 환자의 삶의 기능 향상을 더 잘 도울 수 있는 자원에 환자를 연결해 주는 역동적 과정이라고 하였다. 이 정의는 스포츠 건강관리 전문가가 선수를 심리 서비스에 의뢰하는 이유를 설명할 수 있다. 보통 의뢰는 선수가 더 잘 기능하도록 돕기 위해 행해진다. 선수의 심리사회적 요구를 해결하기 위해 선수를 해당 전문가에게 의뢰함으로써 스포츠 건강관리 전문가들은 자신의 역량 범위 내에서 일할 수 있다. 이는 나아가 중요한 전문적·윤리적·법적 의무를 이행하는 데 도움이 된다(Brewer, Petitpas, & van Raalte, 1999). 따라서 선수의 정신건강 문제를 인식하고 도움이 필요한 선수를 적절한 의료진에게 안내하는 능력은 오랫동안 트레이너와 팀 닥터에게 요구되어 왔다(Mensch, 2008, Herring et al., 2006).

스포츠 건강관리 영역에서 심리 상담 의뢰 빈도의 향상

연구 초점

스포츠 건강관리 전문가가 선수를 심리 상담에 의뢰하는 빈도는 어떠할까? 심리 상담 의뢰 빈도를 알면 스포츠 건강관리 영역에서 부상 선수의 심리사회적 요구를 얼마나 잘 충족하고 있는지를 아는 데 도움이 될 수 있다. 그러나 앞서 이루어진 연구에 따르면, 의뢰 빈도가 매우 자주는 아닌 것으로 보인다(Brewer, van Raalte, & Linder, 1991; Clement, Granquist, & Arvinen-Barrow, 2013; Jevon & Johnston, 2003; Larson, Starkey, & Zaichkowsky, 1996; Mann et al., 2007; Misasi, Davis, Morin, & Stockman, 1996; Moulton, Molstad, & Turner, 1997; Pantano, 2009).

스포츠 건강관리 전문가의 심리 서비스 의뢰에 관한 대부분의 연구는 설문 조사 방법을 이용하였으며, 질적 연구 방법도 사용되었다(Jevon & Johnston, 2003). 설문 조사를 통해 의료진의 심리 서비스 의뢰 빈도를 양적으로 추정할 수 있을 것으로 예상했지만 실제로 그렇지 않았다. 설문 조사 질문이 의뢰 빈도에 관한 정확한 해석을 하는 데 도움이 되지 않는 방식이었기 때문이다. 예를 들면, 의뢰 빈도를 Likert 척도로 나타내는 방법 등이다(Mann et al., 2007; Pantano, 2009). Likert 척도의 '드물게'와 같은 선택지는 응답자에 따라 생각하는 범위가 매우 다를 수 있기에 부정확하다. 더욱이, '절대 없음' 및 '항상'과 같이 비교적 자세한 용어도 의뢰 빈도의 정확한 수치를 나타내지 못한다. 마찬가지로 의뢰한 선수의 구체적인 수가 요청된 설문 조사(Larson et al., 1996; Moulton et al., 1997)의 경우에도 잠재적으로 의뢰되었을 수 있는 선수의 수가 정확히 확인되지 않았다.

이런 격차를 줄이기 위해, 세 가지 방법론적인 접근이 사용되었다. 가장 간단한 접근 방식은 주어진 기간 동안 의료진이 얼마나 많은 선수를 의뢰했는지에 대한 정보를 확인하는 것이다. 이 접근 방식은 간단하지만, 단순히 기억에 의존하기 때문에 망각 편향과 회상 편향에 취약하다는 제한점이 있다. 두 번째 접근 방식은 스포츠 건강관리 시설에서 의료 기록을 검토하는 것이다. 이러한 기록 검토 방법의 성공 여부는 심리 서비스 의뢰에 대한 완전한 문서화에 달려 있다. 세 번째 접근 방식은 특정 기간에 걸쳐 의뢰 정보를 수집하는 것이다. 이 접근 방식은 앞의 두 가지 방식보다 더 많은 시간과 자원이 필요하다. 하지만 스포츠 건강관리 전문가의 심리 기술 사용에 대한 데이터를 수집하는 데도 사용할 수 있다.

2. 의뢰의 사회임상학적 맥락

스포츠 건강관리 전문가가 심리 지원을 위해 선수를 의뢰하는 빈도는 정확히 확인할 수 없다. 하지만 그간 이루어진 연구에 따르면, 스포츠 건강관리 영역에서 심리 지원을 위한 의뢰는 일상적이지 않다(Mann, Grana, Washicato, O'Neill, 2007; Roh & Perna, 2000). 심리 서비스에 대한 의뢰가 스포츠 건강관리 전문가의 중요한 역량으로 여겨져 왔다는 것을 고려할 때(Herring et al., 2006; Mensch, 2008), 왜 심리 서비스 의뢰가 흔히 이루어지지 않은 것일까?

스포츠 건강관리 영역에서 심리 서비스 의뢰가 적은 이유 중 하나는 선수를 스포츠 심리 상담사 또는 정신건강 의료진에게 의뢰하는 것에 대한 인지된 어려움 혹은 실제 적인 어려움 때문이다(Clement & Shannon, 2009; Man et al., 2007; Moulton et al., 2007; Roh, Perna, & Perna, 2000). 1990년대 이뤄진 연구에 따르면, 물리 치료 클리닉에서 스포츠 심리 상담사를 고용하거나 협업한다고 보고한 곳은 매우 적었다(Cerny, Patton, Whieldon, & Rohrig, 1992). 현재까지도 스포츠 손상 재활 환경에서 심리학 전문가의 고용이 늘었다는 근거는 없다.

심리 서비스 의뢰가 적은 또 다른 이유는 심리적 문제를 논의하는 것에 대한 불편함 때문이다. Misasi 등(1996)에 따르면, 트레이너는 선수와 자살, 가족, 금전, 인종, 성별, 약물 남용과 관련된 상담을 하는 것보다 부상 재활, 예방, 영양에 대한 상담을 더 적극 적으로 한다고 밝혔다. 더불어 Boots(2010)에 따르면 트레이닝을 공부하는 학생들은 심리사회적 개입과 심리 서비스 의뢰에 관한 질문이 컨디셔닝, 재활, 영양, 근골격계 평가, 부상 예방에 관한 질문보다 편하게 느끼지 않는다고 보고했다. 심리적 문제에 대해 스포츠 건강관리 전문가가 느끼는 불편감은 심리적 문제에 익숙하지 않기 때문 일 수 있다. Boots(2010)의 연구 참가자들은 심리사회적 개입과 심리 서비스 의뢰와 관 련된 경험과 지식을 다른 영역보다 상당히 낮게 평가하였다.

스포츠 손상의 심리적 측면에 대한 지식만으로 심리 서비스 의뢰의 빈도를 늘리기 에는 부족하다. 트레이닝의 영역에서 심리사회적 문제를 다루고 선수를 심리 서비스 에 의뢰하는 역량은 오랫동안 중요한 부분이었다(Mensch, 2008). 컨디셔닝, 트레이 닝, 영양과 마찬가지로 심리적 문제는 스포츠 의학에서 오랫동안 교육 훈련 프로그 램의 일부분이었다(Lombardo & Wilkerson, 1996). 트레이닝과 스포츠 의학 전문 교육 프로그램은 심리 문제에 직면하고, 심리 문제에 대한 지식을 증가시키기 위해 워크 숍, 학술 대회 등 다양한 방법을 사용해 왔다. 이러한 교육 프로그램은 심리 기법을 스포츠 손상 영역에 적용하는 것에 대한 스포츠 건강관리 전문가의 태도, 인식 및 사용을 수정하는 데 효과적인 것으로 밝혀졌다(Clement & Shannon, 2009; Harris, Demb, & Pastore, 2004; Pero, 1995). 하지만 이러한 교육 프로그램 또한 심리 서비스 의뢰의 횟수를 획기적으로 증가시키지는 않았다(Clement & Shannon, 2009).

심리 서비스 의뢰에 대한 의료진의 불편함을 유발하는 또 다른 요인은 정신과 치료에 대한 문화적 기반 태도에서 찾을 수 있다. 일반적으로 선수는 독립성과 자립성이 강한 무적의 사람으로 인식된다(Begel, 1994; Etzel, Zizzi, Newcomer-Appaneal, Ferrante, & Perna, 2007). 이러한 대중의 편견은 선수가 심리 상담 의뢰를 받아들이거나, 스포츠 건강관리 전문가가 심리 서비스 의뢰를 진행하기 어렵게 만들 수 있다. 심리 서비스를 받는 것은 선수의 입장에서 자신의 약점 또는 정신병리를 인정하는 것으로 보일 수 있기 때문이다. 폄하(Linder, Brewer, van Raalte, & DeLange, 1991; Linder, Pillow, & Reno, 1989)와 낙인(Schwenk, 2000)의 가능성으로 인해 선수는 심리 상담 의뢰를 꺼려할 수 있다.

그럼에도 불구하고, 선수의 심리 서비스 의뢰가 암울한 상황만은 아니다. 그 이유는 다음과 같다. 첫째, Heil(1993c)이 지적하였듯이, 스포츠 영역, 특히 경기력 관련하여 심리 상담의 도움을 구하는 것에 관한 낙인이 예전만큼 심하지 않다(van Raalte, Brewer, Brewer, & Linder, 1992). 심리 서비스 의뢰는 스포츠 재활 상황에서 선수의 수행 능력을 향상하는 수단으로 활용될 수 있다(Heil, 1993b; Taylor & Taylor, 1997). 둘째, 부상 선수는 심리사회적 문제에 대하여 심리 상담사, 정신의학과 의사와 이야기하는 것보다 스포츠 건강관리 전문가와 논의하는 것을 더 선호한다(Maniar, Perna, Newcomer, Roh, & Stilger, 1999; Maniar, Perna, Newcomer, Roh, & Stilger, 2000). 스포츠 건강관리 전문가가 선수의 심리적 문제를 해결하기 위한 해결사가 아닐 수도 있다. 하지만 그들은 선수와 신뢰를 구축하면 심리 서비스 의뢰를 위한 대화를 시작하는 것이 유리하다. 셋째, 부상 선수가 심리적 개입을 수용하는 경향이 있다(Appaneal & Granquist, 2007; Brewer, Jeffers, Petitpas, & van Raalte, 1994; Evans, Hardy, & Fleming, 2000; Handegard, Joyner, Burke, & Reimann, 2006; Myers, Peyton, & Jensen, 2004; Shapiro, 2009). 따라서 선수는 심리 상담 의뢰로 인한 심리적 개입을 수용하고 그 과정에 적극적으로 참여할 가능성이 크다.

3. 의뢰의 이유

스포츠 건강관리 전문가는 다양한 이유로 선수를 심리 서비스에 의뢰하게 된다. 선수가 직접 심리 서비스 의뢰를 요청하기도 하지만, 심리 서비스 의뢰는 일반적으로 부상 선수의 훈련, 경기력 또는 심리에 문제가 있거나, 팀과 부상 선수 사이의 갈등이 발생했을 때 이루어진다(Brewer, Petitpas, & van Raalte, 1999). 심리 서비스 의뢰 이유는 예방과 치료의 범주로 나뉜다(Lemberger, 2008).

예방적 목적의 의뢰는 선수의 심리적 문제가 발생하기 전에 이루어진다. 즉, 예방적 의뢰는 부상 위험을 줄이거나 재활 진행 및 스포츠 복귀를 촉진할 수 있는 심리적 기술을 습득하기 위해 선수를 스포츠 심리 상담사에게 의뢰하는 것이다. 치료적 목적의 의뢰는 현재 선수가 중대한 삶의 변화를 겪고 있거나 재활에 어려움을 겪고 있을 때 이루어진다(Heil, 1993c; Lemberger, 2008). 또한 치료적 의뢰는 선수가 재활 관련 행동 또는 적응 문제를 경험하거나, 개인적 · 사회적 기능에서 적응 장애를 보이는 경우 이루어진다. 즉, 선수가 정신병리의 징후 또는 증상을 보일 때(Heil, 1993c), 치료적 의뢰를 시행하게 된다(Brewer, Petitpas, & van Raalte, 1999).

부상 이후 개인적 · 사회적 적응에 어려움이 있으면, 선수가 타인과의 관계나 학업 또는 직업 환경에서 기능하는 데 문제가 발생할 수 있다. 부상 선수가 보여 주는 정신병리는 부상에 대한 극단적인 형태의 심리적 고충과 관련될 수 있다. 나아가, 부상과 관계없이 독립적으로 발생하는 다양한 심리적 장애와 관련될 수도 있다. 이 절에서는 스포츠 건강관리 전문가가 부상 선수와 대면할 때 드러날 수 있는 정신병리를 인식하는 데 중점을 두었다.

1) 부상 선수의 정신병리를 인식하는 방법

스포츠 건강관리 전문가가 부상 선수의 정신병리적 증상을 확인하는 방법에는 여러 가지가 있다. Granquist와 Kenow(2015)에 따르면, 부상 선수의 심리적 상태는 자가 보고, 타인의 보고 및 선수의 행동 관찰을 통해 확인할 수 있다. 자가 보고는 선수가 스스로 자기 생각, 감정 및 행동에 대해 말하는 것이다. 타인의 보고는 팀 동료, 코치, 친구, 가족이 선수의 생각, 감정, 특히 행동에 대해 말하는 것을 뜻한다. 자가 보고 및 타인 보고는 면담을 통해 얻을 수 있다. 스포츠 건강 전문가가 심리적 고충을 나타내는 선수의 행동을 확인하기 위한 몇 가지 평가 도구가 개발되었다.

이러한 평가 도구에는 스포츠 의학 부상 체크 리스트(Heil, 1993d), 심리적 고충 체크 리스트(Taylor & Taylor, 1997), 스포츠 손상에 대한 부적응 경고 신호 목록(Petitpas & Danish, 1995)이 있다. 이러한 평가 도구들에는 심리 지원 의뢰가 필요한 상태를 나타내는 행동이 포함되어 있다. 심리적 고충을 암시하는 선수 행동에 대한 스포츠 건강관리 전문가의 평가와 선수 자가 보고 사이에 낮은 일치를 보인 연구 결과(Brewer, Petitpas, van Raalte, Sklar, & Ditmar, 1995)를 고려할 때, 평가 척도의 추가 개발이 필요할 것으로 보인다.

2) 의뢰가 필요한 정신병리 상태

1952년에 미국정신의학회(American Psychiatric Association: APA)는 『정신 질환 진단 및 통계 편람(DSM)』을 발행하였다. 이 DSM은 개인의 정신병리를 식별하기 위한 안내자 역할을 한다. 최근 『정신질환 진단 및 통계 편람 제5판(DSM-5)』이 출판되었다(American Psychiatric Association, 2013). 이 매뉴얼에는 대략 1,000쪽에 걸쳐 22개 범주의 300개 이상의 정신 장애가 포함되어 있다. DSM-5에는 각 정신 장애에 대한 구체적인 진단 기준 및 다음의 정보가 제공된다.

- 유병률, 발생 및 경과
- 위험 및 예후 요인
- 성별 및 문화와 관련된 진단적 문제
- 기능적 결과
- 감별 진단 및 동반 질환

스포츠 건강관리 전문가는 선수와 빈번히 장기간에 걸쳐 접촉한다. 따라서 DSM-5에 나열된 다양한 장애를 확인할 수 있는 좋은 위치에 있다. 일부 정신 장애는 스포츠 손상에 대한 스트레스 반응으로 발생할 수 있다. 반면, 일부 정신 장애는 선수가 기존에 치료를 받고 있는 만성 질환일 가능성도 있다.

스포츠 손상과 관련된 정신병리를 논의하는 데 어려움이 있다. 섭식 장애 및 약물 관련 장애를 제외하고 선수의 정신 장애 유병률을 조사한 역학 연구가 거의 없기 때문이다. 게다가, 부상 선수의 정신 장애에 대한 조사마저 거의 없다(Reardon & Factor, 2010). 선수 집단에서 정신 장애의 유병률을 알지 못하면, 스포츠 건강관리 전문가가 선수의 정신병리를 확인하는 게 어려울 수 있다. 따라서 부상 선수의 정신 장애를 범주화하고 정신 장애가 부상 선수에게 어떠한 형태로 발병할 수 있는지를 확인하는 것이 필요하다. 이러한 논의를 위해 부상 선수의 정신 장애를 세 가지 일반적인 범주로 분류하였다.

- 스포츠 손상에 대한 반응과 관련된 정신 장애
- 신체 및 의학적 치료와 관련된 정신 장애
- 기저 만성 또는 급성 장애

이러한 범주들은 상호 배타적이지 않다. 특정 장애는 선수에 따라 서로 다른 범주에 적용될 수 있다. 예를 들어, 한 선수가 부상에 대한 반응으로 주요 우울 장애, 약물 남용 장애 등을 경험했다면, 다른 선수는 이러한 장애를 부상 발생 이전부터 이미 가지고 있었을 수도 있다. 세 가지 범주에 각각 해당하는 장애는 〈표 10-1〉에 요약되어 있다. 대부분 정신 장애의 진단 기준에는 다른 정신 장애로 더 잘 설명될 수 없고, 약물이나 의학적 상태의 영향에 기인하지 않아야 한다는 규정이 포함된다. 또한 약물 사용으로 인한 의학적 상태를 포함하는 질환은 제외된다. 이 기준은 계속 반복되므로 앞으로 논의할 정신 장애의 진단 기준에서 반복 나열하지 않는다.

선수 트레이닝 교육 역량 문서의 '심리사회적 전략 및 의뢰' 내용 영역과 관련된 자료의 범위

〈표 10-1〉 DSM-5에서 스포츠 손상과 잠재적으로 관련된 진단

장애	DSM-5 범주	주요 특성 및 증상
스포츠 손상에 대한 반응과 관련된 장애		
주요 또는 경증 신경인지 장애	신경인지 장애	인지 기능의 감소
급성 스트레스 장애	트라우마 및 스트레스 관련 장애	3일에서 1개월 동안 침습, 부정적인 기분, 해리, 회피, 각성 등의 아홉 가지 이상의 증상
외상 후 스트레스 장애	트라우마 및 스트레스 관련 장애	외상 사건에 노출된 후 1개월 이상 지속되는 침습, 회피 증상, 인지 또는 기분의 변화 및 각성 또는 반응의 변화
적응 장애	트라우마 및 스트레스 관련 장애	스트레스 요인의 발생 후 3개월 이내에 발생한 정서적 또는 행동적 증상 (예: 불안, 우울한 기분)
주요 우울 장애	우울 장애	우울한 기분, 흥미 또는 즐거움의 상실, 체중 감소 또는 증가, 수면 장애, 피로, 인지 장애, 죽음에 대한 생각
신체 및 의학적 치료와 관련된 장애		
신체 이형 장애	강박 장애 및 관련 장애	인지된 외모 결손에 대한 집착과 관련된 반복적 행동 또는 정신적 행위
신체 증상 장애	신체 증상 및 관련 장애	고통스럽거나 파괴적인 신체 증상과 관련된 지나친 생각, 감정 또는 행동

질병 불안 장애	신체 증상 및 관련 장애	6개월 이상 심각한 질병이 있거나 걸리는 것에 대한 집착; 건강 불안; 과도한 건강 관련 행동 또는 회피
전환 장애(기능적 신경학적 증상 장애)	신체 증상 및 관련 장애	수의적 운동 또는 감각 기능의 변화가 신경학적 의학적 상태와 호환되지 않음
의학적 상태에 영향을 미치는 심리적 요인	신체 증상 및 관련 장애	의학적 상태의 과정, 치료, 위험 또는 병태생리학에 악영향을 미치는 심리적 행동적 요인
인위성 장애	신체 증상 및 관련 장애	거짓 또는 유도된 징후와 증상으로 아프거나, 손상당했거나 부상당했다고 표현함
신경성 식욕 부진증	급식 및 섭식 장애	에너지 섭취 제한, 저체중, 체중 증가에 대한 두려움 또는 체중 증가를 방해하는 행동, 신체 이미지 혼란, 체중 또는 체형이 자기 평가에 미치는 과도한 영향
신경성 폭식증	급식 및 섭식 장애	3개월 동안 매주 한 번 이상 반복적인 폭식과 부적절한 보상 행동; 체중이나 체형이 자기 평가에 미치는 과도한 영향
폭식 장애	급식 및 섭식 장애	3개월 동안 매주 한 번 이상 반복적인 폭식, 폭식과 관련된 고통
불면 장애	수면 각성 장애	3개월 이상 주 3회 이상 수면의 양 또는 질의 혼란
기저 만성 및 급성 장애		
주의력 결핍 과잉행동 장애	신경발달 장애	부주의, 과잉행동, 충동성
단기 정신병적 장애	조현병 스펙트럼 및 기타 정신병적 장애	1개월 미만 동안 망상, 환각, 무질서한 언어 또는 무질서한 또는 긴장증적 행동
양극성 장애 I형	양극성 장애 및 관련 장애	주요 우울 증상과 경조증 삽화
양극성 장애 II형	양극성 장애 및 관련 장애	조증 삽화

순환성 장애	양극성 장애 및 관련 장애	2년 이상 경조증과 우울 증상
지속성 우울 장애	우울 장애	2년 이상 우울 증상
범불안 장애	불안 장애	6개월 이상 과도한 불안과 걱정, 그리고 기타 여섯 가지 증상 중 세 가지 증상(불안, 피로, 집중력 저하, 흥분, 근육 긴장, 수면 장애)
공황 장애	불안 장애	반복적인 예상치 못한 공황 발작
강박 장애	강박 장애 및 관련 장애	시간을 소모하고, 고통을 유발하거나, 장애를 일으키는 강박 관념이나 강박 행동
약물 중독	약물 관련 및 중독 장애	약물의 생리학적 영향으로 인한 일시적인 심리적 또는 행동적 증상
약물 금단 증상	약물 관련 및 중독 장애	약물 복용 감소로 인한 행동적, 생리적 또는 인지적 증상
약물 사용 장애	약물 관련 및 중독 장애	약물 남용 행위의 병적인 패턴
반사회성 성격 장애	성격 장애	18세 이상, 15세 이전에 증상 시작, 타인의 권리 무시 또는 침해
회피성 성격 장애	성격 장애	사회적 억압; 낮은 자존감; 수치심, 비웃음, 비판 또는 거절에 대한 예민성
경계성 성격 장애	성격 장애	관계, 자기 이미지 및 정서의 불안정성, 충동성
의존성 성격 장애	성격 장애	보살핌을 받아야 할 타인에 대한 과도한 의존; 복종하거나 매달리는 행동; 분리 또는 버림에 대한 두려움
연극성 성격 장애	성격 장애	지나치게 감정적이고 관심을 추구함
자기애성 성격 장애	성격 장애	과장함, 칭찬 필요, 공감의 결여
강박 장애	성격 장애	질서, 완벽성, 통제력에 대한 집착; 유연성, 개방성, 효율성의 결여
편집성 성격 장애	성격 장애	타인에 대한 지속적인 의심 또는 불신
조현성 성격 장애	성격 장애	사회적 관계로부터의 이탈, 제한된 감정 표현

조현형 성격 장애	성격 장애	사회적 또는 대인관계적 결손; 친밀한 관계에 대한 불편함 또는 능력 감소; 이상한 생각, 인지, 언어

(1) 스포츠 손상에 대한 반응과 관련된 정신 장애

스포츠 손상의 발생 또는 그 여파로 인해 여러 정신 장애가 발생한다. 신경 인지 장애는 부상 자체에 대한 반응으로 발생한다. 한편, 급성 스트레스 장애, 외상 후 스트레스 장애, 적응 장애 등은 부상 당시 사건에 대한 반응으로 발생한다. 적응 장애와 주요 우울 장애 같은 정신 장애는 부상의 결과로 인한 사건이나 상황에 대한 반응으로 발생한다.

① 신경 인지 장애

스포츠 손상에 대한 반응과 관련된 정신 장애의 대표적인 예는 외상성 뇌 손상으로 인한 신경 인지 장애이다. 스포츠 현장에서 선수가 머리에 타격을 입어 뇌진탕이 발생하는 경우 신경 인지 장애 진단이 내려질 수 있다. 신경 인지 장애의 진단은 선수가 외상성 뇌 손상 발생 직후 또는 의식 회복 직후에 이전 수준보다 인지 능력의 저하를 경험하고, 외상 후 급성기를 지나도 증상이 지속될 때 받는다. 신경 인지 장애는 심각도가 다양하다. 주요 신경 인지 장애는 선수가 독립적으로 일상 활동을 하는 능력이 저해될 정도로 인지 결손이 있다. 반면, 경도 신경 인지 장애는 독립적인 일상생활 능력을 저해하지 않을 때 진단된다. 스포츠에서 외상성 뇌 손상으로 인한 신경 인지 장애는 제4장에서 논의한 뇌진탕 프로토콜의 적용을 통해 식별, 모니터링 및 치료할 수 있다.

② 급성 스트레스 장애 및 외상 후 스트레스 장애

스포츠 손상으로 인해 발생할 수 있는 또 다른 정신병리 장애는 급성 스트레스 장애이다. 급성 스트레스 장애는 선수가 외상으로 인해 부상당했거나 타인의 부상을 목격한 후 침습, 부정적 정서, 해리, 회피 및 각성과 관련된 열네 가지 증상 중 최소 아홉 가지 이상을 1개월 이내의 기간 동안 경험할 때 진단된다. 이러한 증상은 심각한 고통을 유발하거나 선수의 사회적, 직업적 또는 기타 중요한 작업 수행을 실질적으로 손상한다. 이러한 증상이 1개월 이상 나타나면 외상 후 스트레스 장애로 진단된다. 제4장에서 논의하였듯이, 급성 스트레스 장애와 외상 후 스트레스 장애는 부상 후 선수에게서 일반적으로 나타날 수 있는 정신 장애이다(Appaneal, Perna, & Larkin, 2007; McArdle, 2010; Newcomer & Perna, 2003; Shuer & Dietrich, 1997; Vergeer, 2006).

③ 적응 장애

스포츠 손상에 대한 반응인 심리적 고충은 대부분 적응 장애에 속할 가능성이 크다. 적응 장애를 진단받은 선수는 부상의 심각도에 비례하지 않는 고통을 호소하거나 사회적, 직업적 또는 기타 주요 영역에서 기능을 저해하는 고충을 경험한다. DSM-5에서도 기술하였듯이, "적응 장애는 여러 의학적 장애에 대한 주요 심리적 반응일 수 있다."(APA, 2013). 부상 관련 적응 장애의 정서적·행동적 증상은 부상 발생 후 3개월 이내에 나타나며, 일반적으로 6개월 이상 지속되지 않는다.

④ 주요 우울 장애

부상 선수가 느끼는 대부분의 정서적 고충은 적응 장애일 가능성이 크다. 그러나 일부 사례의 경우 주요 우울 장애일 수도 있다. 주요 우울 장애는 기분이 가라앉거나 멍하게 행동하는 것을 훨씬 넘어 사회적, 직업적 및 기타 주요 생활 영역에서 현저한 기능 저하를 유발한다. 주요 우울 장애 진단을 위해서는 선수가 2주 동안 다음의 아홉 가지 증상 중 최소 다섯 가지를 만족해야 하고, 처음 두 가지 증상 중 적어도 하나를 나타내야 한다.

- 거의 매일 대부분의 시간 동안 슬픔, 공허함, 절망감 등으로 나타나는 우울한 기분
- 거의 매일 즐거웠던 활동에 대한 흥미나 즐거움의 부족을 느끼는 무쾌감증

- 식욕 또는 체중의 상당한 감소 혹은 증가
- 거의 매일 수면 부족 또는 과도한 수면
- 정신 운동 초조 증상(손 비틀기, 안절부절못함 등) 또는 정신 운동 지체 증상(느린 움직임, 생각, 말 등)
- 거의 매일 피로감
- 무가치하다는 느낌, 과도한 혹은 부적절한 죄책감
- 거의 매일 생각, 집중 또는 결정을 내리는 데 어려움
- 자살에 관한 생각 혹은 이미지, 자살 계획 또는 자살 시도

주요 우울 장애 증상은 부상 선수에게 발생할 가능성이 적지 않으며, 자살 행동의 위험을 증가시킬 수 있다. 따라서 부상 선수를 관찰하고 치료하는 과정에서 주요 우울 장애에 대해 특별한 주의를 기울일 필요가 있다.

(2) 신체 및 의학적 치료와 관련된 정신 장애

스포츠 손상은 의학적 치료가 필요한 신체 질환이다. 따라서 스포츠 손상은 신체 및 의학적 치료와 관련된 여러 정신 장애와 연관될 수 있다. 신체 및 의학적 치료와 관련된 정신 장애는 스포츠 손상에 대한 심리적 반응보다 선행하고 이를 유발할 수 있지만, 스포츠 손상의 신체적·심리적 영향에 의해 악화가 될 수도 있다. 신체 및 의학적 치료와 관련된 정신 장애에는 신체 이형 장애, 신체 증상 장애, 질병 불안 장애, 전환 장애, 의학적 장애에 영향을 미치는 심리적 요인, 인위성 장애, 섭식 장애 및 불면 장애가 포함된다.

① 신체 이형 장애

신체 이형 장애는 DSM-5의 강박 및 관련 장애에 포함된다. 신체 이형 장애는 개인이 자신의 신체적 외모에 대한 인지된 결함에 몰두하여 사회적·직업적 또는 기타 중요한 기능 영역에서 심각한 고통이나 장애를 유발하는 반복적인 행동이나 정신적 문

제를 일으킬 때 진단될 수 있다(APA, 2013). 선수 및 부상 선수와 가장 관련이 있는 신체 이형 장애는 근육 이형 장애이다. 이 질환은 주로 남성이 경험하는데, 근육질에 대한 인지적 결함에 사로잡혀 있는 게 특징이다. 이 질환을 겪는 사람들은 강박적으로 다이어트, 웨이트 트레이닝을 하며, 거울을 보며 자신의 체격을 확인하고, 자신의 체격을 다른 사람과 비교하는 등 반복적인 행동 및 정신적 문제를 나타낸다(Pope, Gruber, Choi, Olivardia, & Phillips, 1997). 부상 후 남자 선수는 근육량이 감소하거나 컨디션 저하가 올 수 있기에 근육 이형 장애의 위험이 증가할 수 있다.

② 신체 증상 장애

신체 증상 장애는 고통을 유발하거나 일상을 방해하는 하나 이상의 신체 증상을 나타낸다. 신체 증상 장애는 또한 신체 증상 또는 관련된 건강 문제에 대한 과도한 생각, 감정 또는 행동을 특징으로 한다(APA, 2013). 신체 증상 장애 환자는 자신의 증상이 얼마나 심각한지에 대하여 비정상적일 만큼 지속하여 생각한다. 더불어 건강이나 신체 증상에 대해 높은 수준의 불안을 경험하거나, 신체 증상이나 건강 문제에 대하여 과도한 시간과 에너지를 쏟는다. 신체 증상 장애는 관련 증상이 6개월 이상 계속되는 경우 '지속적'으로 분류된다. 스포츠 손상과 관련된 신체 증상 장애에 대해서는 알려진 것이 거의 없다. 그러나 장기간 재활 후 스포츠 복귀를 준비하는 선수에게 신체 증상 장애가 어떤 어려움을 초래할 수 있는지는 쉽게 추측할 수 있다.

③ 질병 불안 장애

신체 증상 장애와 함께, 질병 불안 장애는 DSM-5의 새로운 진단명이다. 질병 불안 장애는 이전에는 건강 염려증으로 불렸다. 질병 불안 장애의 진단 기준은 다음과 같다(APA, 2013).

- 최소 6개월 이상 심각한 질병에 걸렸거나 걸릴 수 있다는 생각에 사로잡혀 있다.
- 자신의 건강에 대해 높은 수준의 불안을 경험한다.

- 건강 관련 행동을 과도하게 하거나 의학적 치료를 피한다.
- 경미한 신체 증상이 있다.

신체적 감각과 증상에 대한 질병 불안을 가진 사람은 특징적인 민감성을 가지고 있다. 따라서 질병 불안 장애가 있는 사람은 애초에 스포츠 참여를 적극적으로 하지 않을 것으로 생각된다. 그러나 스포츠 손상과 질병 불안 장애가 교차하는 상황이 생길 수 있다. 예를 들어, 선수가 부상에서 회복하는 과정에서 경험하는 미묘한 신체적 신호를 해석하는 과정에서 과도하게 불안감을 느끼는 것이다.

④ 전환 장애

전환 장애는 기능적 신경학적 증상 장애로 알려져 있다. 전환 장애는 수의적 감각 또는 운동 기능의 변화가 현재의 의학적 · 신경학적 상태와 양립할 수 없는 방식으로 나타난다. 따라서 그 상태에 대하여 의학적으로 논리적으로 설명할 수 없다. 그리고 전환 장애는 사회적, 직업적 또는 기타 주요 생활 영역에서 고충이나 기능 저하를 유발한다. 전환 장애 환자는 명확한 의학적 근거가 부족하고 신경학적 원리와 모순될 수 있는 실제 감각 장애(시각 장애, 청각 장애 등) 또는 운동 장애(약화, 마비 등)를 보인다. 전환 장애는 때때로 스트레스와 관련된다. 전환 장애 환자는 자신의 감각 및 운동 장애에 대하여 무관심을 보일 수 있다(APA, 2013). Pargman(1996)은 전환 장애를 경험한 선수의 사례를 기록하였다. 한 선수는 상대 선수와 충돌하여 한쪽 눈의 시력을 상실했다. 하지만 이 선수의 시력 상실은 의학적으로 설명을 할 수 없는 부분이 많았다. 결국 이 선수의 시력 상실은 상대 선수와의 충돌에서 기인한 것이 아니라 미식 축구에 참여하지 않으려는 자신의 용납할 수 없는 욕구와 관련된 내적 갈등에 기인한 것이라고 설명하였다.

⑤ 의학적 상태에 영향을 미치는 심리적 요인

다양한 심리사회적 요인이 스포츠 손상의 발생과 회복에 영향을 미친다. 따라서 '의학적 상태에 영향을 미치는 심리적 요인'의 진단에서 스포츠 손상은 의학적 상태로 간주할 수 있다(Brewer & Petrie, 2014). 의학적 상태에 영향을 미치는 심리적 요인의 진단은 부상의 발생, 치료 또는 재활 과정에서 심리적 요인의 영향을 받은 선수에게 내려질 수 있다(APA, 2013). 심리적 요인이 스포츠 손상에 영향을 미치는 방식은 스포츠 손상 예방 및 스포츠 손상 재활 결과에 효과적이라고 밝혀진 심리사회적 개입을 통해 확인할 수 있다.

⑥ 인위성 장애

일반적으로 선수는 부상 후 가능한 한 빨리 경기에 복귀하려고 한다. 그러나 일부 선수는 부상 또는 질병의 증상을 과장하여 표현한다. 선수가 자신의 부상, 질병에 대하여 거짓으로 표현하고, 이를 통해 얻을 수 있는 외부 보상이 없고, 이런 행동이 다른 정신 장애에 기인할 수 없을 때 인위성 장애로 진단될 수 있다. 더불어 의도적으로 자신을 다치거나 아프게 하는 행동도 인위성 장애로 진단할 수 있다.

인위성 장애는 선수가 개인적 이익을 위해 신체적 또는 심리적 증상을 과장하는 꾀병(malingering)과 구별된다(APA, 2013). 선수는 다음 목록과 같이 여러 가지 이유로 꾀병을 경험하기도 한다(Rotella, Ogilvie, & Perrin, 1993). 하지만 인위성 장애에서는 자신의 증상을 과장하는 이유가 존재하지 않는다.

스포츠에서 꾀병이 있는 이유

- 선발 출전 제외, 경기 시간 단축 또는 경기력 저하를 합리화하기 위하여 경미한 부상 이용
- 장학금 손실을 방지하기 위하여 부상을 이용
- 스포츠 참여 동기의 명백한 감소 또는 변화를 설명하기 위하여 부상을 이용
- 재능이 부족하다는 개인적 깨달음을 상쇄하기 위해 부상을 이용
- 타인으로부터 관심을 얻기 위해 부상을 사용
- 통증을 견디고 경기를 했다는 개인의 용기를 과시하기 위해 부상을 이용

- 코치, 팀원, 부모의 기대치를 상쇄하기 위하여 부상을 사용
- 팀의 발전에 자신의 노력과 재능을 투입하지 않고, 코치, 팀 동료 또는 부모에 대한 적대감이나 분노를 표현하기 위하여 부상 사용
- 훈련의 혹독함을 회피하기 위해 부상을 사용
- 물질적 보상이 더 큰 대회에 참가하기 위해 체력을 아끼려는 목적으로 부상을 이용
- 피할 수 없는 삶의 영역에서 벗어나기 위해 부상을 사용

출처: R. J. Rotella, B. C. Ogilvie, & D. H. Perrin, 1993, The malingering athlete: Psychological considerations. In Psychological bases of sport injuries, edited by D. Pargman (Morgantown, WV: Fitness Information Technology), p. 87. 허가하에 재인용함

⑦ 섭식 장애

섭식 장애의 종류에는 신경성 식욕부진증, 신경성 폭식증, 폭식 장애가 있다. 선수의 섭식 장애 유병률은 일반 인구와 비슷하거나 약간 높다. 하지만 섭식 장애는 여자 선수에게 특히 취약하다. 특히 외모, 체중, 체형 및 신체 크기를 강조하는 여자 스포츠 선수에게 섭식장애가 주로 발견된다(Brewer & Petrie, 2014). 신경성 식욕부진증의 진단은 다음과 같다(APA, 2013).

- 신체의 요구에 비해 에너지 섭취를 제한함으로써 매우 낮은 체중을 보인다.
- 살이 찌거나 몸무게가 증가하는 것에 대한 강렬한 두려움을 보이거나, 체중 증가를 예방하는 방식으로 일관되게 행동한다.
- 체중이나 체형에 대한 장애를 경험하고, 체중이나 체형을 기준으로 자신을 과도하게 평가하거나, 저체중의 심각성을 인식하지 못한다.

신경성 식욕부진증에는 제한형과 폭식/제거형이라는 두 가지 유형이 있다. 제한형은 살을 빼기 위해 과도하게 다이어트 및 단식을 하고 운동을 하는 경향이 있다. 반면, 폭식/제거형은 폭식 후 의도적으로 구토를 하거나 완화제, 이뇨제 또는 관장제를 오

용하며 이러한 행동을 반복한다(APA, 2013).

신경성 폭식증은 자신의 체형과 몸무게에 대한 평가에 비정상적으로 영향을 받는다. 신경성 폭식증은 신경성 식욕 부진증의 진단 기준을 충족하지는 않는다. 이 장애는 평균적으로 3개월 동안 일주일에 한 번 이상 폭식을 함으로써 자신을 통제할 수 없다고 느낀다. 더불어 신경성 폭식증은 부적절한 식이 제한 또는 제거 행동을 할 때 진단된다. 폭식 장애는 부적절한 제한 또는 제거 행동을 하지 않고 3개월 동안 매주 적어도 한 번 이상 고통을 유발하는 폭식을 경험하는 경우 진단된다(APA, 2013).

섭식 장애는 두 가지 방식으로 스포츠 손상과 관련될 수 있다. 첫째, 스포츠 손상으로 인해 활동이 줄어들면 체질량 지수 및 체지방률이 증가할 수 있으며, 이는 자아 정체성 및 신체 이미지에 위협으로 작용할 수 있다(Myer et al., 2014). 이로 인해 섭식 장애가 발생할 수 있다(Busanich, McGannon, & Schinke, 2014; Podlog, Reel, & Greviskes, 2014). 둘째, 섭식 장애는 최근 스포츠에서 상대적 에너지 결핍으로 명칭이 바뀐 '여자 선수 3징후'의 구성 요소이다. 섭식 장애는 선수의 피로 골절의 발생 위험을 증가시킬 수 있다(Mountjoy et al., 2014). 따라서 스포츠 손상은 섭식 장애의 원인이 될 수 있으며, 섭식 장애 또한 스포츠 손상에 영향을 줄 수 있다.

⑧ 불면 장애

수면의 양과 질은 스포츠 손상과 중요한 관련이 있다. 수면은 선수의 부상을 예방할 수 있고, 스포츠 손상의 치유에도 영향을 미친다. 수면은 스트레스의 영향을 받는다. 부상과 관련된 통증, 기분 장애 및 활동 제한은 스트레스 요인으로 작용할 수 있다. 이러한 부상 관련 스트레스는 수면에 부정적 영향을 미친다. 선수가 3개월 동안 주당 최소 3일 이상 수면을 시작하거나 유지하는 데 어려움이 있고, 이로 인해 사회적, 직업적, 교육적 등 주요 영역에서 고통이나 기능적 장애를 경험하는 경우 불면 장애를 진단할 수 있다. 불면 장애의 진단은 충분한 수면의 기회가 있음에도 수면 장애를 호소하고, 수면-각성 장애, 약물의 영향 또는 다른 정신 장애나 의학적 상태로 더 잘 설명될 수 없을 때 내려진다(APA, 2013).

(3) 기저 만성 및 급성 장애

스포츠 손상은 다양한 경로를 통해 정신 장애를 유발할 수 있다. 하지만 부상 이후 관찰되는 정신 장애가 부상 발생 이전에 이미 발병했던 기존의 질환일 수도 있다. 선수가 기존의 정신 장애에 대하여 이미 치료를 받고 있다면, 이 정신 장애에 관해서는 의뢰가 필요하지 않을 것이다. 그러나 선수는 스포츠 손상이 기존에 자신이 치료를 받고 있던 정신 장애에 미치는 영향에 대하여 스포츠 건강관리 전문가와 논의할 필요가 있다. 더불어 자신이 치료를 받고 있는 여러 전문가 사이의 의견 조정이 필요하다. 부상 선수가 기존에 이미 가지고 있을 수 있는 만성 및 급성 장애는 다음과 같다.

- 신경 발달 장애
- 조현병 스펙트럼 및 기타 정신병적 장애
- 양극성 장애 및 관련 장애
- 우울 장애
- 불안 장애
- 강박 장애 및 관련 장애
- 약물 관련 및 중독 장애
- 성격 장애

① 신경 발달 장애

DSM-5의 신경 발달 장애 범주에는 자폐 스펙트럼 장애, 지적 장애 및 틱 장애 등이 포함되어 있다. 이 범주에 속하는 주의력결핍 과잉행동 장애는 스포츠 손상과 큰 관련이 있을 수 있다. 주의력결핍 과잉행동 장애는 부주의 또는 과잉행동 및 충동적 행동을 나타내는 일련의 행동을 포함한다. 주의력결핍 과잉행동 장애 증상 중 일부는 12세 이전에 시작되어 여러 환경에서 존재하며 사회적, 학업적 또는 직업적 영역의 기능에 부정적인 영향을 미친다(APA, 2013).

Burton(2000)은 주의력결핍 과잉행동 장애를 앓고 있는 사람이 신체 활동을 선호하는 경향이 있고, 주의력결핍 과잉행동 장애에 대처하기 위한 수단으로 스포츠에 참여한다고 주장하였다. Heil, Hartman, Robinson과 Teegarden(2002)의 보고에 따르면, 고등학교 선수의 주의력결핍 과잉행동 장애 유병률은 7.3%로서 일반 성인 2.5%와 아동 5%에 비하여 높았다(APA, 2013). 주의력결핍 과잉행동 장애 선수의 부주의와 충동성이 부상 위험을 높인다고 생각할 수 있다. 하지만 연구에 따르면, 신체 활동은 부주의와 과잉행동 증상을 감소시킨다(Gapin & Etnier, 2010a, 2010b). 다시 말해 스포츠를 통한 신체 활동은 부주의와 과잉행동을 감소시켜 주의력결핍 과잉행동 장애 선수의 스포츠 손상 발생을 감소시킬 수도 있는 것이다. 주의력결핍 과잉행동 장애가 있는 선수는 부상 이후 신체 활동 감소를 경험할 수 있다. 신체 활동 감소는 주의력결핍 과잉행동 장애의 증상에 부정적인 영향을 미치고, 결과적으로 재활 프로그램을 준수하는 능력에 영향을 미칠 수 있다.

② 조현병 스펙트럼 및 기타 정신병적 장애

정신병적 장애는 현실 감각 상실, 환각, 망상, 와해된 사고 및 언어, 비정상적 움직임과 같은 증상을 특징으로 한다. 스포츠에 참여하기 위해서는 엄격한 요구 사항을 통과해야 하기에 조현병 스펙트럼 및 기타 정신병적 장애를 가진 선수는 매우 적을 것으로 보인다. 그러나 이 진단 범주와 스포츠 손상 사이에도 연관성이 존재할 수 있다. 스포츠 손상으로 인한 스트레스와 정서적 동요가 단기 정신병적 장애의 한 형태인 '단기 반응성 정신병'을 촉발했다는 사례가 있다. 단기 정신병적 장애는 개인이 1개월 미만의 기간 동안 망상, 환각과 와해된 언어를 나타내고, 이후 정신병 발생 전의 기능 수준으로 완전히 돌아올 때 진단을 내릴 수 있다. 이 증상이 1개월 이상 지속되면 조현 양상 장애와 조현병의 진단이 가능해진다(APA, 2013).

③ 양극성 장애 및 관련 장애

일부 유명 선수가 양극성 장애를 경험한 적이 있다고 공개적으로 밝힌 사례가 있다(Berger, 2010; Visser, 2010). 하지만 스포츠 인구 집단에서 양극성 장애 및 관련 장애에 대해서는 알려진 것이 거의 없다. 이 장애의 DSM-5의 진단 범주는 조증(또는 경조증)과 우울 증상의 조합으로 이루어지며, 그 종류에는 양극성 장애 I형, 양극성 장애 II형, 순환성 장애가 있다. 조증과 경조증의 증상은 고양된 기분, 과대하고 과민한 기분, 에너지 증가, 수면 욕구의 감소, 지나친 자존감, 말이 많음, 급속 사고가 있다. 우울 증상에는 우울한 기분, 대부분의 활동에 대한 관심 혹은 즐거움 감소, 체중 또는 식욕의 현저한 변화, 불면증 또는 과수면, 피로 등이 있다(APA, 2013). 양극성 장애가 있는 사람은 자살 위험이 크다(APA, 2013). 따라서 스포츠 손상의 맥락에서 스포츠 손상이 양극성 장애를 가진 선수에게 부가적인 자살 위험을 줄 수 있다(Baum, 2013).

④ 우울 장애

스포츠 손상에 대한 반응으로 우울한 정서가 나타날 수 있다. 이러한 우울감은 적응 장애 및 주요 우울 장애로부터 나타날 수 있다. 한편, 스포츠 손상 발생 이전 기존에 가지고 있던 우울증은 부상 이후 재활 동안 계속되어 선수의 삶에 영향을 미칠 수 있다. 지속성 우울 장애 또한 부상 발생 후 선수의 행동에 지속적인 영향을 미칠 수 있다. 지속성 우울 장애의 진단은 2년 이상 우울한 기분을 나타내고, 중요한 기능 영역에서 고통이나 장애를 초래하며, 다음 증상 중 적어도 두 가지 증상을 충족하는 성인에게 내릴 수 있다. 구체적으로, 식욕 저하 또는 과식, 불면증 또는 과다 수면, 낮은 에너지 또는 피로, 낮은 자존감, 집중력 저하 또는 결정을 내리는 데 어려움, 절망감 중 적어도 두 가지 이상 충족해야 한다(APA, 2013). 아동·청소년의 경우 이 진단을 위해 요구되는 기간은 1년이며, 기분은 우울하거나 과민할 수 있다. 지속성 우울 장애 진단이 적용되기 위해서는, 조증 또는 경조증 삽화 경험이 없어야 한다. 또한 지속성 우울 장애는 주요 우울 장애 진단 기준의 일부를 충족할 수 있지만, 전부를 충족하면 안 된다(APA, 2013). 지속성 우울 장애가 있는 선수가 부상 후 우울한 기분을 느끼는 것은 부상에 대한 정서적 반응이 아닌 기존 우울 장애의 지속적인 증상일 가능성이 더 크다.

⑤ 불안 장애

부상 후에 나타나는 모든 우울증이 부상 때문에 발생하는 것은 아니다. 마찬가지로 부상 후 선수의 모든 불안이 외상 사건에 대한 반응(급성 스트레스 장애, 외상 후 스트레스 장애 및 불안 동반 적응 장애) 또는 스트레스 때문만은 아니다. 범불안 장애 및 공황 장애 또한 스포츠 손상 발생보다 선행하여 선수가 기존에 가지고 있을 수 있다. 범불안 장애를 진단하기 위해서는 다음 사항을 만족해야 한다. 첫째, 6개월 이상 다양한 문제와 관련된 통제하기 어려운 과도한 불안과 걱정이 존재한다. 둘째, 안절부절못함, 피로, 집중력 저하, 과민성, 근육 긴장 및 수면 문제와 같은 증상 중 최소 3개(아동의 경우 1개) 이상 만족한다. 셋째, 중요한 기능 영역의 고통 또는 장애를 경험한다(APA, 2013). 범불안 장애의 유병률은 6%이다. 범불안 장애는 프랑스 엘리트 선수들이 최근 경험하고 있는 가장 흔한 장애였다(Schaal et al., 2011). 범불안 장애를 가지고 있는 선수가 부상을 입었을 때, 선수의 불안은 부상과 관련되었을 수도 있지만, 기존에 가지고 있는 범불안 장애와 더 관련이 있을 수 있다.

공황 장애는 공황 발작에 대한 지속적 걱정 또는 부적응적 행동의 변화를 초래하는 반복적이고 예상치 못한 공황 발작을 특징으로 한다. 공황 발작은 열세 가지 증상 목록 중 적어도 네 가지 이상이 갑자기 순식간에 정점에 이르는 강렬한 공포 사건을 말한다. 13가지 증상 목록에는 두근거림, 발한, 떨림, 질식하는 느낌, 숨이 막히는 느낌, 흉통, 메스꺼움, 현기증, 실신, 죽음에 대한 두려움이 포함된다. 공황 장애의 연간 유병률은 2~3%로 추정되지만, 성인 인구의 약 11%가 공황 발작을 경험한다. 공황 발작은 스포츠 손상과 같이 스트레스가 높은 사건 기간 동안 또는 그 이후 발생할 가능성이 크다(APA, 2013). 그러나 부상 선수가 공황 발작을 경험할 때, 그 발작이 꼭 부상으로 인한 것이라고는 단정할 수는 없다.

⑥ 강박 장애 및 관련 장애

스포츠 맥락에서 강박 장애는 단순히 미신적인 의식에 참여하거나(Kamm, 2005; Reardon & Factor, 2010), 정리와 질서에 집착하는 것 이상을 의미한다. 강박 장애는 강박적 사고 또는 강박적 행동을 특징으로 하는 장애이며, 유전적 및 신경학적 기반이 있는 것으로 여겨진다. 강박적 사고는 침습적이고 원치 않는 불안을 유발하는 생각, 충동 또는 이미지가 무시하거나 억누르려는 노력에도 불구하고 반복적이고 지속하여 나타나는 것을 말한다. 강박적 행동은 강박적 사고와 관련된 불안을 감소 또는 제거하거나, 두려운 사건이나 상황이 발생하는 것을 방지하기 위한 반복적 행동 또는 정신적 행위을 하는 것을 말한다. 강박적 행동이나 정신적 행위는 반복적인 손 씻기와 같이 과도하거나, 현실적인 상황과 맞지 않는다. 강박 장애는 강박적 사고나 강박적 행동에 하루 60분 이상을 소비하거나 중요한 기능 영역에서 고통이나 장애를 일으켜야 진단할 수 있다(APA, 2013).

⑦ 약물 관련 및 중독 장애

선수는 일반인보다 흡연과 불법 약물 사용이 많지 않을 수 있다(Lisha & Sussman, 2010; Terry-McElrath, O'Malley, & Johnston, 2011). 하지만 선수는 약물 관련 및 중독 장애에 취약하다. DSM-5에서 약물 관련 및 중독 장애는 알코올, 카페인, 대마초, 환각제, 흡입제, 아편 유사제, 진정제, 최면제 또는 항불안제, 각성제, 담배와 같은 열 가지 종류의 약물이 관여된다. 그리고 약물 관련 및 중독 장애는 약물 유발 장애와 약물 사용 장애로 분류할 수 있다. 약물 유발 장애는 약물 유발 증상, 중독, 금단 증상에 의해 생성되는 다양한 정신 장애를 말한다. 중독은 신체에 약물이 축적되어 일시적으로 부적응적인 심리적 또는 행동적 증상을 나타내는 것을 말한다. 반면, 금단 증상은 약물을 장기간 과량 사용 후 약물 사용량이 감소할 때 나타나는 심리적 또는 행동적 증상을 의미한다(APA, 2013).

약물 사용 장애는 12개월 동안 문제가 있는 방식으로 약물을 사용하고, 다음 열한 가지 진단 기준 중 적어도 두 가지를 충족할 때 내릴 수 있다.

- 의도한 것보다 더 많은 약물을 사용하는 경우
- 약물 사용 억제를 지속하여 원하거나 시도하는 경우

- 약물을 구하고 복용하거나, 약물 복용 이후 회복하는 것과 관련된 활동에 많은 시간을 소비하는 경우
- 약물에 대한 갈망
- 반복되는 약물 남용으로 인해 중요한 직업, 학업 또는 가족에 대한 의무를 이행 하지 않는 경우
- 약물과 관련하여 사회적 또는 대인 기능에 지속적이고 반복적인 어려움이 있음 에도 불구하고 약물을 계속 사용하는 경우
- 약물 사용으로 인해 사회적, 직업적 또는 취미 영역에서 중요한 활동을 포기하는 경우
- 신체적으로 위험한 상황에서 약물을 사용하는 경우
- 약물로 인해 신체적, 정신적 문제의 악화가 있음에도 불구하고 약물을 계속 사용 하는 경우
- 원하는 효과를 위해 더 많은 양의 약물이 필요하거나 같은 양의 약물로는 약의 효력이 감소하는 경우
- 금단 증상을 경험하거나 금단 증상을 겪지 않기 위해 약물을 사용하는 경우

이 진단 기준은 카페인을 제외하고 앞에서 언급한 약물 이외에 다양한 종류의 약물 에도 적용된다(APA, 2013).

선수들 사이에서 가장 자주 사용되는 약물은 알코올과 대마초다(Green, Uryasz, Petr, & Bray, 2001). 선수는 기분 전환 및 경기력 향상 목적으로 약물을 사용하며, 그중 일부는 부상 후 특히 두드러질 수 있다. 선수는 부상 회복을 촉진하고, 통증을 완화하 고, 부상으로 인한 스트레스와 좌절감을 다루기 위해 약물을 사용할 수 있다(Martens, Dams-O'Connor, & Kilmer, 2007). 그러나 일부 약물의 인지적, 행동적 및 생리학적 효 과는 선수의 부상 위험을 증가시킬 수 있다. 뇌진탕 같은 가벼운 외상성 뇌 손상은 특 정 약물에 대한 민감도를 증가시킬 수 있다(Morse, 2013). 일반적인 약물 사용의 주요 징후 및 증상은 〈표 10-2〉와 같다.

<table>
<tr><th colspan="2">〈표 10-2〉 약물 사용의 징후와 증상</th></tr>
<tr><th>약물</th><th>사용의 징후 및 증상</th></tr>
<tr><td>알코올</td><td>수다스러움, 행복감, 밝은 기분, 우울한 기분, 사회적 금단, 인지 장애, 주의력 또는 기억력 저하, 흐릿한 말씨, 운동 협응력 문제, 불안정한 걸음걸이, 비자발적인 빠른 눈 움직임, 호흡 중 알코올 냄새</td></tr>
<tr><td>대마</td><td>행복감, 부적절한 웃음, 진정, 무기력, 동기 부여, 불안, 단기 기억력 저하, 운동 협응력 또는 판단력 저하, 눈 충혈, 옷에 묻은 대마 냄새, 누런 손가락 끝, 특정 음식에 대한 갈구 고조</td></tr>
<tr><td>흥분제</td><td>행복감, 자신감, 극적인 행동 변화, 공격성, 수다스러움, 횡설수설, 맥박 또는 혈압 상승, 식욕 감소, 불면증, 동공 확장, 과잉 활동, 초조, 과각성, 불안, 긴장, 분노, 사회적 기능 저하</td></tr>
</table>

⑧ 성격 장애

　대부분 질병은 문제 행동이 개인의 정상 기능에서 현저하게 벗어난 상태를 반영한다. 그러나 성격 장애는 개인의 전형적인 행동 방식을 나타내는 행동에 초점을 둔다. 성격 장애는 문화적 기대치에서 벗어나며, 중요한 기능 영역에서 장애나 고통을 야기하고, 지속하여 반복되는 행동 양식을 특징으로 한다. 그리고 인지, 감정, 대인 관계, 충동 조절의 네 가지 영역 중 적어도 두 가지 영역에서 융통성이 없는 부적응적 지각, 사고 및 행동 양식을 나타낸다. DSM-5에서는 반사회성, 회피성, 경계성, 의존성, 히스테리성, 자기애성, 강박성, 편집성, 조현성 등의 성격 장애가 기술되어 있다.

　각각의 성격 장애는 선수와 그 주변 사람에게 영향을 줄 수 있는 행동과 내적 경험을 보인다(APA, 2013). 예를 들어, 반사회적 성격 장애가 있는 선수는 자신이나 타인의 안전을 무시하는 특징이 있으며, 이런 특징을 가진 선수는 부상 위험이 증가할 수 있다. 히스테리성 성격 장애는 과도하고 지나치게 극적인 감정 표현을 특징으로 하며, 이는 스포츠 부상 재활의 맥락에서 재활 진행에 지장을 주고 오해를 초래할 수 있다. 강박성, 경계성 및 자기애성 성격 장애가 스포츠 인구에서 흔할 수 있다는 주장이 있다. 하지만 선수의 성격 장애 유병률에 관한 연구는 거의 없다(Hendawy & Awad,

2013). 요약하면, 성격 장애는 선수와 주변 사람 사이의 관계에 문제를 유발할 수 있다. 따라서 성격 장애로 인해 선수와 그 주변인이 발생할 수 있는 문제를 잘 인식한다면, 효과적으로 문제를 처리할 수 있을 것이다.

4. 의뢰의 절차

부상 선수를 심리 서비스에 의뢰하는 과정은 복잡하다. 왜냐하면 심리 서비스 의뢰는 복잡하고 섬세한 과정이며, 여러 스포츠 건강관리 전문가들의 판단과 결정이 필요하기 때문이다. Heil(1993c)은 의뢰를 그 자체가 심리적 과정이라고 설명했다. Lemberger(2008)는 의뢰란 선수, 스포츠 건강관리 전문가, 정신건강 전문가, 의뢰의 심리사회적 결과와 같은 역동적인 요소에 의해 영향을 받는 생태학적 과정이라고 언급했다. 이 절에서는 의뢰의 주요 측면인 의뢰 시기, 방법 및 대상에 대하여 다룬다. 나아가, 정신건강 전문가에게 선수를 의뢰하는 데 초점을 두고 있다. 심리 서비스 의뢰 과정은 경기력 향상을 위해 선수를 스포츠 심리 상담사에게 의뢰하는 과정과 매우 유사하다. 결과적으로, 스포츠 맥락에서는 스포츠 심리 상담사가 정신건강 전문가 역할을 할 수 있다.

1) 의뢰 시기

선수를 심리 서비스에 의뢰해야 하는 완벽한 시기는 없다(Brewer, van Raalte, & Petitpas, 2007). 그러나 의뢰 시기를 결정할 때 다음 요소를 고려해야 한다([그림 10-1] 참조).

- 선수의 심리적 증상의 심각성
- 선수의 대처 자원

- 스포츠 건강관리 전문가의 훈련 및 기술
- 스포츠 건강관리 전문가와 선수의 관계
- 스포츠 건강관리 전문가와 정신건강 전문가 간의 관계
- 주변 환경과 상황의 특성(Brewer et al., 1999)

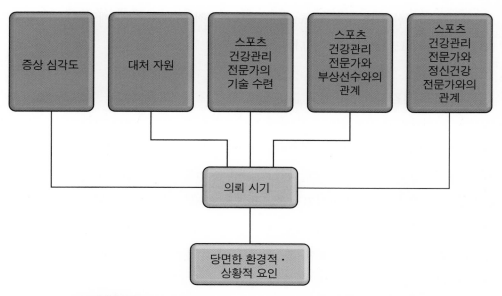

[그림 10-1] 심리 지원을 위한 선수 의뢰 시기에 영향을 미치는 요인

(1) 선수의 심리적 증상의 심각성

Heil(1993c)이 언급하였듯이, 의뢰는 선수의 심리적 증상이 심할수록 더 빨리 이루어져야 한다. 의뢰는 선수 또는 주변 사람의 건강과 안전에 위험이 예상될 때 긴급히 시행해야 한다. 긴급한 의뢰가 필요한 상황에는 동요된 태도, 파괴적이고 공격적인 행동, 현실감 상실, 자살 또는 살인 생각, 충동성 같은 증상이 있다(Lemberger, 2008). 신속한 의뢰를 위하여 꼭 생명, 건강 또는 안전을 위협하는 증상이 있어야 하는 것은 아니다. 선수에게 특히 고통스러운 증상이나 일상 수행 능력을 크게 저하하는 증상에 대해서도 즉각적인 주의가 필요하다.

(2) 선수의 대처 자원

일반적으로 선수가 이용할 수 있는 대처 자원이 많을수록 선수의 심리 서비스 의뢰
가 덜 시급해진다(Brewer et al., 1999). 이러한 대처 자원에는 내적 자산과 외적 자산이
있다. 내적 자산은 역경에 효과적으로 대처할 수 있게 해 주는 개인의 태도, 신념, 성
격 및 대처 기술을 말한다. 외적 자산은 선수가 사회적 지원 체제를 통해 사용할 수 있
는 자원을 의미한다(Petitpas & Danish, 1995). 사회적 지원의 영역, 제공자, 기능과 관
련된 내용은 제1장에서 논의하였다.

(3) 스포츠 건강관리 전문가의 훈련 및 기술

스포츠 건강관리 전문가가 심리 서비스 의뢰를 하는 시기는 전문가의 훈련 정도와
기본 상담 기술 능력에 영향을 받는다. 이러한 기본 상담 기술 능력으로는 선수에게
주의 기울이기, 걱정에 대하여 탐색하기, 그리고 걱정에 대한 선수의 생각과 행동에
영향을 미치기가 있다. 의뢰 시기는 스포츠 건강관리 전문가가 의뢰가 필요한 상태와
상황을 인식하는 능력에 영향을 받는다. 더 광범위한 훈련을 받아 다양한 상담 기술
을 보유한 전문가는 그렇지 못한 전문가보다 더 빨리 선수를 의뢰하는 경향이 있다.
숙련된 전문가는 선수와 관계를 구축하고, 정신병리를 확인하고, 의뢰 과정을 시작하
는 데 더 능숙하기 때문이다(Brewer et al., 1999). 그러나 때로는 숙련된 전문가가 선수
의뢰를 더 오랫동안 진행하지 않을 때도 있다. 그들은 선수의 심리적 문제를 다루는
것에 편안함을 느끼고 급히 선수를 의뢰해야 한다는 압박을 느끼지 않으며, 대신 상
황이 자연스럽게 종료되기를 기다리는 것을 선호하기 때문이다.

(4) 스포츠 건강관리 전문가와 선수의 관계

심리 서비스 의뢰 과정의 특성을 고려하면, 스포츠 건강관리 전문가와 선수 간의
관계는 의뢰 시기에 있어서 매우 중요하다. 스포츠 건강관리 전문가는 선수와 라포를
형성하여 선수의 신뢰를 얻을 수 있다. 이를 통해 스포츠 건강관리 전문가는 심리 서
비스 의뢰의 필요성을 확인할 수 있는 개인 정보에 더 쉽게 접근할 수 있으며, 의뢰에

대해 선수와 더 편안하게 이야기할 수 있다. 라포가 형성되기 전에 선수를 의뢰하는 것은 의뢰의 결과 및 선수와의 관계 모두에 부정적인 영향을 미칠 수 있다. 따라서 선수의 증상이 긴급한 의뢰가 필요한 정도가 아니라면, 스포츠 건강관리 전문가는 선수와의 신뢰 관계가 확립된 후 심리 지원을 의뢰하는 것이 바람직하다(Brewer et al., 1999).

(5) 스포츠 건강관리 전문가와 정신건강 전문가의 관계

스포츠 건강관리 전문가는 선수를 의뢰하기 전에 정신건강 전문가가 하는 개입의 내용과 방식을 구체적으로 알고 있어야 한다. 특히 스포츠 건강관리 전문가가 정신건강 전문가와 같은 치료 팀의 일원이고 원만한 관계를 유지하고 있다면, 스포츠 건강관리 전문가는 필요에 따라 즉시 정신건강 전문가에게 조언을 구하고 의뢰할 수 있다 (Brewer et al., 1999). 이후 언급에 살펴보겠지만, 스포츠 건강관리 전문가가 정신건강 전문가와 연락 체계를 구축하기 위해 노력한다면 선수를 의뢰할 상황에서 큰 혜택을 받을 수 있다.

(6) 즉각적 환경 및 상황의 특성

앞서 논의한 요소들은 즉시 의뢰가 필요할 정도로 심각한 심리적 증상을 제외하고는 의뢰의 정확한 시점을 나타내지 않는다. 한편, 현재 환경과 상황의 특성을 고려하는 것은 의뢰 시점을 결정하는 데 유용할 수 있다. 예를 들어, 의료진은 선수의 현재 기분, 생활 스트레스 요인, 사생활과 같은 일부 요인을 고려하여 선수가 심리 서비스를 받기 좋은 상황이 될 때까지 의뢰를 지연시킬 수 있다. 따라서 환경과 상황의 특성을 고려하는 것은 의료진에게 유리할 수 있으며, 효과적인 의뢰의 가능성을 높일 수 있다(Brewer et al., 1999).

2) 의뢰 방법

의뢰 과정에 대한 몇 가지 모델이 제안되었다(Brewer et al., 1999; Heil, 1993c; Lemberger, 2008; Taylor, Stone, Mullin, Ellenbecker, & Walgenbach, 2003; Taylor & Taylor, 1997). 의뢰 방법에 대한 논의는 의뢰뿐만 아니라 의뢰 전후에 이루어지는 사항들도 고려해야 한다. [그림 10-2]에 묘사된 의뢰 모델은 평가, 자문, 시험적 개입, 의뢰, 추적 관찰의 5단계로 구성된다.

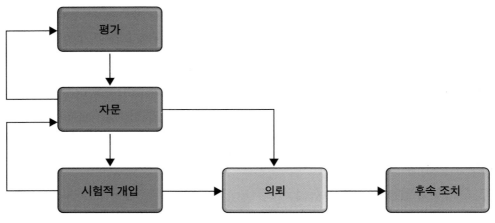

[그림 10-2] 부상 선수의 심리 서비스 지원 의뢰 모델

(1) 평가

의뢰 과정의 첫 번째 단계는 평가이다. 평가 과정에서 스포츠 건강관리 전문가는 선수의 심리적 상태를 식별한다. 선수의 심리적 상태를 평가하는 방법으로는 선수의 자가 보고, 선수에 대한 다른 사람들의 보고, 선수의 행동 관찰이 있다(Brewer et al., 1999; Granquist & Kenow, 2015). 평가 단계에는 선수의 인지, 감정 및 행동을 확인한다. 나아가 선수 지원 시스템의 구성 및 상태, 선수의 심리에 대한 환경적·상황적 영향, 선수의 행동이 선수와 주변인에게 미치는 영향을 확인한다(Lemberger, 2008).

(2) 자문

의뢰의 두 번째 단계는 자문이다. 스포츠 건강관리 전문가는 자문을 통해 의뢰 전, 미리 정신건강 전문가의 전문 지식을 활용할 수 있다. 스포츠 건강관리 전문가는 정신건강 전문가에게 연락을 취해 선수의 현재 상황을 설명하고 향후 어떻게 진행해야 하는지에 대한 지침을 받을 수 있다. 이와 같은 전문가들 사이의 소통은 두 전문가가 같은 치료팀의 구성원일 때 대면으로 쉽게 이루어진다(Brewer et al., 1999). 그러나 대부분 두 영역의 전문가는 같은 시설에서 근무하지 않는다. 이러한 상황에서 스포츠 건강관리 전문가는 전화를 사용하여 정신건강 전문가와 선수에 관해 대화한다(Taylor & Taylor, 1997). 정신건강 전문가는 스포츠 건강관리 전문가에게 선수를 즉시 의뢰하거나, 추가 평가를 시행하거나, 시험적 개입을 시행하도록 권장할 가능성이 크다(Brewer et al., 1999).

(3) 시험적 개입

의뢰 과정의 세 번째 단계는 시험적 개입이다. 시험적 개입은 자문 이후 반드시 진행되는 것은 아니다. 자문 단계에서 즉각적인 의뢰가 필요하다고 권고하면 시험적 개입을 건너뛸 수 있다. 정신건강 전문가가 평가 단계의 연장을 권고하는 경우, 시험적 개입은 지연되거나 잠재적으로 시행되지 않을 수 있다. 시험적 개입은 정신건강 전문가가 권고할 때 스포츠 건강관리 전문가의 능력 범위 내에서 수행한다. 시험적 개입은 스포츠 건강관리 전문가가 적용하기가 쉬우며, 선수가 따르기 쉬운 간단한 기법을 활용한다(Brewer et al., 1999).

일반적으로, 개입은 선수가 특정 상황에 대처하는 방법을 제공하도록 설계되어 있다(Heil, 1993c). 예를 들어, 정신건강 전문가는 스포츠 건강관리 전문가에게 선수의 재택 재활 준수 정도를 향상하기 위한 전략을 조언해 줄 수 있다. 시험적 개입이 완료되면 스포츠 건강관리 전문가는 개입의 효과를 평가하고 추가 상담이나 의뢰의 필요 여부를 결정한다. 개입이 성공적이었다면, 정신건강 전문가에게 문제가 해결되었음을 알리는 것이 바람직하다.

(4) 의뢰

평가, 자문, 시험적 개입 단계를 거치고, 의뢰 시기에 영향을 미치는 요인을 고려한 후, 스포츠 건강관리 전문가는 선수를 심리 서비스에 의뢰한다(〈표 10-2〉 참조). 선수에게 심리 서비스 의뢰에 관한 이야기를 꺼내는 것이 스포츠 건강관리 전문가에게 가장 어려운 부분일 수 있다. 선수에게 심리 서비스 의뢰에 관한 의견을 이야기할 때, 의료진은 다음과 같은 방법을 통해 선수를 안심시킬 수 있다. 첫째, 선수를 의뢰하는 이유에 대하여 설명하기, 둘째, 정신건강 전문가와 어떠한 일을 하게 될 것인지 설명하기, 셋째, 선수가 버림받거나 무시당하거나 의심받고 있지 않다는 것을 확인시켜 주기이다(Brewer et al., 1999; Heil, 1993c; Taylor & Taylor, 1997).

의료진이 선수에게 심리 서비스 의뢰를 권유할 때, 선수에 대한 걱정과 함께 선수의 문제 행동을 함께 언급하는 것이 유용할 수 있다. 예를 들어, 의료진은 "제가 당신에 대해 걱정하고 있다는 것을 알려 주고 싶습니다. 제가 재활 센터에서 보니, 당신은 최근에 꽤 기분이 좋지 않은 것 같습니다."와 같은 식으로 언급할 수 있다. 이러한 접근 방식은 정직하고 직접적이며, 의료진이 선수의 안위를 걱정한다는 사실을 전달할 수 있다. 더불어, 의료진은 선수의 정신병리가 아닌 선수가 스포츠 영역 안팎에서 목표를 달성하도록 돕는 수단으로서 심리 서비스 의뢰를 제안할 수도 있다(Taylor & Taylor, 1997). 또한, 의료진이 선수를 심리 서비스에 의뢰하게 만드는 증상과 행동은 목표 달성에 대한 장벽, 웰빙에 대한 장벽 또는 일상생활 욕구 충족에 대한 장벽으로 개념화될 수 있다.

선수를 정신건강 전문가에게 의뢰하는 것은 선수가 직면하고 있는 심리사회적 문제를 해결하는 방법을 제공하며 이는 선수에게 긍정적 영향을 준다. 스포츠 건강관리 전문가는 선수에게 심리 서비스가 어떤 것인지 설명함으로써 선수가 의뢰라는 개념에 더 익숙해지도록 도울 수 있다(Heil, 1993c; Taylor & Taylor, 1997). 즉, 심리 상담의 빈도, 특성, 내용 및 치료 비용에 대한 정보는 선수가 심리 서비스 의뢰에 대한 우려를 완화하는 데 도움이 된다. 구체적으로, 의료진은 선수에게 다음과 같이 설명할 수 있다. "당신은 심리 상담사와 함께 매주 1시간 정도 상담 시간을 가질 겁니다. 당신의 부상 및 일상에 관해 이야기하고, 당신의 기분과 수행 능력을 향상하는 데 도움이 되는 전략을 찾을 것입니다. 그리고 당신이 말한 모든 것은 비밀이 보장됩니다."

스포츠 건강관리 전문가가 선수와 강한 라포를 형성하였다고 하더라도, 의뢰 과정은 선수에게 당혹감, 버림받음, 무례함, 의심과 같은 부정적 감정을 유발할 수 있다. 따라서 스포츠 건강관리 전문가는 선수의 감정에 민감하게 반응해야 한다. 스포츠 건강관리 전문가는 선수에게 심리 서비스 의뢰가 적절하고 윤리적이며 표준적이며 선수의 웰빙에 대한 관심에서 비롯된 것임을 확신시켜야 한다. 이는 선수의 존엄성을 유지하고, 부정적 감정이 고조되는 것을 방지하며, 의뢰의 실행 가능성을 높일 수 있다(Brewer et al., 1999; Heil, 1993c; Taylor & Taylor, 1997; van Raalte & Andersen, 2014). 선수가 의뢰를 거절하겠다는 의사와 의뢰에 대한 강한 저항을 보이는 상황에서는 방문 의뢰(Andersen, 1992)라는 대안이 있다. 방문 의뢰란 정신건강 전문가가 스포츠 의료 시설로 직접 방문하여 선수와 스포츠 건강관리 전문가를 동시에 만나서 상담하는 것이다. 이를 통해 선수와 정신건강 전문가가 라포를 형성할 수 있다.

선수가 심리 서비스 의뢰를 수락하면 스포츠 건강관리 전문가는 즉시 선수가 상담 일정을 잡도록 격려하고 정신건강 전문가와 면담 예약을 돕는다(Heil, 1993c; Lemberger, 2008; Taylor & Taylor, 1997). 반면에, 선수가 의뢰를 완강히 거부한다고 해서 의뢰 과정이 반드시 끝난 것은 아니다. 전문가는 선수가 심리 서비스 의뢰를 받아들이는 데 시간이 걸릴 수 있다는 점을 염두에 두고, 적절하다고 판단되는 시점에 이 의견을 다시 꺼낼 수도 있다(van Raalte & Andersen, 2014).

(5) 추적 관찰

심리 서비스 의뢰의 마지막 단계는 추적 관찰이다. 이 단계에서 스포츠 건강관리 전문가는 의뢰한 선수 및 정신건강 전문가와 소통한다. 물론 선수는 정신건강 전문가와 상담한 내용에 대하여 스포츠 건강관리 전문가와 공유하지 않을 수도 있다. 선수가 의뢰 결과에 대해 언급하지 않는다면, 스포츠 건강관리 전문가는 정신건강 전문가에게 상담 내용에 대해 묻는 것이 적절하지 않다. 선수가 여전히 그 주제에 대해 논의하기를 원하지 않는다면, 스포츠 건강관리 전문가는 문제 요인의 변화 정도를 관찰하여 의뢰의 효과에 대한 간접 평가를 할 수 있다(Brewer et al., 1999).

정신건강 전문가는 상담 이후 선수가 잘 지내는지, 선수의 심리적 상태가 부상 재활에 참여하는 데 어떤 영향을 미칠 수 있는지에 대한 정보를 스포츠 건강관리 전문가에게 제공할 수 있다. 정신건강 전문가가 스포츠 건강관리 전문가로부터 의뢰받으면, 스포츠 건강관리 전문가에게 감사와 고마움의 편지를 보내는 것이 관례이다. 만약 선수가 심리 상담에 대한 정보를 스포츠 건강관리 전문가에게 공개하겠다는 의료 정보 제공 동의서에 서명하면, 정신건강 전문가는 스포츠 건강관리 전문가에게 선수의 상담 진행 상황에 대한 정보를 제공할 수 있다. 이러한 정보는 서면 상담 보고서 또는 일반 대화의 형태를 취할 수 있다. 대화 형태의 정보 제공은 두 전문가가 같은 공간에 위치하는 치료 팀의 일원일 때 일반적으로 이루어진다(Brewer et al., 1999; Meyer, Fink, & Carey, 1988; Strein & Hershenson, 1991). 선수가 상담 정보 공개를 승인한 경우, 이러한 정보는 정신건강 전문가의 재량에 따라 스포츠 건강관리 전문가와 공유되며, 대부분 스포츠 건강관리와 관련된 세부 내용에 중점을 둔다.

더불어, 선수는 스포츠 건강관리 전문가가 정신건강 전문가에게 자신의 부상 상태 및 치료에 대한 세부 정보를 공유하도록 승인하는 의료 정보 제공 동의서에 서명할 수 있다. 이로써 두 전문가는 양방향 소통이 가능해진다. 적용 초점 상자에서 논의하였듯이, 스포츠 건강관리 전문가는 정신건강 전문가가 관리 중인 선수를 상담할 때, 상담 내용을 해당 선수의 의료 차트에 적절히 기록해야 한다(Brewer et al., 1999).

스포츠 건강관리에서 심리사회적 정보의 문서화

스포츠 건강관리 전문가가 선수를 심리 서비스에 의뢰할 때, 선수는 자신의 심리적 문제에 대한 비밀이 유지되기를 원하기 때문에 해당 문제에 대한 전문가 사이의 논의가 힘들 수 있다. 그러나 Heil(1993c)이 지적하였듯이, 선수를 관리하는 전문가 사이의 명확한 소통은 스포츠 건강관리의 성공에 필수적이다.

Heil(1993c)은 치료의 초기 단계에서 어떤 종류의 정보를 누구와 공유할 것인지를 명확히 설정하고 그 규칙을 양심적으로 따를 것을 권고했다. 또한, Ray(1999)는 스포츠 건강관리 전문가가 선수의 상담 내용(심리 지원을 위한 의뢰 포함)을 기록하여 문서화해야 하는 강력한 이유를 제시하였다. 더불어 기록은 다음과 같은 역할을 한다고 명시하였다.

- 스포츠 건강관리 전문가를 법적으로 보호한다.
- 스포츠 건강관리 전문가가 선수와 상담하는 동안 발생한 일을 기억하도록 도와준다.
- 스포츠 건강관리 전문가가 윤리적이고 전문적인 기준을 준수할 수 있도록 한다.
- 정신건강 전문가와 소통을 향상한다.
- 보험 회사의 요구 사항을 충족하는 데 도움이 된다.
- 부상 선수의 개선된 치료에 기여한다.

상담 내용의 문서화는 여러 기능이 있지만, 잠재적인 문제도 있다. 상담 내용을 문서 기록하는 것은 선수의 말을 적극적으로 경청하는 것을 방해할 수 있다(Ray, 1999). 예를 들어, 의료진이 문서 기록하는 단순한 행위에 집중하다 보면, 선수의 비언어적 신호를 알아차리고 적절하게 반응하는 것을 방해할 수 있다. 그리고 의료 기록에 포함된 일부 정보는 잠재적으로 선수의 평판에 해를 끼칠 수 있다. 따라서 심리사회적인 내용을 기록할 때, 의료진은 보험 회사 직원과 같이 외부인이 해당 정보에 접근할 경우 선수에게 미칠 수 있는 잠재적 피해와 이익에 대해 고려해야 한다(Ray, 1999).

스포츠 건강관리 전문가는 신체검사 및 치료를 통해 얻은 자료 외에도 환자 교육, 치료 처방, 전화 조언, 선수의 정신 상태(외모, 행동, 인지, 정서, 기억, 성향 등), 자살 충동 및 폭력적 행동과 관련된 정보를 기록해야 한다(Ray, 1999). 일반적으로 선수의 면담 내용에 대한 철저한 문서화가 권장되지만, 일부 정보는 의료 기록에 포함하는 것이 적절하지 않을 수 있다. 감정이나 개인적 의견(직감, 가치 판단 등)에 근거한 진술은 문서 기록에 배제해야 한다(Soisson, VandeCreek, & Knapp, 1987). 나아가, 불법 행위, 성행위 또는 내담자를 당황스럽게 만들고 해를 입힐 수 있는 기타 민감한 정보는 기록에 적합하지 않다.

3) 의뢰 네트워크

스포츠 건강관리 전문가는 효율적인 심리 서비스 의뢰를 위하여 정신건강 전문가와의 네트워크 구축이 필요하다. 정신건강 전문가가 스포츠 의학 팀의 정식 구성원인 경우는 드물기에, 스포츠 건강관리 전문가는 선수의 다양한 요구 사항을 충족시킬 수 있는 정신건강 전문가 인맥을 보유하는 것이 유용하다. 의뢰 네트워크는 스포츠 건강관리 전문가가 담당하는 선수 집단의 규모와 특성에 따라 다를 수 있지만, 의뢰 네트워크에는 보통 정신과 의사, 임상 및 상담 심리학자, 임상 사회복지사, 상담사와 같은 정신건강 전문가가 포함된다. 이러한 전문가들의 일반적인 학위와 업무 영역은 〈표 10-3〉에 제시되어 있다. 각 유형의 전문가는 선수의 정신건강을 향상시키는 데 유용한 기술, 기법과 경험을 제공한다. 의뢰 네트워크는 선수를 상담할 의향이 있고, 선수 상담 경력이 있으며, 성별, 인종, 민족, 비용 및 이론적 성향이 다양한 정신건강 전문가 집단을 구성하는 것이 좋다(Brewer et al., 1999; Lemberger, 2008; Taylor & Taylor, 1997; van Raalte & Andersen, 2014).

〈표 10-3〉 다양한 정신건강 전문가의 일반적인 학위와 업무 영역

전문가	학위	업무 영역
정신과 의사	MD or DO	정신질환 진단 및 치료, 의약품 처방
심리학자	PhD, PsyD, EdD	정신질환 및 적응 문제의 평가, 진단 및 치료
사회 복지사	MSW	광범위한 정신건강 서비스
상담사	MA, MS, MEd	정신건강 상담, 약물 남용 상담, 부부 및 가족 치료, 진로 상담, 체육 상담 및 기타 전문 분야의 광범위한 서비스

의뢰 네트워크를 구축하기 위해, 스포츠 건강관리 전문가는 검증되고 적합한 자격을 갖춘 정신건강 전문가를 식별하고 연락해야 한다. 특히, 스포츠 건강관리 전문가는 정신건강 전문가의 전문 분야, 주요 상담 대상, 선호하는 의뢰 절차, 운영 시간, 요금 및 지불 방법, 보험 적용, 치료 접근 방식 및 이론적 방향을 확인해야 한다. 이러한 정보는 스포츠 건강관리 전문가가 심리 지원이 필요한 선수를 정신건강 전문가에게 안내하고, 의뢰 절차를 원활하게 관리할 수 있도록 돕는다.

스포츠 건강 전문가가 정신건강 전문가의 치료 방식과 이론적 성향을 파악하면, 선수에게 향후 치료 과정에 대한 구체적인 정보를 제공할 수 있다. 스포츠 건강관리 전문가는 의뢰 네트워크를 정기적으로 최신화하고 효율성과 효과를 평가하여 필요에 따라 갱신해야 한다(Brewer et al., 1999; Taylor & Taylor, 1997; van Raalte & Andersen, 2014; Wooten, 2008). 의뢰 네트워크를 구축하고 유지하려면 지속적인 시간과 노력이 필요하다. 하지만 이러한 투자는 심리 지원이 필요한 선수의 요구를 충족시키는 데 도움이 된다.

5. 생물심리사회적 분석

부상 선수를 심리 서비스에 의뢰하는 것은 의심할 여지없이 사회적 과정이다. 그러나 심리 서비스 의뢰가 필요한 근본적인 원인인 부상은 생물학적인 요인이다. 따라서 심리 서비스 의뢰에는 생물학적 배경 또한 크게 작용한다. 선수의 심리적 상태와 부상과 같은 생물학적 맥락은 의뢰 과정을 불편하게 만들 수 있다. 켈리(트레이너)와 블레어(선수)의 사례에서도 트레이너와 선수 모두 심리 서비스 의뢰에 대해 불편함을 보였다. 블레어와 칼라는 정신병리와 관련된 문제로 심리 서비스 의뢰 절차를 시작하였다. 반면, 아론의 경우 일차적으로 경기력 관련 문제로 심리 서비스 의뢰를 시행하였다. 아론은 심리 서비스 의뢰에 대하여 호의적인 반응을 보였다. 이는 아론의 경우 심리 서비스 의뢰가 자신을 사회적으로 낙인 찍을 가능성이 낮았기 때문으로 보인다.

생물학적 맥락과 심리적 상태에도 불구하고, 의뢰는 여전히 소통 및 관계가 중요한 사회적 과정이다. 예를 들어, 블레어와 물리 치료사 존은 좋은 관계를 유지했다. 이러한 좋은 관계는 블레어가 존의 심리 서비스 의뢰 제안을 편안하게 거부할 수 있도록 하였다. 또한 존이 블레어에게 차후 심리 서비스 의뢰를 다시 제안하려는 생각을 가질 수 있게끔 하였다. 이와 비슷하게, 트레이너 리니가 칼라 및 심리 상담사와 맺은 좋은 관계는 그들이 효과적인 소통을 하게끔 영향을 미쳤을 가능성이 크다. 구체적으로, 리니는 칼라의 걱정을 들을 수 있을 만큼 가깝긴 했으나, 칼라의 화가 난 행동을 막을 수 있는 정도는 아니었다. 하지만 리니는 칼라가 익숙한 환경에서 함께 심리 상담사를 만나도록 방문 의뢰에 참여시킬 수 있었다.

마찬가지로, 아론과 트레이너 재클린은 친밀한 관계를 맺고 있었다. 이는 아론이 스포츠 복귀 걱정을 재클린에게 공유하기로 한 주요인이었을 것이다. 결과적으로 그녀의 능숙한 소통 기술은 아론을 스포츠 심리 서비스로 의뢰할 수 있게 하였다. 이와 대조적으로, 켈리와 힐러리의 관계는 그다지 친밀하지 못했다. 따라서 켈리는 힐러리의 식이 장애로 의심되는 행동에 대하여 그녀에게 물어볼 수 없었다. 따라서 생물학적·심리적·사회적 요인을 적절히 보완하려고 노력한다면 부상 선수를 심리 서비스에 효율적으로 의뢰할 수 있고, 좋은 결과를 내는 데 도움이 될 수 있을 것이다.

6. 요약

부상 선수를 심리 서비스에 의뢰하는 것은 일반적인 의료 전문가에게 의뢰하는 것보다 더 어려운 것으로 여겨진다. 따라서 부상 선수를 심리 서비스에 의뢰하기 위해서는 환자-의료진의 소통과 의료 전문가 사이의 적절한 소통이 필요하다. 심리 서비스 의뢰는 선수의 심리사회적 필요를 충족하고, 스포츠 건강관리 전문가가 자기 능력 내에서 업무를 수행할 수 있도록 돕는다. 나아가, 중요한 직업적·윤리적·법적 의무를 완수하도록 도와준다. 그러나 이러한 심리 서비스 의뢰는 드물게 발생한다. 이는 전문적인 스포츠 심리학, 스포츠 정신건강 전문가가 없다는 인식에 기인한다. 또한 심리 문제를 논의하는 것이 선수에게 불편할 수 있기 때문이다.

선수를 심리 서비스에 의뢰하는 주요 이유는 심리 문제의 예방 및 치료를 위해서이다. 선수의 정신병리는 선수의 자가 보고, 행동 관찰, 코치, 팀원, 부모의 보고를 통해 알 수 있다. 선수 집단에서 섭식 장애 및 약물 관련 장애 외의 정신 장애 유병률에 대한 역학 자료는 거의 없다. 그러나 잠재적으로 부상 선수와 관련 있는 정신 장애는 세 가지 범주로 분류할 수 있다. 첫 번째 범주인 스포츠 손상에 대한 반응과 관련된 정신 장애에는 신경 인지 장애, 급성 스트레스 장애, 외상 후 스트레스 장애, 적응 장애 및 주요 우울 장애가 포함된다. 두 번째 범주인 신체 및 의학적 치료와 관련된 장애에는 신체 이형 장애, 신체 증상 장애, 질병 불안 장애, 전환 장애, 의학적 상태에 영향을 미치는 심리적 요인, 인위성 장애, 섭식 장애 및 불면증 장애 등이 있다. 세 번째 범주인 기저 만성 또는 급성 장애에는 신경 발달 장애, 조현병 스펙트럼 및 기타 정신병적 장애, 양극성 장애 및 관련 장애, 우울 장애, 불안 장애, 강박 장애 및 관련 장애, 약물 관련 및 중독 장애, 성격 장애가 포함된다.

부상 선수를 심리 서비스에 의뢰하는 것은 복잡하고 섬세한 과정이다. 의뢰 시기를 결정할 때 고려해야 하는 요소에는 심리적 증상의 심각성, 선수의 대처 자원, 스포츠 건강관리 전문가의 훈련 및 기술이 있다. 또한, 스포츠 건강관리 전문가와 선수의 관계, 스포츠 건강관리 전문가와 정신건강 전문가의 관계, 환경 및 상황의 특성도 심리 서비스 의뢰 시 고려해야 한다. 의뢰 과정에 대한 몇 가지 모델이 제안되었다. 대표적인 의뢰 과정의 모델은 평가, 자문, 시험적 개입, 의뢰, 후속 조치를 포함한다. 더불어, 정신건강 전문가 집단의 다양한 의뢰 네트워크를 구축하면 부상 선수를 심리 서비스에 의뢰하기가 쉬워진다.

📅 토론 질문

1. 스포츠 건강관리 전문가가 선수를 심리 서비스에 의뢰하는 빈도가 적은 이유는 무엇인가?
2. 스포츠 건강관리 전문가가 선수를 심리 서비스에 의뢰하는 이유는 무엇인가?
3. 스포츠 건강관리 전문가가 선수를 심리 서비스에 의뢰할 수 있는 정신병리 상태는 무엇인가?
4. 스포츠 건강관리 전문가가 심리 서비스 의뢰를 하는 과정을 설명하라. 그리고 스포츠 건강관리 전문가는 어떤 정신건강 전문가를 의뢰 네트워크에 포함해야 하는가?

참고문헌

Aaltonen, S., Karjalainen, H., Heinonen, A., Parkkari, J., & Kujala, U. M. (2007). Prevention of sports injuries: Systematic review of randomized controlled trials. *Archives of Internal Medicine, 167,* 1585−1592. doi:10.1001/archinte.167.15.1585

Abenza, L., Olmedilla, A., & Ortega, E. (2010). Efectos de las lesiónes sobre las variables psicológicas en fubolistas juveniles [Effect of injuries on psychological variables among under−19 soccer players.]. *Revista Latinoamericana de Psicología, 42,* 265−277.

Abernethy, L., & Bleakley, C. (2007). Strategies to prevent injury in adolescent sport: A systematic review. *British Journal of Sports Medicine, 41,* 627−638. doi:10.1136/bjsm.2007.035691

Abgarov, A., Jeffery−Tosoni, S., Baker, J., & Fraser−Thomas, J. (2012). Understanding social support throughout the injury process among interuniversity swimmers. *Journal of Intercollegiate Sport, 5,* 213−229.

Addison, T., & Kremer, J. (1997). Towards a process model of the experience of pain in sport. In R. Lidor & M. Bar−Eli (Eds.), *Innovations in sport psychology: Linking theory and practice* (Part I, pp. 59−61). Netanya, Israel: International Society of Sport Psychology.

Addison, T., Kremer, J., & Bell, R. (1998). Understanding the psychology of pain in sport. *Irish Journal of Psychology, 19,* 486−503.

Ajzen, I. (1991). The theory of planned behavior. *Organizational Behavior and Human Decision Processes, 50,* 179−211. doi:0.1016/0749−5978(91)90020−T

Ajzen, I., & Fishbein, M. (1980). *Understanding attitudes and predicting social behavior.* Englewood Cliffs, NJ: Prentice−Hall.

Akehurst, S., & Oliver, E. J. (2014). Obsessive passion: A dependency associated with injury−related risky behaviour in dancers. *Journal of Sports Sciences, 32,* 259−267. doi: 10.1080/02640414.2013.823223

Alabas, O. A., Tashani, O. A., Tasabam, G., & Johnson, M. I. (2012). Gender role affects experimental pain responses: A systematic review with metaanalysis. *European Journal of Pain, 16,* 1211−1223. doi:10.1002/j.1532−2149.2012.00121.x

Albinson, C. B., & Petrie, T. (2003). Cognitive appraisals, stress, and coping: Preinjury and postinjury factors influencing psychological adjustment to athletic injury. *Journal of Sport Rehabilitation, 12,* 306−322.

Alentorn−Geli, E., Myer, G. D., Silvers, H. J., Samitier, G., Romero, D., Lázaro−Haro, C., & Cugat, R. (2009). Prevention of non−contact anterior cruciate ligament injuries in soccer players. Part 2:

A review of prevention programs aimed to modify risk factors and to reduce injury rates. *Knee Surgery, Sports Traumatology*, Arthroscopy, 17, 159–179.

Almeida, P.L., Luciano, R., Lameiras, J., & Buceta, J. M. (2014). Beneficios percibidos de las lesiónes deportivas: Estudio cualitativo en futbolistas profesionalesy semiprofesionales. *Revista de Psicología del Deporte, 23*, 457–464.

Alzate, R., Ramírez, A., & Artaza, J. L. (2004). The effect of psychological response on recovery of sport injury. *Research in Sports Medicine, 12*, 15–31. doi:10.1080/15438620490280567

American Psychiatric Association. (2013). *Diagnostic and statistical manual of mental disorders* (5th ed.). Washington, DC: Author.

Andersen, M. B. (1992). Sport psychology and procrustean categories: An appeal for synthesis and expansion of service. *Association for the Advancement of Applied Sport Psychology Newsletter, 7*(3), 8–9.

Andersen, M. B., & Stoové, M. A. (1998). The sanctity of p⟨.05 obfuscates good stuff: A comment on Kerr and Goss. *Journal of Applied Sport Psychology, 10*, 168–173. doi:10.1080/10413209808406384

Andersen, M. B., & Williams, J. M. (1988). A model of stress and athletic injury: Prediction and prevention. *Journal of Sport & Exercise Psychology, 10*, 294–306.

Andersen, M. B., & Williams, J. M. (1999). Athletic injury, psychosocial factors, and perceptual changes during stress. *Journal of Sports Sciences, 17*, 735–741. doi:10.1080/026404199365597

Andersen, T. E., Floerenes, T. W., Arnason, A., & Bahr, R. (2004). Video analysis of the mechanisms of ankle injuries in football. *The American Journal of Sports Medicine, 32*, 69S–79S. doi:10.1177/0363546503262023

Andersen, T. E., Larsen, O., Tenga, A., Engebretsen, L., & Bahr, R. (2003). Football incident analysis: A new video-based method to describe injury mechanisms in professional football. *British Journal of Sports Medicine, 37*, 226–232. doi:10.1136/bjsm.37.3.226

Ankney, I., Jauhar, E., Schrank, L., & Shapiro, J. (2012). *Factors that affect psychological readiness to return to sport following injury*. In Association for Applied Sport Psychology—2012 conference proceedings & program (p. 86). Indianapolis: Association for Applied Sport Psychology.

Anshel, M. H., & Russell, K. G. (1994). Effect of aerobic and strength training on pain tolerance, pain appraisal, and mood of unfit males as a function of pain location. *Journal of Sports Sciences, 12*, 535–547. doi: 10.1080/02640419408732204

Appaneal, R. N., & Granquist, M. D. (2007). Shades of grey: A sport psychology consultation with an athlete with injury. In D. Pargman (Ed.), *Psychological bases of sport injury* (3rd ed., pp. 335–350). Morgantown, WV: Fitness Information Technology.

Appaneal, R. N., Levine, B. R., Perna, F. M., & Roh, J. L. (2009). Measuring postinjury depression among male and female competitive athletes. *Journal of Sport & Exercise Psychology, 31*, 60–76.

Appaneal, R. N., Perna, F. M., & Larkin, K. T. (2007). Psychophysiological response to severe sport injury among competitive male athletes: A preliminary investigation. *Journal of Clinical Sport Psychology, 1*, 68–88.

Arnason, A., Engebretsen, L., & Bahr, R. (2005). No effect of a video–based awareness program on the rate of soccer injuries. *The American Journal of Sports Medicine, 33*, 77–84. doi:10.1177/0363546503262688.

Ardern, C. L., Taylor, N. F., Feller, J. A., & Webster, K. E. (2012). Fear of re–injury in people who have returned to sport following anterior cruciate ligament reconstruction surgery. *Journal of Science & Medicine in Sport, 15*, 488–495. doi:10.1016/j.jsams.2012.03.015

Ardern, C. L., Taylor, N. F., Feller, J. A., & Webster, K. E. (2013). A systematic review of the psychological factors associated with returning to sport following injury. *British Journal of Sports Medicine, 47*, 1120–1126. doi:10.1136/bjsports–2012–091203

Ardern, C. L., Taylor, N. F., Feller, J. A., Whitehead, T. S., & Webster, K. E. (2013). Psychological responses matter in returning to preinjury level of sport after anterior cruciate ligament reconstruction surgery. *The American Journal of Sports Medicine, 41*, 1549–1558. doi:10.1080/02640419408732204

Ardern, C. L., Taylor, N. F., Feller, J. A., Whitehead, T. S., & Webster, K. E. (2015). Sports participation 2 years after anterior cruciate ligament reconstruction in athletes who had not returned to sport at 1 year: A prospective follow–up of physical function and psychological factors in 122 athletes. *The American Journal of Sports Medicine, 43*, 848–856. doi:10.1177/0363546514563282

Ardern, C. L., Webster, K. E., Taylor, N. F., & Feller, J. A. (2011). Return to sport following anterior cruciate ligament reconstruction surgery: A systematic review and meta–analysis of the state of play. *British Journal of Sports Medicine, 45*, 596–606. doi:10.1136/bjsm.2010.076364

Arvinen–Barrow, M., & Hemmings, B. (2013). Goal setting in sport injury rehabilitation. In M. Arvinen–Barrow & N. Walker (Eds.), *The psychology of sport injury and rehabilitation* (pp. 56–70). London: Routledge.

Arvinen–Barrow, M., Hemmings, B., Becker, C. A., & Booth, L. (2008). Sport psychology education: A preliminary survey on chartered physiotherapists' preferred methods of training delivery. *Journal of Sport Rehabilitation, 17*, 399–412.

Arvinen–Barrow, M., & Pack, S. (2013). Social support in sport injury rehabilitation. In M. Arvinen–Barrow & N. Walker (Eds.), *The psychology of sport injury and rehabilitation* (pp. 117–131). London: Routledge.

Astle, S. J. (1986). The experience of loss in athletes. *Journal of Sports Medicine and Physical Fitness, 26*, 279–284.

Bahr, R. (2004). Acute ankle injuries. In R. Bahr & S. Mæhlum (Eds.), *Clinical guide to sports injuries: An illustrated guide to the management of injuries in physical activity* (pp. 393–407). Champaign, IL: Human Kinetics.

Bahr, R., & Krosshaug, T. (2005). Understanding injury mechanisms: A key component of preventing injuries in sport. *British Journal of Sports Medicine, 39*, 324-329. doi:10.1136/bjsm.2005.018341

Bahr, R., & Lian, O. (1997). A two-fold reduction in the incidence of acute ankle sprains in volleyball. *Scandinavian Journal of Medicine & Science in Sports, 7*, 172-177. doi: 10.1111/j.1600-0838.1997.tb00135.x

Ballard-Reisch, D. (1990). A model of participative decision making for physician-patient interaction. *Health Communication, 2*, 91-104.

Bandura, A. (1977). Self-efficacy: Toward a unifying theory of behavior change. *Psychological Review, 84*, 191-215. doi:0.1037/0033-295X.84.2.191

Bandura, A. (1982). Self-efficacy mechanism in human agency. *American Psychologist, 37*, 122-147. doi:10.1037/0003-066X.37.2.122

Bandura, A. (1997). *Self-efficacy: The exercise of control.* New York: Freeman.

Banks, J., & Rayna Forcheimer, R. (2011). Injury, pain, and prescription opioid use among former National Football League (NFL) players. *Drug and Alcohol Dependence, 116*, 188-194.

Baranoff, J., Hanrahan, S. J., & Connor, J. P. (2015). The roles of acceptance and catastrophizing in rehabilitation following anterior cruciate ligament reconstruction. *Journal of Science and Medicine in Sport, 18*, 250-254. doi:10.1016/j.jsams.2014.04.002

Bartholomew, J. B., Lewis, B. P., Linder, D. E., & Cook, D. B. (1993). *Exercise associated conditioned analgesia.* Unpublished manuscript, Arizona State University, Tempe.

Bassett, S. F., & Prapavessis, H. (2011). A test of an adherence-enhancing adjunct to physiotherapy steeped in the protection motivation theory. *Physiotherapy Theory and Practice, 27*, 360-372. doi: 10.3109/09593985.2010.507238

Bauer, M., Feeley, B. T., Wawrzyniak, J. R., Pinkowsky, G., & Gallo, R. A. (2014). Factors affecting return to play after anterior cruciate ligament reconstruction: A review of the current literature. *The Physician and Sportsmedicine, 42*(4), 71-79. doi:10.3810/psm.2014.11.2093

Baum, A. L. (2013). Suicide in athletes. In D. A. Baron, C. L. Reardon, & S. H. Baron (Eds.), *Clinical sports psychiatry: An international perspective* (pp. 79-88). Chichester, UK: Wiley-Blackwell.

Beaton, J., & Langdon, S. (2012). Discrepancies between injured athletes' and coaches' perceptions of social support [Abstract]. In Association for Applied Sport Psychology-2012 conference proceedings & program (p. 86). Indianapolis: Association for Applied Sport Psychology.

Beckman, H. B., & Frankel, R. M. (1984). The effect of physician behavior on the collection of data. *Annals of Internal Medicine, 101*, 692-696. doi:10.7326/0003-4819-101-5-692

Beecher, H. K. (1959). *Measurement of subjective response.* New York: Oxford University Press.

Begel, D. (1994). Occupational, psychopathologic, and therapeutic aspects of sport psychiatry. *Direct Psychiatry, 14*(11), 108.

Belanger, A. Y., & Noel, G. (1991). Compliance to and effects of a home strengthening exercise program for adult dystrophic patients: A pilot study. *Physiotherapy Canada, 43*, 24−30.

Beneka, A., Malliou, P., Gioftsidou, A., Kofotolis, N., Rokka, S., Mavromoustakos, S., & Godolias, G. (2013). Effects of instructional and motivational self−talk on balance performance in knee injured. *European Journal of Physiotherapy, 15*, 56−63. doi: 10.3109/21679169.2013.776109

Bentsen, H. Lindgarde, F., & Manthrope, R. (1997). The effects of dynamic strength back exercise and/or a home training program in 57−year−old women with chronic low back pain. *Spine, 22*, 1494−1500.

Berger, K. (2010, November 22). West deals with bipolar disorder, gets back on track. CBS Sports. Retrieved from www.cbssports.com

Bianco, T. (2001). Social support and recovery from sport injury: Elite skiers share their experiences. *Research Quarterly for Exercise and Sport, 70*, 376−388.

Bianco, T., Malo, S., & Orlick, T. (1999). Sport injury and illness: Elite skiers describe their experiences. *Research Quarterly for Exercise and Sport, 70*, 157−169.

Bianco, T. M. (2007). Sport injury and the need for coach support. In D. Pargman (Ed.), *Psychological bases of sport injury* (3rd ed., pp. 237−266). Morgantown, WV: Fitness Information Technology.

Bleakley, C., McDonough, S., & MacAuley, D. (2004). The use of ice in the treatment of acute soft tissue injury: A systematic review of the literature. *The American Journal of Sports Medicine, 32*, 251−261. doi:10.1177/0363546503260757

Bollen, J. C., Dean, S. G., Siegert, R. J., Howe, T. E., & Goodwin, V. A. (2014). *A systematic review of measures of self−reported adherence to unsupervised home−based rehabilitation exercise programmes, and their psychometric properties.* BMJ Open, 4, e005044. doi:10.1136/bmjopen−2014−005044

Booth, W. (1987). Arthritis Institute tackles sports. *Science, 237*, 846−847.

Boots, L. M. (2010). *Dealing with the psychological aspects of athletes: How prepared are athletic training students* (Unpublished master's thesis). Springfield College, MA.

Boselie, J. J. L. M., Vancleef, L. M. G., Smeets, T., & Peters, M. L. (2014). Increasing optimism abolishes pain−induced impairments in executive task performance. *Pain, 155*, 334−340. doi:10.1016/j.pain.2013.10.014

Boyce, D., & Brosky, J. A. (2008). Determining the minimal number of cyclic passive stretch repetitions recommended for an acute increase in an indirect measure of hamstring length. *Physiotherapy Theory and Practice, 24*, 113−120. doi:10.1080/09593980701378298

Braham, R. A., & Finch, C. F. (2004). Do community football players wear allocated protective equipment? Descriptive results from a randomised controlled trial. *Journal of Science and Medicine in Sport, 7*, 216−220. doi:10.1016/S1440−2440(04)80011−2

Braham, R. A., Finch, C. F., McIntosh, A., & McCrory, P. (2004). Community football players' attitudes towards protective equipment: A preseason measure. Descriptive results from a randomised controlled trial. *British Journal of Sports Medicine, 38*, 426–430. doi:0.1136/bjsm.2002.004051

Bramwell, S. T., Masuda, M., Wagner, N. N., & Holmes, T. H. (1975). Psychosocial factors in athletic injuries: Development and application of the Social and Athletic Readjustment Rating Scale (SARRS). *Journal of Human Stress, 1*, 6–20.

Bredemeier, B. (1985). Moral reasoning and the perceived legitimacy of intentionally injurious sport acts. *Journal of Sport Psychology, 7*, 110–124.

Bredemeier, B., Weiss, M., Shields, D., & Cooper, B. (1987). The relationship between children's legitimacy judgments and their moral reasoning, aggression tendencies, and sport involvement. *Sociology of Sport Journal, 4*, 48–60.

Brewer, B. W. (1993). Self–identity and specific vulnerability to depressed mood. *Journal of Personality, 61*, 343–364. doi:10.1111/j.1467–6494.1993.tb00284.x

Brewer, B. W. (1994). Review and critique of models of psychological adjustment to athletic injury. *Journal of Applied Sport Psychology, 6*, 87–100. doi:10.1080/10413209408406467

Brewer, B. W. (1999a). Causal attribution dimensions and adjustment to sport injury. *Journal of Personal and Interpersonal Loss, 4*, 215–224. doi:10.1080/10811449908409730

Brewer, B. W. (1999b). Adherence to sport injury rehabilitation regimens. In S. J. Bull (Ed.), *Adherence issues in sport and exercise* (pp. 145–168). Chichester: Wiley.

Brewer, B. W. (2001). Emotional adjustment to sport injury. In J. Crossman (Ed.), *Coping with sports injuries: Psychological strategies for rehabilitation* (pp. 1–19). Oxford: Oxford University Press.

Brewer, B. W. (2004). Psychological aspects of rehabilitation. In G. S. Kolt & M. B. Andersen (Eds.), *Psychology in the physical and manual therapies* (pp. 39–53). Edinburgh: Churchill Livingstone.

Brewer, B. W. (2007). Psychology of sport injury rehabilitation. In G. Tenenbaum & R. C. Eklund (Eds.), *Handbook of sport psychology* (3rd ed., pp. 404–424). New York: Wiley.

Brewer, B. W. (2010). The role of psychological factors in sport injury rehabilitation outcomes. *International Review of Sport and Exercise Psychology, 3*, 40–61. doi:10.1080/17509840903301207.

Brewer, B. W., Andersen, M. B., & Van Raalte, J. L. (2002). Psychological aspects of sport injury rehabilitation: Toward a biopsychosocial approach. In D. L. Mostofsky & L. D. Zaichkowsky (Eds.), *Medical and psychological aspects of sport and exercise* (pp. 41–54). Morgantown, WV: Fitness Information Technology.

Brewer, B. W., Avondoglio, J. B., Cornelius, A. E., Van Raalte, J. L., Brickner, J. C., Petitpas, A. J., Hatten, S. J. (2002). Construct validity and interrater agreement of the Sport Injury Rehabilitation Adherence Scale. *Journal of Sport Rehabilitation, 11*, 170–178.

Brewer, B. W., & Buman, M. P. (2006). Attentional focus and endurance performance: Review and theoretical integration. *Kinesiologia Slovenica, 12*, 82–97.

Brewer, B. W., Cornelius, A. E., Sklar, J. H., Van Raalte, J. L., Tennen, H., Armeli, S. Brickner, J. C. (2007). Pain and negative mood during rehabilitation after anterior cruciate ligament reconstruction:

A daily process analysis. *Scandinavian Journal of Medicine and Science in Sports, 17*, 520−529. doi:10.1111/j.1600−0838.2006.00601.x

Brewer, B. W., Cornelius, A. E., Stephan, Y., & Van Raalte, J. L. (2010). Self−protective changes in athletic identity following ACL reconstruction. *Psychology of Sport and Exercise, 11*, 1−5. doi:10.1016/j.psychsport.2009.09.005

Brewer, B. W., Cornelius, A. E., & Van Raalte, J. L. (2010, October). Preoperative effects of a multimedia CDROM for ACL surgery and rehabilitation: Results of a randomized clinical trial. Paper presented at the annual meeting of the Association for Applied Sport Psychology, Providence, RI.

Brewer, B. W., Cornelius, A. E., Van Raalte, J. L., Brickner, J. C., Sklar, J. H., Corsetti, J. R., Emery, K. (2004). Rehabilitation adherence and anterior cruciate ligament reconstruction outcome. *Psychology, Health, & Medicine, 9*, 163−175. doi:10.1080/13548500410001670690

Brewer, B. W., Cornelius, A. E., Van Raalte, J. L., Brickner, J. C., Tennen, H., Sklar, J. H., Pohlman, M. H. (2004). Comparison of concurrent and retrospective pain ratings during rehabilitation following anterior cruciate ligament reconstruction. *Journal of Sport & Exercise Psychology, 26*, 610−615.

Brewer, B. W., Cornelius, A. E., Van Raalte, J. L., Petitpas, A. J., Sklar, J. H., Pohlman, M. H., Ditmar, T. (2003a). Protection motivation theory and sport injury rehabilitation adherence revisited. *The Sport Psychologist, 17*, 95−103.

Brewer, B. W., Cornelius, A. E., Van Raalte, J. L., Petitpas, A. J., Sklar, J. H., Pohlman, M. H., Ditmar, T. D. (2003b). Age−related differences in predictors of adherence to rehabilitation after anterior cruciate ligament reconstruction. *Journal of Athletic Training, 38*, 158−162.

Brewer, B. W., Cornelius, A. E., Van Raalte, J. L., Tennen, H., & Armeli, S. (2013). Predictors of adherence to home rehabilitation exercises following anterior cruciate ligament reconstruction. *Rehabilitation Psychology, 58*, 64−72. doi:10.1037/a0031297

Brewer, B. W., Daly, J. M., Van Raalte, J. L., Petitpas, A. J., & Sklar, J. H. (1999). A psychometric evaluation of the Rehabilitation Adherence Questionnaire. *Journal of Sport & Exercise Psychology, 21*, 167−173.

Brewer, B. W., & Helledy, K. I. (1998). Off (to) the deep end: Psychological skills training and water running. *Applied Research in Coaching and Athletics Annual, 13*, 99−118.

Brewer, B. W., Jeffers, K. E., Petitpas, A. J., & Van Raalte, J. L. (1994). Perceptions of psychological interventions in the context of sport injury rehabilitation. *The Sport Psychologist, 8*, 176−188.

Brewer, B. W., Linder, D. E., & Phelps, C. M. (1995). Situational correlates of emotional adjustment to athletic injury. *Clinical Journal of Sport Medicine, 5*, 241−245. doi:10.1097/00042752−199510000−00006

Brewer, B. W., Petitpas, A. J., & Van Raalte, J. L. (1999). Referral of injured athletes for counseling and psychotherapy. In R. Ray & D. M. Wiese−Bjornstal (Eds.), *Counseling in sports medicine* (pp. 127−141). Champaign, IL: Human Kinetics.

Brewer, B. W., Petitpas, A. J., Van Raalte, J. L., Sklar, J. H., & Ditmar, T. D. (1995). Prevalence of psychological distress among patients at a physical therapy clinic specializing in sports medicine. *Sports Medicine, Training, and Rehabilitation, 6*, 139–145. doi:10.1080/15438629509512045.

Brewer, B. W., & Petrie, T. A. (1995). A comparison between injured and uninjured football players on selected psychosocial variables. *Academic Athletic Journal, 10*, 11–18.

Brewer, B. W., & Petrie, T. A. (2014). Psychopathology in sport and exercise. In J. L. Van Raalte & B. W. Brewer (Eds.), *Exploring sport and exercise psychology* (3rd ed., pp. 311–335). Washington, DC: American Psychological Association.

Brewer, B. W., & Van Raalte, J. L. (Executive Producers). (2009). Conquering ACL surgery and rehabilitation [CD–ROM]. (Available from Virtual Brands, LLC, 10 Echo Hill Road, Wilbraham, MA 01095)

Brewer, B. W., Van Raalte, J. L., Cornelius, A. E., Petitpas, A. J., Sklar, J. H., Pohlman, M. H., Ditmar, T. D. (2000). Psychological factors, rehabilitation adherence, and rehabilitation outcome after anterior cruciate ligament reconstruction. *Rehabilitation Psychology, 45*, 20–37. doi:10.1037/0090–5550.45.1.20

Brewer, B. W., Van Raalte, J. L., & Linder, D. E. (1990). Effects of pain on motor performance. *Journal of Sport & Exercise Psychology, 12*, 353–365.

Brewer, B. W., Van Raalte, J. L., & Linder, D. E. (1991). Role of the sport psychologist in treating injured athletes: A survey of sports medicine providers. *Journal of Applied Sport Psychology, 3*, 183–190. doi:10.1080/10413209108406443

Brewer, B. W., Van Raalte, J. L., & Linder, D. E. (1993). Athletic identity: Hercules' muscles or Achilles heel? *International Journal of Sport Psychology, 24*, 237–254.

Brewer, B. W., Van Raalte, J. L., & Petitpas, A. J. (2007). Patient–practitioner interactions in sport injury rehabilitation. In D. Pargman (Ed.), *Psychological bases of sport injuries* (3rd ed., pp. 79–94). Morgantown, WV: Fitness Information Technology.

Brewer, B. W., Van Raalte, J. L., Petitpas, A. J., Sklar, J. H., & Ditmar, T. D. (1995). Predictors of perceived sport injury rehabilitation status. In R. Vanfraechem–Raway & Y. Vanden Auweele (Eds.), *IXth European Congress on Sport Psychology proceedings: Part II* (pp. 606–610). Brussels: European Federation of Sports Psychology.

Brewer, B. W., Van Raalte, J. L., Petitpas, A. J., Sklar, J. H., Pohlman, M. H., Krushell, R. J., Weinstock, J. (2000). Preliminary psychometric evaluation of a measure of adherence to clinic–based sport injury rehabilitation. *Physical Therapy in Sport, 1*, 68–74. doi:10.1054/ptsp.2000.0019

Broglio, S. P., & Puetz, T. W. (2008). The effect of sport concussion on neurocognitive function, self–report symptoms, and postural control: A meta–analysis. *Sports Medicine, 38*, 53–67.

Buckworth, J., & Dishman, R. K. (2007). Exercise adherence. In G. Tenenbaum & R. C. Eklund (Eds.), *Handbook of sport psychology* (3rd ed., pp. 509–536). New York: Wiley.

Burton, R. W. (2000). Mental illness in athletes. In D. Begel & R. W. Burton (Eds.), *Sport psychiatry* (pp. 61–81). New York: Norton.

Busanich, R., McGannon, K. R., & Schinke, R. J. (2014). Comparing elite male and female distance runner's experiences of disordered eating through narrative analysis. *Psychology of Sport and Exercise, 15*, 705–712. doi:10.1016/j.psychsport.2013.10.002

Byerly, P. N., Worrell, T., Gahimer, J., & Domholdt, E. (1994). Rehabilitation compliance in an athletic training environment. *Journal of Athletic Training, 29*, 352–355.

Bystad, M., Bystad, C., & Wynn, R. (2015). How can placebo effects best be applied in clinical practice? A narrative review. *Psychology Research and Behavior Management, 41*. doi:10.2147/PRBM.S75670

Caine, C. G., Caine, D. J., & Lindner, K. J. (1996). The epidemiologic approach to sports injuries. In D. J. Caine, C. G. Caine, & K. J. Lindner (Eds.), *Epidemiology of sports injuries* (pp. 1–13). Champaign, IL: Human Kinetics.

Caine, D. J., Caine, C. G., & Lindner, K. J. (Eds.). (1996). *Epidemiology of sports injuries*. Champaign, IL: Human Kinetics.

Campbell, C. J., Carson, J. D., Diaconescu, E. D., Celebrini, R., Rizzardo, M. R., Godbout, V., Cote, M. (2014). Canadian Academy of Sport and Exercise Medicine position statement: Neuromuscular training can decrease anterior cruciate ligament injuries in youth soccer players. *Clinical Journal of Sport Medicine, 24*, 263–267.

Caraffa, A., Cerulli, G., Projetti, M., Aisa, G., & Rizzo, A. (1996). Prevention of anterior cruciate ligament injuries in soccer. *Knee Surgery, Sports Traumatology, Arthroscopy, 4*, 19–21.

Carlson, C. R., & Hoyle, R. H. (1993). Efficacy of abbreviated progressive muscle relaxation training: A quantitative review of behavioral medicine research. *Journal of Consulting and Clinical Psychology, 61*, 1059–1067.

Carson, F., & Polman, R. (2010). The facilitative nature of avoidance coping within sports injury rehabilitation. *Scandinavian Journal of Medicine & Science in Sports, 20*, 235–240. doi:10.1111/j.1600–0838.2009.00890.x

Carson, F., & Polman, R. (2012). Experiences of professional rugby union players returning to competition following anterior cruciate ligament reconstruction. *Physical Therapy in Sport, 13*, 35–40. doi:10.1016/j.ptsp.2010.10.007

Carson, F., & Polman, R. C. J. (2008). ACL injury rehabilitation: A psychological case study of a professional rugby union player. *Journal of Clinical Sport Psychology, 2*, 71–90.

Cartoni, A. C., Minganti, C., & Zelli, A. (2005). Gender, age, and professional–level differences in the psychological correlates of fear of injury in Italian gymnasts. *Journal of Sport Behavior, 28*, 3–17.

Cartwright, R. D., & Wood, E. (1991). Adjustment disorders of sleep: The sleep effects of a major stressful event and its resolution. *Psychiatry Research, 39*, 199–209. doi: 10.1016/0165–1781(91)90088–7

Castillo, R. P., Cremades, J. G., & Butcher, M. (2002). Relaxation techniques as a method to reduce reinjury anxiety in athletes. *Journal of Sport & Exercise, 24,* S42.

Centers for Disease Control and Prevention. (2002). Nonfatal sports− and recreation−related injuries treated in emergency departments—United States, July 2000−June 2001. *Morbidity and Mortality Weekly Report, 51,* 736−740.

Centers for Disease Control and Prevention. (2006). Sports−related injuries among high school athletes—United States, 2005−06 school year. *Morbidity and Mortality Weekly Report, 55,* 1037−1040. www.cdc.gov/mmwr/preview/mmwrhtml/mm5538a1.htm.

Cerny, F. J., Patton, D. C., Whieldon, T. J., & Roehrig, S. (1992). An organizational model of sports medicine facilities in the United States. *Journal of Orthopaedic and Sports Physical Therapy, 15,* 80−86.

Chaduneli, B., & Ibanez, M. (2014). Relationship between beliefs about protective equipment and the risky behaviour in rugby players [Abstract]. *Clinical Journal of Sport Medicine, 24,* e24.

Chan, C. S., & Grossman, H. Y. (1988). Psychological effects of running loss on consistent runners. *Perceptual and Motor Skills, 66,* 875−883.

Chan, D. K., & Hagger, M. S. (2012a). Transcontextual development of motivation in sport injury prevention among elite athletes. *Journal of Sport & Exercise Psychology, 34,* 661−682. doi:10.2466/pms.1988.66.3.875

Chan, D. K., & Hagger, M. S. (2012b). Theoretical integration and the psychology of sport injury prevention. *Sports Medicine, 42,* 725−732. doi:10.2165/11633040−000000000−00000

Chan, D. K., Lonsdale, C., Ho, P. Y., Yung, P. S., & Chan, K. M. (2009). Patient motivation and adherence to postsurgery rehabilitation exercise recommendations: The influence of physiotherapists' autonomysupportive behaviors. *Archives of Physical Medicine & Rehabilitation, 90,* 1977−1982. doi:10.1016/j.apmr.2009.05.024

Chapman, C. R., Casey, K. L., Dubner, R., Foley, K. M., Gracely, R. H., & Reading, A. E. (1985). Pain measurement: An overview. *Pain, 22,* 1−31. doi:10.1016/0304−3959(85)90145−9

Chapman, P. J. (1985). Orofacial injuries and the use of mouthguards by the 1984 Great Britain rugby league touring team. *British Journal of Sports Medicine, 19,* 34−36.

Charlesworth, H., & Young, K. (2006). Injured female athletes: Experiential accounts from England and Canada. In S. Loland, B. Skirstad, & I. Waddington (Eds.), *Pain and injury in sport: Social and ethical analysis* (pp. 89−106). New York: Routledge.

Chatterjee, M., & Hilton, I. (2007). A comparison of the attitudes and beliefs of professional rugby players from one club and parents of children playing rugby at an adjacent amateur club to the wearing of mouthguards. *Primary Dental Care, 14,* 111−116.

Chmielewski, T. L., Jones, D., Day, T., Tillman, S. M., Lentz, T. A., & George, S. Z. (2008). The association of pain and fear of movement/reinjury with function during anterior cruciate ligament reconstruction rehabilitation. *Journal of Orthopaedic & Sports Physical Therapy, 38,* 746−753.

doi:10.2519/jospt.2008.2887

Chmielewski, T. L., Zeppieri, G., Jr., Lentz, T. A., Tillman, S. M., Moser, M. W., Indelicato, P. A., & George, S. Z. (2011). Longitudinal changes in psychosocial factors and their association with knee pain and function after anterior cruciate ligament reconstruction. *Physical Therapy, 91*, 1355–1366. doi:10.2522/ptj.20100277

Christakou, A., & Zervas, Y. (2007). The effectiveness of imagery on pain, edema, and range of motion in athletes with a grade II ankle sprain. *Physical Therapy in Sport, 8*, 130–140. doi:10.1016/j.ptsp.2007.03.005

Christakou, A., Zervas, Y., & Lavallee, D. (2007). The adjunctive role of imagery on the functional rehabilitation of a grade II ankle sprain. *Journal of Human Movement, 26*, 141–154. doi:10.1016/j.humov. 2006.07.010

Christakou, A., Zervas, Y., Psychountaki, M., & Stavrou, N.A. (2012). Development and validation of the Attention Questionnaire of Rehabilitated Athletes Returning to Competition. *Psychology, Health, & Medicine, 17*, 499–510. doi:10.1080/13548506.2011.630402

Christakou, A., Zervas, Y., Stavrou, N.A., & Psychountaki, M. (2011). Development and validation of the Causes of Re−Injury Worry Questionnaire. *Psychology, Health, & Medicine, 16*, 94–114. doi:10.1080/13548506.2010.521565

Christian, L. M., Graham, J. E., Padgett, D. A., Glaser, R., & Kiecolt−Glaser, J. K. (2006). Stress and wound healing. *NeuroImmunoModulation, 13*, 337–346. doi:10.1159/000104862

Clarkson, P. M., Nosaka, K., & Braun, B. (1992). Muscle function after exercise−induced muscle damage and rapid adaptation. *Medicine and Science in Sports and Exercise, 24*, 512–520.

Clement, D., & Arvinen−Barrow, M. (2013, October). *Psychosocial responses during different phases of sport injury rehabilitation: A qualitative study*. Paper presented at the annual meeting of the Association for Applied Psychology, New Orleans, LA.

Clement, D., Arvinen−Barrow, M., Hamson−Utley, J. J., Kamphoff, C., Zakrajsek, R., Lee, S. L., Martin, S. (2012). *Athletes' use of psychosocial strategies during sport injury rehabilitation*. In Association for Applied Sport Psychology—2012 conference proceedings & program (p. 68). Indianapolis: Association for Applied Sport Psychology.

Clement, D., Granquist, M. D., & Arvinen−Barrow, M. M. (2013). Psychosocial aspects of athletic injuries as perceived by athletic trainers. *Journal of Athletic Training, 48*, 512–521. doi:10.4085/1062−6050−48.3.21

Clement, D., & Shannon, V. (2009). The impact of a workshop on athletic training students' sport psychology behaviors. *The Sport Psychologist, 23*, 504–522.

Clement, D., & Shannon, V. (2011). Injured athletes' perceptions about social support. *Journal of Sport Rehabilitation, 20*, 457–470.

Clement, D., & Shannon, V., & Connole, I. J. (2012a). Performance enhancement groups for injured athletes, part 1: Preparation and development. *International Journal of Athletic Therapy & Training,* *17*(3), 34−36

Clement, D., & Shannon, V., & Connole, I. J. (2012b). Performance enhancement groups for injured athletes, part 2: Implementation and facilitation. *International Journal of Athletic Therapy & Training, 17*(5), 38−40.

Clover, J., & Wall, J. (2010). Return−to−play criteria following sports injury. *Clinics in Sports Medicine, 29*, 169−175. doi:10.1016/j.csm.2009.09.008

Cohen, S., & Wills, T. A. (1985). Stress, social support, and the buffering hypothesis. *Psychological Bulletin, 98*, 310−357.

Conn, J. M., Annest, J. L., & Gilchrist, J. (2003). Sports and recreation related injury episodes in the US population. *Injury Prevention, 9*, 117−123.

Corbillon, F., Crossman, J., & Jamieson, J. (2008). Injured athletes' perceptions of the social support provided by their coaches and teammates during rehabilitation. *Journal of Sport Behavior, 31*, 93−107.

Cornwell, H., Messer, L. B., & Speed, H. (2003). Use of mouthguards by basketball players in Victoria, Australia. *Dental Traumatology, 19*, 193−203. Cottler, L. B., Abdallah, B., Cummings, A., Barr, S. M.,

Coutu, D. L. (1995). *The effect of the presence of the coach on pain perception and pain tolerance of athletes* (Unpublished master's thesis). Springfield College, MA.

Crawford, J. J., Gayman, A. M., & Tracey, J. (2014). An examination of post−traumatic growth in Canadian and American parasport athletes with acquired spinal cord injury. *Psychology of Sport and Exercise, 15*, 399−406. doi:10.1016/j.psychsport.2014.03.008

Creighton, D. W., Shrier, I., Shultz, R., Meeuwisse, W. H., & Matheson, G. O. (2010). Return−to−play in sport: A decision−based model. *Clinical Journal of Sport Medicine, 20*, 379−385.

Crossman, J., Gluck, L., & Jamieson, J. (1995) The emotional responses of injured athletes. *New Zealand Journal of Sports Medicine, 23*, 1−2.

Crossman, J., & Jamieson, J. (1985). Differences in perceptions of seriousness and disrupting effects of athletic injury as viewed by athletes and their trainer. *Perceptual and Motor Skills, 61*, 1131−1134. doi:10.2466/pms.1985.61.3f.1131

Crossman, J., Jamieson, J., & Hume, K. M. (1990). Perceptions of athletic injuries by athletes, coaches, and medical professionals. *Perceptual and Motor Skills, 71*, 848−850. doi:10.2466/pms.1990.71.3.848

Crossman, J., & Roch, J. (1991, April). An observation instrument for use in sports medicine clinics. *The Journal of the Canadian Athletic Therapists Association*, 10−13.

Culley, S., & Bond, T. (2007). *Integrative counselling skills in action* (2nd ed.). London: Sage.

Cupal, D. D., & Brewer, B. W. (2001). Effects of relaxation and guided imagery on knee strength, reinjury anxiety, and pain following anterior cruciate ligament reconstruction. *Rehabilitation Psychology*,

46, 28–43. doi:10.1037/0090–5550.46.1.28

Curry, T. J. (1986). A visual method of studying sports: The photo–elicitation interview. *Sociology of Sport Journal, 3*, 204–216.

Curry, T. J. (1993). A little pain never hurt anyone: Athletic career socialization and the normalization of sports injury. *Symbolic Interaction, 16*, 273–290. doi:10.1525/si.1993.16.3.273

Curry, T. J., & Strauss, R. H. (1994). A little pain never hurt anybody: A photo–essay on the normalization of sport injuries. *Sociology of Sport Journal, 11*, 195–208.

Czuppon, S., Racette, B. A., Klein, S. E., & Harris–Hayes, M. (2014). Variables associated with return to sport following anterior cruciate ligament reconstruction: A systematic review. *British Journal of Sports Medicine, 48*, 356–364. doi:10.1136/bjsports–2012–091786

Daly, J. M., Brewer, B. W., Van Raalte, J. L., Petitpas, A. J., & Sklar, J. H. (1995). Cognitive appraisal, emotional adjustment, and adherence to rehabilitation following knee surgery. *Journal of Sport Rehabilitation, 4*, 23–30.

Darrow, C. J., Collins, C. L., Yard, E. E., & Comstock, R. D. (2009). Epidemiology of severe injuries among United States high school athletes: 2005–2007. *The American Journal of Sports Medicine, 37*, 1798–1805. doi:10.1177/0363546509333015

Davies, S. C., & Bird, B. M. (2015) Motivations for underreporting suspected concussion in college athletics. *Journal of Clinical Sport Psychology, 9*, 101–115. doi:10.1123/jcsp.2014–0037

Davis, J. O. (1991). Sports injuries and stress management: An opportunity for research. *The Sport Psychologist, 5*, 175–182.

Dawes, H., & Roach, N. K. (1997). Emotional responses of athletes to injury and treatment. *Physiotherapy, 83*, 243–247. doi:10.1016/S0031–9406(05)66215–3

DeFrancesco, C., Miller, M., Larson, M., & Robinson, K. (1994, October). *Athletic injury, rehabilitation, and psychological strategies: What do the athletes think?* Paper presented at the annual meeting of the Association for the Advancement of Applied Sport Psychology, Lake Tahoe, NV.

Deitrick, J., Covassin, T., Bleecker, A., Yang, J., & Heiden, E. (2013, October). *Time loss and fear of reinjury in athletes after return to participation.* Paper presented at the annual meeting of the Association for Applied Sport Psychology, New Orleans, LA.

De Nooijer, J., De Wit, M., & Steenhuis, I. (2004). Why young Dutch inline skaters do (not) use protective equipment. *European Journal of Public Health, 14*, 178–181.

Deroche, T., Woodman, T., Stephan, Y., Brewer, B. W., & Le Scanff, C. (2011). Athletes' inclination to play through pain: A coping perspective. *Anxiety, Stress, & Coping: An International Journal, 24*, 579–587. doi:10.1080/10615806.2011.552717

Derscheid, G. L., & Feiring, D. C. (1987). A statistical analysis to characterize treatment adherence of the 18 most common diagnoses seen at a sports medicine clinic. *Journal of Orthopaedic and Sports Physical Therapy, 9*, 40–46.

DeWitt, D. J. (1980). Cognitive and biofeedback training for stress reduction with university athletes. *Journal of Sport Psychology, 2*, 288–294.

Diekhoff, G. M. (1984). Running amok: Injuries in compulsive runners. *Journal of Sport Behavior, 7*, 120–129.

DiFabio, R. P. (1995). Efficacy of comprehensive rehabilitation programs and back school for patients with low back pain: A meta–analysis. *Physical Therapy, 75*, 865–878.

DiMatteo, M. R., Giordani, P. J., Lepper, H. S., & Croghan T. W. (2002). Patient adherence and medical treatment outcomes: A meta–analysis. *Medical Care, 40*, 794–811.

DiMatteo, M. R., Hays, R., & Prince, L. M. (1986). Relationship of physicians' nonverbal communication skill to patient satisfaction, appointment noncompliance, and physician workload. *Health Psychology, 5*, 581–594.

DiMatteo, M. R., & Martin, L. R. (2002). *Health psychology*. Boston: Allyn & Bacon.

DiMatteo, M. R., Taranta, A., Friedman, H. S., & Prince, L. M. (1980). Predicting patient satisfaction from physicians' nonverbal communication skill. *Medical Care, 18*, 376–387.

Dobbe, J. G., van Trommel, N. E., de Freitas Baptista, J. E., Ritt, M. J., Steenbeek, A., & Molenaar, H. A. (1999). A portable device for finger tendon rehabilitation that provides an isotonic training force and records exercise behaviour after finger tendon surgery. *Medical & Biological Engineering & Computing, 371*, 396–399.

Driediger, M., Hall, C., & Callow, N. (2006). Imagery use by injured athletes: A qualitative analysis. *Journal of Sport Sciences, 24*, 261–272. doi:10.1080/02640410500128221

Duda, J. L., Smart, A. E., & Tappe, M. K. (1989). Predictors of adherence in rehabilitation of athletic injuries: An application of personal investment theory. *Journal of Sport & Exercise Psychology, 11*, 367–381.

Dunn, E. C., Smith, R. E. & Smoll, F. L. (2001). Do sport–specific stressors predict athletic injury? *Journal of Science and Medicine in Sport, 4*, 283–291. doi:10.1016/S1440–2440(01)80037–2

Duymus, Z. Y., & Gungor, H. (2009). Use of mouthguard rates among university athletes during sport activities in Erzurum, Turkey. *Dental Traumatology, 25*, 318–322.

Dvorak, J., Junge, A., Chomiak, J., Graf–Baumann, T., Peterson, L., Rösch, D., & Hodgson, R. (2000). Risk factor analysis for injuries in football players. *The American Journal of Sports Medicine, 28*, S69–S74. doi:10.1177/28.suppl_5.S–69

Egan, G. (2014). *The skilled helper: A problem–management and opportunity–development approach to helping* (10th ed.). Belmont, CA: Brooks/Cole.

Eime, R., Finch, C., Wolfe, R., Owen, N., & McCarty, C. (2005). The effectiveness of a squash eyewear promotion strategy. *British Journal of Sports Medicine, 39*, 681–685. doi:10.1136/bjsm.2005.018366

Eime, R. M., Finch, C. F., Sherman, C. A., & Garnham, A. P. (2002). Are squash players protecting their eyes? *Injury Prevention, 8*, 239–241. doi:10.1136/ip.8.3.239

Ekenman, I., Hassmén, P., Koivula, N., Rolf, C., & Fellander-Tsai, L. (2001). Stress fractures of the tibia: Can personality traits help us detect the injury-prone athlete? *Scandinavian Journal of Medicine and Science in Sports, 11*, 87–93. doi:10.1034/j.1600-0838.2001.011002087

Ekman, P., & Friesen, W. V. (1974). Detecting deception from the body or face. *Journal of Personality and Social Psychology, 29*, 288–298. doi:10.1037/h0036006

El Ali, M., Marivain, T., Heas, S., & Boulva, A. H. (2008). Analysis of coping strategies used by male and female tennis players toward a severe athletic injury. *Annales Medico-Psychologiques, 166*, 779–788. doi:10.1016/j.amp.2005.06.013.

Elaziz, A. F. A. A. (2010). Impact of psychological rehabilitation program on self-confidence level and competition anxiety for soccer players of anterior cruciate ligament injury. *World Journal of Sport Sciences, 3*(S), 138–143.

Ellington, L., & Wiebe, D. (1999). Neuroticism, symptom presentation, and medical decision making. *Health Psychology, 18*, 634–643. doi:10.1037/0278-6133.18.6.634

Emery, C. A. (2003). Risk factors for injury in child and adolescent sport: A systematic review of the literature. *Clinical Journal of Sport Medicine, 13*, 256–268. doi:10.1097/00042752-200307000-00011

Emery, C. A. (2010). Injury prevention in paediatric sport-related injuries: A scientific approach. *British Journal of Sports Medicine, 44*, 64–69. doi:10.1136/bjsm.2009.068353

Emery, C. A., & Meeuwisse, W. H. (2010). The effectiveness of neuromuscular prevention strategy to reduce injuries in youth soccer: A cluster-randomised trial [Abstract]. *British Journal of Sports Medicine, 44*, 555–562. doi:10.1136/bjsm.2012.074377

Emery, C. A., Meeuwisse, W. H., & Hartmann, S. E. (2005). Evaluation of risk factors for injury in adolescent soccer: Implementation and validation of an injury surveillance system. *The American Journal of Sports Medicine, 33*, 1882–1991.

Emery, C. A., Rose, M. S., McAllister, J. R., & Meeuwisse, W. H. (2007). A prevention strategy to reduce the incidence of injury in high school basketball: A cluster randomized controlled trial. *Clinical Journal of Sport Medicine, 17*, 17–24. doi:10.1097/JSM.0b013e31802e9c05

Encarnacion, M. L. G., Meyers, M. C., Ryan, N. D., & Pease, D. G. (2000). Pain coping styles of ballet performers. *Journal of Sport Behavior, 23*, 20–32.

Engel, G. L. (1977). The need for a new medical model: A challenge for biomedicine. *Science, 196*, 129–136. doi:10.1126/science.847460

Engel, G. L. (1980). The clinical application of the biopsychosocial model. *American Journal of Psychiatry, 137*, 535–544.

Etzel, E. F., Zizzi, S., Newcomer-Appaneal, R. R., Ferrante, A. P., & Perna, F. (2007). Providing psychological assistance to college student-athletes with injuries and disabilities. In D. Pargman (Ed.), *Psychological bases of sport injuries* (3rd ed., pp. 151–169). Morgantown, WV: Fitness

Information Technology.

Evans, F. J., & McGlashan, T. H. (1967). Work and effort during pain. *Perceptual and Motor Skills, 25,* 794.

Evans, L., & Hardy, L. (1995). Sport injury and grief responses: A review. *Journal of Sport & Exercise Psychology, 17,* 227−245.

Evans, L., & Hardy, L. (1999). Psychological and emotional response to athletic injury: Measurement issues. In D. Pargman (Ed.), *Psychological bases of sport injuries* (2nd ed., pp. 49−64). Morgantown, WV: Fitness Information Technology.

Evans, L., & Hardy, L. (2002a). Injury rehabilitation: A goal−setting intervention study. *Research Quarterly for Exercise and Sport, 73,* 310−319. doi:10.1080/02701367.2002.10609025

Evans, L., & Hardy, L. (2002b). Injury rehabilitation: A qualitative follow−up study. *Research Quarterly for Exercise and Sport, 73,* 320−329. doi:10.1080/02701367.2002.10609026

Evans, L., Hardy, L., & Fleming, S. (2000). Intervention strategies with injured athletes: An action research study. *The Sport Psychologist, 14,* 188−206.

Evans, L., Hardy, L., Mitchell, I., & Rees, T. (2008). The development of a measure of psychological responses to injury. *Journal of Sport Rehabilitation, 16,* 21−37.

Evans, L., Hardy, L., & Mullen, R. (1996). The development of the Psychological Responses to Sport Injury Inventory. *Journal of Sports Sciences, 14,* 27−28.

Evans, L., Hare, R., & Mullen, R. (2006). Imagery use during rehabilitation from injury. *Journal of Imagery Research in Sport and Physical Activity, 1,* 1−19. doi:10.2202/1932−0191.1000

Evans, L., Wadey, R., Hanton, S., & Mitchell, I. (2012). Stressors experienced by injured athletes. *Journal of Sports Sciences, 30,* 917−927. doi:10.1080/02640414.2012.682078

Evans, T. A., & Lam, K. C. (2011). Clinical outcomes assessment in sport rehabilitation. *Journal of Sport Rehabilitation, 20,* 8−16.

Fawkner, H. J., McMurray, N. E., & Summers, J. J. (1999) Athletic injury and minor life events: A prospective study. *Journal of Science and Medicine in Sport, 2,* 117−124. doi:10.1016/S1440−2440(99)80191−1

Fields, J., Murphey, M., Horodyski, M., & Stopka, C. (1995). Factors associated with adherence to sport injury rehabilitation in college−age recreational athletes. *Journal of Sport Rehabilitation, 4,* 172−180.

Fields, K. B., Delaney, M., & Hinkle, J. S. (1990). A prospective study of type A behavior and running injuries. *The Journal of Family Practice, 30,* 425−429.

Finch, C., Valuri, G., & Ozanne−Smith, J. (1998). Sport and active recreation injuries in Australia: Evidence from emergency department presentations. *British Journal of Sports Medicine, 32,* 220−225. doi:10.1136/bjsm.32.3.220

Finch, C. F. (2006). A new framework for research leading to sports injury prevention. *Journal of Science*

& Medicine in Sport, 9, 3−9. doi:10.1016/j.jsams.2006.02.009

Finch, C. F. (2011). No longer lost in translation: The art and science of sports injury prevention implementation research. British Journal of Sports Medicine, 45, 1253−1257. doi:10.1136/bjsports−2011−090230

Finch, C. F., & Donaldson, A. (2010). A sports setting matrix for understanding the implementation context for community sport. British Journal of Sports Medicine, 44, 973−978. doi:10.1136/bjsm.2008.056069

Finch, C. F., McIntosh, A. S., & McCrory, P. (2001). What do under 15 year old rugby union players think about protective headgear? British Journal of Sports Medicine, 35, 89−94. doi:10.1136/bjsm.35.2.89

Finney, J. W., Putnam, D. E., & Boyd, C. M. (1998). Improving the accuracy of self−reports of adherence. Journal of Applied Behavior Analysis, 31, 485−488. doi:10.1901/jaba.1998.31−485

Finnie, S. B. (1999, September). The rehabilitation support team: Using social support to aid compliance to sports injury rehabilitation programs. Paper presented at the annual meeting of the Association for the Advancement of Applied Sport Psychology, Banff, Alberta, Canada.

Fishbein, M., & Ajzen, I. (1975). Belief, attitude, intention, and behavior: An introduction to theory and research. Reading, MA: Addison−Wesley.

Fisher, A. C., Domm, M. A., & Wuest, D. A. (1988). Adherence to sports−injury rehabilitation programs. The Physician and Sportsmedicine, 16(7), 47−52.

Fisher, A. C., & Hoisington, L. L. (1993). Injured athletes' attitudes and judgments toward rehabilitation adherence. Journal of Athletic Training, 28, 48−54.

Fisher, A. C., Mullins, S. A., & Frye, P. A. (1993). Athletic trainers' attitudes and judgments of injured athletes' rehabilitation adherence. Journal of Athletic Training, 28, 43−47.

Flanigan, D. C., Everhart, J. S., Pedroza, A., Smith, T., & Kaeding, C.C. (2013). Fear of reinjury (kinesiophobia) and persistent knee symptoms are common factors for lack of return to sport after anterior cruciate ligament reconstruction. Arthroscopy: The Journal of Arthroscopic and Related Surgery, 29, 1322−1329. doi:10.1016/j.arthro.2013.05.015

Flint, F. A. (1991). The psychological effects of modeling in athletic injury rehabilitation. Unpublished doctoral dissertation, University of Oregon, Eugene.

Flint, F. A. (1998). Integrating sport psychology and sports medicine in research: The dilemmas. Journal of Applied Sport Psychology, 10, 83−102.

Flint, F. A., & Weiss, M. R. (1992). Returning injured athletes to competition: A role and ethical dilemma. Canadian Journal of Sport Sciences, 17, 34−40.

Flor, H. (2001). Psychophysiological assessment of the patient with chronic pain. In D. C. Turk & R. Melzack (Eds.), Handbook of pain assessment (2nd ed., pp. 76−96). New York: Guilford.

Ford, I. W., Eklund, R. C., & Gordon, S. (2000). An examination of psychosocial variables moderating the relationship between life stress and injury time−loss among athletes of a high standard. Journal of

Sports Sciences, 18, 301−312. doi:10.1080/026404100402368

Ford, I. W., & Gordon, S. (1999). Coping with sport injury: Resource loss and the role of social support. *Journal of Personal and Interpersonal Loss, 4*, 243−256.

Fordyce, W. E. (1988). Pain and suffering: A reappraisal. *American Psychologist, 43*, 276−283. doi:10.1037/0003−066X.43.4.276

Forgione, A. G., & Barber, T. X. (1971). A strain gauge pain stimulator. *Psychophysiology, 8*, 102−106. doi:10.1111/j.1469−8986.1971.tb00441.x

Fox, B. (2004). Cognitive and motivational functions of imagery during injury rehabilitation and their relation to practice return affect [Abstract]. *Journal of Sport and Exercise Psychology, 26*(Suppl.), S74.

Francis, S. R., Andersen, M. B., & Maley, P. (2000). Physiotherapists' and male professional athletes' views on psychological skills for rehabilitation. *Journal of Science and Medicine in Sport, 3*, 17−29. doi:10.1016/S1440−2440(00)80044−4

Frey, J. H. (1991). Social risk and the meaning of sport. *Sociology of Sport Journal, 8*, 136−145.

Friedman, H., Thompson, R. B., & Rosen, E. F. (1985). Perceived threat as a major factor in tolerance for experimentally−induced cold−water pain. *Journal of Abnormal Psychology, 94*, 624−629.

Friedman, H. (2002). *Health psychology* (2nd ed.). Upper Saddle River, NJ: Prentice Hall.

Friedman, H. S., DiMatteo, M. R., & Taranta, A. (1980). A study of the relationship between individual differences in nonverbal expressiveness and factors of personality and social interaction. *Journal of Research in Personality, 14*, 351−364.

Friedman, H. S., Hall, J. A., & Harris, M. J. (1985). Type A behavior, nonverbal expressive style, and health. *Journal of Personality and Social Psychology, 48*, 1299−1315. doi:10.1037/0022−3514.48.5.1299

Friedman, R., & James, J. W. (2008). The myth of the stages of dying, death, and grief. *Skeptic, 14*(2), 37−41.

Friedrich, M., Cermak, T., & Maderbacher, P. (1996). The effects of brochure use versus therapist teaching on patients performing therapeutic exercise and on changes in impairment status. *Physical Therapy, 76*, 1082−1088.

Frontera, W. R. (2003). Preface. In W. R. Frontera (Ed.), *Rehabilitation of sports injuries: Scientific basis* (pp. viii−x). Malden, MA: Blackwell Science.

Gabbe, B. J., Bailey M., Cook, J. L., Makdissi, M., Scase, E., Ames, N., Orchard, J. W. (2010). The association between hip and groin injuries in the elite junior years and injuries sustained during elite senior competition. *British Journal of Sports Medicine, 44*, 799−802. doi:10.1136/bjsm.2009.062554

Gabbe, B. J., Bennell, K. L., Finch, C. F., Wajswelner, H., & Orchard, J. W. (2006). Predictors of hamstring injury at the elite level of Australian football. *Scandinavian Journal of Medicine & Science in Sports, 16*, 7–13.

Gagliano, M. E. (1988). A literature review on the efficacy of video in patient education. *Journal of Medical Education, 63*, 785–792.

Gagné, M., Ryan, R. M., & Bargmann, K. (2003). Autonomy support and need satisfaction in the motivation and well–being of gymnasts. *Journal of Applied Sport Psychology, 15*, 372–390. doi:10.1080/714044203

Gagnier, J. J., Morgenstern, H., & Chess, L. (2013). Interventions designed to prevent anterior cruciate ligament injuries in adolescents and adults: A systematic review and meta–analysis. *The American Journal of Sports Medicine, 41*, 1952–1962. doi:10.1177/0363546512458227

Galambos, S. A., Terry, P. C., Moyle, G. M., & Locke, S. A. (2005). Psychological predictors of injury among elite athletes. *British Journal of Sports Medicine, 39*, 351–354. doi:10.1136/bjsm.2005.018440

Gallagher, B. V., & Gardner, F. L. (2007). An examination of the relationship between early maladaptive schemas, coping, and emotional response to athletic injury. *Journal of Clinical Sport Psychology, 1*, 47–67.

Gallo, M. L., & Staskin, D. R. (1997). Cues to action: Pelvic floor muscle exercise compliance in women with stress urinary incontinence. *Neurourology and Urodynamics, 16*, 167–177. doi:10.1002/(SICI)1520–6777(1997)16:3〈167::AID–NAU6〉3.0.CO;2–C

Gapin, J., & Etnier, J. L. (2010a). Parental perceptions of the effects of exercise on behavior in children and adolescents with AD/HD. *Journal of Sport & Exercise Psychology, 32* (Suppl.), S165.

Gapin, J., & Etnier, J. L. (2010b). The relationship between physical activity and executive function performance in children with attention–deficit hyperactivity disorder. *Journal of Sport & Exercise Psychology, 32*, 753–763.

Garnham, A. (2007). Pharmacological agents in sport and exercise. In G. S. Kolt & L. Snyder–Mackler trainer. *Perceptual and Motor Skills, 61*, 1131–1134. doi:10.2466/pms.1985.61.3f.1131

Garnham, A. (2007). Pharmacological agents in sport and exercise. In G. S. Kolt & L. Snyder–Mackler (Eds.), *Physical therapies in sport and exercise* (pp. 541–557). Edinburgh: Churchill Livingstone.

George, S. Z., Lentz, T. A., Zeppieri, G., Jr., Lee, D., & Chmielewski, T. L. (2012). Analysis of shortened versions of the Tampa Scale for Kinesiophobia and Pain Catastrophizing Scale for patients after anterior cruciate ligament reconstruction. *Clinical Journal of Pain, 28*, 73–80. doi:10.1097/AJP.0b013e31822363f4

George, S. Z., Parr, J. J., Wallace, M. R., Wu, S. S., Borsa, P. A., Dai, Y., & Fillingim, R. B. (2014). Biopsychosocial influence on exercise–induced injury: Genetic and psychological combinations are predictive of shoulder pain phenotypes. *The Journal of Pain, 15*, 68–80. doi:10.1016/j.pain.2013.09.012

Gerdle, B., Ghafouri, B., Ernberg, M., & Larsson, B. (2014). Chronic musculoskeletal pain: Review of mechanisms and biochemical biomarkers as assessed by the microdialysis technique. *Journal of Pain Research, 7*, 313−326. doi:10.2147/JPR.S59144

Geva, N., & Defrin, R. (2013). Enhanced pain modulation among triathletes: A possible explanation for their exceptional capabilities. *Pain, 154*, 2317−2323. doi:10.1016/j.pain.2013.06.031

Gignac, M. A. M., Cao, X., Ramanathan, S., White, L. M., Hurtig, M., Kunz, M., & Marks, P.H. (2015). Perceived personal importance of exercise and fears of re−injury: A longitudinal study of psychological factors related to activity after anterior cruciate ligament reconstruction. *BMC Sports Science, Medicine, and Rehabilitation, 7*, 4. www.biomedcentral.com/2052−1847/7/4.

Gissane, C., White, J., Kerr, K., & Jennings, D. (2001). An operational model to investigate contact sports injuries. *Medicine & Science in Sports & Exercise, 33*, 1999−2003.

Glazer, D. D. (2009). Development and preliminary validation of the Injury−Psychological Readiness to Return to Sport (I−PRRS) Scale. *Journal of Athletic Training, 44*, 185−189. doi:10.4085/1062−6050−44.2.185

Goode, A. P., Reiman, M. P., Harris, L., DeLisa, L., Kauffman, A., Beltramo, D., Taylor, A. B. (2015). Eccentric training for prevention of hamstring injuries may depend on intervention compliance: A systematic review and meta−analysis. *British Journal of Sports Medicine, 49*, 349−356. doi:10.1136/bjsports−2014−093466

Gordon, S. (1986, March). Sport psychology and the injured athlete: A cognitive−behavioral approach to injury response and injury rehabilitation. *Science Periodical on Research and Technology in Sport*, 1−10.

Gordon, S., & Lindgren, S. (1990). Psycho−physical rehabilitation from a serious sport injury: Case study of an elite fast bowler. *The Australian Journal of Science and Medicine in Sport, 22*, 71−76.

Gordon, S., Milios, D., & Grove, J. R. (1991). Psychological aspects of the recovery process from sport injury: The perspective of sport physiotherapists. *Australian Journal of Science and Medicine in Sport, 23*, 53−60.

Gordon, S., Potter, M., & Ford, I. (1998). Toward a psychoeducational curriculum for training sport−injury rehabilitation personnel. *Journal of Applied Sport Psychology, 10*, 140−156. doi:10.1080/10413209808406382

Gould, D., Udry, E., Bridges, D., & Beck, L. (1997a). Stress sources encountered when rehabilitating from season−ending ski injuries. *The Sport Psychologist, 11*, 361−378.

Gould, D., Udry, E., Bridges, D., & Beck, L. (1997b). Coping with season−ending injuries. *The Sport Psychologist, 11*, 379−399.

Granito, V. J., Hogan, J. B., & Varnum, L. K. (1995). The performance enhancement group program: Integrating sport psychology and rehabilitation. *Journal of Athletic Training, 30*, 328−331.

Granquist, M. D., & Brewer, B. W. (2013). Psychological aspects of rehabilitation adherence. In M. Arvinen−Barrow & N. Walker (Eds.), *The psychology of sport injury and rehabilitation* (pp. 40−

53). New York: Routledge.

Granquist, M. D., & Brewer, B. W. (2015). Psychosocial aspects of rehabilitation. In M. D. Granquist, J. Hamson−Utley, L. Kenow, & J. Stiller−Ostrowski (Eds.), *Psychosocial strategies for athletic training* (pp. 187−208). Philadelphia: Davis.

Granquist, M. D., Gill, D. L., & Appaneal, R. N. (2010). Development of a measure of rehabilitation adherence for athletic training. *Journal of Sport Rehabilitation, 19*, 249−267.

Granquist, M. D., & Kenow, L. J. (2015). Identification of psychosocial distress and referral. In M. D. Granquist, J. Hamson−Utley, L. Kenow, & J. Stiller−Ostrowski (Eds.), *Psychosocial strategies for athletic training* (pp. 145−164). Philadelphia: Davis.

Granquist, M. D., Podlog, L., Engel, J. R., & Newland, A. (2014). Certified athletic trainers' perspectives on rehabilitation adherence in collegiate athletic training settings. *Journal of Sport Rehabilitation, 23*, 123−133. doi:10.1123/JSR.2013−0009

Graugaard, P., & Finset, A. (2000). Trait anxiety and reactions to patient−centered and doctor−centered styles of communication: An experimental study. *Psychosomatic Medicine, 62*, 33−39.

Green, G. A., Uryasz, F. D., Petr, T. A., & Bray, C. D. (2001). NCAA study of substance use and abuse habits of college student−athletes. *Clinical Journal of Sport Medicine, 11*, 51−56.

Green, S. L., & Weinberg, R. S. (2001). Relationships among athletic identity, coping skills, social support, and the psychological impact of injury in recreational participants. *Journal of Applied Sport Psychology, 13*, 40−59. doi:10.1080/10413200109339003

Greenan−Fowler, E., Powell, C., & Varni, J. W. (1987). Behavioral treatment of adherence to therapeutic exercise by children with hemophilia. *Archives of Physical Medicine and Rehabilitation, 68*, 846−849.

Greenfield, S., Kaplan, S. H., Ware, J. E., Jr., Yano, E.M., & Frank, H. J. L. (1988). Patients' participation in medical care: Effects on blood sugar control and quality of life in diabetes. *Journal of General Internal Medicine, 3*, 448−457.

Greenwald, A. G., McGhee, D. E., & Schwartz, J. K. L. (1998). Measuring individual differences in implicit cognition: The Implicit Association Test. *Journal of Personality and Social Psychology, 74*, 1464−1480.

Grindley, E. J., Zizzi, S. J., & Nasypany, A. M. (2008). Use of protection motivation theory, affect, and barriers to understand and predict adherence to outpatient rehabilitation. *Physical Therapy, 88*, 1529−1540. doi:10.2522/ptj.20070076

Gunnoe, A. J., Horodyski, M., Tennant, K. L., & Murphey, M. (2001). The effect of life events on incidence of injury in high school football players. *Journal of Athletic Training, 36*, 150−155.

Gurevich, M., Kohn, P. M., & Davis, C. (1994). Exercise−induced analgesia and the role of reactivity in pain sensitivity. *Journal of Sports Sciences, 12*, 549−559.

Guskiewicz, K. M., Marshall, S. M., Bailes, J., McCrea, J., Harding, H. R., Jr., Matthews, A., Cantu, R.

C. (2007). Recurrent concussion and risk of depression in retired professional football players. *Medicine & Science in Sports & Exercise, 39*, 903−909.

Habif, S. E. (2009). Examination of injury and the association between sport injury anxiety and injury severity and frequency among Olympic distance triathletes. *Dissertation Abstracts International: Section A Humanities and Social Sciences, 69*(8−A), 3048.

Hägglund, M., Atroshi, I., Wagner, P., & Waldén, M. (2013). Superior compliance with a neuromuscular training programme is associated with fewer ACL injuries and fewer acute knee injuries in female adolescent football players: Secondary analysis of an RCT. *British Journal of Sports Medicine, 47*, 974−979. doi:10.1136/bjsports−2013−092644

Hall, A. M., Kamper, S. J., Hernon, M., Hughes, K., Kelly, G., Lonsdale, C., Ostelo, R. (2015). Measurement tools for adherence to non−pharmacologic self−management treatment for chronic musculoskeletal conditions: A systematic review. *Archives of Physical Medicine and Rehabilitation, 96*, 552−562. doi:10.1016/j.apmr.2014.07.405

Hall, E. T. (1966). *The hidden dimension*. Garden City, NY: Doubleday.

Hammond, A., & Freeman, K. (2001). One−year outcomes of a randomized controlled trial of an educational−behavioural joint protection programme for people with rheumatoid arthritis. *Rheumatology, 40*, 1044−1051. doi:10.1093/rheumatology/40.9.1044

Hamson−Utley, J. J., Martin, S., & Walters, J. (2008). Athletic trainers' and physical therapists' perceptions of the effectiveness of psychological skills within sports injury rehabilitation programs. *Journal of Athletic Training, 43*, 258−264. doi:10.4085/1062−6050−43.3.258

Handegard, L. A., Joyner, A. B., Burke, K. L., & Reimann, B. (2006). Relaxation and guided imagery in the sport rehabilitation context. *Journal of Excellence, 10*, 146−164.

Hanson, S. J., McCullagh, P., & Tonymon, P. (1992). The relationship of personality characteristics, life stress, and coping resources to athletic injury. *Journal of Sport & Exercise Psychology, 14*, 262−272.

Hardy, C. J., Burke, K. L., & Crace, R. K. (1999). Social support and injury: A framework for social supportbased interventions with injured athletes. In D. Pargman (Ed.), *Psychological bases of sport injuries* (2nd ed., pp. 175−198). Morgantown, WV: Fitness Information Technology.

Hardy, C. J., Richman, J. M., & Rosenfeld, L. B. (1991). The role of social support in the life stress/injury relationship. *The Sport Psychologist, 5*, 128−139.

Hare, R., Evans, L., & Callow, N. (2008). Imagery use during rehabilitation from injury: A case study of an elite athlete. *The Sport Psychologist, 22*, 405−422.

Harris, L. L., Demb, A., & Pastore, D. L. (2004). Perceptions and attitudes of athletic training students towards a course addressing psychological issues in rehabilitation. *Journal of Allied Health, 34*, 101−109.

Hays, R. D., Kravitz, R. L., Mazel, R. M., Sherbourne, C. D., DiMatteo, M. R., Rogers, W. H., &

Greenfield, S. (1994). The impact of patient adherence on health outcomes for patients with chronic disease in the Medical Outcomes Study. *Journal of Behavioral Medicine, 17*, 347–360. doi:10.1007/BF01858007

Heaney, C. (2013). The impact of sport psychology education on the practice of physiotherapists. *British Journal of Sports Medicine, 47*(17), e4. doi:10.1136/bjsports–2013–093073.21

Heatherton, T. F., & Penn, R. J. (1995). Stress and the disinhibition of behavior. *Mind–Body Medicine, 1*, 72–81.

Heck, J. F., Clarke, K. S., Peterson, T. R., Torg, J. S., & Weis, M. P. (2004). National Athletic Trainers' Association position statement: Head–down contact and spearing in tackle football. *Journal of Athletic Training, 39*, 101–111.

Hegel, M. T., Ayllon, T., VanderPlate, C., & Spiro–Hawkins, H. (1986). A behavioral procedure for increasing compliance with self–exercise regimens in severely burn–injured patients. *Behavioral Research Therapy, 24*, 521–528. doi:10.1016/0005–7967(86)90032–X

Heidt, R. S., Jr., Sweeterman, L. M., Carlonas, R. L., Traub, J. A., & Tekulve, F.X. (2000). Avoidance of soccer injuries with preseason conditioning. *The American Journal of Sports Medicine, 28*, 659–662.

Heijne, A., Axelsson, K., Werner, S., & Biguet, G. (2008). Rehabilitation and recovery after anterior cruciate ligament reconstruction: Patients' experiences. *Scandinavian Journal of Medicine & Science in Sports, 18*, 325–335. doi:10.1111/j.1600–0838.2007.00700.x

Heil, J. (1993a). Conducting assessment and intervention. In J. Heil (Ed.), *Psychology of sport injury* (pp. 113–136). Champaign, IL: Human Kinetics.

Heil, J. (1993b). Mental training in injury management. In J. Heil (Ed.), *Psychology of sport injury* (pp. 151–174). Champaign, IL: Human Kinetics.

Heil, J. (1993c). Referral and coordination of care. In J. Heil (Ed.), *Psychology of sport injury* (pp. 251–266). Champaign, IL: Human Kinetics.

Heil, J. (1993d). Sport psychology, the athlete at risk, and the sports medicine team. In J. Heil (Ed.), *Psychology of sport injury* (pp. 1–13). Champaign, IL: Human Kinetics.

Heil, J., Hartman, D., Robinson, G., & Teegarden, L. (2002). Attention–deficit hyperactivity disorder in athletes. *Olympic Coach, 12*(2), 5–7.

Heil, J., & Podlog, L. (2012). Pain and performance. In S. M. Murphy (Ed.), *The Oxford handbook of sport and performance psychology* (pp. 618–634). New York: Oxford University Press.

Hendawy, H. M. F. M., & Awad, E. A. A. (2013). Personality and personality disorders in athletes. In D. A. Baron, C. L. Reardon, & S. H. Baron (Eds.), *Clinical sports psychiatry: An international perspective* (pp. 53–64). Chichester, UK: Wiley–Blackwell.

Heniff, C. B. (1998). *A comparison of life event stress, weekly hassles, and mood disturbances between injured and uninjured female university athletes.* Unpublished masters' thesis, University of

Minnesota, Minneapolis.

Herring, S. A., Bergfeld, J. A., Boyd, J., Duffey, T., Fields, K. B., Grana, W.A⋯Sallis, R. E. (2002). The team physician and return−to−play issues: A consensus statement. *Medicine and Science in Sports and Exercise, 34*, 1212−1214.

Herring, S. A., Boyajian−O'Neill, L. A., Coppel, D. B., Daniels, J. M., Gould, D., Grana, W., Putukian, M. (2006). Psychological issues related to injury in athletes and the team physician: A consensus statement. *Medicine & Science in Sports & Exercise, 38*, 2030−2034.

Hewett, T. E., Ford, K. R., & Myer, G. D. (2006). Anterior cruciate ligament injuries in female athletes: Part 2, a meta−analysis of neuromuscular interventions aimed at injury prevention. *The American Journal of Sports Medicine, 34*, 490−498. doi:10.1177/0363546505282619

Hibberd, E. E., & Myers, J. B. (2013). Practice habits and attitudes and behaviors concerning shoulder pain in high school competitive club swimmers. *Clinical Journal of Sport Medicine, 23*, 450−455. doi:10.1097/JSM.0b013e31829aa8ff

Hidding, A., van der Linden, S., Gielen, X., Witte, L., Dijkmans, B., & Moolenburgh, D. (1994). Continuation of group physical therapy is necessary in ankylosing spondylitis. *Arthritis Care and Research, 7*, 90−96. doi:10.1002/art.1790070208

Hilliard, R. C., Brewer, B. W., Cornelius, A. E., & Van Raalte, J. L. (2014). Big five personality characteristics and adherence to clinic−based rehabilitation activities after ACL surgery: A prospective analysis. *The Open Rehabilitation Journal, 7*, 1−5. doi:10.2174/1874943701407010001

Hoar, S. D., & Flint, F. (2008). Determinants of helpseeking intentions in the context of athletic injury recovery. *International Journal of Sport and Exercise Psychology, 6*, 157−175. doi:10.1080/161219 7X.2008.9671859

Hodge, D., Evans, L., Hanton, S., & Hardy, J. (2009, September). *Athletes' use of self−talk during injury rehabilitation.* Paper presented at the annual meeting of the Association for Applied Sport Psychology, Salt Lake City, UT.

Hokanson, R. G. (1994). *Relationship between sports rehabilitation practitioners' communication style and athletes' adherence to injury rehabilitation.* Unpublished master's thesis, Springfield College, MA.

Holmes, T. H. (1970). *Psychological screening. In Football injuries* (pp. 211−214). Paper presented at a workshop sponsored by the Subcommittee on Athletic Injuries, Committee on the Skeletal System, Division of Medical Science, National Research Council, February 1969. Washington, DC: National Academy of Sciences.

Holmes, T. H., & Rahe, R. H. (1967). The Social Readjustment Rating Scale. *Journal of Psychosomatic Research, 11*, 213−218. doi:10.1016/0022−3999(67)90010−4

Hootman, J., Dick, R., & Agel, J. (2007). Epidemiology of collegiate injuries for 15 sports: Summary and recommendations for injury prevention initiatives. *Journal of Athletic Training, 42*, 311−319.

Hopson, B. (1981). Response to the papers by Schlossberg, Brammer, and Abrego. *The Counseling*

Psychologist, 9(2), 36–39. doi:10.1177/001100008100900204

Horton, A. S. (2002). *The impact of support groups on the psychological state of athletes experiencing concussions.* Unpublished doctoral dissertation, McGill University, Montreal, Canada.

House, J. S., & Kahn, R. L. (1985). Measures and concepts of social support. In S. Cohen & S. L. Syme (Eds.), *Social support and health* (pp. 83–108). New York: Academic Press.

Howe, D. P. (2004). *Sport, professionalism, and pain: Ethnographies of anxiety.* London: Routledge.

Hughes, R. H., & Coakley, J. (1991). Positive deviance among athletes: The implications of overconformity to the sport ethic. *Sociology of Sport Journal, 8,* 307–325.

Hurley, O. A., Moran, A., & Guerin, S. (2007). Exploring athletes' experience of their injuries: A qualitative investigation. *Sport & Exercise Psychology Review, 3,* 14–22.

Hutchison, M., Comper, P., Mainwaring, L., & Richards, D. (2011). The influence of musculoskeletal injury on cognition: Implications for concussion research. *The American Journal of Sports Medicine, 39,* 2331–2337. doi:10.1177/0363546511413375

Hutchison, M., Comper, P., Mainwaring, L., Richards, D., & Bisschop, S. M. (2011). Differential emotional responses of varsity athletes to concussion cognition: Implications for concussion research. *Clinical Journal of Sport Medicine, 19,* 13–19. doi:10.1097/JSM.0b013e318190ba06

Ievleva, L., & Orlick, T. (1991). Mental links to enhanced healing: An exploratory study. *The Sport Psychologist, 5,* 25–40.

International Association for the Study of Pain. (1979). Pain terms: A list with definitions and notes on usage. *Pain, 6,* 249–252.

International Association for the Study of Pain Subcommittee on Taxonomy. (1986). *Classification of chronic pain: Descriptions of chronic pain syndromes and definitions of pain terms.* Amsterdam: Elsevier.

Ivarsson, A., & Johnson, U. (2010). Psychological factors as predictors of injuries among senior soccer players. A prospective study. *Journal of Sports Science & Medicine, 9,* 347–352.

Ivey, A. E., Ivey, M. B., & Zalaquett, C. P. (2013). *Intentional interviewing and counseling: Facilitating client development in a multicultural society* (8th ed.). Belmont, CA: Brooks/Cole.

Jackson, D. W., Jarrett, H., Bailey, D., Kausek, J., Swanson, M. J., & Powell, J. W. (1978). Injury prediction in the young athlete: A preliminary report. *The American Journal of Sports Medicine, 6,* 6–12.

Jackson, L. D. (1994). Maximizing treatment adherence among back–pain patients: An experimental study of the effects of physician–related cues in written medical messages. *Health Communication, 6,* 173–191. doi:10.1207/s15327027hc0603_1

Jacobson, E. (1938). *Progressive relaxation.* Chicago: University of Chicago Press.

Janda, D. H. (2003). The prevention of baseball and softball injuries. *Clinical Orthopaedics and Related Research, 409,* 20–28. doi:10.1097/01.blo.0000057789.10364.e3

Janelle, C. M., Kaminski, T. W., & Murray, M. (1999). College football injuries: Physical self-perception as a predictor. *International Sports Journal, 3*, 93–102.

Janssen, K. W., Hendriks, M. R. C., van Mechelen, W., & Verhagen, E. (2014). The cost-effectiveness of measures to prevent recurrent ankle sprains: Results of a 3-arm randomized controlled trial. *The American Journal of Sports Medicine, 42*. doi:10.1177/0363546514529642

Janssen, K. W., van Mechelen, W., & Verhagen, E. A.L. M. (2014). Bracing superior to neuromuscular training for the prevention of self-reported recurrent ankle sprains: A three-arm randomized controlled trial. *British Journal of Sports Medicine, 48*, 1235–1239. doi:10.1136/bjsports-2013-092947

Jaremko, M. E., Silbert, L., & Mann, T. (1981). The differential ability of athletes and nonathletes to cope with two types of pain: A radical behavioral model. *The Psychological Record, 31*, 265–275.

Jensen, M. P. (2011). Psychosocial approaches to pain management: An organizational framework. *Pain, 152*, 717–725. doi:10.1016/j.pain.2010.09.002

Jensen, M. P., Karoly, P., & Braver, S. (1986). The measurement of clinical pain intensity: A comparison of six methods. *Pain, 27*, 117–126.

Jensen, M. P., Karoly, P., O'Riordan, E. F., Bland, F., Jr., & Burns, R. S. (1989). The subjective experience of acute pain: An assessment of the utility of 10 indices. *The Clinical Journal of Pain, 5*, 153–159.

Jette, A. M. (1995). Outcomes research: Shifting the dominant research paradigm in physical therapy. *Physical Therapy, 75*, 965–970.

Jevon, S. M., & Johnston, L. H. (2003). The perceived knowledge and attitudes of governing-body-chartered physiotherapists towards the psychological aspects of rehabilitation. *Physical Therapy in Sport, 4*, 74–81. doi:10.1016/S1466-853X(03)00034-8

Johnson, U. (1997). Coping strategies among longterm-injured competitive athletes. A study of 81 men and women in team and individual sports. *Scandinavian Journal of Medicine & Science in Sports, 7*, 367–372. doi:10.1111/j.1600-0838.1997.tb00169.x

Johnson, U. (1998). Psychological risk factors during the rehabilitation of competitive male soccer players with serious knee injuries [Abstract]. *Journal of Sports Sciences, 16*, 391–392.

Johnson, U. (2000). Short-term psychological intervention: A study of long-term-injured competitive athletes. *Journal of Sport Rehabilitation, 9*, 207–218.

Johnson, U., Ekengren, J., & Andersen, M. B. (2005). Injury prevention in Sweden: Helping soccer players at risk. *Journal of Sport & Exercise Psychology, 27*, 32–38.

Johnson, U., & Ivarsson, A. (2011). Psychological predictors of sport injuries among junior soccer players. *Scandinavian Journal of Medicine & Science in Sports, 21*, 129–136. doi:10.1111/j.1600-0838.2009.01057.x

Johnston, L. H., & Carroll, D. (1998). The context of emotional responses to athletic injury: A qualitative analysis. *Journal of Sport Rehabilitation, 7*, 206–220.

Johnston, L. H., & Carroll, D. (2000). Coping, social support, and injury: Changes over time and the effects of level of sports involvement. *Journal of Sport Rehabilitation, 9*, 290–303.

Judge, L. W., Harris, B., & Bell, R. J. (2009, September). *Perceived social support from strength coaches among injured student–athletes*. Paper presented at the annual meeting of the Association for Applied Sport Psychology, Salt Lake City, UT.

Junge, A., Lamprecht, M., Stamm, H., Hasler, H., Bizzini, M., Tschopp, M., Dvorak, J. (2011). Countrywide campaign to prevent soccer injuries in Swiss amateur players. *The American Journal of Sports Medicine, 39*, 57–63. doi:10.1177/0363546510377424

Junge, A., Rosch, D., Peterson, L., Graf–Baumann, T., & Dvorak, J. (2002). Prevention of soccer injuries: A prospective intervention study in youth amateur players. *The American Journal of Sports Medicine, 30*, 652–659.

Kahanov, L., Dusa, M. J., Wilkinson, S., & Roberts, J. (2005). Self–reported headgear use and concussions among collegiate men's rugby union players. *Research in Sports Medicine: An International Journal, 13*, 77–89. doi:10.1080/15438620590956025

Kahanov, L., & Fairchild, P. C. (1994). Discrepancies in perceptions held by injured athletes and athletic trainers during the initial evaluation. *Journal of Athletic Training, 29*, 70–75.

Kamm, R. L. (2005). Interviewing principles for the psychiatrically aware sports medicine physician. *Clinics in Sports Medicine, 24*, 745–769. doi:10.1016/j.csm.2005.06.002

Kamphoff, C. S., Hamson–Utley, J. J., Antoine, B., Knutson, R., Thomae, J., & Hoenig, C. (2010). Athletic training students' perceptions of and academic preparation in the use of psychological skills in sport injury rehabilitation. *Athletic Training Education Journal, 5*, 109–116.

Karoly, P. (1985). The assessment of pain: Concepts and procedures. In P. Karoly (Ed.), *Measurement strategies in health psychology* (pp. 461–516). New York: Wiley.

Kazarian, A. E., Thompson, G. W., & Clark, R. D. (1995, September). *Type A vs. type B behavior patterns: Injury susceptibility and recovery time in college football players*. Paper presented at the Third International Olympic Committee World Congress on Sport Sciences, Atlanta, GA.

Keats, M. R., Emery, C. A., & Finch, C. F. (2012). Are we having fun yet? Fostering adherence to injury–preventive exercise recommendations in young athletes. *Sports Medicine, 42*, 175–184. doi:10.2165/11597050–000000000–00000

Kerns, R. D., Turk, D. C., & Rudy, T. E. (1985). The West Haven–Yale Multidimensional Pain Inventory. *Pain, 23*, 345–356. doi:10.1016/0304–3959(85)90004–1

Kerr, G., & Goss, J. (1996). The effects of a stress management program on injuries and stress levels. *Journal of Applied Sport Psychology, 8*, 109–117. doi:10.1080/10413209608406312

Kerr, K. M. (2000). Relaxation techniques: A critical review. *Critical Reviews in Physical and Rehabilitation Medicine, 12*, 51–89.

Kerr, Z. Y., Register–Mihalik, J. K., Kroshus, E., Baugh, C. M., & Marshall, S. W. (2016). Motivations associated with nondisclosure of self−reported concussions in former collegiate athletes. *American Journal of Sports Medicine, 44*, 220−225. doi:10.1177/0363546515612082

Kiecolt−Glaser, J. K., McGuire, L., Robles, T. F., & Glaser, R. (2002). Emotions, morbidity, and mortality: New perspectives from psychoneuroimmunology. *Annual Review of Psychology, 53*, 83−107.

Kiecolt−Glaser, J. K., Page, G.G., Marucha, P.T., Mac−Callum, R. C., & Glaser, R. (1998). Psychological influences on surgical recovery: Perspectives from psychoneuroimmunology. *American Psychologist, 53,* 1209−1218.

Kingen, E., Shapiro, J., Katz, H., & Mullan, M. (2013, October). *An examination of the relationship between coping strategies, stress, mood, and adherence throughout injury rehabilitation in an active population.* Paper presented at the annual meeting of the Association for Applied Sport Psychology, New Orleans, LA.

Kleiber, D. A., & Brock, S. C. (1992). The effect of career−ending injuries on the subsequent well−being of elite college athletes. *Sociology of Sport Journal, 9,* 70−75.

Kleinert, J. (2002). An approach to sport injury trait anxiety: Scale construction and structure analysis. *European Journal of Sport Science, 2,* 1−12. doi:10.1080/17461390200072305

Kleinert, J. (2007). Mood states and perceived physical states as short term predictors of sport injuries: Two prospective studies. *International Journal of Sport and Exercise Psychology, 5,* 340−351. doi:10.10 80/1612197X.2007.9671840

Klinger, E. (1977). *Meaning and void.* Minneapolis, MN: University of Minnesota Press.

Klügl, M., Shrier, I., McBain, K., Shultz, R., Meeuwisse, W. H., Garza, D., & Matheson, G. O. (2010). The prevention of sport injury: An analysis of 12,000 published manuscripts. *Clinical Journal of Sport Medicine, 20,* 407−412. doi:10.1097/JSM.0b013e3181f4a99c

Knowles, S. B. (2010). Is there an injury epidemic in girls' sports? *British Journal of Sports Medicine, 44,* 38−44. doi:10.1136/bjsm.2009.065763

Kok, B. E., Coffey, K. A., Cohn, M. A., Catalino, L. I., Vacharkulksemsuk, T., Algoe, S., Fredrickson, B. L. (2013). How positive emotions build physical health: Perceived positive social connections account for the upward spiral between positive emotions and vagal tone. *Psychological Science, 24,* 1123−1132. doi: 10.1177/0956797612470827

Kolt, G. S. (2000). Doing sport psychology with injured athletes. In M. B. Andersen (Ed.), *Doing sport psychology* (pp. 223−236). Champaign, IL: Human Kinetics.

Kolt, G. S. (2004). Pain and its management. In G. S. Kolt & M. B. Andersen (Eds.), *Psychology in the physical and manual therapies* (pp. 141−161). Edinburgh: Churchill Livingstone.

Kolt, G. S. (2007). Pain. In G. S. Kolt & L. Snyder−Mackler (Eds.), *Physical therapies in sport and exercise* (pp. 133−148). Edinburgh: Churchill Livingstone.

Kolt, G. S., Brewer, B. W., Pizzari, T., Schoo, A. M. M., & Garrett, N. (2007). The Sport Injury Rehabilitation Adherence Scale: A reliable scale for use in clinical physiotherapy. *Physiotherapy,*

93, 17—22. doi:10.1016/j.physio.2006.07.002

Kolt, G. S., Hume, P. A., Smith, P., & Williams, M. M. (2004). Effects of a stress—management program on injury and stress of competitive gymnasts. *Perceptual & Motor Skills, 99*, 195—207. doi:10.1080/10413209608406312

Kolt, G. S., & Kirkby, R. J. (1994). Injury, anxiety, and mood in competitive gymnasts. *Perceptual and Motor Skills, 78*, 955—962. doi:10.2466/pms.1994.78.3.955

Kolt, G. S., & Kirkby, R. J. (1996). Injury in Australian female gymnasts: A psychological perspective. *Australian Journal of Physiotherapy, 42*, 121—126. doi:10.1016/S0004—9514(14)60444—X

Kolt, G. S., & Snyder—Mackler, L. (2007). The role of the physical therapies in sport, exercise, and physical activity. In G. S. Kolt & L. Snyder—Mackler (Eds.), *Physical therapies in sport and exercise* (pp. 1—5). Edinburgh: Churchill Livingstone.

Koltyn, K.F. (2000). Analgesia following exercise: A review. *Sports Medicine, 29*, 85—98. doi:10.2165/00007256—200029020—00002

Koltyn, K.F. (2002). Exercise—induced hypoalgesia and intensity of exercise. *Sports Medicine, 32,* 477—487.

Kontos, A. P. (2004). Perceived risk, risk taking, estimation of ability, and injury among adolescent sport participants. *Journal of Pediatric Psychology, 29*, 447—455. doi:10.1093/jpepsy/jsh048

Kottler, J. A. (2003). *Introduction to therapeutic counseling: Voices from the field* (5th ed.). Belmont, CA: Wadsworth.

Krasnow, D., Mainwaring, L., & Kerr, G. (1999). Injury, stress, and perfectionism in young dancers and gymnasts. *Journal of Dance Medicine and Science, 3*, 51—58.

Krosshaug, T., Andersen, T. E., Olsen, O.—E. O., Myklebust, G., & Bahr, R. (2005). Research approaches to describe the mechanisms of injuries in sport: Limitations and possibilities. *British Journal of Sports Medicine, 39*, 330—339. doi:10.1136/bjsm.2005.018358

Kübler—Ross, E. (1969). *On death and dying.* New York: Macmillan.

Kucera, K. L., Marshall, S. W., Kirkendall, D. T., Marchak, P. M., & Garrett, W. E. (2005). Injury history as a risk factor for incident injury in youth soccer. *British Journal of Sports Medicine, 39*, 462. doi:10.1136/bjsm.2004.013672

Kvist, J., Ek, A., Sporrstedt, K., & Good, L. (2005). Fear of re—injury: A hindrance of returning to sports after anterior cruciate ligament reconstruction. *Knee Surgery, Sports Traumatology, Arthroscopy, 13*, 393—397. doi:10.1007/s00167—004—0591—8

LaBella, C. R., Huxford, M. R., Grissom, J., Kim, K. Y., Peng, J., & Christoffel, K. K. (2011). Effect of a neuromuscular warm—up on injuries in female soccer and basketball athletes in urban public high schools: Cluster randomized controlled trial. *Archives of Pediatric and Adolescent Medicine, 165*, 1033—1040.

Labus, J. S., Keefe, F. J., & Jensen, M. P. (2003). Selfreports of pain intensity and direct observations of pain behavior: When are they correlated? *Pain, 102*, 109−124. doi:10.1016 /s0304−359(02)003554−8

Ladyshewsky, R., & Gotjamanos, E. (1997). Communication skill development in health professional education: The use of standardised patients in combination with a peer assessment strategy. *Journal of Allied Health, 26*, 177−186.

Lafferty, M. E., Kenyon, R. & Wright, C. J. (2008). Clubbased and non−club−based physiotherapists' views on the psychological content of their practice when treating sports injuries. *Research in Sports Medicine, 16*, 295−306. doi:10.1080/15438620802523378

Lampton, C.C., Lambert, M. E., & Yost, R. (1993). The effects of psychological factors in sports medicine rehabilitation adherence. *Journal of Sports Medicine and Physical Fitness, 33*, 292−299.

Langford, J. L., Webster, K. E., & Feller, J. A. (2009). A prospective longitudinal study to assess psychological changes following anterior cruciate ligament reconstruction surgery. *British Journal of Sports Medicine, 43*, 377−381. doi:10.1136/bjsm.2007.044818

Larson, G. A., Starkey, C. A., & Zaichkowsky, L. D. (1996). Psychological aspects of athletic injuries as perceived by athletic trainers. *The Sport Psychologist, 10*, 37−47.

Laubach, W.J., Brewer, B. W., Van Raalte, J. L., & Petitpas, A. J. (1996). Attributions for recovery and adherence to sport injury rehabilitation. *Australian Journal of Science and Medicine in Sport, 28*, 30−34.

Lauersen, J. B., Bertelsen, D. M., & Andersen, L. B. (2014). The effectiveness of exercise interventions to prevent sports injuries: A systematic review and meta−analysis of randomised controlled trials. *British Journal of Sports Medicine, 48*, 871−877. doi:10.1136/bjsports−2013−092538

Lavallee, L., & Flint, F. (1996). The relationship of stress, competitive anxiety, mood state, and social support to athletic injury. *Journal of Athletic Training, 31*, 296−299.

Lazarus, R. S., & Folkman, S. (1984). *Stress, appraisal, and coping*. NewYork: Springer.

Leddy, M. H., Lambert, M. J., & Ogles, B. M. (1994). Psychological consequences of athletic injury among high−level competitors. *Research Quarterly for Exercise and Sport, 65*, 347−354.

Lemberger, M. E. (2008). Systematic referrals: Issues and processes related to psychosocial referrals for athletic trainers. In J. M. Mensch & G. M. Miller (2008), *The athletic trainer's guide to psychosocial intervention and referral* (pp. 65−99). Thorofare, NJ: Slack.

Lentz, T. A., Tillman, S. M., Indelicato, P. A., Moser, M. W., George, S. Z., & Chimielewski, T. L. (2009). Factors associated with function after anterior cruciate ligament reconstruction. *Sports Health: A Multidisciplinary Approach, 1*, 47−53. doi:10.1177/1941738108326700

Lentz, T. A., Zeppieri, G., George, S. Z., Tillman, S. M., Moser, M. W., Farmer, K. W., & Chmielewski, T. L. (2015). Comparison of physical impairment, functional, and psychosocial measures based on fear of reinjury/lack of confidence and return−tosport status after ACL reconstruction. *The American Journal of Sports Medicine, 43*, 345−353. doi:10.1177/0363546514559707

Leventhal, H., & Everhart, D. (1979). Emotion, pain, and physical illness. In C. E. Izard (Ed.), *Emotions in personality and psychopathology* (pp. 263−299). New York: Plenum.

Levin, M. F., & Riley, E. J. (1984). Effectiveness of teaching interviewing and communication skills to physiotherapy students. *Physiotherapy Canada, 36*, 190−194.

Levitt, R., Deisinger, J. A., Wall, J. R., Ford, L., & Cassisi, J. E. (1995). EMG feedback−assisted postoperative rehabilitation of minor arthroscopic knee surgeries. *The Journal of Sports Medicine and Physical Fitness, 35*, 218−223.

Levy, A. R., Polman, R. C. J., & Borkoles, E. (2008). Examining the relationship between perceived autonomy support and age in the context of rehabilitation in sport. *Rehabilitation Psychology, 53*, 224−230. doi:10.1037/00905550.53.2.224

Levy, A. R., Polman, R. C. J., & Clough, P. J. (2008). Adherence to sport injury rehabilitation programs: An integrated psycho−social approach. *Scandinavian Journal of Medicine and Science in Sport, 18*, 798−809. doi:10.1111/j.1600−0838.2007.00704.x

Levy, A. R., Polman, R. C. J., Clough, P. J., Marchant, D. C., & Earle, K. (2006). Mental toughness as a determinant of beliefs, pain, and adherence in sport injury rehabilitation. *Journal of Sport Rehabilitation, 15*, 246−254.

Lim, B., Lee, Y. S., Kim, J. G., An, K. O., Yoo, J., & Kwon, Y. H. (2009). Effects of sports injury prevention training on the biomechanical risk factors of anterior cruciate ligament injury in high school female basketball players. *The American Journal of Sports Medicine, 37*, 1728−1734. doi:10.1177/0363546509335220

Linder, D. E., Brewer, B. W., Van Raalte, J. L., & DeLange, N. (1991). A negative halo for athletes who consult sport psychologists: Replication and extension. *Journal of Sport & Exercise Psychology, 13*, 133−148.

Linder, D. E., Pillow, D. R. & Reno, R. R. (1989). Shrinking jocks: Derogation of athletes who consult a sport psychologist. *Journal of Sport and Exercise Psychology, 11*, 270−280.

Lisha, N. E., & Sussman, S. (2010). Relationship of high school and college sports participation with alcohol, tobacco, and illicit drug use: A review. *Addictive Behaviors, 35*, 399−407. doi:10.1016/j.addbeh. 2009.12.032

Liston, K., Reacher, D., Smith, A., & Waddington, I. (2006). Managing pain and injury in non−elite rugby union and rugby league: A case study of players at a British university. *Sport in Society, 9*, 388−402. doi:10.1080/17430430600673407

Little, J.C. (1969). The athlete's neurosis—A deprivation crisis. *Acta Psychiatrica Scandinavia, 45*, 187−197. doi:10.1111/j.1600−0447.1969.tb10373.x

Loland, S., Skirstad, B., & Waddington, I. (Eds.) (2006). *Pain and injury in sport: Social and ethical analysis.* New York: Routledge.

Lombardo, J. A., & Wilkerson, L. A. (1996). Clinical sports medicine training and accreditation: The United

States experience. *Clinical Journal of Sport Medicine, 6*, 76−77.

Lord, R. H., & Kozar, B. (1989). Pain tolerance in the presence of others: Implications for youth sports. *The Physician and Sportsmedicine, 17*(10), 71−77.

Lord, R. H., Kozar, B., Whitfield, K. E., & Ferenz, C. (1994). Implicit goals and social facilitation effects on cold pressor pain tolerance in young athletes [Abstract]. *Research Quarterly for Exercise and Sport, 65*(Suppl.), A−88−A−99.

Loubert, P. V. (1999). Ethical perspectives in counseling. In R. Ray & D. M. Wiese−Bjornstal (Eds.), *Counseling in sports medicine* (pp. 161−175). Champaign, IL: Human Kinetics.

Lowry, S. F. (1993). Cytokine mediators of immunity and inflammation. *Archives of Surgery, 28*, 1235−1241.

Lu, F. J. H., & Hsu, Y. (2013). Injured athletes' rehabilitation beliefs and subjective well−being: The contribution of hope and social support. *Journal of Athletic Training, 48*, 92−98.

Lynch, G.P. (1988). Athletic injuries and the practicing sport psychologist: Practical guidelines for assisting athletes. *The Sport Psychologist, 2*, 161−167.

Lysens, R., Steverlynck, A., Vanden Auweele, Y., Lefevre, J., Renson, L., Claessens, A., & Ostyn, M. (1984). The predictability of sports injuries. *Sports Medicine, 1*, 6−10.

Macan, J., Bundalo−Vrbanac, D., & Romic, G. (2006). Effects of new karate rules on the incidence and distribution of injuries. *British Journal of Sports Medicine, 40*, 326−330. doi:10.1136/bjsm.2005.022459

Macchi, R., & Crossman, J. (1996). After the fall: Reflections of injured classical ballet dancers. *Journal of Sport Behavior, 19*, 221−234.

Maddison, R., & Prapavessis, H. (2005). A psychological approach to the prediction and prevention of athletic injury. *Journal of Sport & Exercise Psychology, 27*, 289−310.

Maddison, R., Prapavessis, H., & Clatworthy, M. (2006). Modeling and rehabilitation following anterior cruciate ligament reconstruction. *Annals of Behavior Medicine, 31*, 89−98. doi:10.1207/s15324796abm3101_13

Maddison, R., Prapavessis, H., Clatworthy, M., Hall, C., Foley, L., Harper, T., Brewer, B. (2012). Guided imagery to improve functional outcomes post−anterior cruciate ligament repair: Randomized−controlled pilot trial. *Scandinavian Journal of Medicine and Science in Sports, 22*, 816−821. doi:10.1111/j.1600−0838.2011.01325.x

Madrigal, L., Robbins, J., Gill, D. L., & Wurst, K. (2015). A pilot study investigating the reasons for playing through pain and injury: Emerging themes in men's and women's collegiate rugby. *The Sport Psychologist, 29*, 310−318. doi:10.1123/tsp.2014−013

Maehr, M., & Braskamp, L. (1986). *The motivation factor: A theory of personal investment.* Lexington, MA: Lexington Books.

Mahler, H. I., & Kulik, J. A. (1998). Effects of preparatory videotapes on self−efficacy beliefs and recovery from coronary bypass surgery. *Annals of Behavioral Medicine, 20*, 39–45. doi:10.1007/BF02893808

Mainwaring, L. (1999). Restoration of self: A model for the psychological response of athletes to severe knee injuries. *Canadian Journal of Rehabilitation, 12*, 145–156.

Mainwaring, L. M., Bisschop, S. M., Green, R. E. A., Antoniazzi, M., Comper, P., Kristman, V., Richard, D. W. (2004). Emotional reaction of varsity athletes to sport–related concussion. *Journal of Sport and Exercise Psychology, 26*, 119–135.

Mainwaring, L. M., Hutchison, M., Bisschop, S. M., Comper, P., & Richards, D. W. (2010). Emotional response to sport concussion compared to ACL injury. *Brain Injury, 24*, 589–597. doi:10.3109/02699051003610508

Makarowski, L. M. (2007). Ethical and legal issues for sports professionals counseling injured athletes. In D. Pargman (Ed.), *Psychological bases of sport injury* (3rd ed., pp. 289–303). Morgantown, WV: Fitness Information Technology.

Malcom, N. L. (2006). "Shaking it off" and "toughing it out": Socialization to pain and injury in girls' softball. *Journal of Contemporary Ethnography, 35*, 495–525. doi:10.1177/0891241605283571

Malinauskas, R. (2010). The associations among social support, stress, and life satisfaction as perceived by injured college athletes. *Journal of Social Behavior and Personality, 38*, 741–752. doi:10.2224/sbp.2010.38.6.741

Mandelbaum, B. R., Silvers, H. J., Watanabe, D. S., Knarr, J. F., Thomas, S. D., Griffin, L. Y., Garrett, W., Jr. (2005). Effectiveness of a neuromuscular and proprioceptive training program in preventing anterior cruciate ligament injuries in female athletes: 2–year follow–up. *The American Journal of Sports Medicine, 33*, 1003–1010. doi:10.1177/0363546504272261

Manderino, M., & Bzdek, V. (1984). Effects of modeling and information on reactions to pain: A childbirth analogue. *Nursing Research, 33*, 9–14.

Maniar, S., Perna, F., Newcomer, R., Roh, J., & Stilger, V. (1999, September). *Athletic trainers' recognition of psychological distress following athletic injury: Implications for referral.* Paper presented at the annual meeting of the Association for the Advancement of Applied Sport Psychology, Banff, Alberta, Canada.

Maniar, S. D., Perna, F. M., Newcomer, R. R., Roh, J. L., & Stilger, V. G. (1999, August). *Emotional reactions to injury: With whom are athletes comfortable talking?* Paper presented at the annual meeting of the American Psychological Association, Boston.

Maniar, S. D., Perna, F. M., Newcomer, R. R., Roh, J. L., & Stilger, V. G. (2000, August). *Injured athletes' preferences for seeking help: A replication and extension.* Paper presented at the annual meeting of the American Psychological Association, Washington, DC.

Mankad, A., & Gordon, S. (2010). Psycholinguistic changes in athletes' grief response to injury after written emotional disclosure. *Journal of Sport Rehabilitation, 19*, 328–342.

Mankad, A., Gordon, S., & Wallman, K. (2009a). Psycho–immunological effects of written emotional disclosure during long-term injury rehabilitation. *Journal of Clinical Sport Psychology, 3*, 205-217.

Mankad, A., Gordon, S., & Wallman, K. (2009b). Psycholinguistic analysis of emotional disclosure: A case study in sport injury. *Journal of Clinical Sport Psychology, 3*, 182-196.

Mann, B. J., Grana, W. A., Indelicato, P. A., O'Neill, D. F., & George, S. Z. (2007). A survey of sports medicine physicians regarding psychological issues in patientathletes. *The American Journal of Sports Medicine, 35*, 2140-2147. doi:10.1177/0363546507304140

Mann, E., & Carr, E. (2006). *Pain management*. Oxford, UK: Blackwell.

Manning, E., & Fillingim, R. B. (2002). The influence of athletic status and gender on experimental pain responses. *The Journal of Pain, 3*, 421-428.

Manning, E., Mack, D., Fettig, N., Gillespie, S., Meter, K., & Moss, J. (1997). Pain and the competitive athlete [Abstract]. *Journal of Applied Sport Psychology, 9*(Suppl.), S125.

Manuel, J. C., Shilt, J. S., Curl, W. W., Smith, J. A., Du-Rant, R. H., Lester, L., & Sinal, S. H. (2002). Coping with sports injuries: An examination of the adolescent athlete. *Journal of Adolescent Health, 31*, 391-393.

Marcolli, C., Schilling, G., & Segesser, B. (2001). Comeback: A mental training program to enhance the rehabilitation process after severe athletic injuries. In A. Papaioannou, M. Goudas, & Y. Theodorakis (Eds.), *International Society of Sport Psychology 10th World Congress of Sport Psychology programme & proceedings: In the dawn of a new millennium* (Vol. 1, p. 94). Thessaloniki, Greece: Christodoulidi.

Marshall, S. W., Covassin, T., Dick, R., Nassar, L. G., & Agel, J. (2007). Descriptive epidemiology of collegiate women's gymnastics injuries: National Collegiate Athletic Association injury surveillance system, 1988-1989. *Journal of Athletic Training, 42*, 234-240.

Martens, M. P., Dams-O'Connor, K., & Beck, N. C. (2006). A systematic review of college studentathlete drinking: Prevalence rates, sport-related factors, and interventions. *Journal of Substance Abuse Treatment, 31*, 305-316.

Martens, M. P., Dams-O'Connor, K., & Kilmer, J. R. (2007). Alcohol and drug use among athletes: Prevalence, etiology, and interventions. In G. Tenenbaum & R. C. Eklund (Eds.), *Handbook of sport psychology* (3rd ed., pp. 859-878). New York: Wiley.

Martens, R. (1987). *Coaches guide to sport psychology*. Champaign, IL: Human Kinetics.

Masters, K. S., & Ogles, B. M. (1998). The relations of cognitive strategies with injury, motivation, and performance among marathon runners: Results from two studies. *Journal of Applied Sport Psychology, 10*, 281-296.

Masters, K. S., Ogles, B. M., & Jolton, J. A. (1993). The development of an instrument to measure motivation for marathon running: The Motivations of Marathoners Scales (MOMS). *Research Quarterly for Exercise and Sport, 64*, 134-143.

Mather, R. C., Hettrich, C. M., Dunn, W. R., Cole, B. J., Bach, B. R., Huston, L. J., & Spindler, K. P.

(2014). Cost—effectiveness analysis of early reconstruction versus rehabilitation and delayed reconstruction for anterior cruciate ligament tears. *American Journal of Sports Medicine, 42*, 1583—1591. doi:10.1177/0363546514530866

Matheson, G. O., Mohtadi, N.G., Safran, M., & Meeuwisse, W. H. (2010). Sport injury prevention: Time for an intervention? *Clinical Journal of Sport Medicine, 20*, 399—401. doi:10.1097/JSM.0b013e318203114c

May, S., & Potia, T. A. (2013). An evaluation of cultural competency training on perceived patient adherence. *European Journal of Physiotherapy, 15*, 2—10. doi:10.3109/14038196.2012.760647

May, S., & Taylor, A. H. (1994). The development and examination of various measures of patient compliance, for specific use with injured athletes [Abstract]. *Journal of Sports Sciences, 12*, 180—181.

McArdle, S. (2010). Psychological rehabilitation from anterior cruciate ligament—medial collateral ligament reconstructive surgery. *Sports Health: A Multidisciplinary Approach, 2*, 73—77. doi:10.1177/1941738109357173

McBain, K., Shrier, I., Shultz, R., Meeuwisse, W. H., Klügl, M., Garza, D., & Matheson, G. O. (2011). An overview of interventions designed to reduce risk factors for sport injury. *British Journal of Sports Medicine, 45*, 322.

McCaul, K. D., & Malott, J. M. (1984). Distraction and coping with pain. *Psychological Bulletin, 95*, 516—533.

McClay, M. H., Appleby, D. C., & Plascak, F. D. (1989). Predicting injury in young cross country runners with the self—motivation inventory. *Sports Train ing, Medicine, and Rehabilitation, 1*, 191—195. doi:10.1080/15438628909511875

McCrory, P., Meeuwisse, W., Aubry, M., Cantu, B., Dvorak, J., Echemendia, R. J., Turner, M. (2013). Consensus statement on concussion in sport: The 4th International Conference on Concussion in Sport, held in Zurich, November 2012. *British Journal of Sports Medicine, 47*, 250—258. doi:10.1136/bjsports—2013—092313

McCullagh, P., Ste—Marie, D., & Law, B. (2014). Modeling: Is what you see, what you get? In J. L. Van Raalte & B. W. Brewer (Eds.), *Exploring sport and exercise psychology* (3rd ed., pp. 139—162). Washington, DC: American Psychological Association.

McCullough, K. A., Phelps, K. D., Spindler, K. P., Matava, M. J., Dunn, W. R., Parker, R. D., Reinke, E. K. (2012). Return to high school— and college—level football after anterior cruciate ligament reconstruction: A Multicenter Orthopaedic Outcomes Network (MOON) cohort study. *The American Journal of Sports Medicine, 40*, 2523—2529. doi:10.1177/0363546512456836

McDonald, S. A., & Hardy, C. J. (1990). Affective response patterns of the injured athlete: An exploratory analysis. *The Sport Psychologist, 4*, 261—274.

McGlashan, A. J., & Finch, C. F. (2010). The extent to which behavioural and social science theories and models are used in sport injury prevention research. *Sports Medicine, 40*, 841−858. doi:10.2165/11534960−000000000−00000

McGowan, R. W., Pierce, E. F., Williams, M., & Eastman, N.W. (1994). Athletic injury and self diminution. *Journal of Sports Medicine and Physical Fitness, 34*, 299−304.

McGuine, T. A., Hetzel, S., Wilson, J., & Brooks, A. (2012). The effect of lace−up ankle braces on the injury rates in high school students. *The American Journal of Sports Medicine, 40*, 49−57. doi:10.1177/0363546511422332

McIntosh, A. S., Andersen, T. E., Bahr, R., Greenwald, R., Kleiven, S., Turner, M., McCrory, P. (2011). Sports helmets now and in the future. *British Journal of Sports Medicine, 45*, 1258−1265. doi:10.1136/bjsports−2011−090509

McKay, C., Campbell, T., Meeuwisse, W., & Emery, C. (2013). The role of risk factors for injury in elite youth ice hockey players. *Clinical Journal of Sport Medicine, 23*, 216−221. doi:10.1097/JSM.0b013e31826a86c9

McKay, C. D., Steffen, K., Romiti, M., Finch, C. F., & Emery, C. A. (2014). The effect of coach and player injury knowledge, attitudes, and beliefs on adherence to the FIFA 11+ programme in female youth soccer. *British Journal of Sports Medicine, 48*, 1281−1286. doi:10.1136/bjsports−2014−093543

McLean, S. M., Burton, M., Bradley, L., & Littlewood, C. (2010). Interventions for enhancing adherence with physiotherapy: A systematic review. *Manual Therapy, 15*, 514−521. doi:10.1016/j.math.2010.05.012

McManus, A., Stevenson, M., & Finch, C. (2006). Incidence and risk factors for injury in non−elite netball. *Journal of Science & Medicine in Sport, 9*, 119−124. doi:10.1016/j.jsams.2006.03.005

McNair, D., Lorr, M., & Droppleman, L. (1971). *Manual for Profile of Mood States*. San Diego: Educational and Industrial Testing Service.

Medibank Private. (2004). *Medibank Private sports injuries report*. Melbourne: Medibank Private.

Meeuwisse, W. H. (1994). Assessing causation in sport injury: A multifactorial model. *Clinical Journal of Sport Medicine, 4*, 166−170.

Meeuwisse, W. H., Tyreman, H., Hagel, B., & Emery, C. (2007). A dynamic model of etiology in sport injury: The recursive nature of risk and causation. *Clinical Journal of Sport Medicine, 17*, 215−219. doi:10.1097/JSM.0b013e3180592a48

Meichenbaum, D. (1985). *Stress inoculation training*. New York: Pergamon Press.

Meichenbaum, D., & Turk, D. C. (1987). *Facilitating treatment adherence*. New York: Plenum.

Melamed, B.G., Yurcheson, R., Fleece, E.L., Hutcherson, S., & Hawes, R. (1978). Effects of film modeling on the reduction of anxiety−related behaviors in individuals varying in level of previous experience in the stressful situation. *Journal of Consulting and Clinical Psychology, 46*, 1357−1367.

Melzack, R. (1975). The McGill Pain Questionnaire: Major properties and scoring methods. *Pain, 1*, 277−299. doi:10.1016/0304−3959(75)90044−5

Melzack, R. (1999). From the gate to the neuromatrix. *Pain, 82*(Suppl. 1), S121–S126. doi: 10.1016/S0304–3959(99)00145–1

Melzack, R., & Wall, P. D. (1965). Pain mechanisms: A new theory. *Science, 150*, 971–979. doi:10.1126/science.150.3699.971

Mendonza, M., Patel, H. & Bassett, S. (2007). Influences of psychological factors and rehabilitation adherence on the outcome post anterior cruciate ligament injury/surgical reconstruction. *New Zealand Journal of Physiotherapy, 35*, 62–71.

Mensch, J. M. (2008). Athletic training and psychosocial issues. In J. M. Mensch & G. M. Miller (2008), *The athletic trainer's guide to psychosocial intervention and referral* (pp. 1–30). Thorofare, NJ: Slack.

Messner, M. (1992). *Power at play: Sports and the problem of masculinity.* Boston: Beacon Press.

Meyer, J. D., Fink, C. M., & Carey, P. F. (1988). Medical views of psychological consultation. *Professional Psychology: Research and Practice, 19*, 36–358.

Meyers, M. C., & Barnhill, B. S. (2004). Incidence, causes, and severity of high school football injuries on FieldTurf versus natural grass: A 5–year prospective study. *The American Journal of Sports Medicine, 32*, 1626–1638. doi:10.1177/0363546504266978

Meyers, M. C., Bourgeois, A. W., Stewart, S., & LeUnes, A. (1992). Predicting pain response in athletes: Development and assessment of the Sports Inventory for Pain. *Journal of Sport & Exercise Psychology, 14*, 249–261.

Miles, M. P., & Clarkson, P. M. (1994). Exercise–induced muscle pain, soreness, and cramps. *Journal of Sports Medicine and Physical Fitness, 304*, 203–216.

Miller, R. P., Kori, S., & Todd, D. (1991). The Tampa Scale: A measure of kinesiophobia. *Clinical Journal of Pain, 7*, 51–52.

Milne, M., Hall, C., & Forwell, L. (2005). Self–efficacy, imagery use, and adherence to rehabilitation by injured athletes. *Journal of Sport Rehabilitation, 14*, 150–167.

Misasi, S. P., Davis, C. F., Morin, G. E., & Stockman, D. (1996). Academic preparation of athletic trainers as counselors. *Journal of Athletic Training, 31*, 39–42.

Mogk, C., Otte, S., Reinhold–Hurley, B., & Kröner–Herwig, B. (2006). Health effects of expressive writing on stressful or traumatic experiences—A meta–analysis [Die Wirkung expressiven Schreibens über belastende Erfahrungen auf die Gesundheit—eine Metaanalyse]. *GMS Psycho–Social–Medicine, 3*, Doc06. www.egms.de/static/en/journals/psm/2006–3/psm000026.shtml.

Monsma, E., Mensch, J., & Farroll, J. (2009). Keeping your head in the game: Sport–specific imagery and anxiety among injured athletes. *Journal of Athletic Training, 44*, 410–417. doi:10.4085/1062–6050–44.4.410

Moore, D. J., Keogh, E., & Eccleston, C. (2012). The interruptive effect of pain on attention. *Quarterly Journal of Experimental Psychology, 65*, 565–586. doi:10.1080/17470218.2011.626865

Morgan, W. P. (1978, April). The mind of the marathoner. *Psychology Today, 38–40, 43, 45–46, 49.*

Morrey, M. A., Stuart, M. J., Smith, A. M., & Wiese–Bjornstal, D. M. (1999). A longitudinal examination of athletes' emotional and cognitive responses to anterior cruciate ligament injury. *Clinical Journal of Sport Medicine, 9,* 63–69.

Morrongiello, B. A., Walpole, B., & Lasenby, J. (2007). Understanding children's injury–risk behavior: Wearing safety gear can lead to increased risk taking. *Accident Analysis & Prevention, 39,* 618–623. doi:10.1016/j.aap.2006.10.006

Morse, E. D. (2013). Substance use in athletes. In D. A. Baron, C. L. Reardon, & S. H. Baron (Eds.), *Clinical sports psychiatry: An international perspective* (pp. 3–12). Chichester, UK: Wiley–Blackwell.

Moser, R. S. (2007). The growing public health concern of sports concussion: The new psychology practice frontier. *Professional Psychology: Research and Practice, 38,* 699–704. doi:10.1037/0735–7028.38.6.699

Moulton, M. A., Molstad, S., & Turner, A. (1997). The role of athletic trainers in counseling collegiate athletes. *Journal of Athletic Training, 32,* 148–150.

Mountjoy, M., Sundgot–Borgen, J., Burke, L., Carter, S., Constantini, N., Lebrun, C., Ljungqvist, A. (2014). The IOC consensus statement: Beyond the female athlete triad—Relative energy deficiency in sport (RED–S). *British Journal of Sports Medicine, 48,* 491–497. doi:10.1136/bjsports–2014–093502

Murphy, G. C., Foreman, P. E., Simpson, C. A., Molloy, G. N., & Molloy, E. K. (1999). The development of a locus of control measure predictive of injured athletes' adherence to treatment. *Journal of Science and Medicine in Sport, 2,* 145–152. doi:10.1016/S1440–2440(99)80194–7

Murphy, S. M. (1988). The on–site provision of sport psychology services at the 1987 U. S. Olympic Festival. *The Sport Psychologist, 2,* 337–350.

Myer, G. D., Faigenbaum, A. D., Ford, K. R., Best, T. M., Bergeron, M. F., & Hewett, T. E. (2011). When to initiate integrative neuromuscular training to reduce sports–related injuries and enhance health in youth? *Current Sports Medicine Reports, 10,* 157–166. doi:1537–890x/1003/157–166

Myer, G. D., Faigenbaum, A. D., Foss, K. B., Xu, Y., Khoury, J., Dolan, L. M., & Hewett, T. E. (2014). Injury initiates unfavourable weight gain and obesity markers in youth. *British Journal of Sports Medicine, 48,* 1477–1481. doi:10.1136/bjsports–2012–091988

Myer, G. D., Ford, K. R., Brent, J. L., & Hewett, T. E. (2007). Differential neuromuscular training effects on ACL risk factors in "high–risk" versus "low–risk" athletes. *BMC Musculoskeletal Disorders, 8,* 39. doi:10.1186/1471–2474–8–39

Myers, C. A., Peyton, D. D., & Jensen, B. J. (2004). Treatment acceptability in NCAA Division I football athletes: Rehabilitation intervention strategies. *Journal of Sport Behavior, 27,* 165–169.

Myklebust, G., Engebretsen, L., Braekken, I. H., Skolberg, A., Olsen, O. E., & Bahr, R. (2003). Prevention of anterior cruciate ligament injuries in female team handball players: A prospective intervention study over three seasons. *Clinical Journal of Sport Medicine, 13*, 71–78.

Naidu, M.U.R., Reddy, K. S.K., Rani, P.U., & Rao, T. R. K. (2011). Development of a simple radiant heat induced experimental pain model for evaluation of analgesics in normal healthy human volunteers. *Indian Journal of Pharmacology, 43*, 632–637.

Naoi, A., & Ostrow, A. (2008). The effects of cognitive and relaxation interventions on injured athletes' mood and pain during rehabilitation. *Athletic Insight: The Online Journal of Sport Psychology, 10*, 1–25.

Nathan, B. (1999). *Touch and emotion in manual therapy*. London: Churchill Livingstone.

National Athletic Trainers' Association. (2011). *Athletic training education competencies* (5th ed.). Dallas: Author.

National Collegiate Athletic Association. (2012). *National study of substance abuse trends among NCAA college student-athletes*. http://ncaapublications.com/p-4266-research-substance-use-nationalstudy-of-substance-use-trends-among-ncaa-collegestudent-athletes.aspx.

Neeb, T. B., Aufdemkampe, G., Wagener, J. H. D., & Mastenbroek, L. (1997). Assessing anterior cruciate ligament injuries: The association and differential value of questionnaires, clinical tests, and functional tests. *Journal of Orthopaedic and Sports Physical Therapy, 26*, 324–331.

Newcomer, R. R., & Perna, F. M. (2003). Features of posttraumatic stress among adolescent athletes. *Journal of Athletic Training, 38*, 163–166.

Newsom, J., Knight, P., & Balnave, R. (2003). Use of mental imagery to limit strength loss after immobilization. *Journal of Sport Rehabilitation, 12*, 249–258.

Nigorikawa, T., Oishi, E., Tasaukawa, M., Kamimura, M., Murayama, J., & Tanaka, N. (2003). Type A behavior pattern and sports injuries. *Japanese Journal of Physical Fitness and Sports Medicine, 52*, 359–367.

Ninedek, A., & Kolt, G. S. (2000). Sport physiotherapists' perceptions of psychological strategies in sport rehabilitation. *Journal of Sport Rehabilitation, 9*, 191–206.

Niven, A. (2007). Rehabilitation adherence in sport injury: Sport physiotherapists' perceptions. *Journal of Sport Rehabilitation, 16*, 93–110.

Nixon, H. L., II. (1992). A social network analysis of influences on athletes to play with pain and injuries. *Journal of Sport & Social Issues, 16*, 127–135. doi:10.1177/019372359201600208

Nixon, H. L., II. (1993a). Accepting the risks of pain and injury in sport: Mediated cultural influences on playing hurt. *Sociology of Sport Journal, 10*, 183–196.

Nixon, H. L., II. (1993b). Social network analysis of sport: Emphasizing social structure in sport. *Sociology of Sport Journal, 10*, 315–321.

Nixon, H. L., II. (1994a). Coaches' views of risk, pain, and injury in sport, with special reference to gender differences. *Sociology of Sport Journal, 11*, 79–87.

Nixon, H. L., II. (1994b). Social pressure, social support, and help seeking for pain and injuries in college sports networks. *Journal of Sport & Social Issues, 18*, 340–355. doi:10.1177/019372394018004004

Nixon, H. L., II. (1996a). Explaining pain and injury attitudes and experiences in sport in terms of gender, race, and sports status factors. *Journal of Sport & Social Issues, 20*, 33–44. doi:10.1177/019372396020001004

Nixon, H. L., II. (1996b). The relationship of friendship networks, sports experiences, and gender to expressed pain thresholds. *Sociology of Sport Journal, 13*, 78–86.

Nixon, H. L., II. (1998). Response to Martin Roderick's comment on the work of Howard L. Nixon II. *Sociology of Sport Journal, 15*, 80–85.

Noh, Y. E., Morris, T., & Andersen, M. B. (2005). Psychosocial factors and ballet injuries. *International Journal of Sport and Exercise Psychology, 3*, 79–90.

Noyes, F. E., Lindenfeld, T. N., & Marshall, M. T. (1988). What determines an athletic injury (definition)? Who determines an injury (occurrence)? *The American Journal of Sports Medicine, 16*(Suppl. 1), S65–S68.

Noyes, F. R., Matthews, D. S., Mooar, P. A., & Grood, E. S. (1983). The symptomatic anterior cruciatedeficient knee. Part II: The results of rehabilitation, activity modification, and counseling on functional disability. *Journal of Bone and Joint Surgery, 65–A*, 163–174.

O'Hair, D., O'Hair, M. J., Southward, G. M., & Krayer, K. J. (1987). Physician communication and patient compliance. *Journal of Compliance in Health Care, 2*, 125–129.

Olivier, L. C., Neudeck, F., Assenmacher, S., & Schmit– Neuerburg, K. P. (1997). Acceptance of Allgower/Wenzl partial dynamic weight bearing orthosis. Results using a hidden step counting device. *Unfallchirurgie, 23*, 200–204.

Olmedilla, A., Ortega, E., & Gómez, J. M. (2014). Influencia de la lesión deportiva en los cambios del estado de ánimo y de la ansiedad precompetitiva en futbolistas [Influence of sports injury changes in mood and precompetitive anxiety in soccer players]. *Cuadernos de Psicología Del Deporte, 14*, 55–61.

Olmedilla, A., Prieto, J. G., & Blas, A. (2011). Relaciones entre estrés psicosocial y lesiónes deportivas en tenistas. *Universitas Psychologica, 10*, 909–922.

Olsen, O. E., Myklebust, G., Engebretsen, L., Holme, I., & Bahr, R. (2003). Relationship between floor type and risk of ACL injury in team handball. *Scandinavian Journal of Science & Medicine in Sports, 13*, 299–304. doi:10.1034/j.1600–0838.2003.00329.x

O'Malley, E., Murphy, J., Gissane, C., McCarthy–Persson, U., & Blake, C. (2014). Effective exercise based training interventions targeting injury prevention in team–based sports: A systematic review. *British Journal of Sports Medicine, 48*, 647. doi:10.1136/bjsports–2014–093494.231

O'Neill, D. F. (2008). Injury contagion in alpine ski racing: The effect of injury on teammates' performance. *Journal of Clinical Sport Psychology, 2*, 278–292.

Orchard, J., McCrory, P., Makdissi, M., Seward, H., & Finch, C. F. (2014). Use of rule changes to reduce injury in the Australian Football League. *Minerva Ortopedica E Traumatologica, 65*, 355−364.

Orr, B., Brown, C., Hemsing, J., McCormick, T., Pound, S., Otto, D., Beaupre, L. A. (2013). Female soccer knee injury: Observed coach knowledge gaps in injury prevention among players/parents/coaches and current evidence (the KNOW study). *Scandinavian Journal of Medicine and Science in Sports, 23*, 271−280. doi:10.1111/j.1600−0838.2011.01381.x

Orzel−Gryglewska, J. (2010). Consequences of sleep deprivation. *International Journal of Occupational Medicine and Environmental Health, 23*, 95−114. doi:10.2478/v10001−010−0004−9

Owen, O. G., & Goodge, P. (1981). Physiotherapists talking to patients. *Patient Counseling and Health Education, 3*, 100−102. doi:10.1016/S0738−3991(81)80003−1

Oztekin, H. H., Boya, H., Ozcan, O., Zeren, B., & Pinar, P. (2008). Pain and affective distress before and after ACL surgery: A comparison of amateur and professional male soccer players in the early postoperative period. *The Knee, 15*, 368−372. doi:10.1016/j.knee.2008.05.007

Pantano, K. J. (2009). Strategies used by physical therapists in the U.S. for treatment and prevention of the female athlete triad. *Physical Therapy in Sport, 10*, 3−11. doi:10.1016/j.ptsp.2008.09.001

Paparizos, A. L., Tripp, D. A., Sullivan, M. J. L., & Rubenstein, M. L. (2005). Catastrophizing and pain tolerance in recreational ballet dancers. *Journal of Sport Behavior, 28*, 35−50.

Pargman, D. (1996). Conversion blindness: A case report. *International Journal of Rehabilitation and Health, 2*, 57−65. doi:10.1007/BF02213564

Pargman, D., & Lunt, S. D. (1989). The relationship of self−concept and locus of control to the severity of injury in freshmen collegiate football players. *Sports Training, Medicine, and Rehabilitation, 1*, 203−208. doi:10.1080/15438628909511877

Parkkari, J., Kujala, U. M., & Kannus, P. (2001). Is it possible to prevent sports injuries? Review of controlled clinical trials and recommendations for future work. *Sports Medicine, 31*, 985−995. doi:10.2165/00007256−200131140−00003

Parr, J., Borsa, P., Fillingim, R., Kaiser, K., Tillman, M. D., Manini, T. M., George, S. (2014). Psychological influences predict recovery following exercise induced shoulder pain. *International Journal of Sports Medicine, 35*, 232−237. doi:10.1055/s−0033−1345179

Parry, J. (2006). The intentional infliction of pain in sport. In S. Loland, B. Skirstad, & I. Waddington (Eds.), *Pain and injury in sport: Social and ethical analysis* (pp. 144−161). New York: Routledge.

Pasanen, K., Parkkari, J., Pasanen, M., Hiilloskorpi, H., Makinen, T., Jarvinen, M., & Kannus, P. (2008). Neuromuscular training and the risk of leg injuries in female floorball players: Cluster randomised controlled study. *British Medical Journal, 337*, 96−99. doi:10.1136/bmj.a295

Passer, M. W., & Seese, M. D. (1983). Life stress and athletic injury: Examination of positive versus negative life events and three moderator variables. *Journal of Human Stress, 9*, 11−16.

Patel, D. R., & Nelson, T. L. (2000). Sports injuries in adolescents. *Medical Clinics of North America, 84*, 983−1007. doi:10.1016/S0025−7125(05)70270−4

Patterson, E. L., Smith, R. E., Everett, J. J., & Ptacek, J. T. (1998). Psychosocial factors as predictors of ballet injuries: Interactive effects of life stress and social support. *Journal of Sport Behavior, 21*, 101−112.

Payne, R. A. (2004). Relaxation techniques. In G. S. Kolt & M. B. Andersen (Eds.), *Psychology in the physical and manual therapies* (pp. 111−124). Edinburgh: Churchill Livingstone.

Pearson, L., & Jones, G. (1992). Emotional effects of sports injuries: Implications for physiotherapists. *Physiotherapy, 78*, 762−770. doi:10.1016/S0031−9406(10)61642−2

Pen, L. J., & Fisher, A. C. (1994). Athletes and pain tolerance. *Sports Medicine, 18*, 319−329.

Pen, L. J., Fisher, A. C., Storzo, G. A., & McManis, B. G. (1995). Cognitive strategies and pain tolerance in subjects with muscle soreness. *Journal of Sport Rehabilitation, 4*, 181−194.

Pennebaker, J. W. (1997). Writing about emotional experiences as a therapeutic process. *Psychological Science, 8*, 162−166. doi:10.1111/j.1467−9280.1997.tb00403.x

Penpraze, P., & Mutrie, N. (1999). Effectiveness of goal setting in an injury rehabilitation programme for increasing patient understanding and compliance [Abstract]. *British Journal of Sports Medicine, 33*, 60.

Peretz, D. (1970). Development, object−relationships, and loss. In B. Schoenberg, A. C. Carr, D. Peretz, & A. H. Kutscher (Eds.), *Loss and grief: Psychological management in medical practice* (pp. 3−19). New York: Columbia University Press.

Perna, F. M., Antoni, M. H., Baum, A., Gordon, P., & Schneiderman, N. (2003). Cognitive behavioral stress management effects on injury and illness among competitive athletes: A randomized clinical trial. *Annals of Behavioral Medicine, 25*, 66−73. doi:10.1207/S15324796ABM2501_09

Perna, F. M., & McDowell, S. L. (1995). Role of psychological stress in cortisol recovery from exhaustive exercise among elite athletes. *International Journal of Behavioral Medicine, 3*, 13−26. doi:10.1207/s15327558ijbm0201_2

Pero, S., Tracey, C., & O'Neil, A. (2000, October). *Sport psychology techniques utilized by certified athletic trainers at the collegiate level.* Paper presented at the annual meeting of the Association for the Advancement of Applied Sport Psychology, Nashville, TN.

Pero, S. F. (1995). *Development, implementation, and evaluation of an educational program in sport psychology for athletic trainers.* Unpublished doctoral dissertation, Temple University, Philadelphia, PA.

Petering, R. C., & Webb, C. (2011). Treatment options for low back pain in athletes. *Sports Health: A Multidisciplinary Approach, 3*, 550−555. doi:10.1177/1941738111416446

Petersen, K. L., & Rowbotham, M. C. (1999). A new human experimental pain model: The heat/capsaicin sensitization model. *Neuroreport, 10*, 1511−1516. doi:10.1097/00001756−199905140−00022

Peterson, K. (1997). Role of social support in coping with athletic injury rehabilitation: A longitudinal qualitative investigation [Abstract]. *Journal of Applied Sport Psychology, 9*(Suppl.), S33.

Peterson, L., & Renström, P. (2001). *Sports injuries: Their prevention and treatment* (3rd ed.). Champaign, IL: Human Kinetics.

Petitpas, A., & Cornelius, A. (2004). Practitioner–client relationships: Building working alliances. In G. S. Kolt & M. B. Andersen (Eds.), *Psychology in the physical and manual therapies* (pp. 57–70). Edinburgh: Churchill Livingstone.

Petitpas, A. J. (2000). Managing stress on and off the field: The Littlefoot approach to learned resourcefulness. In M. B. Andersen (Ed.), *Doing sport psychology* (pp. 33–43). Champaign, IL: Human Kinetics.

Petitpas, A. J. (2002). Counseling interventions in applied sport psychology. In J. L. Van Raalte & B. W. Brewer (Eds.), *Exploring sport and exercise psychology* (2nd ed., pp. 253–268). Washington, DC: American Psychological Association.

Petitpas, A. J., & Danish, S. J. (1995). Caring for injured athletes. In S. M. Murphy (Ed.), *Sport psychology interventions* (pp. 255–281). Champaign, IL: Human Kinetics.

Petrie, T. A. (1992). Psychosocial antecedents of athletic injury: The effects of life stress and social support on female collegiate gymnasts. *Behavioral Medicine, 18*, 127–138.

Petrie, T. A. (1993). Coping skills, competitive trait anxiety, and playing status: Moderating effects of the life stress–injury relationship. *Journal of Sport & Exercise Psychology, 15*, 261–274.

Petrie, T. A. (2007). Using counseling groups in the rehabilitation of athletic injury. In D. Pargman (Ed.), *Psychological bases of sport injuries* (3rd ed., pp. 193–216). Morgantown, WV: Fitness Information Technology.

Petrie, T. A., & Falkstein, D. L. (1998). Methodological, measurement, and statistical issues in research on sport injury prediction. *Journal of Applied Sport Psychology, 10*, 26–45. doi:10.1080/10413209808406376

Petrie, T. A., & Perna, F. (2004). Psychology of injury: Theory, research, and practice. In T. Morris & J. Summers (Eds.), *Sport psychology: Theory, applications, and issues* (pp. 547–571). Brisbane: Wiley.

Petrosenko, R. D., Vandervoort, B. M., Chesworth, B. M., Porter, M. M., & Campbell, G. J. (1996). Development of a home ankle exerciser. *Medical Engineering and Physics, 18*, 314–319. doi:10.1016/1350–4533(95)00057–7

Pettersen, J. A. (2002). Does rugby headgear prevent concussion? Attitudes of Canadian players and coaches. *British Journal of Sports Medicine, 36*, 19–22. doi:10.1136/bjsm.36.1.19

Piaget, J. (1971). *Biology and knowledge*. Chicago: University of Chicago Press.

Pizzari, T., Taylor, N. F., McBurney, H., & Feller, J. A. (2005). Adherence to rehabilitation after anterior cruciate ligament reconstructive surgery: Implications for outcome. *Journal of Sport Rehabilitation, 14*, 201–214.

Plante, T. G., & Booth, J. (1997). Personality correlates of athletic injuries among elite collegiate baseball players: The role of narcissism, anger, and locus of control. *Journal of Human Movement Studies*, *24*, 47−59.

Podlog, L., Dimmock, J., & Miller, J. (2011). A review of return to sport concerns following injury rehabilitation: Practitioner strategies for enhancing recovery outcomes. *Physical Therapy in Sport*, *12*, 36−42. doi:10.1016/j.ptsp.2010.07.005

Podlog, L., & Dionigi, R. (2010). Coach strategies for addressing psychosocial challenges during the return to sport from injury. *Journal of Sport Sciences, 28*, 1197−1208. doi:10.1080/02640414.2010.487873

Podlog, L., & Eklund, R. C. (2005). Return to sport after serious injury: A retrospective examination of motivation and psychological outcomes. *Journal of Sport Rehabilitation, 14*, 20−34.

Podlog, L., & Eklund, R. C. (2006). A longitudinal investigation of competitive athletes' return to sport following serious injury. *Journal of Applied Sport Psychology, 18*, 44−68. doi:10.1080/ 10413200500471319

Podlog, L., & Eklund, R. C. (2007). The psychosocial aspects of a return to sport following serious injury: A review of the literature from a self−determination perspective. *Psychology of Sport and Exercise, 8*, 535−566. doi:10.1016/j.psychsport.2006.07.008

Podlog, L., & Eklund, R. C. (2009). High−level athletes' perceptions of success in returning to sport following injury. *Psychology of Sport and Exercise, 10*, 535−544. doi:10.1016/j.psychsport. 2009.02.003

Podlog, L, & Eklund, R. C. (2010). Returning to competition after a serious injury: The role of self− determination. *Journal of Sports Sciences, 28*, 819−831. doi:10.1080/02640411003792729

Podlog, L., Gao, Z., Kenow, L., Kleinert, J., Granquist, M., Newton, M., & Hannon, J. (2013). Injury rehabilitation overadherence: Preliminary scale validation and relationships with athletic identity and self−presentation concerns. *Journal Of Athletic Training, 48*, 372−381. doi:10.4085/1062− 6050− 48.2.20

Podlog, L., Kleinert, J., Dimmock, J., Miller, J., & Shipherd, A. M. (2012). A parental perspective on adolescent injury rehabilitation and return to sport experiences. *Journal of Applied Sport Psychology, 24*, 175−190. doi:10.1080/10413200.2011.608102

Podlog, L., Lochbaum, M., & Stevens, T. (2010). Need satisfaction, well−being, and perceived return− to−sport outcomes among injured athletes. *Journal of Applied Sport Psychology, 22*, 167−182. doi:10.1080/10413201003664665

Podlog, L., Reel, J., & Greviskes, L. (2014, October). *Injury, body satisfaction, and disordered eating among dancers: Exploring potential relationships*. Paper presented at the annual meeting of the Association for Applied Psychology, Las Vegas, NV.

Pope, H. G., Gruber, A. J., Choi, P., Olivardia, R., & Phillips, K. A. (1997). Muscle dysmorphia: An underrecognized form of body dysmorphic disorder. *Psychosomatics, 38*, 548−557. doi:10.1016 /S0033−3182(97)71400−2

Portenga, S. T., Sommer, T. L., & Statler, T. (2001). Establishing a psychological performance enhancement group for injured athletes. In A. Papaioannou, M. Goudas, & Y. Theodorakis (Eds.), *International Society of Sport Psychology 10th World Congress of Sport Psychology programme & proceedings: In the dawn of a new millennium* (Vol. 1, pp. 115–116). Thessaloniki, Greece: Christodoulidi.

Prentice, W. E. (2011). *Principles of athletic training: A competency–based approach* (14th ed.). New York: McGraw–Hill.

Prentice–Dunn, S., & Rogers, R. W. (1986). Protection motivation theory and preventive health: Beyond the health belief model. *Health Education Research, 1,* 153–161. doi:10.1093/her/1.3.153

Prieto, J. M., Labisa, A., & Olmedilla, A. (2014). Lesiónes deportivas y personalidad: Una revision sistemática. *Apunts Medicina de l'Esport, 49*(184), 139–149. doi:10.1016/j.apunts.2014.06.002

Prochaska, J. O., & DiClemente, C. C. (1983). Stages and processes of self–change of smoking: Toward an integrated model of change. *Journal of Consulting and Clinical Psychology, 51,* 390–395.

Prodromos, C. C., Han, Y., Rogowski, J., Joyce, B., & Shi, K. (2007). A meta–analysis of the incidence of anterior cruciate ligament tears as a function of gender, sport, and a knee injury–reduction regimen. *Arthroscopy, 23,* 1320–1325.

Prugh, J., Zeppieri, G., Jr., & George, S. Z. (2012). Impact of psychosocial factors, pain, and functional limitations on throwing athletes who return to sport following elbow injuries: A case series. *Physiotherapy Theory and Practice, 28,* 633–640. doi:10.3109/09593985.2012

Quackenbush, N., & Crossman, J. (1994). Injured athletes: A study of emotional response. *Journal of Sport Behavior, 17,* 178–187.

Quinn, A. M. (1996). *The psychological factors involved in the recovery of elite athletes from long–term injuries.* Unpublished doctoral dissertation, University of Melbourne, Australia.

Quinn, A. M., & Fallon, B. J. (1999). The changes in psychological characteristics and reactions of elite athletes from injury onset until full recovery. *Journal of Applied Sport Psychology, 11,* 210–229. doi:10.1080/10413209908404201

Rand, C. S., & Weeks, K. (1998). Measuring adherence with medication regimens in clinical care and research. In S. A. Shumaker, E.B. Schron, J. K. Ockene, & W.L. McBee (Eds.), *The handbook of health behavior change* (2nd ed., pp. 114–132). New York: Springer.

Rape, R. N., Bush, J. P., & Slavin, L. A. (1992). Toward a conceptualization of the family's adaptation to a member's head injury: A critique of developmental stage models. *Rehabilitation Psychology, 37,* 3–22.

Rathleff, M. S., Bandholm, T., Ahrendt, P., Olesen, J. L., & Thorborg, K. (2014). Novel stretch–sensor technology allows quantification of adherence and quality of home exercises: A validation study. *British Journal of Sports Medicine, 48,* 724–728. doi:10.1136/bjsports–2012–091859

Rathleff, M. S., Thorborg, K., Rode, L. A., McGirr, K. A., Sørensen, A. S., Bøgild, A., & Bandholm, T.

(2015). Adherence to commonly prescribed, home-based strength training exercises for the lower extremity can be objectively monitored using the BandCizer. *Journal of Strength and Conditioning Research, 29*, 627-636. doi:10.1519/JSC.0000000000000675

Ray, R. (1999). Documentation in counseling. In R. Ray & D. M. Wiese-Bjornstal (Eds.), *Counseling in sports medicine* (pp. 143-160). Champaign, IL: Human Kinetics.

Ray, R., Terrell, T., & Hough, D. (1999). The role of the sports medicine professional in counseling athletes. In R. Ray & D. M. Wiese-Bjornstal (Eds.), *Counseling in sports medicine* (pp. 3-20). Champaign, IL: Human Kinetics.

Reardon, C. L., & Factor, R. M. (2010). Sport psychiatry: A systematic review of diagnosis and medical treatment of mental illness in athletes. *Sports Medicine, 40*, 961-980. doi:10.2165/11536580-000000000-00000

Rees, T., Mitchell, I., Evans, L., & Hardy, L. (2010). Stressors, social support, and psychological responses to sport injury in high- and low-performance standard participants. *Psychology of Sport & Exercise, 11*, 505-512. doi:10.1016/j.psychsport.2010.07.002

Rees, T., Smith, B., & Sparkes, A. C. (2003). The influence of social support on the lived experiences of spinal-cord-injured sportsmen. *The Sport Psychologist, 17*, 135-156.

Reinking, M. F., Austin, T. M., & Hayes, A. M. (2010). Risk factors for self-reported exercise-related leg pain in high school cross-country athletes. *Journal of Athletic Training, 45*, 51-57. doi:10.4085/1062-6050-45.1.51

Rejeski, W. J., & Sanford, B. (1984). Feminine-typed females: The role of affective schema in the perception of exercise intensity. *Journal of Sport Psychology, 6*, 197-207.

Reuter, J. M., & Short, S. E. (2005). The relationship among three components of perceived risk of injury, previous injuries, and gender in non-contact/limited-contact sport athletes. *Athletic Insight: The Online Journal of Sport Psychology, 7*, 20-42.

Rhudy, J. L. (2013). Does endogenous pain inhibition make a better athlete, or does intense athletics improve endogenous pain inhibition? *Pain, 154*, 2241-2242. doi:10.1016/j.pain.2013.07.034

Richman, J. M., Rosenfeld, L. B., & Hardy, C. J. (1993). The Social Support Survey: An initial evaluation of a clinical measure and practice model of the social support process. *Research on Social Work Practice, 3*, 288-311.

Riggio, R. E., & Friedman, H. S. (1983). Individual differences and cues to deception. *Journal of Personality and Social Psychology, 45*, 899-915.

Riley, J. L., III, Robinson, M. E., Wise, E. A., Myers, C. D., & Fillingim, R. B. (1998). Sex differences in the perception of noxious stimuli: A meta-analysis. *Pain, 74*, 181-187.

Ritter-Taylor, M. L. (1998). An exploration of identity, normative expectations, and the eating, pain, and injury risk behaviors of competitive gymnasts [Abstract]. *Journal of Applied Sport Psychology, 10*(Suppl.), 114.

Rivet, S., Brewer, B. W., Van Raalte, J. L., & Petitpas, A. J. (2013, October). *Preseason injury anxiety and kinesiophobia of intercollegiate athletes*. Paper presented at the annual meeting of the Association for Applied Sport Psychology, New Orleans, LA.

Robbins, J. E., & Rosenfeld, L. B. (2001). Athletes' perceptions of social support provided by their head coach, assistant coach, and athletic trainer, preinjury and during rehabilitation. *Journal of Sport Behavior, 24*, 277−297.

Roberts, W. O., Brust, J. D., Leonard, B., & Hebert, B. J. (1996). Fair play rules and injury reduction in ice hockey. *Archives of Pediatric and Adolescent Medicine, 150*, 140−145.

Robinson, M. E., Wise, E. A., Riley, J. L., III, & Atchison, J. W. (1998). Sex differences in clinical pain: A multisample study. *Journal of Clinical Psychology in Medical Settings, 5*, 413−424. doi:10.1023/A:1026282210848

Robles, T. F., Brooks, K. P., & Pressman, S. D. (2009). Trait positive affect buffers the effects of acute stress on skin barrier recovery. *Health Psychology, 28*, 373−378. doi:10.1037/a014662

Rock, J. A., & Jones, M. V. (2002). A preliminary investigation into the use of counseling skills in support of rehabilitation from sport injury. *Journal of Sport Rehabilitation, 11*, 284−304.

Roderick, M. (1998). The sociology of risk, pain, and injury: A comment on the work of Howard L. Nixon II. *Sociology of Sport Journal, 15*, 64−79.

Rogers, C. (1957). The necessary and sufficient conditions of therapeutic personality change. *Journal of Consulting Psychology, 21*, 95−103.

Rogers, T. J., Alderman, B. L., & Landers, D. M. (2003). Effects of life−event stress and hardiness on peripheral vision in a real−life situation. *Behavioral Medicine, 29*, 21−27. doi:10.1080/08964280309596171

Rogers, T. J., & Landers, D. M. (2005). Mediating effects of peripheral vision in the life event stress/athletic injury relationship. *Journal of Sport & Exercise Psychology, 27*, 271−288.

Roh, J. L., & Perna, F. M. (2000). Psychology/counseling: A universal competency in athletic training. *Journal of Athletic Training, 35*, 458−465.

Rohe, D. E. (1988). Psychological aspects of rehabilitation. In A. Delisa (Ed.), *Rehabilitation medicine: Principles and practice* (pp. 66−82). Philadelphia: Lippincott.

Rose, J., & Jevne, R. F. J. (1993). Psychosocial processes associated with sport injuries. *The Sport Psychologist, 7*, 309−328.

Rosenfeld, L. B., Richman, J. M., & Hardy, C. J. (1989). Examining social support networks among athletes: Description and relation to stress. *The Sport Psychologist, 3*, 23−33.

Ross, M. J., & Berger, R. S. (1996). Effects of stress inoculation on athletes' postsurgical pain and rehabilitation after orthopedic injury. *Journal of Consulting and Clinical Psychology, 64*, 406−410.

Rotella, B. (1985). The psychological care of the injured athlete. In L. K. Bunker, R. J. Rotella, & A. S. Reilly (Eds.), *Sport psychology: Psychological considerations in maximizing sport performance* (pp. 273−287). Ann Arbor, MI: Mouvement.

Rotella, R. J., Ogilvie, B. C., & Perrin, D. H. (1993). The malingering athlete: Psychological considerations. In D. Pargman (Ed.), *Psychological bases of sport injuries* (pp. 85−97). Morgantown, WV: Fitness Information Technology.

Roter, D. L. & Hall, J. A. (1992). *Doctors talking with patients/patients talking with doctors: Improving communication in medical visits.* Westport, CT: Auburn House.

Rotter, J. (1966). Generalized expectancies for internal versus external control of reinforcements. *Psychological Monographs, 80*(1), 1−28.

Rubio, V. J., Pujals, C., de la Vega, R., Aguado, D., & Hernández, J. M. (2014). Autoeficiacia ylesiónes deportivas: Factor protector o de riesgo? *Revista de Psicología del Deporte, 23*, 439−444.

Ruddock−Hudson, M., O'Halloran, P., & Murphy, G. (2012). Exploring psychological reactions to injury in the Australian Football League (AFL). *Journal of Applied Sport Psychology, 24*, 375−390. doi:10.1080/10413200.2011.654172

Ruddock−Hudson, M., O'Halloran, P., & Murphy, G. (2014). Long−term athletic injury: The psychological impact on Australian Football League (AFL) players. *Journal of Applied Sport Psychology, 26*, 377−394. doi:10.080/10413200.2014.897269

Ryan, E. D., Herda, T. J., Costa, P. B., Defreitas, J. M., Beck, T. W., Stout, J., & Cramer, J. T. (2009). Determining the minimum number of passive stretches necessary to alter musculotendinous stiffness. *Journal of Sports Sciences, 27*, 957−961. doi:10.1080/02640410902998254

Ryan, E. D., & Kovacic, C. R. (1966). Pain tolerance and athletic participation. *Perceptual and Motor Skills, 22*, 383−390. doi:10.1037/h0021226

Ryan, R. M., & Deci, E. L. (2000). Self−determination theory and the facilitation of intrinsic motivation, social development, and well−being. *American Psychologist, 55*, 68−78. doi:10.1037110003−066X.55.1.68

Sackett, D. L., Rosenberg, D. L., Gray, J. A., Haynes, R. B., & Richardson, W.S. (1996). Evidence−based medicine: What it is and what it isn't. *BMJ, 312*, 71−72. doi:10.1136/bmj.312.7023.71

Safai, P. (2003). Healing the body in the "culture of risk": Examining the negotiation of treatment between sport medicine clinicians and injured athletes in Canadian intercollegiate sport. *Sociology of Sport Journal, 20*, 127−146.

Safai, P. (2004). Negotiating the risk: Exploring the role of the sports medicine clinician. In K. Young (Ed.), *Sporting bodies, damaged selves: Sociological studies of sports related injury* (pp. 269−286). Oxford, England: Elsevier.

Safer, M. A., Tharps, Q. J., Jackson, T. C., & Leventhal, H. (1979). Determinants of three stages of delay in seeking care at a medical care clinic. *Medical Care, 17*, 11−29.

Salim, J., Wadey, R., & Diss, C. (2015). Examining the relationship between hardiness and perceived stress−related growth in a sport injury context. *Psychology of Sport and Exercise, 19*, 10−17.

doi:10.1016/j.psychsport.2014.12.004

Salvador, H. F. (1985). The role of sport participation in the psychological response to physical injuries. *Dissertation Abstracts International, 45*(9–B), 3083.

San José, A. (2003). Injury of elite athletes: Sport– and gender– related representations. *International Journal of Sport and Exercise Psychology, 1*, 434–459. doi:10.1080/1612197X.2003.9671729

Sarafino, E. P., & Smith, T. W. (2011). *Health psychology: Biopsychosocial interactions.* Hoboken, NJ: Wiley.

Sarason, I. G., Johnson, J. H., & Siegel, J. M. (1978). Assessing the impact of life changes: Development of the Life Experiences Survey. *Journal of Consulting and Clinical Psychology, 46*, 932–946. doi:10.1037/0022–006X.46.5.932

Schaal, K., Tafflet, M., Nassif, H., Thibault, V., Pichard, C., Alcotte, M., Toussaint, J.–F. (2011). Psychological balance in high level athletes: Gender–based differences and sport–specific patterns. *PLoS ONE, 6*(5), e19007. doi:10.1371/journal.pone.0019007

Schafer, W. (1996). *Stress management for wellness* (3rd ed.). Fort Worth, TX: Harcourt Brace College.

Scherzer, C. B., Brewer, B. W., Cornelius, A. E., Van Raalte, J. L., Petitpas, A. J., Sklar, J. H., Ditmar, T. D. (2001). Psychological skills and adherence to rehabilitation after reconstruction of the anterior cruciate ligament. *Journal of Sport Rehabilitation, 10*, 165–172.

Schieber, R. A., Branche–Dorsey, C. M., Ryan, G. W., Rutherford, G. W., Jr., Stevens, J. A., & O'Neil, J. (1996). Risk factors for injuries from in–line skating and the effectiveness of safety gear. *New England Journal of Medicine, 335*, 1630–1635.

Schlenk, E. A., Dunbar–Jacob, J., Sereika, S., Starz, T., Okifuji, A., & Turk, D. (2000). Comparability of daily diaries and accelerometers in exercise adherence in fibromyalgia syndrome [Abstract]. *Measurement and Evaluation in Physical Education and Exercise Science, 4*, 133–134.

Schneiders, A. G., Zusman, M., & Singer, K. P. (1998). Exercise therapy compliance in acute low back pain patients. *Manual Therapy, 3*, 147–152. doi:10.1016/S1356–689X(98)80005–2

Schomer, H. H. (1990). A cognitive strategy training program for marathon runners: Ten case studies. *South African Journal of Research in Sport, Physical Education, and Recreation, 13*, 47–78.

Schuller, D. E., Dankle, S. K., Martin, M., & Strauss, R. H. (1989). Auricular injury and the use of headgear in wrestlers. *Archives of Otolaryngology—Head & Neck Surgery, 115*, 714–717.

Schwenk, T. L. (2000). The stigmatisation and denial of mental illness in athletes. *British Journal of Sports Medicine, 34*, 4–5. doi:10.1136/bjsm.34.1.4

Sechrest, R. C., & Henry, D. J. (1996). Computer–based patient education: Observations on effective communication in the clinical setting. *Journal of Biocommunication, 23*, 8–12.

Segerstrom, S. C., & Miller, G. E. (2004). Psychological stress and the immune system: A meta–analytic study of 30 years of inquiry. *Psychological Bulletin, 130*, 601–630. doi:10.1037/0033–2909.130.4.601

Sein, M. L., Walton, J., Linklater, J., Appleyard, R., Kirkbride, B., Kuah, D., & Murrel, G. A. C. (2010). Shoulder pain in elite swimmers: Primarily due to swim−volume−induced supraspinatus tendinopathy. *British Journal of Sports Medicine, 44*, 105−113. doi:10.1136/bjsm.2008.047282

Sepah, S. C., & Bower, J. E. (2009). Positive affect and inflammation during radiation treatment for breast and prostate cancer. *Brain, Behavior, and Immunity, 23*, 1068−1072. doi:10.1016/j.bbi.2009.06.149

Shaffer, S. M. (1996). Grappling with injury: What motivates athletes to wrestle with pain? [Abstract]. *Journal of Applied Sport Psychology, 8*(Suppl.), S57.

Shapiro, J. L. (2009, September). *A qualitative pilot study of an individualized multimodal mental skills intervention for injured college athletes.* Paper presented at the annual meeting of the Association for Applied Sport Psychology, Salt Lake City, UT.

Shaw, L., & Finch, C. F. (2008). Injuries to junior club cricketers: The effect of helmet regulations. *British Journal of Sports Medicine, 42*, 437−440. doi:10.1136/bjsm.2007.041947

Shealy, J. E., Ettlinger, C. F., & Johnson, R. J. (2005). How fast do winter sports participants travel on Alpine slopes? *Journal of ASTM International, 2*(7), 1−8. doi:10.1520/JAI12092

Shelbourne, K. D., & Wilckens, J. H. (1990). Current concepts in anterior cruciate ligament rehabilitation. *Orthopaedic Review, 19*, 957−964.

Sherman, C. P., & Poczwardowski, A. (2000). Relax! It ain't easy (or is it?). In M. B. Andersen (Ed.), *Doing sport psychology* (pp. 47−60). Champaign, IL: Human Kinetics.

Shertzer, B., & Stone, S. (1966). *Fundamentals of counseling.* Boston: Houghton Mifflin.

Short, S. E., Reuter, J., Brandt, J., Short, M. W., & Kontos, A. P. (2004). The relationships among three components of perceived risk of injury, previous injuries, and gender in contact sport athletes. *Athletic Insight, 6*, 38−46.

Shuer, M. L., & Dietrich, M. S. (1997). Psychological effects of chronic injury in elite athletes. *Western Journal of Medicine, 166*, 104−109.

Shultz, R., Bido, J., Shrier, I., Meeuwisse, W. H., Garza, D., & Matheson, G. O. (2013). Team clinician variability in return−to−play decisions. *Clinical Journal of Sport Medicine, 23*, 456−461. doi:10.1097/JSM.obo13e318295bb17

Shumaker, S. A., & Brownell, A. (1984). Toward a theory of social support: Closing concetual gaps. *Journal of Social Issues, 40*, 11−36. doi: 10.1111/j.1540−4560.1984.tb01105.x

Sibold, J. S. (2005). A comparison of psychosocial and orthopedic data in predicting days missed due to injury. *Dissertation Abstracts International, 65*(11−A), 4145.

Silkman, C., & McKeon, J. (2010). The effectiveness of electromyographic biofeedback supplementation during knee rehabilitation after injury. *Journal of Sport Rehabilitation, 19*, 343−351.

Silver, R. L., & Wortman, C. B. (1980). Coping with undesirable events. In J. Garber & M. E.P. Seligman (Eds.), *Human helplessness: Theory and applications* (pp. 279−375). New York: Academic Press.

Silvers, H., Mandelbaum, B., Bizzini, M., & Dvorak, J. (2014). The efficacy of the FIFA 11+ program in the collegiate male soccer player (USA). *British Journal of Sports Medicine, 48,* 662. doi:10.1136/bjsports-2014-093494.272

Singer, R. N., & Johnson, P. J. (1987). Strategies to cope with pain associated with sport-related injuries. *Athletic Training, 22,* 100-103.

Smith, A. M., & Milliner, E. K. (1994). Injured athletes and the risk of suicide. *Journal of Athletic Training, 29,* 337-341.

Smith, A. M., Scott, S. G., O'Fallon, W. M., & Young, M. L. (1990). Emotional responses of athletes to injury. *Mayo Clinic Proceedings, 65,* 38-50.

Smith, A. M., Scott, S. G., & Wiese, D. M. (1990). The psychological effects of sports injuries: Coping. *Sports Medicine, 9,* 352-369.

Smith, A. M., Stuart, M. J., Wiese-Bjornstal, D. M., Milliner, E. K., O'Fallon, W. M., & Crowson, C. S. (1993). Competitive athletes: Preinjury and postinjury mood state and self-esteem. *Mayo Clinic Proceedings, 68,* 939-947.

Smith, A. M., Young, M. L., & Scott, S. G. (1988). The emotional responses of athletes to injury. *Canadian Journal of Sport Sciences, 13*(Suppl.), 84P-85P.

Smith, R. E., Ptacek, J. T., & Smoll, F. L. (1992). Sensation seeking, stress, and adolescent injuries: A test of stress-buffering, risk-taking, and coping skills hypotheses. *Journal of Personality and Social Psychology, 62,* 1016-1024. doi:10.1037/0022-3514.62.6.1016

Smith, R. E., Smoll, F. L., & Ptacek, J. T. (1990). Conjunctive moderator variables in vulnerability and resiliency research: Life stress, social support and coping skills, and adolescent sport injuries. *Journal of Personality and Social Psychology, 58,* 360-370. doi:10.1037/0022-3514.62.6.1016

Smyth, J. M. (1998). Written emotional expression: Effect sizes, outcome types, and moderating variables. *Journal of Consulting and Clinical Psychology, 66,* 174-184. doi:10.1037/0022-006X.66.1.174

Snyder-Mackler, L., Delitto, A., Stralka, S. W., & Bailey, S. L. (1994). Use of electrical stimulation to enhance recovery of quadriceps femoris muscle force production in patients following anterior cruciate ligament reconstruction. *Physical Therapy, 74,* 901-907. doi:10.1037/0022-3514.62.6.1016

Snyder-Mackler, L., Schmitt, L. A., Rudolph, K., & Farquhar, S. (2007). Electrophysical agents in sport and exercise injury management. In G. S. Kolt & L. Snyder-Mackler (Eds.), *Physical therapies in sport and exercise* (pp. 220-235). Edinburgh: Churchill Livingstone.

Soisson, E.L., VandeCreek, L., & Knapp, S. (1987). Thorough record keeping: A good defense in a litigious era. *Professional Psychology: Research and Practice, 18,* 498-502. doi:10.1037/0735-7028.18.5.498

Soligard, T., Grindem, H., Bahr, R., & Andersen, T. E. (2010). Are skilled players at greater risk of injury in female youth football. *British Journal of Sports Medicine, 44,* 1118-1123. doi:10.1136/bjsm.2010.075093

Soligard, T., Myklebust, G., Steffen, K., Holme, I., Silvers, H., Bizzini, M., Andersen, T. E. (2008). Comprehensive warm-up programme to prevent injuries in youth football. *BMJ, 337*, a2469. doi:10.1136/bmj.a2469

Soligard, T., Nilstad, A., Steffen, K., Myklebust, G., Holme, I., Dvorak, J. Andersen, T. E. (2010). Compliance with a comprehensive warm-up programme to prevent injuries in youth football. *British Journal of Sports Medicine, 44*, 787-793. doi:10.1136/bjsm.2009.070672

Sordoni, C. A., Hall, C. R., & Forwell, L. (2000). The use of imagery by athletes during injury rehabilitation. *Journal of Sport Rehabilitation, 9*, 329-338.

Sordoni, C. A., Hall, C. R., & Forwell, L. (2002). The use of imagery in athletic injury rehabilitation and its relationship to self-efficacy. *Physiotherapy Canada, 54*, 177-185.

Sparkes, A. C. (1998). An Achilles heel to the survival of self. *Qualitative Health Research, 8*, 644-664. doi:10.1177/104973239800800506

Stadden, S. A., & Gill, D. L. (2008). Examining athletes' help-seeking tendencies for pains and injuries experienced during sport participation [Abstract]. *Journal of Athletic Training, 43*(Suppl.), S-79.

Stasinopoulos, D. (2004). Comparison of three preventive methods in order to reduce the incidence of ankle inversion sprains among female volleyball players. *British Journal of Sports Medicine, 38*, 182-185. doi:10.1136/bjsm.2002.003947

Steffen, K., Emery, C. A., Romiti, M., Kang, J., Bizzini, M., Dvorak, J., Meeuwisse, W. H. (2013). High adherence to a neuromuscular injury prevention programme (FIFA 11+) improves functional balance and reduces injury risk in Canadian youth female football players: A cluster randomized trial. *British Journal of Sports Medicine, 47*, 794-802. doi:10.1136/bjsports-2012-091886

Steffen, K., Meeuwisse, W. H., Romiti, M., Kang, J., McKay, C., Bizzini, M., Emery, C. A., (2013). Evaluation of how different implementation strategies of an injury prevention programme (FIFA 11+) impact team adherence and injury risk in Canadian female youth football players: A cluster-randomised trial. *British Journal of Sports Medicine, 47*, 480-487. doi:10.1136/bjsports-2012-091887

Steffen, K., Myklebust, G., Andersen, T. A., Holme, I., & Bahr, R. (2008). Self-reported injury history and lower limb function as risk factors for injuries in female youth soccer. *The American Journal of Sports Medicine, 36*, 700-708. doi:10.1177/0363546507311598

Steffen, K., Pensgaard, A. M., & Bahr, R. (2009). Self reported psychological characteristics as risk factors for injuries in female youth football. *Scandinavian Journal of Medicine Science and Sports, 19*, 442-451. doi:10.1111/j.1600-0838.2008.00797.x

Steptoe, A., Wardle, J., Pollard, T. M., & Canaan, L. (1996). Stress, social support, and health-related behavior: A study of smoking, alcohol consumption, and physical exercise. *Journal of Psychosomatic Research, 41*, 171-180.

Sternbach, R. A., Deems, L. M., Timmermans, G., & Huey, L. Y. (1977). On the sensitivity of the tourniquet pain test. *Pain, 3*, 105–110.

Sternberg, W. F. (2007). Pain: Basic concepts. In D. Pargman (Ed.), *Psychological bases of sport injuries* (3rd ed., pp. 305–317). Morgantown, WV: Fitness Information Technology.

Sternberg, W. F., Bailin, D., Grant, M., & Gracely, R. H. (1998). Competition alters the perceptions of noxious stimuli in male and female athletes. *Pain, 76*, 231–238.

Stetter, F., & Kupper, S. (2002). Autogenic training: A meta–analysis of clinical outcome studies. *Applied Psychophysiology and Biofeedback, 27*, 45–98.

Stevinson, C. D., & Biddle, S. J. H. (1998). Cognitive orientations in marathon running and "hitting the wall." *British Journal of Sports Medicine, 32*, 229–235. doi:10.1136/bjsm.32.3.229

Stiles, W. B., Putnam, S. M., Wolf, M. H., & James, S. A. (1979). Interaction exchange structure and patient satisfaction with medical issues. *Medical Care, 17*, 667–681.

Stiller–Ostrowksi, J. L., Gould, D. R., & Covassin, T. (2009). An evaluation of an educational intervention in psychology of injury for athletic training students. *Journal of Athletic Training, 44*, 482–489. doi:10.4085/1062–6050–48.3.21

Stiller–Ostrowski, J. L., & Hamson–Utley, J. J. (2010). The ATEP educated athletic trainer: Educational satisfaction and technique use within the psychosocial intervention and referral content area. *Athletic Training Education Journal, 5*(1), 4–11.

Stiller–Ostrowksi, J. L., & Ostrowski, J. A. (2009). Recently certified athletic trainers' undergraduate educational preparation in psychosocial intervention and referral. *Journal of Athletic Training, 44*, 67–75. doi:10.4085/1062–6050–44.1.67

Stoltenburg, A. L., Kamphoff, C. S., & Bremer, K. L. (2011). Transitioning out of sport: The psychosocial effects of career–ending injuries on collegiate athletes. *Athletic Insight, 13*(2), 1–12.

Stracciolini, A., Casciano, R., Friedman, H. L., Meehan, W. P., III, & Micheli, L. J. (2013). Pediatric sports injuries: An age comparison of children versus adolescents. *American Journal of Sports Medicine, 41*, 1922–1929. doi:10.1177/0363546513490644

Straub, R. O. (2012). Health psychology: A biopsychosocial approach (3rd ed.). New York: Worth.

Strauss, R. H., & Curry, T. J. (1983). Social factors in wrestlers' health problems. *The Physician & Sportsmedicine, 11*(11), 86–90, 95, 99.

Streator, S., Ingersoll, C. D., & Knight, K. L. (1995). Sensory information can decrease cold–induced pain perception. *Journal of Athletic Training, 30*, 293–296.

Strein, W., & Hershenson, D. B. (1991). Confidentiality in nondyadic counseling situations. *Journal of Counseling and Development, 69*, 312–316. doi:10.1002/j.1556–6676.1991.tb01512.x

Sugimoto, D., Myer, G. D., Bush, H. M., Klugman, M. F., Medina McKeon, J. M., & Hewett, T. E. (2012). Compliance with neuromuscular training and anterior cruciate ligament injury risk reduction in female athletes: A meta–analysis. *Journal of Athletic Training, 47*, 714–723. doi:10.4085/1062–6050–47.6.10

Sullivan, M. J. L., Rodgers, W. M., Wilson, P. M., Bell, G. J., Murray, T. C., & Fraser, S. N. (2002). An experimental investigation of the relation between catastrophizing and activity intolerance. *Pain, 100,* 47-53.

Suls, J., & Fletcher, B. (1985). The relative efficacy of avoidant and nonavoidant coping strategies. *Health Psychology, 4,* 249-288.

Suls, J., & Wan, C. K. (1989). Effects of sensory and procedural information on coping with stressful medical procedures and pain: A meta-analysis. *Journal of Consulting and Clinical Psychology, 57,* 372-379. doi:10.1037/0022-006X.57.3.372

Sundgot-Borgen, J. (1994). Risk and trigger factors for the development of eating disorders in female elite athletes. *Medicine and Science in Sports and Exercise, 26,* 414-419. doi:10.1249/00005768-199404000-00003

Swanik, C., Covassin, T., Stearne, D. J., & Schatz, P. (2007). The relationship between neurocognitive function and noncontact anterior cruciate ligament injuries. *The American Journal of Sports Medicine, 35,* 943-948.

Swart, E. F., Redler, L., Fabricant, P. D., Mandelbaum, B. R., Ahmad, C. S., & Wang, Y. C. (2014). Prevention and screening programs for anterior cruciate ligament injuries in young athletes: A cost-effectiveness analysis. *Journal of Bone & Joint Surgery, American Volume, 96,* 705-711. doi:10.2106/JBJS. M.00560

Swenson, D., & Dargan, P. (1994, June). *A group approach to counseling injured athletes.* Workshop presented at the 11th Annual Conference on Counseling Athletes, Springfield, MA.

Swirtun, L. R., & Renström, P. (2008). Factors affecting outcome after anterior cruciate ligament injury: A prospective study with a six-year follow-up. *Scandinavian Journal of Medicine & Science in Sports, 18,* 318-324. doi:10.1111/j.1600-0838.2007.00696.x

Symbaluk, D. G., Heth, C. D., Cameron, J., & Pierce, W. D. (1997). Social modeling, monetary incentives, and pain endurance: The role of self-efficacy and pain perception. *Personality and Social Psychology Bulletin, 23,* 258-269.

Szasz, T. S., & Hollender, M. H. (1956). A contribution to the 필osophy of medicine. *Archives of Internal Medicine, 97,* 585-592. doi:10.1001/archinte.1956.00250230079008

Tan, B., Carnduff, R., McKay, C., Kang, J., Romiti, M., Nasuti, G., Emery, C. (2014). Risk factors for sport injury in elementary school children: Are children with developmental coordination disorder or attention deficit hyperactivity disorder at greater risk of injury? [Abstract]. *British Journal of Sports Medicine, 48,* 663-664. doi:10.1136/bjsports-2014-093494.277

Tate, A., Turner, G. N., Knab, S. E., Jorgensen, C., Strittmatter, A., & Michener, L. A. (2012). Risk factors associated with shoulder pain and disability across the lifespan of competitive swimmers. *Journal of Athletic Training, 47,* 149-158.

Tatsumi, T. (2013). Development of Athletic Injury Psychological Acceptance Scale. *Journal of Physical*

Therapy Science, 25, 545-552. doi:10.1589/jpts.25.545

Taylor, A. H., & May, S. (1995). Physiotherapist's expectations and their influence on compliance to sports injury rehabilitation. In R. Vanfraechem-Raway & Y. Vanden Auweele (Eds.), *IXth European Congress on Sport Psychology proceedings: Part II* (pp. 619-625). Brussels: European Federation of Sports Psychology.

Taylor, A. H., & May, S. (1996). Threat and coping appraisal as determinants of compliance to sports injury rehabilitation: An application of protection motivation theory. *Journal of Sports Sciences, 14*, 471-482. doi:10.1080/02640419608727734

Taylor, J., Stone, K. R., Mullin, M. J., Ellenbecker, T., & Walgenbach, A. (2003). *Comprehensive sports injury management: From examination of injury to return to sport* (2nd ed.). Austin, TX: Pro-Ed.

Taylor, J., & Taylor, S. (1997). *Psychological approaches to sports injury rehabilitation.* Gaithersburg, MD: Aspen.

Taylor, S. E. (2012). *Health psychology* (8th ed.). New York: McGraw-Hill.

The team physician and the return-to-play decision: A consensus statement—2012 update. (2012). *Medicine and Science in Sports and Exercise, 34*, 1212-1214.

Tedder, S., & Biddle, S. J. H. (1998). Psychological processes involved during sports injury rehabilitation: An attribution-emotion investigation [Abstract]. *Journal of Sports Sciences, 16*, 106-107.

Terry-McElrath, Y. M., O'Malley, P. M., & Johnston, L. D. (2011). Exercise and substance abuse among American youth, 1991-2009. *American Journal of Preventive Medicine, 40*, 530-540. doi:10.1016/j.amepre.2010.12.021

Tesarz, J., Schuster, A. K., Hartmann, M., Gerhardt, A., & Eich, W. (2012). Pain perception in athletes compared to normally active controls: A systematic review with meta-analysis. *Pain, 153*, 1253-1262. doi:10.1016/j.pain.2012.03.005

te Wierike, S. C. M., van der Sluis, A., van den Akker-Scheek, I., Elferink-Gemser, M. T., & Visscher, C. (2013). Psychosocial factors influencing the recovery of athletes with anterior cruciate ligament injury: A systematic review. *Scandinavian Journal of Medicine & Science in Sports, 23*, 527-540. doi:10.1111/sms.12010

Thatcher, J., Kerr, J., Amies, K., & Day, M. (2007). A reversal theory analysis of psychological responses during sport injury rehabilitation. *Journal of Sport Rehabilitation, 16*, 343-362.

Thayer, J. F., & Sternberg, E. (2006). Beyond heartrate variability: Vagal regulation of allostatic systems. *Annals of the New York Academy of Science, 1088*, 361-372. doi:10.1196/annals.1366.014

Theodorakis, Y., Beneca, A., Malliou, P., Antoniou, P., Goudas, M., & Laparidis, K. (1997). The effect of a self-talk technique on injury rehabilitation [Abstract]. *Journal of Applied Sport Psychology, 9*(Suppl.), S164.

Theodorakis, Y., Beneca, A., Malliou, P., & Goudas, M. (1997). Examining psychological factors during injury rehabilitation. *Journal of Sport Rehabilitation, 6*, 355-363.

Theodorakis, Y., Malliou, P., Papaioannou, A., Beneca, A., & Filactakidou, A. (1996). The effect of personal goals, self-efficacy, and self-satisfaction on injury rehabilitation. *Journal of Sport Rehabilitation, 5,* 214-223.

Thomeé, P., Thomeé, R., & Karlsson, J. (2002). Patellofemoral pain syndrome: Pain, coping strategies, and degree of well-being. *Scandinavian Journal of Medicine & Science in Sports, 12,* 276-281. doi:10.1034/j.1600-0838.2002.10226.x

Thomeé, P., Wahrborg, M., Börjesson, R., Thomeé, R., Eriksson, B. I., & Karlsson, J. (2007a). Determinants of self-efficacy in the rehabilitation of patients with anterior cruciate ligament injury. *Journal of Rehabilitation Medicine, 39,* 486-492. doi:10.2340/16501977-0079

Thomeé, P., Wahrborg, M., Börjesson, R., Thomeé, R., Eriksson, B. I., & Karlsson, J. (2007b). Self-efficacy, symptoms, and physical activity in patients with an anterior cruciate ligament injury: A prospective study. *Scandinavian Journal of Medicine & Science in Sports, 17,* 238-245. doi:10.1111/j.1600-0838.2006.00557.x

Thomeé, P., Wahrborg, P., Börjesson, M., Thomeé, R., Eriksson, B. I., & Karlsson, J. (2008). Self-efficacy of knee function as a preoperative predictor of outcome one year after anterior cruciate ligament reconstruction. *Knee Surgery, Sports Traumatology, Arthroscopy, 16,* 118-127. doi:10. 1007/s00167-011-1669-8

Thompson, N. J., & Morris, R. D. (1994). Predicting injury risk in adolescent football players: The importance of psychological variables. *Journal of Pediatric Psychology, 19,* 415-429. doi:10.1093/jpepsy/19.4.415

Thompson, S. C., Nanni, C., & Schwankovsky, L. (1990). Patient-oriented interventions to improve communication in a medical office visit. *Health Psychology, 9,* 390-404.

Timpka, T., Jacobsson, J., Dahlström, Ö., Kowalski, J., Bargoria, V., Ekberg, J., Renström, P. (2014). Psychological risk factors for overuse injuries in elite athletics: A cohort study in Swedish youth and adult athletes [Abstract]. *British Journal of Sports Medicine, 48,* 666. doi:10.1136/bjsports-2014-093494.284

Timpka, T., Janson, S., Jacobsson, J., Kowalski, J., Ekberg, J., Mountjoy, M., & Svedin, C. G. (2014). Lifetime sexual and physical abuse among elite athletic athletes: A cross-sectional study of prevalence and correlates with athletics injury [Abstract]. *British Journal of Sports Medicine, 48,* 667. doi:10.1136/bjsports-2014-093494.285

Timpka, T., Lindqvist, K., Ekstrand, J., & Karlsson, N. (2005). Impact of social standing on sports injury prevention in a WHO safe community: Intervention outcome by household employment contract and type of sport. *British Journal of Sports Medicine, 39,* 453-457. doi:10.1136/bjsm.2004.014472

Tod, D., Hardy, J., & Oliver, E. (2011). Effects of selftalk: A systematic literature review. *Journal of Sport & Exercise Psychology, 33,* 666-687.

Tracey, J. (2003). The emotional response to the injury and rehabilitation process. *Journal of Applied Sport*

Psychology, 15, 279–293. doi:10.1080/714044197

Tranaeus, U., Johnson, U., Engström, B., Skillgate, E., & Werner, S. (2014). A psychological injury prevention group intervention in Swedish floorball. *Knee Surgery, Sports Traumatology, Arthroscopy.* Advance online publication. doi:10.1007/s00167–014–3133–z

Tranaeus, U., Johnson, U., Ivarsson, A., Engström, B., Skillgate, E., & Werner, S. (2014). Sports injury prevention in Swedish elite floorball players: Evaluation of two consecutive floorball seasons. *Knee Surgery, Sports Traumatology, Arthroscopy.* Advance online publication. doi:10.1007/s00167–014–3411–9

Treacy, S. H., Barron, O. A., Brunet, M. E., & Barrack, R. (1997). Assessing the need for extensive supervised rehabilitation following arthroscopic ACL reconstruction. *The American Journal of Orthopedics, 26*, 25–29.

Tripp, D. A., Stanish, W. D., Coady, C., & Reardon, G. (2004). The subjective pain experience of athletes following anterior cruciate ligament surgery. *Psychology of Sport and Exercise, 5*, 339–354. doi:10.1016/S1469–0292(03)00022–0

Tripp, D. A., Stanish, W., Ebel–Lam, A., Brewer, B. W., & Birchard, J. (2007). Fear of reinjury, negative affect, and catastrophizing predicting return to sport in recreational athletes with anterior cruciate ligament injuries at 1 year postsurgery. *Rehabilitation Psychology, 52*, 74–81. doi:10.1037/2157–3905.1.S.38

Tripp, D. A., Sullivan, M. J. L., Stanish, W. D., Reardon, G., & Coady, C. (2001). Comparing pain, affective distress, catastrophizing, and pain medication consumption following ACL reconstruction in adolescents and adults [Abstract]. *Association for the Advancement of Applied Sport Psychology 2001 conference proceedings* (p. 17). Denton, TX: RonJon.

Turk, D. C., Meichenbaum, D., & Genest, M. (1983). *Pain and behavioral medicine: A cognitive–behavioral perspective.* New York: Guilford.

Uchino, B. N., Cacioppo, J. T., & Kiecolt–Glaser, J. K. (1996). The relationships between social support and physiological processes: A review with emphasis on underlying mechanisms and implications for health. *Psychological Bulletin, 119*, 488–531.

Uchino, B. N., Uno, D., & Holt–Lunstad, J. (1999). Social support, physiological processes, and health. *Current Directions in Psychological Science, 8*, 145–148. doi:10.1111/1467–8721.00034

Udry, E. (1997). Coping and social support among injured athletes following surgery. *Journal of Sport & Exercise Psychology, 19*, 71–90.

Udry, E. (1999). The paradox of injuries: Unexpected positive consequences. In D. Pargman (Ed.), *Psychological bases of sport injuries* (2nd ed., pp. 79–88).

Morgantown, WV: Fitness Information Technology. Udry, E., Gould, D., Bridges, D., & Beck, L. (1997). Down but not out: Athlete responses to season–ending injuries. *Journal of Sport & Exercise Psychology, 19*, 229–248.

Uitenbroek, D. G. (1996). Sports, exercise, and other causes of injuries: Results of a population survey. *Research Quarterly for Exercise and Sport, 67*, 380−385.

Upson, N. (1982) Dental injuries and the attitudes of rugby players to mouthguards. *British Journal of Sports Medicine, 16*, 241−244. doi:10.1136/bjsm.16.4.241

Valliant, P. (1981). Personality and injury in competitive runners. *Perceptual and Motor Skills, 53*, 251−253. doi:10.2466/pms.1981.53.1.251

van Beijsterveldt, A., Krist, M., van de Port, I., & Backx, F. (2011a). Compliance with an injury prevention program in Dutch adult male amateur soccer. *British Journal of Sports Medicine, 45*, 379−380. doi:10.1136/bjsm.2011.084038.196

van Beijsterveldt, A. M. C., Krist, M. R., Schmikli, S. L., Stubbe, J. H., de Wit, G. A., Inklaar, H., Backx, F. J. G. (2011a). Effectiveness and cost−effectiveness of an injury prevention programme for adult male amateur soccer players: Design of a cluster−randomised controlled trial. *Injury Prevention, 17*(1), e2. doi:10.1136/ip.2010.027979

van Beijsterveldt, A., Krist, M., van de Port, I., & Backx, F. (2011b). Cost effectiveness of an injury prevention program in Dutch adult male amateur soccer. *British Journal of Sports Medicine, 45*, 331. doi:10.1136/bjsm.2011.084038.60

van Beijsterveldt, A., Krist, M., van de Port, I., & Backx, F. (2011c). Compliance with an injury prevention program in Dutch adult male amateur soccer. *British Journal of Sports Medicine, 45*, 379−380. doi:10.1136/bjsm.2011.084038.196

van Mechelen, D. M., van Mechelen, W., & Verhagen, E. (2014). Sports injury prevention in your pocket?! Prevention apps assessed against the available scientific evidence: A review. *British Journal of Sports Medicine, 48*, 878−882. doi:10.1136/bjsports−2012−092136

van Mechelen, W., Hlobil, H., & Kemper, H.C. G. (1992). Incidence, severity, aetiology, and prevention of sports injuries: A review of concepts. *Sports Medicine, 14*, 82−99. doi:10.2165/00007256−199214020−00002

van Mechelen, W., Twisk, J., Molendijk, A., Blom, B., Snel, J., & Kemper, H. C. G. (1996). Subject related risk factors for sports injuries: A 1−yr perspective in young adults. *Medicine & Science in Sports & Exercise, 28*, 1171−1179.

Van Raalte, J. L. (2010). Self−talk. In S. J. Hanrahan & M. B. Andersen, *Routledge handbook of applied sport psychology: A comprehensive guide for students and practitioners* (pp. 510−517). Abingdon, Oxon, United Kingdom: Routledge.

Van Raalte, J. L., & Andersen, M. B. (2014). Referral processes in sport psychology. In J. L. Van Raalte & B. W. Brewer (Eds.), *Exploring sport and exercise psychology* (3rd ed., pp. 337−350). Washington, DC: American Psychological Association.

Van Raalte, J. L., Brewer, B. W., Brewer, D. D., & Linder, D. E. (1992). NCAA Division II college football players' perceptions of an athlete who consults a sport psychologist. *Journal of Sport & Exercise*

Psychology, 14, 273—282.

Van Raalte, J. L., Brewer, B. W., & Cornelius, A. E. (2012, October). *Postrehabilitation perceptions of a psychoeducational multimedia CD—ROM for ACL surgery and rehabilitation.* Paper presented at the annual meeting of the Association for Applied Sport Psychology, Atlanta, GA.

Van Raalte, J. L., Brewer, B. W., & Petitpas, A. J. (1992). *Correspondence between athlete and trainer appraisals of injury rehabilitation status.* Paper presented at the annual meeting of the Association for the Advancement of Applied Sport Psychology, Colorado Springs, CO.

Van Reeth, O., Weibel, L., Spiegel, K., Leproult, R., Dugovic, C., & Maccari, S. (2000). Interactions between stress and sleep: From basic research to clinical situations. *Sleep Medicine Reviews, 4*, 201—219. doi:10.1053/smrv.1999.0097

Van Tiggelen, D., Wickes, S. Stevens, V., Roosen, P., & Witvrouw, E. (2008). Effective prevention of sports injuries: A model integrating efficacy, efficiency, compliance, and risk—taking behavior. *British Journal of Sports Medicine, 42*, 648—652. doi:10.1136/bjsm.2008.046441

Van Wilgen, C. P., Kaptein, A. A., & Brink, M. S. (2010). Illness perceptions and mood states are associated with injury—related outcomes in athletes. *Disability and Rehabilitation, 32*, 1576—1585. doi:10.3109/09638281003596857

Vergeer, I. (2006). Exploring the mental representation of athletic injury: A longitudinal study. *Psychology of Sport and Exercise, 7*, 99—114. doi:10.1016/j.psychsport.2005.07.003

Verhagen, E., van der Beek, A., Twisk, J., Bouter, L., Bahr, R., & van Mechelen, W. (2004). The effect of a proprioceptive balance board training program for the prevention of ankle sprains: A prospective controlled trial. *The American Journal of Sports Medicine, 32*, 1385—1393.

Verhagen, E. A. L. M., Hupperets, M. D. W., Finch, C. F., & van Mechelen, W. (2011). The impact of adherence on sports injury prevention effect estimates in randomised controlled trials: Looking beyond the CONSORT statement. *Journal of Science and Medicine in Sport, 14*, 287—292. doi:10.1016/j.jsams.2011.02.007

Visser, L. (2010, May 12). *Ten years after leaving field, Haley on more solid ground.* CBS Sports. Retrieved from www.cbssports.com

Vriend, I., Coehoorn, I., & Verhagen, E. (2015). Implementation of an app—based neuromuscular training programme to prevent ankle sprains: A process evaluation using the RE—AIM framework. *British Journal of Sports Medicine, 49*, 484—488. doi:10.1136/bjsports—2013—092896

Waddington, I. (2006). Ethical problems in the medical management of sports injuries: A case study of English professional football. In S. Loland, B. Skirstad, & I. Waddington (Eds.), *Pain and injury in sport: Social and ethical analysis* (pp. 89—106). New York: Routledge.

Wadey, R., Clark, S., Podlog, L., & McCullough, D. (2013). Coaches' perceptions of athletes' stressrelated growth following sport injury. *Psychology of Sport and Exercise, 14*, 125—135. doi:10.1016/j.psychsport.2012.12.005

Wadey, R., & Evans, L. (2011). Working with injured athletes: Research and practice. In S. Hanton & S. D. Mellalieu (Eds.), *Professional practice in sport psychology: A review* (pp. 107−132). Abingdon, Oxon, United Kingdom: Routledge.

Wadey, R., Evans, L., Evans, K., & Mitchell, I. (2011). Perceived benefits following sport injury: A qualitative examination of their antecedents and underlying mechanisms. *Journal of Applied Sport Psychology, 23,* 142−158. doi:10.1080/10413200.2010.543119

Wadey, R., Evans, L., Hanton, S., & Neil, R. (2012a). Examination of hardiness throughout the sport−injury process. *British Journal of Health Psychology, 17,* 103−128. doi:10.1111/j.2044−8287.2011.02025.x

Wadey, R., Evans, L., Hanton, S., & Neil, R. (2012b). An examination of hardiness throughout the sportinjury process: A qualitative follow−up study. *British Journal of Health Psychology, 17,* 872−893. doi:10.1111/j.2044−8287.2012.02084.x

Wadey, R., Evans, L., Hanton, S., & Neil, R. (2013). Effect of dispositional optimism before and after injury. *Medicine and Science in Sports and Exercise, 45,* 387−394. doi:10.1249/MSS.0b013e31826ea8e3

Wadey, R., Podlog, L., Hall, M., Hamson−Utley, J., Hicks−Little, C., & Hammer, C. (2014). Reinjury anxiety, coping, and return−to−sport outcomes: A multiple mediation analysis. *Rehabilitation Psychology, 59,* 256−266. doi:10.1037/a0037032

Wadsworth, L. T. (2006). Acupuncture in sports medicine. *Current Sports Medicine Reports, 5,* 1−3.

Wager, T. D., Atlas, L. Y., Lindquist, M. A., Roy, M., & Woo, C.−W. (2013). An fMRI−based neurologic signature of physical pain. *New England Journal of Medicine, 368,* 1388−1397. doi:10.105/NEJMoa1204471

Walk, S. R. (1997). Peers in pain: The experiences of student athletic trainers. *Sociology of Sport Journal, 14,* 22−56.

Walker, H., Gabbe, B., Wajswelner, H., Blanch, P., & Bennell, K. (2012). Shoulder pain in swimmers: A 12−month prospective cohort study of incidence and risk factors. *Physical Therapy in Sport, 13,* 243−249. doi:10.1016/j.ptsp.2012.01.001

Walker, J. (1971). Pain and distraction in athletes and non−athletes. *Perceptual and Motor Skills, 33,* 1187−1190. doi:10.2466/pms.1971.33.3f.1187

Walker, N. (2006). *The meaning of sports injury and re−injury anxiety assessment and intervention.* Unpublished doctoral thesis, University of Wales, Aberystwyth.

Walker, N., & Heaney, C. (2013). Relaxation techniques in sport injury rehabilitation. In M. Arvinen−Barrow & N. Walker (Eds.), *The psychology of sport injury and rehabilitation* (pp. 86−102). Abingdon, Oxon, United Kingdom: Routledge.

Walker, N., & Hudson, J. (2013). Self−talk in sport injury rehabilitation. In M. Arvinen−Barrow & N. Walker (Eds.), *The psychology of sport injury and rehabilitation* (pp. 103−116). Abingdon, Oxon, United Kingdom: Routledge.

Walker, N., Thatcher, J., & Lavallee, D. (2010). A preliminary development of the Re—Injury Anxiety Inventory (RIAI). *Physical Therapy in Sport, 11*, 23—29. doi:10.1016/j.ptsp.2009.09.003

Walsh, M. (2005). Injury rehabilitation and imagery. In T. Morris, M. Spittle, & A. P. Watt (Eds.), *Imagery in sport* (pp. 267—284). Champaign, IL: Human Kinetics.

Wasley, D., & Lox, C. L. (1998). Self—esteem and coping responses of athletes with acute versus chronic injuries. *Perceptual and Motor Skills, 86*, 1402. doi:10.2466/pms.1998.86.3c.1402

Waters, A. G. (2005). *The role of confidence in rehabilitation and the recovery of motor performance.* Unpublished doctoral thesis, University of Wales, Bangor, UK.

Waters, W. F., Adams, S. G., Binks, P., & Varnado, P. (1993). Attention, stress, and negative emotion in persistent sleep—onset and sleep—maintenance insomnia. *Sleep, 16*, 128—136.

Waumsley, J. A., & Katz, J. (2013). Using a psychological model and counseling skills in sport injury rehabilitation. In M. Arvinen—Barrow & N. Walker (Eds.), *The psychology of sport injury and rehabilitation* (pp. 171—184). London: Routledge.

Webbe, F. M., & Ochs, S. R. (2007). Personality traits relate to heading frequency in male soccer players. *Journal of Clinical Sport Psychology, 1*, 379—389.

Webbe, F. M., & Salinas, C. M. (2011). When science and politics conflict: The case of soccer heading in adults and children. In F. M. Webbe (Ed.), *The handbook of sport neuropsychology* (pp. 275—294). New York: Springer.

Webber, W. B., & Rinehart, G. C. (1992). Computerbased multimedia in plastic surgery education. *Proceedings of the Annual Symposium on Computer Applications in Medical Care*, 829—830.

Webborn, A. D. J., Carbon, R. J., & Miller, B. P. (1997). Injury rehabilitation programs: "What are we talking about?" *Journal of Sport Rehabilitation, 6*, 54—61.

Webster, K. E., Feller, J. A., & Lambros, C. (2008). Development and preliminary validation of a scale to measure the psychological impact of returning to sport following anterior cruciate ligament reconstruction surgery. *Physical Therapy in Sport, 9*, 9—15. doi:10.1016/j.ptsp.2007.09.003

Weeks, D. L., Brubaker, J., Byrt, J., Davis, M., Hamann, L., & Reagan, J. (2002). Videotape instruction versus illustrations for influencing quality of performance, motivation, and confidence to perform simple and complex exercises in healthy subjects. *Physiotherapy Theory and Practice, 18*, 65—73. doi:10.1080/09593980290058454

Weinberg, R. (2010). Activation/arousal control. In S. J. Hanrahan & M. B. Andersen (Eds.), *Routledge handbook of applied sport psychology: A comprehensive guide for students and practitioners* (pp. 471—480). Abingdon, Oxon, United Kingdom: Routledge.

Weinberg, R. S. (2002). Goal setting in sport and exercise: Research to practice. In J. L. Van Raalte & B. W. Brewer (Eds.), *Exploring sport and exercise psychology* (2nd ed., pp. 25—48). Washington, DC: American Psychological Association.

Weinberg, R. S., Vernau, D., & Horn, T. S. (2013). Playing through pain and injury: psychosocial considerations. *Journal of Clinical Sport Psychology, 7*, 41–59.

Weiss, M. R., & Troxel, R. K. (1986). Psychology of the injured athlete. *Athletic Training, 21*, 104–109, 154.

Wesch, N., Hall, C., Prapavessis, H., Maddison, R., Bassett, S., Foley, L., Forwell, L. (2012). Self–efficacy, imagery use, and adherence during injury rehabilitation. *Scandinavian Journal of Medicine & Science in Sports, 22*, 695–703. doi:10.1111/j.1600–0838.2011.01304.x

Wesch, N. N., Hall, C. R., Polgar, J., & Forwell, L. (2008). An examination of imagery use and selfefficacy during rehabilitation [Abstract]. *Journal of Sport and Exercise Psychology, 30*, S210.

Wiese, D. M., & Weiss, M. R. (1987). Psychological rehabilitation and physical injury: Implications for the sportsmedicine team. *The Sport Psychologist, 1*, 318–330.

Wiese, D. M., Weiss, M. R., & Yukelson, D. P. (1991). Sport psychology in the training room: Implications for the treatment team. *The Sport Psychologist, 5*, 15–24.

Wiese–Bjornstal, D. M. (2004). From skinned knees and peewees to menisci and masters: Developmental sport injury psychology. In M. R. Weiss (Ed.), *Developmental sport psychology: A lifespan perspective* (pp. 525–568). Morgantown, WV: Fitness Information Technology.

Wiese–Bjornstal, D. M. (2009). Sport injury and college athlete health across the lifespan. *Journal of Intercollegiate Sports, 2*, 64–80.

Wiese–Bjornstal, D. M., Gardetto, D. M., & Shaffer, S. M. (1999). Effective interaction skills for sports medicine practitioners. In R. Ray & D. M. Wiese–Bjornstal (Eds.), *Counseling in sports medicine* (pp. 55–74). Champaign, IL: Human Kinetics.

Wiese–Bjornstal, D. M., & Smith, A. M. (1993). Counseling strategies for enhanced recovery of injured athletes within a team approach. In D. Pargman (Ed.), *Psychological bases of sports injuries* (pp. 149–182). Morgantown, WV: Fitness Information Technology.

Wiese–Bjornstal, D. M., Smith, A. M., & LaMott, E. E. (1995). A model of psychologic response to athletic injury and rehabilitation. *Athletic Training: Sports Health Care Perspectives, 1*, 17–30.

Wiese–Bjornstal, D. M., Smith, A. M., Shaffer, S. M., & Morrey, M. A. (1998). An integrated model of response to sport injury: Psychological and sociological dimensions. *Journal of Applied Sport Psychology, 10*, 46–69. doi:10.1080/10413209808406377

Wilde, G. J. S. (1998). Risk homeostasis theory: An overview. *British Medical Journal, 4*, 89–91.

Williams, J. (2011, December 28). *More evidence supporting injury prevention training: Cost effectiveness.* The Science of Soccer Online. www.scienceofsocceronline.com/2011/12/more–evidencesupporting–injury.html.

Williams, J. M., & Andersen, M. B. (1997). Psychosocial influences on central and peripheral vision and reaction time during demanding tasks. *Behavioral Medicine, 26*, 160–167.

Williams, J. M., & Andersen, M. B. (1998). Psychosocial antecedents of sport injury: Review and critique of the stress and injury model. *Journal of Applied Sport Psychology, 10*, 5–25.

doi:10.1080/10413209808406375

Williams, J. M., & Andersen, M. B. (2007). Psychosocial antecedents of sport injury and interventions for risk reduction. In G. Tenenbaum & R. C. Eklund (Eds.), *Handbook of sport psychology* (3rd ed., pp. 379–403). New York: Wiley.

Williams, J. M., Hogan, T. D., & Andersen, M. B. (1993). Positive states of mind and athletic injury risk. *Psychosomatic Medicine, 55*, 468–472.

Williams, J. M., Tonymon, P., & Andersen, M. B. (1990). Effects of life–event stress on anxiety and peripheral narrowing. *Behavioral Medicine, 16*, 174–181.

Williams, J. M., Tonymon, P., & Andersen, M. B. (1991). Effects of stressors and coping resources on anxiety and peripheral narrowing in recreational athletes. *Journal of Applied Sport Psychology, 3*, 126–141. doi:10.1080/10413209108406439

Williams, J. M., Tonymon, P., & Wadsworth, W. A. (1986). Relationship of life stress to injury in intercollegiate volleyball. *Journal of Human Stress, 12*, 38–43.

Williams–Avery, R. M., & MacKinnon, D. P. (1996). Injuries and use of protective equipment among college in–line skaters. *Accident Analysis & Prevention, 28*, 779–784. doi:10.1016/S0001–4575(96)00040–1

Wills, T. A. (1985). Supportive functions of interpersonal relationships. In S. Cohen & L. Syme (Eds.), *Social support and health* (pp. 61–82). New York: Academic Press.

Wise, A., Jackson, D. W., & Rocchio, P. (1979). Preoperative psychologic testing as a predictor of success in knee surgery. *The American Journal of Sports Medicine, 7*, 287–292. doi:10.1177/036354657900700503

Wittig, A. F., & Schurr, K. T. (1994). Psychological characteristics of women volleyball players: Relationships with injuries, rehabilitation, and team success. *Personality and Social Psychology Bulletin, 20*, 322–330. doi:10.1177/0146167294203010

Wong, P. T. P., & Weiner, B. (1981). When people ask "why" questions, and the heuristics of attributional search. *Journal of Personality and Social Psychology, 40*, 650–663. doi:0.1037/0022–3514.40.4.650

Wood, A. M., Robertson, G. A., Rennie, L., Caesar, B. C., & Court–Brown, C. M. (2010). The epidemiology of sports–related fractures in adolescents. *Injury, 41*, 834–838. doi:10.1016/j.injury.2010.04.008

Woods, S. E., Zabat, E., Daggy, M., Diehl J., Engel A., & Okragly, R. (2007). Face protection in recreational hockey players. *Family Medicine, 39*, 473–476.

Wooten, H. R. (2008). Mental health issues for athletic trainers. In J. M. Mensch & G. M. Miller (Eds.), *The athletic trainer's guide to psychosocial intervention and referral* (pp. 197–216). Thorofare, NJ: Slack.

Wortman, C. B., & Silver, R. C. (1987). Coping with irrevocable loss. In G. R. VandenBos & B. K. Bryant (Eds.), *Cataclysms, crises, and catastrophes: Psychology in action* (pp. 189–235). Washington, DC:

American Psychological Association.

Wraga, M., & Kosslyn, S. (2002). Imagery. In L. Nadel (Ed.), *Encyclopedia of cognitive science* (Vol. 2, pp. 466−470). London: Nature Group.

Wright, B. J., Galtieri, N. J., & Fell, M. (2014). Non−adherence to prescribed home rehabilitation exercises for musculoskeletal injuries: The role of the patient−practitioner relationship. *Journal of Rehabilitation Medicine, 46*, 153−158. doi:10.2340/16501977−1241

Yang, J., Bowling, J. M., Lewis, M. A., Marshall, S. W., Runyan, C. W., & Mueller, F.O. (2005). Use of discretionary protective equipment in high school athletes: Prevalence and determinants. *American Journal of Public Health, 95*, 1996−2002. doi:10.2105/AJPH.2004.050807

Yang, J., Cheng, G., Zhang, Y., Covassin, T., Heiden, E. O., & Peek−Asa, C. (2014). Influence of symptoms of depression and anxiety on injury hazard among collegiate American football players. *Research in Sports Medicine: An International Journal, 22*, 147−160. doi:10.1080/15438627.2014.88 1818

Yang, J., Peek−Asa, C., Lowe, J. B., Heiden, E., & Foster, D. T. (2010). Social support patterns of collegiate athletes before and after injury. *Journal of Athletic Training, 45*, 372−379. doi:10.4085/1062−6050−45.4.372

Young, J. A., Pain, M. D., & Pearce, A. J. (2007). Experiences of Australian professional female tennis players returning to competition from injury. *British Journal of Sport Medicine, 41*, 806−811. doi:10.1136/bjsm.2007.036541

Young, K. (1991). Violence in the workplace of professional sport from victimological and cultural studies perspectives. *International Review for the Sociology of Sport, 26*, 3−14.

Young, K. (1993). Violence, risk, and masculinity in male sports culture. *Sociology of Sport Journal, 10*, 373−396.

Young, K. (Ed.). (2004). *Sporting bodies, damaged selves: Sociological studies of sports−related injury*. Oxford: Elsevier Press.

Young, K., & White, P. (1995). Sport, physical danger, and injury: The experiences of elite women athletes. *Journal of Sport and Social Issues, 19*, 45−61. doi:10.1177/019372395019001004

Young, K., White, P., & McTeer, W. (1994). Body talk: Male athletes reflect on sport, injury, and pain. *Sociology of Sport Journal, 11*, 175−194.

Young, M. E. (2012). *Learning the art of helping: Building blocks and techniques* (5th ed.). Upper Saddle River, NJ: Pearson.

Yung, P. S.−H., Chan, R. H.−K., Wong, F.C.−Y., Cheuk, P.W.−L., & Fong, D. T.−P. (2007). Epidemiology of injuries in Hong Kong elite badminton athletes. *Research in Sports Medicine, 15*, 133−146.

Zebis, M. K., Andersen, L. L., Bencke, J., Kjær, M., & Aagaard, P. (2009). Identification of athletes at future risk of anterior cruciate ligament ruptures by neuromuscular screening. *The American Journal of*

Sports Medicine, 37, 1967–1973. doi:10.1177/0363546509335000

Zemper, E. D. (1993). Epidemiology of athletic injuries. In D. B. McKeag & D.O. Hough (Eds.), *Primary care sports medicine* (pp. 63–73). Dubuque, IA: Brown and Benchmark.

Zemper, E. D. (2010). Catastrophic injuries among young athletes. *British Journal of Sports Medicine, 44*, 13–20. doi:10.1136/bjsm.2009.069096

찾아보기

1차 예방 94, 113
1차 평가 129, 173
2차 예방 95, 113
2차 평가 130, 173
3차 예방 95, 113
11+ 예방 프로그램 100

〈A〉
A군 성격 패턴 72

〈M〉
McGill 통증척도 설문지 168

〈T〉
TRIPP 체계 96, 113

〈ㄱ〉
간섭전기자극 치료 186
감각 모델 169
강박 장애 및 관련 장애 350
개방형 질문 291
개인적 영역 299
개인적 요인 126
객관화 307
게이트 제어 이론 171
경기력 향상 집단 270, 281
경피전기신경자극 치료 186
계획적 행동이론 202
공공 영역 299
공황 장애 350
과사용 손상 33

과정 목표 260
근육 긴장 83
근전도(EMG) 164
급성 스트레스 장애 및 외상 후 스트레스 장애
　　339
급성 통증 159
긍정적 훈련 통증 161

〈ㄴ〉
내적(개인적) 위험 요인 59, 88
뇌파계(EEG) 164
능동적 경청 312

〈ㄷ〉
다방면 개입 190, 269, 280
단계 모델 122, 149
대처 자원 65, 78, 88
돌파 전략 146

〈ㅁ〉
만성-난치성-양성 통증 159
만성-재발성 통증 159
만성-진행성 통증 159
만성 통증 159
매크로 트라우마 33
목표 설정 260, 280

〈ㅂ〉
바이오피드백 257, 280
반사회적 성격 장애 353
범불안 장애 350

병력 청취 및 면담 291
병렬 처리 모델 170
부상 관련 인식 137
부상 선수의 심리 서비스 지원 의뢰 모델 358
부상에 대한 귀인 132
부상 통증 161, 182
부적 상관관계 223
부정적 경고 통증 161
부정적 급성 통증 161
부정적 훈련 통증 161
불면 장애 346
불안 장애 350
비언어적 소통 297
비위협적 통증 182

〈ㅅ〉

사회 재적응 평정 척도 76
사회적 영역 299
사회적 지원 50, 275, 281
사회적 토대 42
삶의 경험 설문 조사 77
삶의 변화 단위 76
상향식 현상 171
상호 참여적 관계 294
상황적 요인 126
생물심리사회 모델 31
생물심리사회적 접근법 32
생물의학 모델 31
생물학적 토대 33
선수가 인지하는 부상의 혜택 135
선수 상담을 위한 Littlefoot 지침 317
선수 훈련을 위한 재활 준수 척도 208, 209
섭식 장애 345
성격 장애 353
수기 요법 187
수동적 경청 312
수행 통증 160, 182

순차적 요소 모델 169
스트레스 반응 63, 88
스트레스-부상 모델 63, 88
스트레스 요인 이력 64, 73, 88
스포츠넷 44
스포츠 뇌진탕에 대한 합의문 138
스포츠 뇌진탕 평가 도구 3(SCAT3) 139
스포츠 복귀와 관련 합의문 244
스포츠 손상 병인의 다요인 모델 58, 88
스포츠 손상 예방 모델 95
스포츠 손상 재활에 대한 생물심리사회적 접근법
    215
스포츠 손상 재활 준수 척도 208
스포츠 윤리 42
스포츠 의학 관찰 코드 207
시험적 개입 359
신경근 훈련 99
신경 매트릭스 이론 172
신경 발달 장애 347
신경성 식욕부진증 345
신경성 폭식증 346
신경 인지 장애 339
신체 언어 300
신체 이형 장애 341
신체적 결과 233
신체 증상 장애 342
신체 활동과 관련된 세 가지 유형의 통증 160
실질적 지원 51
심리적 반응의 통합 모델 124
심리적 토대 36

〈ㅇ〉

안내-협력적 관계 293
압력 통증 163
약물 관련 및 중독 장애 351
약물 사용 장애 351
양극성 장애 및 관련 장애 348

양성 통증 161
언어적 소통 296
연관통 160
영향력 기술 313
예방 문화 47
외상성 손상 33
외적 위험 요인 59
용량-반응 관계 224
우울 장애 349
운동 치료 187
위험 문화 42, 43, 49, 182
위험-통증-부상의 역설 46
위험 항상성 97
위협적 통증 182
유발 사건 60, 88
유해 통증 161
의뢰 네트워크 363
의뢰 시기 354
의료진의 태도 및 행동 306
의학적 권고 293
이완 훈련 271, 281
인위성 장애 344
인지 과정 39
인지 구조 38
인지 내용 38, 132, 178
인지 능력 137
인지적 대처 전략 134
인지 평가 126, 129
일상 스트레스 65
일상 통증 182

〈ㅈ〉
자가 보고 측정 166, 210
자기 개방 314
자기결정이론 203
자기 관련 인지 133
자기 암시 273, 281

자율긴장이완법 272
작열통 160
장비 개입 104, 114
재활 결과 232, 251
적응 장애 340
전기 치료 186
전향적 연구 68
전환 장애 343
점진적 근육 이완법 271
정보적 지원 51
정서 반영 313
정서적 지원 51
정적 상관관계 222
조현병 스펙트럼 및 기타 정신병적 장애 348
주변 시야 축소 83, 84
주요 우울 장애 340
주의 기울이기 기술 311
주의력결핍 과잉행동 장애 347
주의 산만 83, 146, 170, 177, 189
주의 집중 39, 170, 177, 189
지속성 우울 장애 349
질병 불안 장애 342
집중형 질문 291

〈ㅊ〉
추적 관찰 361
취약한 선수 60
친밀한 영역 299

〈ㅌ〉
탐색 기술 312
통증과 부상의 구별 182
통증 내성 162
통증 역치 162
통증 유도 방법 163
통증 일기 167
통증 평가 척도 166

〈ㅍ〉

페어플레이 규칙 105
폐쇄형 질문 291
표준 지연성 근육통 유도 164
표현적 글쓰기 259, 280

〈ㅎ〉

하향식 현상 171
한랭 압박 검사 163
합리적 행동이론 202
행동 관찰 248

행동적 결과 233
허혈성 통증 163
환상지통 160
환자에 대한 고정관념 307
환자의 태도와 행동 308
환자 자율적 접근 방식 294
활동-수동적 관계 293
후향적 연구 68
훈련 개입 99, 114
히스테리성 성격 장애 353

저자 소개

Britton W. Brewer

Arizona State University, Psychology 박사
Arizona State University 석사
University of Washington 학사

현 Springfield College 심리학 교수
    American Psychological Association 정회원
    Association of Applied Sport Psychology 정회원

<주요 저서>
Psychology of Sport Injury(Human Kinetics, 2016)
Exploring Sport and Exercise Psychology(American Psychological Association, 2013)
Handbook of Sports Medicine and Science, Sport Psychology(Wiley-Blackwell, 2009)

Charles J. Redmond

Science in Physical Therapy, Boston University 석사
Education in Physical Education, Springfield College 석사
Science in Health and Physical Education, Springfield College 학사
National Athletic Trainers' Association 명예의 전당 입성

전 Springfield College 학장
현 Springfield College 명예교수

<주요 저서 및 역서>
Psychology of Sport Injury(Human Kinetics, 2016)

역자 소개

배문정(Moonjung Bae)

부산대학교 의학과학사
한국체육대학교 체육학석사
한국체육대학교 이학박사(스포츠심리학)

전 진천선수촌 메디컬 센터 전문의
태릉선수촌 메디컬 센터 전문의

현 가정의학과 전문의
스포츠의학 인정의(대한스포츠의학회)
H+양지병원 의생명연구원 과장

<주요 저서 및 역서>
검도하는 의사의 부상과 재활 이야기(교보문고, 2020)

김한별(Hanbyul Kim)

한국체육대학교 체육학사
한국체육대학교 체육학석사(스포츠심리학)
한국체육대학교 이학박사(스포츠심리학)

현 한국체육대학교 체육학과 교수(스포츠심리학)

<주요 저서 및 역서>
스포츠심리학 플러스(공저, 대경북스, 2010)

스포츠 손상 심리학
Psychology of Sport Injury

2023년 5월 20일 1판 1쇄 인쇄
2023년 5월 30일 1판 1쇄 발행

지은이 • Britton W. Brewer · Charles J. Redmond
옮긴이 • 배문정 · 김한별
펴낸이 • 김진환
펴낸곳 • (주)학지사

04031 서울특별시 마포구 양화로 15길 20 마인드월드빌딩
대표전화 • 02)330-5114   팩스 • 02)324-2345
등록번호 • 제313-2006-000265호

홈페이지 • http://www.hakjisa.co.kr
페이스북 • https://www.facebook.com/hakjisabook

ISBN 978-89-997-2904-1 93180

정가 27,000원

역자와의 협약으로 인지는 생략합니다.
파본은 구입처에서 교환해 드립니다.

이 책을 무단으로 전재하거나 복제할 경우 저작권법에 따라 처벌을 받게 됩니다.

출판미디어기업 학지사

간호보건의학출판 학지사메디컬 www.hakjisamd.co.kr
심리검사연구소 인싸이트 www.inpsyt.co.kr
학술논문서비스 뉴논문 www.newnonmun.com
교육연수원 카운피아 www.counpia.com